U1013668

本书为教育部、财政部“职业院校教师素质提高计划——秘书学专业职教师资培养标准、培养方案、核心课程和特色教材开发项目”（VTNE052）的系列成果之一

行政管理

ADMINISTRATIVE MANAGEMENT

王　雯◎主编

云南大学出版社
YUNNAN UNIVERSITY PRESS

图书在版编目（CIP）数据

行政管理 / 王雯主编. -- 昆明 : 云南大学出版社,
2022
ISBN 978-7-5482-4703-6

Ⅰ. ①行… Ⅱ. ①王… Ⅲ. ①行政管理 Ⅳ.
①D035

中国版本图书馆CIP数据核字(2022)第154038号

策划编辑：徐　曼
责任编辑：陶燕燕
封面设计：刘　雨

行政管理

XINGZHENG GUANLI

王　雯◎主编

出版发行：云南大学出版社
印装：昆明理煋印务有限公司
开本：787mm×1092mm　1/16
印张：19
字数：470千字
版次：2022年11月第1版
印次：2022年11月第1次印刷
书号：ISBN 978-7-5482-4703-6
定价：58.00元

社址：云南省昆明市一二一大街182号（云南大学东陆校区英华园内）
邮编：650091
电话：（0871）65033244　65031071
网址：http://www.ynup.com
E-mail：market@ynup.com

若发现本书有印装质量问题，请与印厂联系调换，联系电话：0871-64167045。

前　言

本书为教育部、财政部“职业院校教师素质提高计划——秘书学专业职教师资培养标准、培养方案、核心课程和特色教材开发项目”（项目编号：VTNE052。项目牵头单位：云南大学。项目主持人：王雯。）的系列成果之一，针对职教师资本科、应用型本科及高职高专相关专业（行政管理、公共事务管理、秘书学）的教学需求编写，目的是引导学生掌握行政管理学的基本理论及相关实务知识和方法，培养并提升学生分析问题和解决问题的能力，培养学生的创新能力和从事实际行政管理工作的能力。

本书的编写考虑到了中职教师的人才培养特点，立足于行政管理应用型人才的培养目标和要求，突出了以下几个特点：一是具有实践性和开放性；二是理论和实务有机结合，原理与应用并重，同时满足知识体系和行动体系的建构需要；三是设置了综合性实训活动，力图在充分调动学生积极性的同时，进一步帮助学生掌握相关的知识和技能。

本书编写人员均来自云南大学职业与继续教育学院。主编王雯确定了本书的写作大纲和整体规划，并完成了对全书的统稿工作。具体编写分工情况如下：第一、第四章整章及第八章的二、三节由杨剑、蓝晓姣撰写，第二、第三章整章及第五章的一、二节由王雯、谢钰青撰写，第六、第七章整章及第八章的四、五节由王雯、叶闫闫撰写，第九、第十章整章及第五章的第五节、第八章的第一节由朱姝雅撰写，第十一、第十二章整章及第五章的三、四节由王雯、杨宇航撰写。

本书在编写过程之中，参考和引用了相关领域中众多专家和学者的学术成果，参考了大量同类教材和著作以及其他学术文献。在此，谨向有关专家、学者表示诚挚的谢意。

由于编者水平有限，书中难免存在疏漏错误之处，恳请专家学者及师生不吝赐教，以便我们日后进一步完善。

编　者

2022 年 6 月 15 日

目 录

第一章　行政管理概述

学习目标

1. 了解行政管理的定义及其变化；
2. 掌握行政管理的研究内容、研究方法以及研究意义；
3. 了解行政管理原理的概念；
4. 掌握行政管理的原理以及相应原则；
5. 了解行政管理学的发展历程。

情境导入

在一次有关行政管理的讨论中，小彭认为当前要抓好行政法规建设，因为行政法规就是依法行政，而依法行政即现代行政管理，所以，抓好行政法规的建设与执行，就等于抓好了行政管理。据此，他还提出“行政法规＝行政管理”的公式。小张则认为现代行政的要义在于用人之道和保持和谐的组织环境，谁能适时地提拔和启用一批精英人才，能积极发挥工作人员的主动精神，谁就能走上成功的行政之途。他也据此提出了“善于用人＝行政管理”的公式。

第一节　行政管理的基本概念

一、行政与行政管理

“行政管理”一词在我们的生活中十分常见，每个人都会直接或间接地碰到它，但是针对“行政的定义是什么”“行政管理是什么，有哪些特点”“行政管理学是什么，它有哪些学科特点”这类问题，并非每个人都能给出一个清晰并且明确的答案，所以在开始学习行政管理这门课之前，我们有必要对其进行梳理、分析和探讨。

在《说文解字》中，“行”是象形字，从“彳”从“亍”；“彳”表示人的两条腿（三骨相连）站立，“亍”表示向前走。因此，“行”的含义为人在向前走，引申为“运行”“推行”。“行政”中的“政”也源于象形文字。“政”，从“正”从“攴”。“正”是指正确的事，或正路；而“攴”，描画的是人手持鞭做击打状，意为统治者拿鞭子驱使老百姓走上所谓的“正路”，引申为督促、引导人们去做正确的事。行政二字连用，即把“政务”（实为统治之事）推行开来。而关于“行政”一词的定义，最早可以追溯到春秋时期。例如左丘明编撰的《左传》中就有“行其政事”“行其政令”的记载；西汉司马迁编撰的《史记》中也有“帝太甲既立三年，不明，暴虐，不遵汤法，乱德，于是伊尹放之于桐宫。三年，伊尹摄行政当国，以朝诸侯”的记载。此处，“行政”是指掌握国家政权、推行政府法令。所以，我国古代对“行政”一词的定义多为执掌政务、处理政事。

在英语中，“行政”一词的英文为 administration，源于古英语 administracioun，来自拉丁语 administrare，有侍奉、执行、供应、统治等语义。而《牛津词典》对“administration”的界定为：“一种执行行为，进行事务处理以及指导或指挥执行、资源使用或经营的行为。”从中可以看出，在西方，“行政”在最初的使用中并未指明动作主体，也没有将其限定在政府之中。但在古希腊时期，亚里士多德曾将其用于国家治理的描述上，他认为行政是一种对国家事务的管理行为。而随着威尔逊 *The Study of Administration* 的发表，“行政”也逐渐与政府事务相关联。

因此，无论是中国还是西方，对于“行政”的定义都逐渐与政府事务相联系，主要含义都为执行和管理国家事务。随着社会的发展，国家进行事务管理和执行这一行为变得越来越复杂，学术界对行政的定义也趋于多元，且由于视域不同存在差异。但概括起来，主要是从三个方面对“行政”进行定义。

（一）从政府的组织结构角度定义

从政府的组织结构角度定义，主要的代表学说是“三权分立说”。该观点从现代资本主义国家的建立原则出发，根据政府的组织结构对行政边界进行界定，认为行政是立法、司法和行政“三权”中的行政权及其权力的使用，将行政限定在除司法和立法外的行政机关的事务中，将行政活动与立法活动和司法活动相区分。美国学者魏洛毕就认为行政是政府组织中行政机关管辖的事务。此观点一方面界定了行政主体为行政机关人员；另一方面界定了行政内容为行政机关事务。但随着西方资本主义国家的行政权力不断扩大以及“三权”的相互渗透，行政活动、立法活动和司法活动并不能清晰地相互剥离，因此以组织结构来界定行政的界限越来越模糊。该观点在对行政的定义上有明显的特点，被一些学者认为是“小政府”的观点。另一方面，以劳埃德和菲利克斯·尼格罗为代表的美国学者提出了“大政府”的观点，“行政包括所有三个部门——执行的、立法的和司法的——以及它们的相互作用”，认为行政是政府机构进行社会事务管理的活动，并不局限于行政机关。该观点更加符合现实情况，但是也导致了行政主体和行政内容易混淆的结果。而且，由于各国实际组织结构的不同，以政府的组织结构角度对行政进行界定是存在一定局限性的。

（二）从政治和行政的关系角度定义

从政治和行政的关系角度定义，主要的代表学说是“政治－行政二分说”。该观点认为政治和行政是分离的，代表人物是美国的威尔逊和古德诺。威尔逊在《行政之研究》中提出，政治是国家层面的重大活动或者事项，是由政治家来操作完成的；而行政则是国家在具体方面的事项和活动，是由具体的执行者来完成的。在威尔逊看来，政治和行政是由不同主体开展的两个不同层面的活动。但该观点也受到了一定的批判，有学者认为将政治和行政完全分离在现实中是不存在的，两者是存在天然联系的。因此古德诺在其著作《政治与行政：关于政府的研究》中提出，政治是国家意志的表达，是国家政策的制定；而行政是国家意志的执行，也就是国家政策的执行。古德诺也将政治和行政进行了区分，但也同时表明了两者之间的关系，即两者活动的开展都是围绕国家意志的实现而进行的，并且行政是为了政治而服务的，是受政治主导的。自此他明确提出了“政治－行政二分说”。

“政治–行政二分说”的提出，为行政成为一个独立的学科奠定了基础，利于行政学科的独立和系统化发展。

（三）从管理的职能角度定义

从管理的职能角度定义，打破了原有理论将行政主体限定在公共部门的局限，提出行政主体既可以是公共部门，也可以是私人部门，即行政事务包括了政府组织和非政府组织的事务处理活动和管理活动。19 世纪末至 20 世纪初，科学管理理论兴起，工业生产中由于对提高生产效率的需要，需要协调好人与人之间、人与生产资料之间的关系。美国学者泰勒在其著作《科学管理原理》中提出，为了提高工业生产效率，在生产过程中要进行分工协作和实行标准化生产。一些学者受其影响，将工业生产中的管理理论引入行政学中。美国学者怀特就在《行政学导论》中提出，行政是为了实现一定的目的而采取的指挥、控制和协调活动。德怀特·沃尔多的“管理说”当中也提到，行政是一种具有高度理性的人类合作与努力。古立克的“七职能说”把行政的具体运作过程划分为计划、组织、用人、指挥、协调、报告和预算七个方面。西蒙更是在这些理论的基础上提出了行政就是采用多数人的力量去完成某一目的的实践活动的观点。上述定义都强调了行政是对人与人之间、人与物质资料之间的关系协调，通过分工合作、标准化生产和集体力量，达到效率提高的目的。将效率和标准化引入行政中，无疑提升了对行政的科学认识，而且也让大众意识到行政这项实践活动不仅限于公共部门内，在私人部门也可以出现，扩宽了行政的研究领域。但这也在一定程度上忽视了行政活动对效率之外目标的追求，将其与工业生产的管理活动等同，模糊了公共行政行为与企业行政管理行为之间的界限，掩盖了行政活动的特点。

综上所述，我们可以得出行政是以执行机关为主体，通过人员调动、资源调配等形式，使集体意志得以执行和实现的实践活动。因此，我们可以得出广义的行政管理是政府、企业等单位为实现单位意志而在处理事务时进行的领导、人事、决策等一系列人员调动、资源调配的实践活动；而狭义的行政管理则单指政府为实现国家意志，运用国家权力，而进行的调配国家资源等实践活动。在多数情况下，为了突出其公共性特征，以及对行政管理和企业行政管理作出区分，更多的是采用狭义的行政管理的定义。

二、行政管理学

基于上述对行政管理的定义，行政管理学就是对政府运用国家权力对社会事务、国家事务以及政府机关内部事务进行处理和管理的规律进行研究的学科。行政管理学产生于人类实践，其所涉及的方面十分广泛，因此是一门综合性的学科。对行政管理学研究内容、研究方法和学科特点的梳理可以帮助我们更好地了解这门学科。

（一）行政管理学的研究内容

1. 行政管理的理论研究

行政管理的理论研究主要包括两个部分。一是行政管理学的历史研究。行政管理学作为一门综合性、应用性的科学，其发展历史悠久。了解行政管理学的起源、形成、发展，可以从中总结规律以借古鉴今。二是行政管理学的一般原理研究。行政管理是一项实践性的活动，其产生、实施、发展等有一定的逻辑体系依据，而这些依据就是行政管理学的一般原理，是行政管理开展的一般性原则、方法和准则，也是行政管理学学科发展的基础。

2. 行政管理的主体研究

行政管理的主体作为行政管理开展的核心部分，包括行政职能、行政组织、行政领导、行政人员等，它们在行政管理实施过程中连接成一个清晰的逻辑网络。国家政府行政职能要求行政组织在体制内发挥行政作用，而行政领导、行政人员则是作为行政组织内行政管理开展的直接作用人。因此，对行政主体进行研究可以促进行政职能的发挥，对行政管理学科的发展具有重要意义。

3. 行政管理的流程研究

行政管理主体之间的联结是依靠行政管理流程建立起来的，包括行政计划、行政执行、行政监督、行政改革等，这些环节构成了行政管理的运行过程。对这些行政管理运行过程的研究，可以帮助人们更清楚地厘清行政管理流程中的逻辑关系，体现出行政管理的特殊性，将其与一般管理活动相区分，促进行政管理的系统化、科学化发展。

4. 行政管理的影响因素研究

行政管理涉及领域的广泛性决定了行政管理的开展需要受到众多因素的影响，例如行政环境、财务行政、行政法治、行政方法、行政道德等。这些因素的发展情况在不同程度上对行政管理的开展起到了正面或者负面的影响。对行政管理影响因素的研究可以为行政管理的开展提供更好的保障。

（二）行政管理学的研究方法

在马克思主义辩证唯物主义和历史唯物主义的指导下，结合我国国情和行政管理发展的实际，吸收借鉴国外行政管理的经验，我国行政管理学已经建立起一个与我国国情相适应的研究体系。行政管理学作为一门应用型学科，产生于实践，其理论也要回归于实践。所以行政管理学的研究要遵循科学的研究方法，以促进行政管理的理论和实践发展。本书将重点介绍四种研究方法。

1. 系统研究方法

系统研究法起源于系统工程理论，它强调研究事物自身的系统性，要求将研究对象置于系统的框架内，从其整体和内在的联系中进行研究。运用这种方法，要求我们把行政管理看做是一个完整的系统，对系统的结构、功能、要素之间的相互关联以及系统与环境之间的交流互动、平衡关系等进行分析研究，认识其中的联系和规律，由此获得行政管理实施方案的最优化和结果的最优化。行政管理作为一个运行中的系统，是一个动态的系统，因此对其的研究不仅要看其静态的系统构成，还要分析研究其动态的系统运行以及系统自身和环境的信息反馈。

2. 实证分析方法

实证分析方法又被称为事实研究方法、行政调查方法，包括调查研究方法、模拟实验方法、个案研究方法等。实证分析方法主要是通过对某个真实的行政事件或具体行政问题进行调查研究、模拟实验或案例分析，并根据相应的信息和数据进行分析，由此获得相关行政管理事件或者具体行政问题的事件规律或解决办法，并将此应用于行政管理的指导工作中。实证分析方法要求研究者具体问题具体分析，深入到具体事件和问题中去，这就导致了产生的研究成果的普遍性会受到客观限制，所以在使用实证分析方法时要注意进行类似问题的研究，发现其中的普遍性原理和规律。

3. 比较研究方法

比较研究方法主要采用的是对国家的行政管理实践进行比较分析。主要是通过两个维度进行研究，一是进行同一国家的行政制度或行政模式、公共政策等的纵向研究分析；二是对同一时期不同国家的行政管理实践情况进行横向研究分析。对不同时期和不同主体的行政管理实践进行研究，一方面可以总结历史，去其糟粕取其精华；另一方面又可以开阔视野，借鉴不同政府主体的先进经验，促进政府在行政理念、行政制度、行政方式等方面的进步，实现更加高效、优质的政府管理。但是对行政管理的研究起源于实践需要，不同的社会文化背景会对行政管理的开展产生影响，因此采用比较研究方法时需要注意相应时期和政府所处的社会情况和文化背景，不可脱离实际空谈行政管理。

4. 理论与实际相结合的研究方法

行政管理是实践的产物，对其的研究必须要将理论与实际相结合，也就是采取唯物辩证的研究方法。这就要求我们在行政管理与其他事物的普遍联系和不断发展中进行研究，关注行政管理开展时的具体国情、经济基础、文化背景等，同时将行政管理研究所获得的一般原理和理论与国家具体的行政管理相结合。尤其是在我国改革开放的大背景下，要结合当前改革开放的实际难点和重点进行研究，并将研究结论用于改革开放中，发挥理论的指导作用，促进我国行政管理生态的健康发展。

（三）行政管理学的研究意义

在科学技术、文化、经济高速发展的今天，国际竞争愈发激烈，国家高效和高质的行政管理一方面可以为国家综合实力的增强助力，另一方面又可以使人民获得更多的幸福感。因此，学习和研究行政管理具有重要的意义。

1. 学习和研究行政管理是增强我国综合国力的需要

当今的国际竞争已经转变为以经济和科技为中心的综合国力竞争，同时冷战思维、霸权意识、疫情等因素也不断地给国家发展带来威胁。想要在这场没有硝烟的战争中保证自身不被世界孤立，增强国家综合国力势在必行。在经济和科技高速发展的带动下，国家的文化、教育、商贸等领域都发生了一定质和量的变化。为了促进这些变化往期望的方向发展，关键在于国家行政管理的体制如何适应这些变化并提供支撑作用，促进社会经济、科技的良性发展，从而为国家综合国力的提升服务。所以研究行政管理学，了解和掌握行政管理的基本规律，促进国家行政管理体系的优化、管理水平的提升和管理手段的现代化十分重要。

2. 学习和研究行政管理学是我国体制改革的需要

体制改革是我国社会主义初级阶段的基本任务。目前我国的经济体制改革已经有了一定的成就，但是想要保持其现有成就并使其进一步发展，行政管理体制改革必须同步跟上，为其提供支持。因此，行政管理体制改革是我国目前体制改革的重点，同时由于其所涉领域广、所涉因素复杂，也存在很多的难点。行政管理作为政治体制改革的重要内容，要求我们对行政管理学不断地进行深入的学习和研究，并且将获得的最新成果应用于行政管理体制改革的实践活动中，为行政管理体制改革提供理论指导，从而促进行政管理体制改革的进一步深化。

3. 学习和研究行政管理学是更好为人民服务的需要

作为一个社会主义国家，人民才是国家的主人，国家所有的权力和行政职能的发挥都应该是为了人民。但在高速发展的社会中，人民的需求不断变化，原有的行政管理制度和行政管理方法已无法满足人民的需求。同时，由于一部分行政人员自身的素质难以跟上社会发展的步伐，难以为人民提供所需的服务。因此，为了更好地为人民服务，提升人民的幸福感，我们要注重对行政管理学的研究和学习。学习和研究行政管理学一方面可以提升行政人员的自身素质，使其具备为人民服务的素质要求；另一方面也可以促进行政管理体制的优化和管理手段的现代化，为更好地为人民服务提供政策和环境支持。

第二节 行政管理原理及原则

一、行政管理原理的内涵

原理是指自然科学和社会科学中具有普遍意义的基本规律，是在大量观察、实践的基础上，经过归纳、概括而得出的。行政管理原理正是人们在行政管理实践的基础上，通过对行政管理现象、行政管理行为等的观察、研究，得出的关于行政管理本质和基本规律的看法。行政管理原理的产生源于对行政管理实践的总结，因此将行政管理原理应用于实践的过程中要将其与本国国情相结合，这就要求我们对行政管理的原理进行深入学习，把握行政管理活动的基本规律，厘清行政管理实践与行政管理原理之间的关系，并在此基础上将行政管理原理具体化为一定的行政管理原则，用以指导行政管理实践的开展。

二、行政管理原理及原则

（一）系统原理

系统是指由两个或者两个以上的要素组成并具有特定功能的有机整体。行政管理的系统原理强调行政管理的对象、活动等要素之间的相互关联性。因此，要实施有效的行政管理，就要了解其要素间的相互关联，并对其关联进行系统分析，整体统筹和规划要素之间的结构构成，从而实现管理的优化。

1. 系统特征

一是目的性。整合行政管理的要素，使其组合成一个系统，就是为了达到行政管理行之有效的目的。任何系统的存在都是为了达到一定的目的，每个系统都有明确的自身目的。即使系统内部分为若干个目的不同、独立运行的子系统，子系统之间也是以共同目的的实现为前提而相互联系的。但是，在实际生活中，由于各种现实和历史的原因导致部分子系统缺少目的性，从而影响整个系统的运作、功能的发挥，尤其是会产生系统的内耗，这对系统的稳定性和长期发展会产生严重的影响。所以为了达到系统目的的实现，一方面在组织、建立、调整系统的结构时，要强调子系统（单元）对系统目的的服从；另一方面，也要对系统中的单元及时进行调整，使每个单元都有确定的功能，使每个子系统都可以为了系统总目标的实现而发挥作用。

二是整体性。系统是由若干子系统所组成的，目的性特征的存在就要求系统内虽有若干个不同的子系统，但子系统需相互联系并构成一个不可分割的整体，向着一个共同目标的实现而发挥作用。系统的整体性要求系统的各部分是服从于整体的共同目标的，并在整体的统一协调统筹下遵循一定的规则运行。但这不意味着整体和部分的利益关系总是一致的，它们之间的复杂交错的关系，使得有时需要牺牲部分的利益，才能保证系统的总体功能达到最优。也就是说，如果各部分一味地强调自身的利益最大化，并不代表整体也能达到利益的最大化。但这也并不意味着在整体功能实现时要完全忽略部分的诉求，而是要求我们在定义整体和部分的关系时，要有系统观和全局观，统筹规划系统的建立和运行，使之相互联结，向着共同的目标行动。

三是层次性。系统内各子系统之间的关系是复杂多样的，如不厘清其结构，系统的运行效益会受到影响。因此，一个可以保证部分和整体功能都得到发挥的系统，其结构一定是有层次的，各层次子系统都有自己的功能作用，而且每个层次的子系统的任务、职责、权限等也是明确的。系统内层次间的联系主要有两种，一是同一层次内各子系统之间的内部联系，二是不同层次之间的上下层的联系。具体到国家行政管理体系中，就是宏观管理和微观管理的关系。宏观管理是由国家或者政府对整体国家系统的运行进行统筹规划，而微观管理则是在国家或政府的指导下，在政策许可的范围内，作为子系统的各单位根据实际情况自行进行管理调控。

四是动态性。任何系统都无法脱离环境而独立存在，系统的运行是在动态发展中进行的，它们需要不断地与外界进行信息、物质、能量的交换；而且系统内部也不是一成不变的，它们自身也会发展变化，它们的发展变化也会对环境产生影响，形成一个双向的反馈机制。因此行政管理作为一项系统性的工作不应该一成不变，而应该因地、因时、因人不断调整，去适应环境。系统动态的环境协调能力和适应能力是系统可以在环境中得到长期生存和发展的重要因素；并且动态适应性越强，其生命力也就越强。

了解系统的特征，是为了帮助行政管理者更好地了解自己所面对的管理系统，可以根据其特征和实际情况对行政管理活动进行调整，并在系统原理的指导下进行管理，发挥行政管理系统的最大效用。

2. 管理原则

系统原理要求管理者按照系统论，对行政管理系统内的各要素进行整体统筹、动态调整，最终实现整体的管理目标。在实际管理中，可以根据实际情况将系统原理具体化为整分合原则和相对封闭原则。

（1）整分合原则

按照系统原理，任何系统都是由不同的却相互联系的子系统构成的有机整体，为了整体目的的实现而发挥作用。整分合原则正是在此基础上提出的。行政管理者必须意识到行政管理系统是一个整体，并从整体上了解行政管理系统整体及其运动规律，分析系统的整体功能、性质、特点等，从而确定合理的总体目标，这是“整”。“分”是指任何行政管理的工作都必须在整体规划和围绕总目标的基础上，对整体进行合理的拆解，形成各个子系统，然后根据各子系统的性质、地位进行明确的分工。“合”则是要求行政管理者要在分工的基础上根据需要对系统的各要素、环节、部分等进行整合协调，最终达到系统目标实现的目的。

整分合原则要求管理者必须要有整体观。管理者要把整体优化和系统目标的实现作为根本出发点，对行政管理工作进行系统的分工和整合协调，并且必须意识到分工并不是对系统整体功能的肢解，而是根据需要对具体工作职责和范围的分配，目的是为了整体功能的更好发挥。不能一味地强调分工的严格界限，这样会造成系统之间的脱节，影响整体工作的流畅进行。同时，分工基础上的协调也是以行政管理工作的顺利进行为前提的，而不是部门或者人员之间责任的推诿。所以行政管理者在整合协调各子系统的工作时要进行有利的组织管理，积极协调子系统之间的矛盾，使各个环节可以科学、合理地协调运行。

整分合原则的应用也强调了系统的层次性，从整体上明确系统的结构和层次，然后将各结构和层次进行分解，对部门和人员进行分工，使其成为一个个独立的单元，在系统目标的实现中发挥作用。

（2）相对封闭原则

相对封闭原则是指行政管理工作要在对外开放的前提下，在行政管理系统内形成一个封闭的回路，使行政管理的各部门、环节、流程等都能有序地首尾相接，形成一个自洽的运行系统。而对外开放的前提要求行政管理系统要在形成内部封闭的同时也要保持与外部相关系统的联系，保持双方之间输入和输出的双向沟通关系。因此，行政管理系统的相对封闭原则是管理系统的机构设置、管理活动过程、管理制度、信息系统等内部存在的相对封闭，其目的是形成一个具有自适应和自循环功能的管理系统，确保系统共同目标的实现。

以机构设置和管理活动流程为例，根据行政管理流程，要形成决策机构、执行机构、监督机构和反馈机构之间的有效衔接。决策机构根据问题形成行政决策并将指令传达给执行机构，执行机构接收指令后负责相关决策的落地执行，同时监督机构对执行机构的执行情况进行监督，并将执行情况和监督意见传达给反馈机构，反馈机构对反馈信息进行分析评价并为决策机构提供有效的反馈建议，决策机构根据反馈建议重新制定决策并传达相应的指令，从而形成一个有效的自循环系统，这就是一个相对封闭的管理系统。

在自循环的管理系统各环节内部，同样也要形成相对封闭的回路，尤其是在人员管理中。首先，同一结构层次的行政人员要在横向的职责权限方面相对封闭，所有同一结构层次行政人员的职责权限应该互相衔接以覆盖该结构层次被赋予的所有职责权限；其次，纵向的行政关系也要相对封闭，上级行政管理人员的权责体系中也要包含下级行政管理人员的权责内容，简单来说就是要一层管住一层、一层对一层负责，从而避免行政管理过程中职责无人认、权限无人管的现象，使得问题出现时问题有人管、事情有人做，从根源上解决扯皮问题。

因此，封闭管理原则的使用是为了解决系统的内部关系问题，而不是解决系统与外部环境和系统间的关系问题。外部关系问题的解决依靠内部封闭是无法解决的。行政管理者在运用此原则前，需明确所面对的矛盾和问题的性质，不可一概而论。

（二）人本原理

人作为行政管理系统中具有主观能动作用的要素，在行政管理工作的开展中具有积极作用。因此，行政管理要将人放在中心位置，充分调动人的积极性，发挥人的创造性，将其作为管理工作的根本。

1. 人本原理概述

人本原理，即以人为本的原理，要求在行政管理中以人为核心、为根本，强调人在行政管理活动中的主体地位和作用。人本原理认为人在行政管理系统中是处于支配地位的，人自身的主观能动性决定了人是作为行政管理系统的核心掌控着行政管理的发展的，而不同于物力、信息、资源等基本要素需要被人支配才能发挥作用。

人本原理要求，在行政管理工作中要抓住“人”这个核心要素。首先，要明白人作为行政管理系统中最重要的要素，必须重视人，重视人的权利、需求和发展，重视人的差异、作用和价值，重视人在行政管理系统中的核心地位。其次，要明白行政管理工作的实施是以人为主体的，没有人社会问题将无法解决，政府机构将不复存在，国家将难以存续。国家的长治久安、民族的兴旺繁盛、世界的发展进步都是依靠人实现的。同时，还要明白行政管理的最终目的是为了人的生存、发展。在我国，行政管理不是任何阶级或者团体为己谋私的手段，而是为了人民而服务的。

所以人本原理要求每一个行政管理者都要做好“人的工作”，要将人放到行政管理工作的第一位，重视其主体地位，一方面可以促使作为行政管理工作主体的人形成主人翁精神，主动参与到行政管理中去；另一方面也可以使作为行政管理对象的人更加配合行政管理工作的开展，促进行政管理的良性发展。要重视人的合理关切，满足人的合理需求，从而调动人的积极性，激发人的创造性，发挥人的自我实现精神在行政管理中的重要作用。同时，要时刻记住，我国行政管理的最终目的是为了最广大人民的根本利益，要最大限度地为人民服务，满足人民的需求。

2. 行政管理原则

（1）能级原则

“能级”一词来源于物理学，是说围绕着原子核运动的电子因为具有的能量不同，会按照不同的轨道绕着原子核运动，也就是说能量不同的电子所处的等级是不同的。同理，在行政管理中每个人的能力是不同的，就好比能量不同的电子；行政管理也应该在一定的标准和规范的前提下按照人的能力大小对不同的人赋予不同的位置，让每个人都能处于合适的位置，从而形成一个规范化、标准化的能级系统。这就是能级原则。

能级原则应用的前提是承认人的差异性，认为人存在能力的差别，每个人的能力是有区别的。因此，才可以对人进行能级的划分和分组，才能建立一个合理的能级系统。在能级系统中，每个位置所对应的权利、责任、利益、荣誉等都是不同的，因此能级位置也是人能量大小的体现，也就是说人的能力与其在能级系统中的位置是相适应的。但人在能级系统中被赋予的位置并不是一成不变的，能级系统正如电子运动轨道一般会因外来电子的攻击或其他原子的吸引而发生变化，所以能级系统是动态的、开放的，应该根据人的能力、学识、思想等的变化引起个人位置的变化，甚至是系统整体的变化。

因此，在应用能级原则的过程中要注意以下几点：

一是能级的划分要在科学理论的指导下进行，不要主观随意为之。各个能级的划分和组合都有客观的标准和依据，才能确保后续能级系统建立的稳定性。即行政管理结构的建立是一项科学活动，必须在科学理论指导下进行。一个稳定的行政管理结构往往是正三角形或者宝塔形的，从上到下一般分为四个层次：决策层、管理层、执行层和操作层。层次的科学划分和定位是人才选拔的重要条件，对人才管理具有重要意义。

二是不同能级权责利不同，同一能级内权责利一致。不同的能级意味着处于相应位置的人存在能力的差别，而这种差别是通过不同能级的权力、职责、利益和荣誉来体现的。对不同的能级的人附加不同的职责，只要他们完成了相应的职责，就可以获得对等的权利，并且给予他们一定的奖励和荣誉，使层级内权责利一致，可以极大限度地调动人的积极性，从而发挥各能级的主动性和创造性，保证行政管理任务能顺利完成。

三是能级系统是动态发展且具有适应力的。首先，能级系统的建立是人才合理安排的前提，这样人才可以尽其才，所以必须把人安排在适合的能级位置上，并使能级与人的能力相匹配。其次，能级系统是一个动态的存在，各能级系统的位置并不是固定不变的，需要根据人的思想、能力、学识、观念等的变化对其所处的能级位置进行调整。同时，能级系统与环境或其他能级系统是存在输入与输出关系的，所以要根据环境或者其他能级系统的影响变化对能级系统进行调整，提升行政管理系统自身的适应力，提升系统面对风险的抵抗能力，从而提高系统生命力。

（2）动力原则

任何运动需要持续进行，关键在于寻找到一个强大的动力为运动的持续提供能量。行政管理作为一种社会性运动，也需要不断产生动力才能推动其有序、持续的运行。而人作为行政管理的核心，只有不断激发人的动力，才能促进行政管理活动持续不断地运行和发展。因此，动力原则强调推动行政管理活动的基本力量是人，行政管理必须有能够激发人的工作能力的动力。现代管理学将动力的产生分为三大类：

一是物质动力，主要是指对个人的物质报酬、奖励等经济效益以及升职、调岗等分配或激励制度。适量的物质动力可以充分调动人的积极性。但如果物质动力设置过量，容易导致不当竞争的问题。在物质动力设置时也不能只注重其激励作用，而是要让人得到实实在在的物质利益和经济效益。

二是精神动力，主要是指包括理想信念、精神信仰、学术追求、道德情操、“三观”等方面的精神力量。精神动力不仅可以弥补物质动力设置不当导致的缺陷，其本身就具有巨大的力量。西蒙曾提出绝对理性的经济人是不存在的，其中一个重要的因素就在于人有情感满足的需要，所以行政管理者需要满足人在情感方面的需求，使其产生向心力、归属感，从而形成集体意识、集体荣誉感，甚至主人翁意识，促使行政管理工作更好地完成。精神动力的激发可以通过思政教育、团体培训等方式开展，使精神动力成为人的主要动力，甚至是决定性动力。

三是信息动力，主要是指个体通过信息交流和收集所产生的动力。比如企业通过调研、学习了解了前沿技术而不断提升自己的研发能力，又比如某部门通过技术培训学习到新的管理技术并将其应用在日常管理中，再比如党员干部学习优秀的党员精神……因此，信息动力是一个很宽泛的概念。在一个信息化的时代，信息交流和收集似乎成了每个人的必备技能，有益的信息会为个人带来发展的切入点和动力，但过量的信息会带来信息焦虑、信息混乱，影响正常的工作、学习活动。因此，行政管理者对信息内容、信息交流机会、信息渠道等方面的提供要进行筛选和控制，提高信息收集和交流的效率，进而提高行政管理的效益。

在实际管理工作中，一定要协调运用物质、精神和信息三个动力。但三个动力的同时存在不代表三者的平均，应以物质动力为基础，着重发挥精神动力和信息动力的作用，同时控制三种动力的刺激量，合理配置三种动力在实际行政管理工作中的存在，从而使人可以充分调动自身的积极性，增强行政管理工作的活力和效率。

（3）激励原则

激励原则认为要利用外部诱因的刺激调动人的积极性和创造性，激发人的内在潜力，以发挥出个人的积极性、主动性和创造性。与动力原则希望激发人原有的工作能力不同，激励原则更强调通过科学的手段激发人的内在潜力，利用外部刺激引导个体将其转化为自觉意愿。

目前常用的激励类型主要有：①目标激励。通过设置适当的绩效、工作任务等目标进行目标管理，激发人的动机，调动人的积极性。②奖惩激励，通过对个体、团队的某些行为给予相应的肯定和表彰或者否定和批评，使个体合理、优秀的行为得以保持和发扬，使个体不良、不规范的行为得到改进或者消除。③竞争奖励。通过在管理系统内设置合理、公平的竞争机制，调动个体的竞争意识、进取意识和积极性。④关怀激励。通过关注人才期望和满足个体需要，使个体感受到关怀，激发其主人翁意识。⑤考核激励。通过建立规范的考核机制、考评机制等，将考核结果与薪资挂钩，使个体体会到自身的行为价值，从而为价值去努力。

但面对行政管理系统内的不同对象，需要合理选择激励类型，合理配置目标激励、强化激励、榜样激励、关怀激励、考核激励等多种类型的激励。同时，不能忽略惩罚机制、危机体验等负面激励在规范个体行为、形成危机意识等方面的积极作用。要因人、因时、因事、因需地给予适宜的激励。管理者需要了解激励原则实施的最终目的是在实现组织预期目标的同时，让组织成员也能实现其个人的目标。所以，任何激励的设置前提都是为了系统目的、效率的实现。

（4）行为原则

行政管理的行为原则要求运用科学原理，根据人的行为规律进行管理。人的行为是人思想、感情、动机、思维等因素的综合反映。要对人的行为进行全面的调查、了解、分析，总结其行为规律和特点，并根据人的行为规律和特点采取相应的措施和政策，从而调动人的积极性，使其产生的行为有助于组织目标的最终实现。

现代管理中，人作为行政管理中最核心的因素，管理者一定要正视其正当、合理的客观需求，并予以解决。行为科学认为人都是有需要的，需要决定动机，而动机又可以支配人的行为，因此满足人的客观需求是人的行为管理的第一步。但满足人的需求不代表人是完全自由的，也不代表每个人可以毫无限制地根据自身需求和喜好选择工作、产生行为。行为原则强调要明确个人的职责任务，并且这些任务是具体的、可考核的，且对每个人任务的考核会影响个体的总体发展，由此来限制个体的行为，避免工作任务流产、责任人空白等问题的出现。同时，对每个人的责任履行和任务完成的考核是有严格的质量要求和标准的，且配有相应的奖惩制度，这是行为原则行之有效最关键的一环，也是行政管理控制行为结果趋向组织目标最有效的方式。

（三）动态原理

辩证唯物主义认为物质是运动的，运动是绝对的，静止是相对的。行政管理也是以运动的形式存在的。既然行政管理是运动的，那么其就一定是动态的。首先，行政管理系统内各个要素本身就处于一定的时间和空间中，其自身就是在运动的，行政管理自然会因其要素的运动而发生变化和发展。其次，行政管理的对象、手段、主体、环境都会随着时间和空间而发生变化。因此，行政管理者为了实现管理的目标，要根据行政管理运动中管理要素、管理环境等的变化，及时地调整行政管理的理念、手段和方法，因时因地因事制宜，这就是动态原理。

现代管理中，科学技术、信息网络的加入使得行政管理更加瞬息万变，行政管理者需要根据实际情况对管理过程进行调整，保证行政管理是指向最终共同目标的。动态原理在行政管理中的应用，主要有两条原则，分别是反馈原则和弹性原则。

1. 反馈原则

反馈原则是动态原理中一个重要的应用原则。所谓反馈，是指系统的输出端返回到输入端并以某种方式改变输入，进而影响系统功能的过程。在这过程中，行政管理者需要敏锐地察觉管理过程中的变化，对管理过程中的信息进行充分分析，并将分析后的信息用于之后的决策之中，使决策更加符合实际情况，提升决策的有效性。因此，反馈原则就是充分发挥信息作用，根据反馈信息，灵敏、正确、及时、有效地进行行政管理调整与控制，以保证管理目标的实现。

反馈原则来自控制论。控制论认为反馈是整个系统中重要的一环，一方面可以对输出端信息进行检验，确认其是否有利于总目标的实现；另一方面，反馈的信息可以为行政管理者提供政策修正、行政整改、体制改革的依据。所以，反馈是行政管理系统持续不断良性运行下去的重要环节。行政管理者必须利用好反馈，但要注意以下三点：

确保反馈信息源的多样性。任何事物都不是单方面的，单一的信息来源难以保证信息的客观性。因此，行政管理者在收集反馈信息时需要从多个信息源收集信息，确保信息内容覆盖面足够全面，可以客观地反映政策实施效果和实施状况，这样行政管理者才能做到对信息的有效收集和分析，从而有效地进行行政修正。

确保信息渠道多样化且可靠。作为行政管理者，需要担负大量的事务管理责任，无暇亲身收集每个政策或措施的落实状况，因此需要建立多样化的信息收集渠道。既要给予参与行政管理过程的工作人员发声的渠道，提供行政流程优化的直接反馈；也要为群众提供政策落地最直接的体验反馈渠道，为后期的政策修正提供最直接、最真实的依据。

确保反馈信息的真实性。反馈原则要求确保反馈信息源的多样性和反馈渠道的多样化，这是为了确保信息足够客观和真实，如此才能为政策反馈提供科学的依据。因此，行政管理者在收集到反馈信息时，一定要对信息的真实性进行调查、确认，避免模糊、不确定、虚假的信息影响行政管理政策的制定和修正，避免行政管理偏离最终目标。

反馈原则的最终目的并不是对输出端或输入端的挑剔，而是将两者联结，使整个行政管理系统可以为了一个共同目的，进行有效运行。尤其是面对不断变化的客观实际，输出端和输入端之间的信息互动可以使行政管理系统的运行更加高效。

2. 弹性原则

行政管理系统的动态性决定了行政管理过程存在意外的可能，同时行政管理所面临的问题是多因素的，这些因素之间存在着复杂且经常变化的联系，难以预先估计，所以行政管理者需要对行政管理内外部的多种因素和可能性进行分析、推断，在此基础上为目标、计划、策略等的制定留有余地。由此，弹性原则就是指行政管理者在行政管理过程中，要具有一定的适应性和灵活性，以适应系统内外部的变化和应对紧急情况的发生，以及增强组织系统的可靠性和对未来态势的应变能力。

在行政管理中，弹性分为局部弹性和整体弹性。局部弹性是指行政管理的局部环节和部门需要具有应变能力，即局部环节和部门可以为了整体目标的实现而进行自我调节。整体弹性是指，整个行政管理系统都具有适应和应对情况变化的能力。整体弹性作用的发挥是建立在局部弹性的基础上的；只有局部弹性能够发挥作用，整体弹性才能存在。弹性一方面可以使系统内实现自我调节和修正；另一方面也可以使行政管理系统能够适应系统外环境的变化以进行自我调节。所以，应用弹性原则对行政管理系统维持动态运行极其重要。弹性原则可以从组织、战略计划和管理者三方面考虑：

增强组织弹性。一方面系统整体能够有效应对外界的变化，整体弹性较强，面对环境变化能够有效地、主动地采取措施，根据实际情况对系统进行调整和修正，使行政管理不偏离系统的目标；另一方面系统内部各个环节、各部门也要增强其局部弹性，各环节、各部门要有能力及时地跟上整体的组织安排，对自身和子系统之间的关系进行调整修正，有效应对计划之外的变化。

增强战略计划的弹性。战略计划是行政管理者根据实际情况对社会问题的处理、体制改革等方面的任务作出的决策，需要预先考虑其过程中的环境和不可测因素。但人的理性是有限的，难以全面预测各种不利因素。因此，制订战略计划时，需要在充分考虑系统环境内外部条件变化的基础上，为日后的决策执行留有余地，即战略计划的制订要有灵活性，可以让行政管理者不断地根据变化的环境和系统进行调整，防止行政决策过于僵化。

增强行政管理者的灵活应变能力。行政管理过程的弹性关键在人，在于人能否发挥其主观能动性，针对管理过程中出现的变化、新问题，随机应变，做出合理的决策。因此，要提高系统整体的弹性，必须提高行政管理者的灵活应变能力，使其有能力应付环境变化和处理意外问题。这就要求管理者必须增强理论知识的学习和管理实践经验的积累。

三、我国行政管理的基本原则

（一）服务原则

在我国，服务是政府的首要职能，行政管理的目的就是为人民服务，“管理就是服务”。“服务精神”是行政管理的本质和灵魂，原因在于政府的形成是为了公民和社会的共同利益，所以服务是政府的首要职能。

在行政管理原则中，政府要清楚自己的服务对象是谁。第一，是公民，政府的一切权力来自于公民之间的契约和委托，所以政府应该为了公民的利益、社会秩序而努力，牢记公民是自己的第一服务对象；第二，政府的服务对象是国家，行政管理通过行政、经济、法律等手段维持国家内部的稳定和谐，通过外交、战争等方式保护国家的安全，所以政府也是为了国家而服务的；第三，行政管理要服务于社会，行政管理要服从国家的政策、法律和意志，为社会发展提供支持与帮助，促进国家发展。

（二）依法管理原则

依法管理就是法律不授权，政府就无职权。所有的行政活动都要有法律的依据，必须在法律规定的范围内行使职权，法律高于一切权威；没有个人、组织和集团能够凌驾于法律之上。依法行政，建设法治政府必须确立法律优先原则：①在已有法律规定的情况下，任何其他法律规范，如行政法规、地方性法规和规章，均不得与法律相抵触。②政府的行政行为必须有法律依据。③在政策和法律规定发生冲突时，政府应当首先维护法律的至上性，不能随意用政策解释来取代法律。④法律优先原则要求政府在决策过程中要做到“心里有法”，依法决策，实现政府决策体制、决策程序、决策方法的法治化，不能不考虑法律依据，仅凭热情、主观意志、长官意志随意决断拍板。⑤政府行为应依照法定听证程序办事，不能再搞“黑箱”作业；不落实听证程序，法治政府就难以建立。⑥贯彻法律优先原则，应强化政府行政强制执行权。⑦建设法治政府，必须切实加强以提高法律优先意识为重心的精神文明建设。

（三）公开透明原则

基本要求和核心思想是除了必须保密以及涉及个人隐私的部分外，政府掌握的个人与公共信息必须向社会公开。政府机关的所有活动，从立法、执法、提供资讯、社会服务，都有义务向社会公众开放。管理透明的内容包括：①政府组织的公开。即政府组织程序和权力构架必须公开，因为政府的权力来源于人民，所以人民有权了解和参与政府事务。②政府决策的公开。政府决策的制定过程必须接受公众、企业的参与和监督。③政府管理的公开。政府通过采取市场的手段参与市场管理，众多市场主体必然要求政府管理要公开透明，符合市场原则。④行政行为的公开。一方面可以提高政治民主化；另一方面又可以有效地监督、制约、规范政府行为，确保政府行为的合法性和合理性。

（四）管理高效原则

一方面，公共行政管理要追求高效率。这里的效率指的是行政效率，它是行政机关和行政人员从事行政管理活动所得的劳动成果、社会效益同所消耗的人力、物力、财力和时间的比例关系；另一方面，公共行政管理还要追求高效能，它通常是指公共服务目标的程度，如福利状况的改变程度、使用者满意程度、政策目标的实现程度等。

在行政管理实践中，一要精简政府机构。精简政府机构包括政府人员的精简和政府部门的精简两个方面。二要转变政府职能。在角色上，政府必须进行角色的重新定位，实施角色的转换；在性质上，政府要从权力的集中代表者转变为公共服务的执行者；在职能上，政府要从维护政治统治转向履行社会管理职能；在地位上，政府要从以自我为中心到以服务社会为中心；在信念上，政府要从“父母官”转变为承担维护社会公共秩序和代表民意。三要创新。政府的管理要根据时代的变化，不断创造新的政府管理方式。

（五）勇于负责原则

勇于负责，即行政主体在行使行政权力、从事行政管理的过程中为自身行为的后果承担起责任，避免行政管理的“缺位”“越位”“错位”。政府承担的责任主要有如下方面：

道德责任。即公共行政组织及其公务人员在行使行政权力，管理公共事务，提供公共服务的过程中必须遵循的道德规范与承担的道德责任。

政治责任。即行使公共权力者因违反政治义务而承担的政治上的否定性后果。

行政责任。在我国，行政主体以及公务人员违法行使职权引起行政责任时，行政责任以补救为主，包括：通报批评、赔礼道歉、停止违法、撤销违法等。

诉讼责任。在现代民主政治中，政府要承担诉讼责任，或者司法机关对政府行使行政权力进行审查时，对违法活动通过司法活动予以纠正，并对由此给公民、法人权益造成的损害予以相应补偿，同时追究政府违法的法律责任，已成为责任政府不可缺少的一个重要环节和制度设定。

赔偿责任。在民主政治体制下，政府作为为公共利益服务、为公民服务的公法人，是法律关系上权利义务的主体之一。当政府机关的行为侵害人民权利时，应像其他法人组织一样承担侵权赔偿责任。

第三节　行政管理学的产生与发展

一、行政管理学在西方的发展历程

行政管理学诞生于19世纪末，经历了一个多世纪的发展，其理论越来越充实和丰富。本书将以威尔逊的《行政之研究》一文为起点，根据行政管理学流派、理论的发展为依据，将行政管理学的发展划分为以下阶段。

（一）传统公共行政时期（19世纪末—20世纪20年代）

这一时期是指1887年威尔逊发表《行政之研究》到科学管理理论兴起之前，其主要的研究对象是以政府为行政主体的行政管理，因此被称为公共行政时期。

1887年，威尔逊在《政治学季刊》上发表了《行政之研究》，并在文中提出要建立一门独立的行政科学，因此《行政之研究》被普遍认为是行政管理学的开山之作，威尔逊也被认为是行政管理学的主要学科创始人。在文中，威尔逊强调了建立行政学的重要性，论述了当下行政管理存在的不成体系、缺乏理论指导等一系列问题，因此要通过建立行政学体系来指导行政管理的实施。在此文中，威尔逊厘清了行政学与政治学的关系，更加精确地确定了行政学的研究目标和任务，以期提升政府行政管理的效率和质量。除此之外，威尔逊还提出了行政管理的研究方法，并对行政管理的部分具体内容进行了论述，例如人事行政、行政监督等。由此，威尔逊完成了行政管理学的初步学科创设工作。

1900年，美国行政学家古德诺出版了《政治与行政》一书，在威尔逊观点的基础上对政治与行政分离进行了进一步的论述，通过对政治和行政的作用的比较，提出“政府体制中存在两种截然不同的政府职能，分别称作‘政治’与‘行政’”的看法，更加明确地将政治与行政进行分离。但古德诺也提出政治和行政的分离是职能层面的，而不意味着政府机构之间的分工存在明确的界限，并且强调要在两者之间找到协调点，使得两者的职能得到更加有效的发挥。在此基础上，古德诺又进一步提出了关于美国政府体制改革的建议和设想。

在这一时期里，行政管理学的学科体系初步形成，理论基础也逐步完善，为行政管理的进一步发展奠定了基础。

（二）科学管理时期（20世纪20年代—20世纪40年代）

20世纪初南北战争之后的美国，资本主义经济迅速发展，但是企业管理能力、劳动生产率等却难以跟上美国的科技、经济发展速度，为此很多学者开始在工厂、企业进行实验，希望通过实验获得一套可以提升企业的管理能力和劳动生产率的科学理论，并将其用于实际工业生产之中。这其中，泰勒的《科学管理原理》、法约尔的《工业管理与一般管理》等相关研究著作相继发表，《科学管理原理》的发表标志着科学管理原理的诞生。泰勒从工厂的具体管理实践经验总结得出，工厂的劳动生产要进行分工，工厂管理要制定相应的管理制度和组织结构，由此来提升工厂的生产效率。法约尔通过对工业管理的研究，总结出了一系列一般管理的理论，即既适用于政府公共事务管理，又适用于企业管理。他的突出贡献，是提出了 5 大管理职责和 14 条管理原则。5 大管理职责分别是计划、组织、指挥、协调和控制；14 条管理原则分别是分工原则、纪律、统一指挥原则、统一领导原则、权责相符原则、个别利益服从整体利益原则、集权原则、报酬原则、秩序原则、等级系列原则、首创精神原则、人员稳定原则、团结精神原则。科学管理理论的体系化研究、实用性高等特点，在后来行政管理理论的发展中产生了重要的影响。

1926 年美国学者怀特的《行政学导论》和 1927 年美国学者魏洛毕的《行政学原理》相继出版，成为行政学形成一门独立学科的标志。由于受科学管理理论的影响，行政管理学的研究也开始追求研究的体系化和实用性，其研究重点开始涉及行政组织、行政体制、行政方法等多方面的内容，在研究中也更加关注行政管理的效率、制度规范等目标。在学科体系建设方面，这个时期的学者对行政管理的研究目的、研究方法、管理原则等都提出了一系列的规范性要求，使得行政管理的体系结构更加完善，使之成为一门领域广泛、内容丰富、作用独特的独立学科。美国在 1929 年成立了全美行政学会，国际行政科学学会也于 1930 年在西班牙首都马德里成立，表明行政管理学科的发展逐渐走向体系化和规范化，并进入一个新阶段。

（三）行为科学时期（20 世纪 40 年代—20 世纪 60 年代）

这一时期行政管理的发展特点就是行为科学与行政管理的深度融合。行为科学是一门运用应用心理学、社会学、人类学以及相关学科的理论方法来研究人的行为以及人与人之间关系的学科。把行为科学的相关理论和方法引入行政管理研究领域的最具代表性的人物，是巴纳德和西蒙。

巴纳德作为行为科学管理领域重要的奠基人，他提出了社会人假设、非正式组织理论、组织平衡理论和权威接受理论。巴纳德提出的社会人假设认为，人并不是作为一个孤立的个体而存在的，而是作为某个群体的一员存在的；个体归属于某一个组织时，人与人之间的关系和组织的归属感比经济报酬更能激励人的行为。而这其中非正式组织就是一个非常重要的存在，它在信息焦虑、维持正式组织内部的团结以及维护个人品德和自尊心等方面都有巨大的作用。这就是巴纳德的非正式组织理论。权威接受理论认为，领导权威也是正式组织发展中的关键，尤其是在信息交流方面。但巴纳德强调权威的大小在于下属对于权威的接受程度，而非领导的职位高低。所以想要使组织的信息交流顺利，关键在于权威能被下属所接受。在组织平衡理论中，巴纳德提出组织想要生存发展必须保证组织与个体、环境之间的平衡，维持组织平衡也是组织管理职能发挥的关键。巴纳德的理论对后来的行政管理学发展尤为重要。

西蒙的重要贡献在于将行为科学引入行政管理学中并发展成新的理论学派——行为主义学派，包括了行政学研究方法论、行政决策理论和行政组织理论三个部分。西蒙的理论受到了逻辑实证主义的影响，强调价值中立取向，认为科学研究时是不对研究对象进行价值判断的，因此，进行行政管理研究时的名词定义必须是操作性的，即与事实情况相一致，并且提出对复杂整体现象的研究需要提取出基本的分析单位，分析其具体的特殊层次。因此，西蒙将决策引入行政管理的研究中，以决策行为去研究行政的理由。其中最大的贡献就在于西蒙提出了有限决策理论，认为人并不是完全理性的，“绝对理性的经济人”实际上并不存在，人的行为都是依赖“有限理性”的，由此提出决策准则应是“最优化”准则，并将决策过程分为情报、设计、抉择和评价四个过程。同时，西蒙还对巴纳德的组织理论进行了深化和完善，强调了组织设计的重要性，尤其是在组织的层级结构、专业分工等方面。

尽管后来学界对西蒙等人的理论依旧存在意见分歧，但将行为科学引入行政管理的研究无疑使行政管理学向前发展了一大步。一方面，行为科学时期更加重视人以及人的需要在行政管理中的作用；另一方面，该阶段的研究是以事实研究为基础的，所得理论更加复合实际，更具有实际的指导意义。

（四）系统科学时期（20 世纪 60 年代—）

这一阶段始于 20 世纪 60 年代，行政管理学发展最明显的特点就是多学科的交叉应用，例如自然科学、社会学、现代技术等都被引入到行政管理的研究中，使得行政管理进入了一个新的时期。并且由于不同学科的研究方法的引入和不同学科背景的研究者的加入，行政管理学出现了不同流派学说百家争鸣的局面，公共政策学和公共管理学等理论先后兴起。其研究内容主要呈现出两个特点：一是更加关注行政管理中所遇到的实际问题，并将工商行政管理等领域的行之有效的措施和理论引入行政管理的研究中，扩大了行政管理研究的宽度；二是更进一步探讨了行政管理的本质问题，强调了公民在行政管理当中的重要作用，使得行政管理的研究深度得到了进一步的拓展。

在过去一个多世纪的发展历程中，行政管理学的研究体系、理论成果都得到了飞跃性的发展。其理论发展不仅对西方国家的行政管理生态产生了重大的影响，同样也影响了我国的行政管理学。

二、行政管理学在中国的发展

作为四大文明古国之一的中国，具有悠久的行政管理实践历史，如战国时期的御史监察制度、秦朝的郡县制、隋朝的科举制等，在行政实践的过程中也产生了丰富的国家管理思想、学说以及经验总结，如《论语》的《为政》篇及《资治通鉴》《二十四史》等。但由于我国古代的行政思想与政治思想、伦理思想之间并没有明确的界限，因此没有形成独立的行政管理学。

我国现代意义上的行政管理学是从西方引进的。19 世纪末，梁启超就曾在《论译书》中提出“我国公卿要学习行政学”。黄昌源、程鄰芳、陈思谦等人也开始翻译和引进国外的行政管理著作，如《行海要术》《行政纲目》《行政学总论》《行政法撮要》等，使西方的行政管理思想逐渐传播开来。但到了 20 世纪 30 年代以后，我国对行政管理学才有了比较系统的研究，并陆续发表和出版了一些相关著作，如龚祥瑞和楼邦彦 1934 年合著的《欧美管理制度》、张金鉴 1935 年出版的《行政学的理论与实际》、江康 1936 年出版的《行政学原理》等，这些著作都对当时行政管理的研究产生了较大的影响。

伴随着对行政管理学系统研究的开始，我国一些高校也在 20 世纪 30 年代后开始开设行政学的相关专业。当时的革命根据地延安就曾建立过行政学院。但是，当时的行政学教育还不是现代意义的行政学教育。进入20世纪50年代后，由于全国高校院系调整，政治学和行政学的相关专业被撤销，行政管理学的教育和研究工作随之进入停滞状态，这一停就是近30年。直到20世纪80年代前后，随着改革开放的进程加深，邓小平同志在某次理论工作务虚会上提出："政治学、法学、社会学以及世界政治的研究，我们过去多年忽视了，现在需要赶快补课。"由此，中国政治学学会、全国行政管理教学研究会、中国行政管理学会相继成立。1985年，在国家教育委员会的指导下，武汉大学和郑州大学等高校开始筹划行政管理专业的正式招生。自此，我国行政管理学的研究和教育工作掀起了一股热潮，不少高校都相继设置了相关专业和课程。同时，国家为促进公务人员的素质发展，也开始成立了行政管理干部学院，并将行政管理作为必修课程。1988年《中国行政管理》刊物首创，标志着我国行政管理学作为一门独立学科的创建工作已获得初步成效。

行政管理学传入中国以来，在学术界的努力和国家的支持下，行政管理的理论研究、学科建设、人才培养等方面都取得了显著的成果。随着改革开放的持续进行，行政管理学在行政体制、宏观调控、社会治理等方面的研究也更加深入。作为一门应用型学科，行政管理学与行政改革工作实践的结合更加紧密，这也是维持行政管理学持续发展的有效途径。国内良好的学科发展态势和国际间积极的学术交流，也促进了行政管理学的良性发展，国外优秀的作品越来越多地被翻译成中文出版，我国行政管理的本土化研究也越来越受到其他国家学者的肯定。由此我们也可以相信，伴随着国家现代化进程的推进，行政管理学学科的发展一定会呈现出更加强大的生命力。

本章小结

本章对行政的概念进行了界定，并从政府的组织结构角度、政治和行政的关系角度、管理的职能角度对行政进行进一步的定义，由此明确行政管理的概念，同时介绍了行政管理的一般理论和原则，并且介绍了行政管理学的研究内容、研究方法以及意义，以及行政管理学在西方和我国的发展历程。由此，本章对行政管理和行政管理学进行了相对完整的介绍。

案例讨论

20世纪90年代中后期，随着公共管理硕士（MPA）的引入以及"公共管理"一级学科的设置，中国大陆对"公共管理"的研究被提升到学科建构的层面。1997年国务院学位委员会颁布的《授予博士、硕士学位和培养研究生的学科、专业目录》，增设了"管理学门类"。"管理学门类"下设五个一级学科，即"管理科学与工程""工商管理""农林经济管理""公共管理"和"图书馆、情报与档案管理"，所有在"管理学门类"下的学科都授予管理学学位。"公共管理"下设五个二级学科，即"行政管理""教育经济与管理""社会保障""社会医学与卫生事业管理"和"土地资源管理"。1999年，为了培养政府部门及非政府公共机构的高层次、应用型专门人才，国务院学位委员会通过了公共管理硕士（MPA）专业学位设置方案。自此，中国兴起了"公共管理热"。

"公共管理"一级学科的设置和公共管理硕士（MPA）的引入，却使"Administration"一词陷入了翻译困境，正如有行政学者所说："同为Public Administration，中国人却创造出'公共行政'与'公共管理'两个概念来，这恐怕是西方人一百年也难以理解的。一个Public Administration，居然既是一级学科（公共管理），又是二级学科或者专业（行政管理）；既能管属其他学科，又能管属自己本身，实在是中国的一大特色。"（参见赵宏宇：《浅谈"公共管理""行政管理"与"公共行政"》）。在西方，特别是在美国，"公共管理"与"公共行政"存在三种关系，一是"大于"，二是"小于"，三是"等于"。在实际使用上，三种关系都是存在的。在中国，经过一段时间的争论，对"公共管理"与"公共行政"或"行政管理"的关系的认识趋于一致，那就是"公共管理"大于"公共行政"或"行政管理"，可以从主体多元化、内容复杂化、方法多样化等方面理解。特别是随着《授予博士、硕士学位和培养研究生的学科、专业目录》的颁布，无疑从政治和法律上强化了这种关系，也从认识上固化了这种关系。

"公共管理"区别于"公共行政"或"行政管理"，主要表现在管理主体、管理客体和管理方式方法方面。公共管理的主体多元化，由政府部门扩大到非政府组织的公共机构（非营利组织、第三部门）甚至私人部门的公共方面。公共管理的客体多样化，包括国家事务、社会公共事务和公共部门内部自身事务。公共管理的方式方法复合化，更多依赖经济学与管理学的理论、方法和技术，更多借鉴工商管理的方法，重视外部环境、战略管理、绩效评估和公共责任。

——摘自韩兆柱《行政、行政管理、公共行政和公共管理的词义辨析》

课后作业

1. 如何准确地把握行政管理的概念？
2. 如何理解行政管理的特点？
3. 如何把握和运用行政管理的各项基本原理？
4. 行政管理的基本原则有哪些？
5. 行政管理学产生的历史背景和标志是什么？
6. 行政管理学各个发展阶段的主要特征是什么？

评价（见下表）

评价表

属性	要点	自评			互评		
		好	一般	差	好	一般	差
理论知识	了解行政的定义及其变化						
	掌握行政管理的研究内容、研究方法以及研究意义						
	了解行政管理原理的概念						
	掌握行政管理的原理以及相应原则						
理论知识	掌握我国行政管理的一般原则						
	了解行政管理学的发展历程						

续　表

属性	要点	自评			互评		
		好	一般	差	好	一般	差
情感态度	课前认真预习行政管理的相关内容，通过多种方式查询相关资料						
	课中认真听课、做笔记，积极回答老师所提问题						
	课后及时完成老师布置的作业，遇到难题积极寻找多种途径解决						

请在“自评”“互评”栏相应单元格内打“√”，如实评价掌握程度。

第二章　行政管理职能

学习目标

1. 概述行政管理职能的含义、特点；
2. 了解行政计划的含义、作用、特征；
3. 熟悉行政决策的要素、准则、趋势；
4. 了解行政领导的含义，掌握行政领导方法与艺术；
5. 掌握行政沟通的作用、过程、方式、网络；
6. 了解行政创新的趋势。

情景导入

行政管理问题出在哪里呢？

面对产品销售业绩的不断下滑，总公司派杨仁峰出任营销部经理。杨经理决心集中力量，狠抓市场，一定要把销售业绩搞上去。

首当其冲的是如何认识和把握市场环境与形势。市场环境如此复杂，有国家大政方针、经济形势的影响，有行业竞争、顾客需求的影响，有企业自身优势和劣势……杨经理被搞得眼花缭乱，一时不知如何下手。费了好大的劲儿，对市场行情与营销业务总算能较好把握了。

但是，营销业绩始终起色不大，最近还受到总公司某领导的批评。杨经理到职前，营销部只有5个营销员。他们素质高，都很能干，大家相互信任，关系融洽，每个人都能自觉地尽全力去开展营销工作，业绩一直不错。随着公司事业的发展，营销业务与区域拓展，营销员快速增加到20余名，且分布在范围广大的9个地区。人员构成也比较复杂，有的人根本没有从事过营销工作。现在杨经理本人也忙得不可开交。他今天去这个地区，明天又赶到另一个地区，可是业绩依旧；他要求营销人员要主动寻找客户，大力开拓市场，而营销员们大喊没钱不好办事，销售困难重重；他提出营销员必须提高素质，掌握并大力宣传本企业及其产品的优势，可是营销员却以工作太忙为由不肯学习；他为了刺激营销员多卖产品，提出要按销售额提成，可大家又反映各地区差异太大，无法确定统一的提成比例。

同时，大量的沟通与协调工作，特别是人际冲突，着实令其头痛。有的员工就因为一点小事而争吵不断，影响了正常工作。他整天应付这些人的纠缠与“告状”，弄得有时饭都吃不上。他至今也未全面掌握整个市场与营销的程序与实务，不知从何处着手，甚至开始怀疑自己的能力了。

经过深入的调查和冷静的分析，他初步厘清了思路：要应对这些难题和挑战，真正实施有效的管理，就必须掌握管理者的基本职能，把握工作业务的基本流程与管理实务，最重要的就是要提高自身的管理技能。可是，到底需要掌握哪些职能与实务及管理技能呢？

行政职能是行政机关在管理活动中的基本职责和功能作用，主要涉及管什么、怎么管、发挥什么作用等问题，它是国家职能的具体执行和体现，其行使职能的过程受立法机关的监督；反之，它发挥职能的程度又制约和影响着其他国家职能的实现程度。

从行政与立法的关系看，行政职能是执行性职能，它的行使以国家强制力为后盾，它有明显的代表国家意志的权威性。行政管理职能性质上可分为政治统治和社会管理职能，范围上可分为对外和对内职能，具体领域上可分为政治、经济、文化、社会等基本职能，运行过程上可分为计划、决策、组织、领导等职能，管理层次上又有高、中、低层次行政职能等。本书讨论的行政职能主要从运行职能角度划分。行政职能随国家社会生活及行政环境的变化而变化。社会发生变迁，行政职能的范围、内容、主次关系、作用、对象等也必然发生变化。因此，适应变化和发展的需要，及时调整和转变行政职能，是搞好行政管理的重要前提和基础。

行政管理工作是一种综合性的工作，千头万绪、纷繁复杂，量大、琐碎、不起眼，却关系到组织能否正常运转和发展。行政管理的运行职能是指行政机构和人员把确定的计划方案付诸实施的过程，其目的是通过合理设计组织结构和权责关系，妥善安排及分配组织系统内各种机构和各类人员的工作。它包括以下内容：行政计划、行政决策、行政领导、行政沟通、行政创新等。行政管理职能的根本目的就是为组织的主业服务，保证组织的生存与发展，协调组织各要素之间的联系和沟通，激发组织的活力，推动组织的改革与创新。

第一节　行政计划

一、行政计划的含义

行政计划，即指行政机关为将来一定期限内达成特定之目的或实现一定的构想，事前就达成该目的或实现该构想有关的方法、步骤或措施等进行的设计筹划活动及所制定的实施步骤与方法规划。

行政决策所确定的目标必须通过制订和执行相应行政计划才能落实。没有计划，则组织、执行、控制、监督将因此失去标准而无法实施。行政计划的特点如下：

预见性。这是行政计划最明显的特点之一。行政计划不是对已经形成的事实和状况的描述，而是在行动之前对行动的任务、目标、方法、措施所做出的预见性确认。

针对性。行政计划一方面是根据企业的方针政策以及上级部门的工作安排和指示精神而制订的；另一方面是针对本单位的工作任务、主客观条件和相应能力而制订的。总之，行政计划具有很强的针对性。

可接受性。行政计划需要各个部门的理解、认可和配合才能落实。但由于各部门人员专业背景不同，认识上有差异，计划只有考虑到人们对其理解的一致性程度和认可接受程度，才有可能得到落实。

可行性。可行性是和预见性、针对性紧密联系在一起的，制订准确、针对性强的计划，在现实中才真正可行。

约束性。企业行政计划一经通过、批准或认定，在其所指向的范围内即具有约束作用。在这一范围内无论是集体还是个人，都必须按计划的内容开展工作和活动，不得违背和拖延。

二、行政计划的作用

（一）计划是组织生存与发展的纲领

我们正处在经济、政治、技术、社会变革与发展的时代，这既给人们带来了机遇，也给人们带来了风险，特别是在争夺市场、资源、势力范围的竞争中更是如此。如果计划不周，或根本没计划，那就会遭遇严重的后果。

（二）计划是组织协调的前提

现代社会的各行各业的组织以及它们内部的各个组成部分之间，分工越来越精细，过程越来越复杂，协调关系更趋严密。要把这些繁杂的有机体科学地组织起来，就必须要有一个严密的计划。

（三）计划是指挥实施的准则

计划的实质是确定目标以及规定达到目标的途径和方法。它指导不同空间、不同时间、不同岗位上的人们，围绕一个总目标，秩序井然地去实现各自的分目标。

（四）计划是控制活动的依据

计划不仅是组织、指挥、协调的前提和准则，而且与管理控制活动紧密相连。计划为各种复杂的管理活动确定了数据、尺度和标准，它不仅为控制指明了方向，而且还为控制活动提供了依据。

三、行政计划的类型

按照不同的分类标准，行政计划可分为如下几种类型：

按所指向的工作、活动的领域的不同，可分为工作计划、生产计划等。

按适用范围大小的不同，可分为整体行政计划、单位行政计划、班组行政计划等。

按适用时间长短的不同，可分为长期行政计划、中期行政计划、短期行政计三类，具体还可以分为十年计划、五年计划、年度计划、季度计划、月度计划等。

按指挥性强弱的不同，可分为行政指令性计划、行政指导性计划。

按计划制定者层次的不同，可分为战略计划、施政计划、作业计划。

按计划对象的不同，可分为综合计划、局部计划、项目计划。

按涉及面大小的不同，可分为行政综合性计划、行政专题性计划。

第二节　行政决策

决策是人们就需要解决的问题所做的行为设计和抉择过程。行政决策是决策的一种，它是行政机构为履行行政职能所做的行为设计和抉择过程。没有行政决策就没有国家公共行政行为，也就不能实现国家对广泛社会生活的领导、干预和管理，政府也就失去了基本功能及存在的意义。正因为如此，行政决策理论的创始人，美国的西蒙教授认为，决策是公共行政学和公共行政管理的核心，管理即决策，行政的过程就是决策的过程。

一、行政决策的含义

关于行政决策的含义，迄今尚有不同认识。行政决策是指由两种或两种以上可能采取的行动或不行动的方案中，做出一种选择的行为。

行政决策，就是根据行政组织的目标，研究各种问题的解决方案，由行政首长（亦即决策者）运用其智慧、经验与判断力，权衡环境因素及配合条件，选择一种最佳的行动方案；也就是说在若干可行的办法中，选择一个最好的办法。

二、行政决策的要素

行政决策的要素与普通决策的要素既有同一性又有特异性。一项全面而合理的行政决策至少应同时具备五个要素，没有这些要素就没有行政决策，缺乏某些要素就不是完整的行政决策。行政决策的要素包括：

决策者。决策者是指按法定程序赋予行政决策权的行政行为主体，这种决策权是国家行政权的主要存在和表现形式。需要说明的是，人是“决策者”这一概念的主体，但人的复合即人的群体，是行政决策的基本形式。因为从出问题开始，经由收集情报、提供咨询、制订方案，到最后择定，都由群体共同完成的。没有决策者也就无所谓决策，所以，决策者是行政决策的第一要素。

决策对象。决策对象是决策的客观实在物，这种客观实在物具有可变性，改变这种客观实在物就是决策的目的。行政决策对象区别于其他决策对象的特点是它具有全面性，与现代国家的“全能政府”相一致，行政决策也以社会生活的每一个方面为对象。具体说来，每一项行政决策都必定涉及社会生活的某一个领域或层次，否则，就不构成行政决策，而只是一种认识或思想。

信息。信息是行政决策的又一要素，是行政决策的动机、动力和条件，既是行政决策的起因，又是其根据，还是其制定的标准。因此，没有信息就不会提出决策问题，也就更不会产生效果。信息占有量直接关系到决策的准确性、正确性和有效性。

决策理论和方法。理论和方法体现着科学决策的可能性和必要性。由于现代行政决策对象在动态发展之中，所以，就必须在遵从行政决策规律的基石上运用一些准则和技术方法，以使行政决策不但快速，而且高效。

决策效果。任何决策都是为了实现一定的预期目的，任何决策也都会产生一定的或好或坏、或理想或不理想的效果，所以，效果是决策的又一要素。该要素引导决策的方向，并从一定意义上决定决策的方法，同时反映决策者的决策水平，检验决策方法的科学性、可行性、时效性和决策目的的合理性、现实性、社会性。对行政决策来说，因其公共性质所决定，追求良好的社会效果，是决策的出发点和评判标准。

三、行政决策的准则

行政决策的准则是科学、合理、及时、有效地进行行政决策通常所应遵循的规范，这些规范是：

实事求是。这是进行科学行政决策的首要条件。为此，就必须掌握翔实的资料并准确地收集、分析和运用反映实际情况的各种信息。从这个意义上说，信息的占有量、准确性和可靠性，与行政决策的科学性、合理性、可行性成正比。

科学预测。预测是现代行政决策科学性的一个重要方面，也是现代行政决策技术方法的一个重要内容。科学决策不但要求决策主体掌握翔实的过去和现在的有关信息，而且要求其通过上述信息的分析，通过丰富的想象以及严密的逻辑思维和敏锐的判断，提出和形成关于决策对象及决策条件的可能发展趋势和方向，甚至具体情形。预测能力是应变能力乃至决策能力的一种标志，也是提早采取相应措施的前提。

明确周详。明确是说关于决策的性质、目标、范围、时效、标准、进程、方式、语义等概念和表达要明确，能用数量表示的就用数量表示；周详是说决策方案及其执行的设计要完备，全面考虑到与该项决策相关的各个行为主体或因素。

切实可行。这方面的关键问题，在于全面考虑特定行政决策所涉及的政治、经济、文化、伦理、传统、价值观念、意识形态、政府威信、群众情绪、利益集团等因素的影响，以及人力、物力、财力的充足程度和执行单位的理解、意愿等综合条件，使决策建立在现实的基础之上。这就要求找出变可能性为现实性的条件，以实现决策目标。

民主参与。行政决策在名义上是行政首长的权力和功能，在实质上则是集体智慧的结晶。尤其是在现代国家里，可以说每一项行政决策都需要许多学科的知识和数据，都是许多部门和人员共同努力的结果。因此，就需要实行以上级与下级、专家与公众相结合为主要特征的、多元参与的民主化决策过程，唯行政首长持有最终决定权。此外，行政组织内部各个部门、层级和各项业务之间相互联系、彼此制约的组织关系，也要求在决策过程中实行民主参与。

经济效益。经济效益的核心问题，是取得良好的投入产出比，即行政决策及其执行过程中的付出要小于实际的社会经济效益。换言之，即决策的积极意义要大于其消极意义，收益减去付出等于经济效益的衡量标准直接反映出决策主体的价值观，不同的比较对象和衡量方法可能得出完全不同的结论。

优选方案。这是决策过程中的关键一步，即从若干决策方案中选择一个最优化的方案为实际执行的规范。这就要求科学地运用理论、标准、数据和技术方法，对已经成型的方案进行审时度势、优劣虚实的分析、论证和比较，从中选择一个最优化的方案。在实际过程中，方案选择往往不是以最优化为标准，而是以相对的满意为标准，因为满意标准往往是现实的标准。选择是现代决策的核心问题，可以说没有选择就没有决策。尤其是行政决策，因其广泛的社会性质，所以选择特别重要。

现代技术。主要指尽可能运用现代科技设备和手段，如电脑，这样不仅有利于扩大信息的获取量，提高处理信息的速度，而且有利于及时把握环境的动态和条件的变化，根据反馈及时做出调整或修正，以保持决策的时效性。

应变适应。应变是指对决策潜在问题的分析、评价、控制、预警和应变措施，主要是针对决策潜在的不利因素。一项较为完备的决策通常应当包括应变的内容，这在实践中常常表现为所谓的“第二套方案”。适应则是指对变化的反应。由于行政决策及执行一般涉及面较大，且常常需要相当一段时间才能完成，而其间的变化几乎是不可避免的，这就需要在决策时留有余地或有一定的伸缩性，并以此来对付较小幅度的变化。变化幅度较大时，就需要用应变的方式加以解决了。

合于法制。这里的“法”是指宪法、法律和行政法规，“制”则是指制度、程序和权限。任何决策都必须合于法制，行政决策尤其受到既定法制的约束和限制。违反法制的决策是失败的决策。违反法制的行政决策不仅是失败的，而且是无效的。

第三节 行政领导

一、行政领导概述

（一）领导的概念

领导是指领导者在一定的环境下，为实现既定组织目标，对被领导者进行指挥与统筹的行为过程。领导（leadership）包含着多重含义，有时是指领导者这一角色，有时是指领导职位，有时是指领导者的行为，有时是指一种特殊的社会现象。行政领导是指在行政组织中，经选举或任命而拥有法定权威的领导者依法行使行政权力，为实现一定的行政管理目标所进行的组织、决策、指挥、控制等活动的总称。

（二）行政领导的特点

（1）行政领导发生在行政管理活动中，由领导者、被领导者、环境三个要素构成。

（2）执行性是行政领导的重要特征。行政领导活动体现了高度权威的行政管理活动。

（3）从行政领导活动的社会属性来看，行政领导具有鲜明的政治性。行政领导主要处理带有方针性、原则性的重大问题，独立性较强。

（三）行政领导在行政管理中的地位和作用

（1）行政领导是行政管理协调、统一的保证。

（2）行政领导是行政管理过程的战略核心。

（3）行政领导是行政管理成败的关键。

二、行政领导者的职位、职权和责任

（一）行政领导者的职位

1. 行政领导者职位的含义

行政领导者的职位是指国家权力机关或国家人事行政部门根据法律、法规，按规范化程序选择或任命行政领导者担任的职务并赋予其应履行的责任的统一体。职务和责任是构成行政领导者职位的两个不可缺少的要素。

2. 行政领导者职位的特点

职位是以“事”为中心确定的。这一特点决定了行政人员，尤其是行政领导者必须围绕轻、重、缓、急程度不同的行政事务来开展工作。

职位设置有数量的规定性。职位数量的确定要遵循最低数量的原则。

职位本身具有相对稳定性。行政领导的职位有法定性，即按法律规定职位，既不能随意增设，也不能随意废除。

3. 行政领导者的职权

（1）行政领导者职权的含义

行政领导者的职权是指由法律规定的与职位相当的行政权力。它是行政领导者发挥支配性影响力的实质条件。职权对于行政领导者来说，既是他们的权利，又是他们的义务，职权是权利与义务的共同表现。

（2）职权与职位的关系

职权是与职位联系在一起的。职权是由职位衍生出来的，职位的性质决定职权的性质。职权与职位具有对称关系。职权的大小与职位的高低、责任的轻重相适应。职权是法定权力。法律、法规不仅可以有效约束行政领导者的思想与行为，还能确保权力的稳定性，使其不能以任何形式进行私人性交易。

（3）职权的范围

行政职权是有限度的权力。行政领导的权限范围包括人事权、物权、财权、组织权。

4. 行政领导者的责任

（1）含义

行政领导者的责任是指行政领导者如违反其法定的义务，必须承担相应的法律后果。

（2）行政领导者责任的内容

政治责任。指行政领导者因违反特定的政治义务或没有做好分内之事而导致的政治上的否定性后果，以及所应遭受的谴责与制裁。

工作责任。指行政领导者的岗位责任，即行政领导者担任某一职务所应承担的义务和对成败的个人担当。

法律责任。指行政领导者在行政管理活动过程中因违反法律规范所应承担的法律后果或应负的责任。

5. 行政领导的权威

（1）含义

行政领导的权威是指建立在法律、正当程序或领导者人格魅力基础之上的对领导对象的心理和行为产生指引效果的影响力，它是领导权力和领导艺术的综合反映，对领导活动的效果具有重要作用或影响。

（2）行政领导权威的意义

坚强有力的行政领导权威，是整合多元利益、调动一切积极因素、捍卫全体人民长远利益和根本利益的重要保证。行政领导权威是实施科学管理（是统一意志，强调规范化、系统化的管理，强调行动统一、步调一致、整体协同配合的管理）的核心和首脑。

（3）维护行政领导权威的原则

维护行政领导的权威，首先取决于党中央和国务院的权威；

维护行政领导的权威，必须加强组织纪律建设，形成下级服从上级、全党及地方政府服从中央的高效领导体制；

维护行政领导的权威，必须在各层级领导集体内部加强团结，密切配合，并形成坚强的领导核心；

维护行政领导的权威必须与维护国家法律的权威统一起来；

维护行政领导的权威必须建立科学有序的权力分配体系。

三、行政领导的方法、方式与艺术

（一）行政领导方式

（1）行政领导方式的含义

行政领导方式是领导方法的表现，是在领导过程中领导者、被领导者及其作用对象相结合的形式。

（2）领导方式类型

a. 重人式、重事式与人事并重式行政领导方式

重人式方式致力于建立和谐的人际关系和宽松的工作环境，以人为中心进行行政领导活动；重事式方式注重行政组织的目标、任务的完成和效率的提高，以事为中心进行行政领导活动；人事并重式方式既关心人，也注重工作，做到关心人与关心事的辩证统一。

b. 强制式、说服式、激励式与示范式行政领导方式

强制式，指行政领导者运用行政指令来规划和指挥行政人员和行政活动的参与者；说服式，指行政领导运用说服，包括劝告、诱导、启发、劝谕、商量、建议等易于领导者和群众双向沟通的方式进行领导；激励式，指行政领导者使用物质或精神的手段激发下属的工作积极性，达到决策目标的推进型领导方式；示范式，指领导者身体力行，身先士卒。

（二）行政领导艺术

1. 行政领导艺术的含义与分类

（1）行政领导艺术的含义

行政领导艺术是行政领导者领导方法的个性化、艺术化体现，是行政领导者在工作中结合普遍经验和个人体会而形成的行政领导方法，属于领导方法中创造性、随机性、权变性较强的部分。

（2）行政领导艺术的分类

从影响范围上区分，可划分为总体性、局部性、专业性的领导艺术；从领导事务的类别上进行区分，可划分为授权艺术、用人艺术、运时艺术、处事艺术。

2. 行政领导范围意义上的行政领导艺术

总体性领导艺术。指善于洞察形势，抓住有利时机，利用良好机遇。

专业性的领导艺术。指各级各类行政领导需要结合自己的工作实际把握和运用领导艺术。

3. 行政领导事务类型上的行政领导艺术

授权艺术。授权是上级授予下级一定的权力和责任，使其在一定范围内有处理问题的自主权。

用人艺术。主要讲究人尽其才，这是高效率利用人力资源的必然要求。“知人善任”是用人艺术的基本要领。

处事艺术。干好领导工作、忠于职守、专心本业、统筹安排等，是行政领导者处事的原则。

运时艺术。既包括领导者对自己本职工作事务处理的时间安排，也包括他对本组织内各类事务处理的时限运筹。

第四节　行政沟通

一、行政沟通的概念

沟通是行政运行职能的又一种基本形式，是对信息的有意识运用，是组织协调和组织合作的基础。

沟通是使机关职员对机关的问题与任务获得共同了解，使思想一致、精神团结的方法和程序。沟通又是促进人际关系改善、增进成员感情、加强思想交流的一种工作方式。对于健康组织来说，沟通还是一种制度，通过这种制度的有效运用，把组织不同层级和单位及其成员从思想上、观念上、感情上和心理上联系起来，在良好的组织气氛中产生相互信赖和支持，实现组织的协调和一致，提高组织的效能。因此，有效的沟通是现代组织管理的重要方法之一。

二、沟通在组织中的作用

沟通是人际关系这一行为科学发展的产物，是现代组织中一种广泛的组织现象，也是一个广泛的概念。作为一种组织关系，沟通与信息、协调、合作相互作用，使群体与群体之间、群体与成员之间、成员与成员之间在意见和感情等方面彼此产生感应、反响、接受、认同，形成共同的意识，实现组织的整体价值。作为一种工作方法和制度，通过对沟通的有效运用，可以扩大信息的传递，加强组织内部的感情纽带，使组织目标和决策得到理解和支持，实现组织的整体效能。

三、沟通的过程

借助系统论的分析框架，可以将沟通看成一个过程。沟通的过程就是信息发送者通过一定的渠道将信息传递给接收者的过程。图 2 – 1 描述了完整的沟通过程模型。信息首先由发送者编码，转化为一定的符号载体，然后通过传递通道传递给接收者，再由接收者将符号转译成信息。

这个模型包含七个要素：信息源与接收者、编码与解码、信息、通道、反馈、噪音、背景。

（一）信息源与接收者

信息源与接收者是沟通过程中的主体。从组织中人际沟通的角度来看，信息源主要指信息发送者。在沟通过程中，发送者的功能是产生并发出信息。作为沟通的初始者，发送者在沟通中占主动地位。接收者则处于被告知、被影响的地位，在沟通中是被动的一方。但二者的地位并不绝对，在一定条件下，例如在反馈中两者可以相互转换。

由于沟通的主体是人，每个人的知觉、态度、价值观必然存在差异，因而造成沟通困难。

（二）编码与解码

编码是信息传播者将观点、思想、情感等信息凭借一定的符号载体，转换成可以传递的信号的过程。解码是信息接收者接收信号，并将信号还原为信息的过程。

编码和解码是沟通过程中极其关键的环节。由于信息源和接收者受到各自的知识、态度、文化背景的限制，缺乏符号体系的共同性，因而编码和解码并不总是完全一致，完美的沟通也就常常不存在。

（三）信息

信息是沟通过程的客体。信息可分为两类：一是语音信息，即口头信息和书面信息；二是非语音信息，即副语言信息和非语言信息。也有学者将信息分为四类，即事实、情感、价值观、意见观点。

（四）通道

通道是由信息发送者选择的信息传递的媒介物。通道的正确选择对于信息的有效传递尤为重要。沟通的渠道多种多样，如面谈、电话、信函、传真、电视、内部刊物、网络等。不同的信息内容要求使用不同的通道，有时也可以同时使用两种或两种以上的沟通渠道。同样的信息，采用不同的媒介来沟通，效果也是不一样的。

虽然通信技术在不断发展，但面对面的原始沟通方式仍然是各种沟通通道中丰富性最强的。这是因为面对面沟通时，信息量最大，除了语言本身的信息外，还有沟通双方心理状态的信息，这使得沟通的双方产生了情绪上的相互感染。而广告、公告、文件等沟通方式的丰富性程度相对较低。

另外，信息是常规的还是非常规的对通道的选择也有重大的影响。常规信息清楚明确，模糊程度低；而非常规信息则较为复杂，模糊的程度较高，容易引起误解。领导者可以采用丰富性程度低的通道对常规信息进行有效沟通，选择丰富性程度高的通道对非常规信息进行有效沟通。

（五）反馈

反馈是接收者将接收的信息返回给发送者，并对信息是否被准确理解进行核实。反馈是沟通过程中的最后一个环节，它使信息交流变成一种双向的动态过程。

反馈可以检验信息传递的速度和质量，确认信息是否得到有效的编码、传递和解码，一旦发现信息失真或被误解的情况，便可及时予以纠正。如果反馈的接收者接受并理解了信息的内容，这种反馈称为正反馈，反之则称为负反馈。但反馈也会增加接受者的负担，影响沟通速度。

（六）噪音

噪音是一切干扰信息沟通的因素，它存在于沟通的全过程，可能造成信息的失真。噪音分为内部噪音和外部噪音。典型的噪音例如：难以辨认的字迹、模糊不清的语言、通话中的辐射干扰以及不同的文化背景等。

需要指出的是，噪音本身也是一种信息，只不过这种信息通常增加了信息编码和解码中的不确定性，导致信息的模糊与失真。一般而言，噪音可以借助于重复传递信息或增加信息的强度来克服。

（七）背景

沟通总是在一定的背景中发生的，任何形式的沟通，都要受到各种环境因素的影响。一般认为，对沟通过程发生影响的背景因素包括以下几个方面：

心理背景。心理背景是指沟通双方的情绪和态度，它包含两个方面的内涵。其一是沟通者的心情、情绪。处于兴奋、激动状态抑或处于悲伤、焦虑状态下，沟通者的沟通意愿、沟通行为是截然不同的，后者往往沟通意愿不强烈，思维也处于难以抑制或混乱的状态，会使编码、解码过程受到干扰。其二是沟通者对对方的态度。如果沟通双方彼此敌视或关系淡漠，则会造成沟通中的偏差，沟通过程则常由于偏见而出现误差，双方都较难准确理解对方的思想。

社会背景。社会背景包含两方面的含义：一方面，指沟通双方的社会角色关系。对应于任何一种社会角色关系，人们都有一种特定的沟通方式预期，只有在沟通方式符合这种预期时，才能得到人们的认同；另一方面，指沟通情境中对沟通发生影响，但不直接参加沟通的其他人。

文化背景。文化背景是指一种长期的文化沉淀，是沟通者言行背后较稳定的价值取向、思维模式、心理结构的总和，是其思考和行动的内在依据。实际上，文化影响着每一个人的沟通过程以及沟通的每一个环节。当不同文化发生碰撞、交融时，人们很容易发现这种影响。例如，外资企业中的人常发现由于东西方文化背景的不同，东方人和西方人在沟通方式、方法上存在较大差异。

四、领导者常用的沟通方式

在具体的管理实践中，领导者可采用不同的沟通方式和手段在组织内外进行沟通。

组织的内部沟通方式有指示与汇报、会议与个别交流、内部刊物宣传与告示栏等。组织的外部沟通可采用广告、谈判、公关等各种手段。

（一）组织内部的沟通方式

1. 指示与汇报

指示是领导者指导下级工作、传达上级决策时常用的一种下行沟通方式，一般是通过正式渠道进行的，具有权威性和强制性，具体可分为书面指示和口头指示、一般指示和具体指示、正式指示和非正式指示。在决定指示是书面的还是口头的时候，需要考虑上下级之间关系的信任度和持久性以及指示的重要程度。

汇报是领导者向上级总结工作、反映情况、提出建议时常采用的一种上行沟通方式。汇报也可分为书面汇报和口头汇报、专题汇报和一般性汇报、较为正规的汇报和较为随意的汇报等。有些汇报，例如政府工作报告，还需要书面汇报和口头汇报相结合。

2. 会议与个别交流

会议为沟通提供了较好的场所和机会。首先，会议是一个思想碰撞和激发的过程，有助于发现领导者未曾注意的问题以便及时解决；其次，可以使与会者密切相互之间的关系，产生共同的思想见解、行动指南和价值观念；再次，可以使与会者了解决策的制定过程，从而有效地执行决策。

个别交谈是组织成员之间采用正式或非正式的形式，个别地进行谈话，以达到领导者及时了解组织情况，与下级交流思想和情感的目的。个别交谈拘束较少，因而沟通双方都易感到亲切，愿意表露真实思想，提出些不便于在正式公开场合提出的问题和意见，使得沟通双方更易取得一致。

3. 内部刊物与宣传告示栏

内部刊物的主要作用是提醒和激励组织成员，反映组织的最近动态和重大事宜。一般的组织都有内部刊物，但不同组织内部刊物的形式、内容和周期差别很大，因而沟通效果也不尽相同。

宣传告示栏是另外一种较有效的沟通方式，许多组织在工作场所设有海报栏、信息栏。它具有成本低、沟通面广、信息较为准确和传播迅速的优点。

4. 意见箱与投诉站

一般说来，组织下层员工的思想、意见很难及时反映到上层领导处。即使组织沟通系统正常，沟通中的“过滤”因素也会使员工的思想传递受阻，所以一般组织中都设有意见箱，以使高层领导能够直接收到下层成员传递的信息。当组织成员的正当权益无法通过组织正式沟通途径得到有效保护时，可以通过组织内部的投诉站来加以协调处理。

5. 领导见面会与群众座谈会

领导见面会是让那些有思想有见解的组织成员有机会直接与领导者沟通。一般情况下，这是由于组织成员的意见经过正常途径的沟通仍未获得有效回复。一般而言，领导见面会是应下属的要求而进行的。

群众座谈会则是在领导者觉得有必要获得天于组织成员真实思想、情感的第一手资料时，同时又担心通过中间渠道会使信息失真而采取的一种领导与组织成员直接沟通的方式。群众座谈会多是由上而下发起的，上级领导是沟通的主动方。

除了以上几种沟通方式外，组织内的沟通方式还有如讲座、郊游、联谊会、聚餐等多种正式或非正式的方式。

五、组织沟通的渠道和网络

（一）组织沟通的渠道

组织沟通的渠道是指组织中信息流动的通道，可分为正式沟通渠道和非正式沟通渠道两大类。因而组织沟通也可按沟通渠道的不同分为两类：正式沟通和非正式沟通。

正式沟通是按组织明文规定的沟通渠道所形成的沟通类型。组织发布的命令文件、召开的会议以及汇报制度、公函往来等都属于此类。正式沟通传播的消息常被称为“官方消息”。正式沟通的优点在于具有严肃性、常规性；约束力强，保密性好，权威性高，沟通效果好。组织中重要信息的传递，大都采用这种方式，但是它的缺点是：传播线路固定，容易僵化，缺少灵活性；中间环节较多，沟通速度较慢，信息容易失真。

非正式沟通是指在正式沟通渠道之外进行的信息传递和交流，具有偶发性、随机性和不可预知性。非正式沟通所传播的信息被称为传闻和小道消息。这种沟通的优点是：不拘现状，方便快捷，易于交流真实的想法，且在一定程度上弥补了正式沟通的缺点和不足。

当然它的缺点也是显而易见的：非正式沟通难以控制和监督；信息容易失真和歪曲；妨碍或削弱正式权力的行使，可能恶化人际关系，给管理造成一定的混乱。

戴维斯对非正式沟通的研究表明，非正式沟通产生的原因可能有以下几种：人们缺少关于组织某一方面的信息；人们对某一形式感到不安全和不确定；人们同某件事有个人利害关系；人们得到的是最新消息；组织的领导和员工可能利用非正式渠道来传递一些不便在正式渠道中传递的信息。

（二）组织沟通的网络

组织内部信息流动形态的集合称为沟通网络。沟通网络有如下几种类型：

链式沟通。这是一个层级网络，其中居于两端的人只能与内侧的一个成员联系，居中的人则可分别与两人沟通信息。在一个公司系统中，它相当于一个纵向沟通系统，代表一个等级层次，信息可自上而下或自下而上进行传递。在这个网络中，信息经层层传递容易失真，各个信息传递者所接受的信息差异很大，平均满意程度有较大差距。此外，这种网络还可表示组织中主管人员和下级部属之间中间管理者的组织系统，属控制结构。

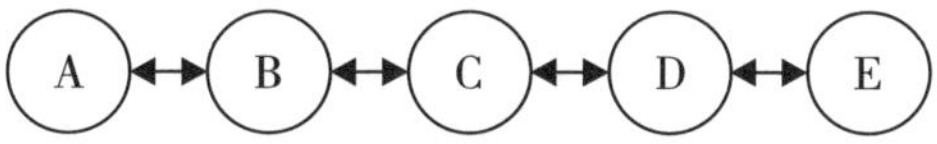

图 2－1　链式沟通

环式沟通。此形态可以看成是链式形态的一个封闭控制结构，表示几个人之间依次联络和沟通。其中，每个人都有可以同时与两个人沟通信息。在这个网络中，组织的集中化程度和领导人的预测程度都较低，畅通渠道不多，组织中成员具有比较一致的满意度，组织士气高昂。如果在组织中需要创造出一种高昂的士气来实现组织目标，环式沟通是一种行之有效的措施。

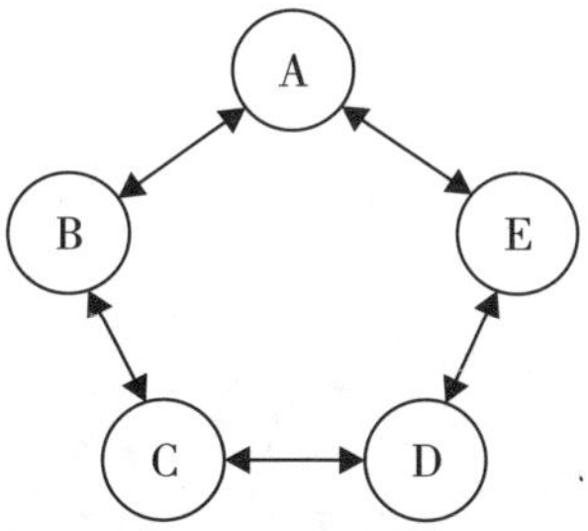

图 2－2　环式沟通

Y 式沟通。这是一个纵向沟通网络，其中只有一个成员位于沟通的中心，成为沟通的媒介。在组织中，这一网络大体相当于组织领导、秘书班子再到下级主管人员或一般成员之间的纵向关系。这种网络集中化程度高，解决问题速度快，组织中领导人员预测程度高。但此网络易于导致信息曲解或失真，影响组织中成员的士气，阻碍组织提高工作效率。

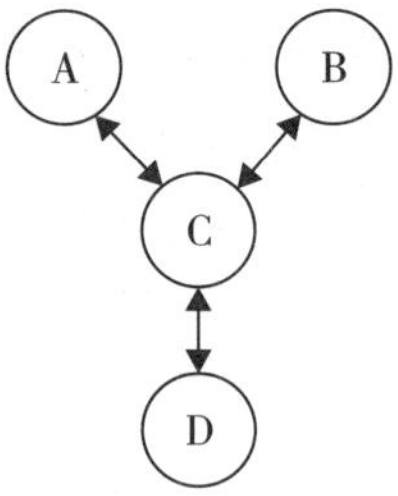

图 2－3　Y 式沟通

轮式沟通。这是一个控制型网络，其中只有一个成员是各种信息的汇集点与传递中心。在组织中，此模式大体相当于一个主管领导直接管理几个部门的权威控制系统。此网络集中化程度高，解决问题的速度快，沟通的渠道很少，组织成员的满意程度低，士气低落。轮式沟通是加强组织控制、争时间、抢速度的一个有效方法。如果组织接受紧急任务，要求进行严密控制，则可采取这种沟通方式。

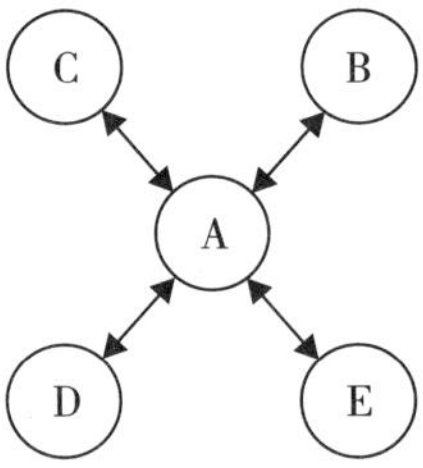

图 2－4　轮式沟通

全通道式沟通。这是一个开放式的网络系统，其中每个成员之间都有一定的联系，彼此了解。此网络中组织的集中程度很低。由于沟通渠道很多，组织成员的平均满意程度高且差异小，所以士气高昂，合作气氛浓厚。这对于解决复杂问题，增强组织合作精神，提高士气均有很大作用。但是，由于这种沟通模式渠道太多，易造成混乱，且又费时，影响工作效率。

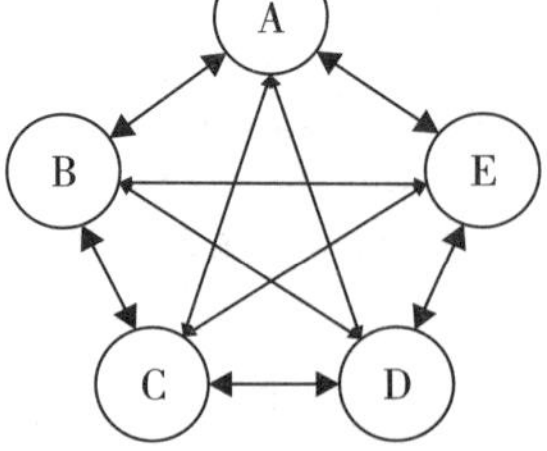

图 2－5　全通道式沟通

第五节 行政创新

一、对提高政府行政效率的系统性思维

行政创新的途径是逐步使政府工作的创新系统化、机制化、体制化，目的是提高行政效率，以更好地服务经济社会发展的需要。行政效率一般是指行政机关及其行政人员从事行政管理活动的产出同所消耗的人力、物力、财力等要素之间的比率关系，分为内部效率、整体效率和外部效率。行政内部效率处于行政系统的内部因素层次；整体效率关心的是这些因素效率的搭配和组合；外部效率则将行政系统置于整个社会的大系统当中，探讨行政系统对于整个社会的贡献。三者是要素子系统与母系统的关系。行政效率，是由行政内部效率、整体效率和外部效率有机结合而形成的一个复合概念。

提高行政效率的关键是按照内部效率、整体效率、外部效率的顺序，自上而下，首先是合理划分政府与市场、第三部门（社会组织）的管理边界，处理好它们的关系，以确保行政效率；其次是合理搭配行政要素，积极进行行政要素的组合创新，以实现行政整体效率；最后是采取有效措施，提高行政活动的要素管理效率。

二、以执行力文化建设为基本要义提升政府行政效率

执行力就是管理者完成任务的素质和水平，就是抓落实的作风和能力，就是对任务目标的认真研究和执着推进。要想提高政府行政效率，就必须在政府内形成一种执行力文化。政府的执行力文化与其他组织机构的执行力文化不一样，它的核心是弘扬求真务实精神，全心全意为人民服务，建设透明、务实、清廉、高效的组织。提升行政效率的核心要义是推行执行力文化。

制度是“表”，文化才是“里”。政府的组织结构、运转程序、决策过程以及行政人员的行为、态度、价值等，都直接或间接地受到行政执行文化的影响和制约。当前部分地方政府行政执行不力、行政效率不高，折射出其执行力文化建设的缺陷和不足。

三、以全面深化行政体制改革推进内部效率

继续深入推进政府绩效管理。推行政府绩效管理是提高政府公信力和执行力的有效渠道。当前许多地方政府已经开始实施绩效管理，也出台了相关的制度和标准。应在职能分析、工作提炼、指标量化上下大功夫，着力将繁杂的工作凝练为简洁直观的具体指标，列出科学的绩效指标清单，提炼出关键业绩指标，并明确工作标准和完成时限，确定指标考评的计分规范，从质量、数量、时限、进度、程度等不同角度细化责任，努力实现绩效指标具体、量化、易考核。另外，要多维评价，按照多元化、多角度、全方位考评的要求，采取部门自评、领导打分和不同部门互评的方式，对绩效指标完成情况进行测评，这也是行政改革的重要组成部分。

探索政府服务后评估工作机制。政府绩效管理属于政府部门内部评价，还需要完善政府服务后评估工作。评估主体要多元化、中立化，确保评估的客观性与有效性。非国家机关领导下的民间机构（营利性或非营利性组织），适合承担评估任务。采取公开招标方式

选择评估机构，授予其评估权力并支付评估费用，监督评估工作，接受评估报告。在政府和市场之间建立有效的协调机制。提高行政效率，关键要有效解决信息失灵、决策失误和管理失控而造成的政府缺陷。在不完善的现实市场和不完善的现实政府之间建立一种有效的协调机制，使人们能够根据资源优化配置的经济理性原则和交易成本最小化原则，探寻政府和市场的均衡点。可行的途径：一是在解决突出问题上以实实在在的成效取信于民；二是完善制度做到标本兼治、注重长效；三是在加强监督上下功夫，实质也是建立一种执行力文化。

四、以执行力文化和市场机制提升政府整体效率

加强政风建设以提高政府执行力文化，实现便民和服务的宗旨。行政机构的建设和发展应该坚持服务第一的宗旨，培养以为人民服务为最高宗旨的行政文化。在行政部门内部培养良好的行政文化，通过开展行政服务评选活动和加强内部员工凝聚力培训等各种方式来激发行政主体服务的主动性和创造性，从而实现行政工作质量的提高和作风的转变。加强政府执行力文化建设，扫除官僚主义、形式主义。

五、以科技和信息化为核心提升政府外部效率

将网络平台建设纳入电子政务建设的总体规划。改革行政服务中心业务流程，提升服务效率。在行政服务中心之间合理配置资源，实现资源共享。积极探索发展新媒体，创新网上政务平台，如当前不少地方政府已经推出政务博客等新媒体与公众进行互动，取得了许多经验。

本章小结

行政职能主要涉及行政组织管什么、怎么管、发挥什么作用等问题，具有执行性、多样性、动态性的特点，行政管理的运行职能包括行政计划、行政决策、行政领导、行政沟通、行政创新。行政计划，即行政机关为将来一定期限内达成特定之目的，构想有关的方法、步骤或措施等而进行的设计筹划活动及所制定的实施步骤与方法规划。行政决策，就是根据行政组织的目标，研究各种问题的解决方案，由行政决策者运用其智慧、经验与判断力，权衡环境因素及配合条件，选择一最佳的行动方案。行政决策遵循实事求是、科学预测、明确周详、切实可行、民主参与、经济效益优先、优选方案、运用现代技术、应变适应、合于法制的原则。行政领导是指行政领导者在一定的环境下，为实现既定组织目标，对被领导者进行指挥与统筹的行为过程。行政沟通是行政运行职能的又一种基本形式，是对信息的有意识运用，是组织协调和组织合作的基础。行政创新的途径有：提高政府行政效率的系统性思维，以执行力文化建设为基本要义提升行政效率，以全面深化行政体制改革提升内部效率，以执行力文化和市场机制提升整体效率、以科技和信息化为核心提升外部效率。

案例分析

王强是一家小型机械装配厂的经理。每天他到达工作岗位时都随身带着一份列出当天要处理的各种事物的清单。清单上的有些项目是总部电话通知他需要处理的，另一些是他

自己在一天多次的现场巡视中发现的，或者手下报告的不正常的情况。

一天，王强与往常一样带着他的清单来到了办公室。他做的第一件事是审查工厂各班次监督人员呈送上来的作业报告。他的工厂每天24小时连续运转；各班次的监督人员被要求在当班结束时提交一份报告，说明这班次开展了什么工作，发生了什么问题。看完前一天的报告后，王强通常要同他的几位主要下属人员开一个早会，会上他们决定对于报告中所反映的各种问题应采取什么措施。王强在白天也参加了一个会议，会见来厂的各方访问者。他们中有些是供应商或潜在供应商的销售代表，有些是工厂的客户。此外，也有一些来自地方、省、国家政府机构的人员。总部职能管理人员和王强的直接上司也会来厂考察。当陪伴这些来访者考察时，王强常常会发现一些问题，并将它们列入他待处理事项的清单中。王强发现自己明显无暇顾及长期计划，而这些活动是改进工厂的长期效率所必须做的。他似乎总是在处理某种危机，他不知道哪里出了问题。为什么他就不能以一种自己不这么紧张的方式工作呢？

课后作业

1. 行政管理的运行职能包括哪些？
2. 分别概述行政计划、行政决策、行政领导、行政沟通、行政创新。
3. 概括五大行政职能的相互联系与区别。

评价（见下表）

评价表

属性	要点	自评			互评		
		好	一般	差	好	一般	差
理论知识	概述行政管理的职能含义、特点						
	了解行政计划的含义、作用、特征						
	熟悉行政决策的要素、准则、趋势						
	了解行政创新趋势						
技能水平	了解行政领导的含义、掌握行政领导的方法与艺术						
	掌握行政沟通作用、过程、方式、网络						
情感态度	课前认真预习行政管理职能的相关内容，通过多种方式查询相关资料						
	课中认真听课、做笔记，积极回答老师所提问题						
	课后及时完成老师布置的作业，遇到难题积极寻找多种途径解决						

请在掌握程度一栏相应单元格打“√”，如实评价掌握程度。

第三章 组织与行政

学习目标

1. 概述行政组织的概念、目标、类型；
2. 熟悉行政组织内外部环境的含义及其构成；
3. 熟悉行政组织结构，概述一般结构、管理层次幅度、非正式组织；
4. 了解行政组织文化的内涵、类型、构成；
5. 熟悉行政组织发展的动力、内容、方向。

情景导入

在圣路易斯的巴恩斯医院，黛安娜·波兰斯基给医院的院长戴维斯博士打来电话，要求立即做出一项新的人事安排。从黛安娜的急切声音中，戴维斯能感觉到发生了什么事。他告诉她马上过来见他。大约 5 分钟后，黛安娜走进了戴维斯的办公室，递给他一封辞职信。

“戴维斯博士，我再也干不下去了”，她开始申述：“我在产科当护士长已经四个月了，我简直干不下去了。我怎么能干得了这工作呢？我有两个上司，每个人都有不同的要求，都要求优先处理。要知道，我只是一个凡人。我已经尽最大的努力适应这份工作了，但看来这是不可能的。让我给举个例子吧。请相信我，这是一件平平常常的事。像这样的事情，每天都在发生。昨天早上 7：45 我来到办公室就发现桌上留了张纸条，是达纳·杰克逊（医院的主任护士）给我的。她告诉我，她上午 10 点钟需要一份床位利用情况报告，供她下午在向董事会作汇报时用。我知道，这样一份报告至少要花一个半小时才能写出来。30 分钟以后，侨伊斯（黛安娜的直接主管，基层护士监督员）走进来问我为什么我的两位护士不在班上。我告诉她雷诺兹医生（外科主任）从我这要走了她们两位，说是急诊外科手术正缺人手，需要借用一下。我告诉她说我也反对过，但雷诺兹坚持说只能这么办。你猜侨伊斯怎么说？她叫我立即让这些护士回到产科部。她还说，一个小时以后，她会回来检查我是否把这事办好了！我跟你说，戴维斯博士，这种事情每天都发生好几次的。一家医院就只能这样运作吗？”

第一节 组织概念

一、行政组织的含义

广义的行政组织泛指一切具有计划、组织、指挥、协调、控制等行政功能的组织，它不仅包括国家的政府系统，也包括国家立法、司法机关和政党、企事业单位以及群众团体等其他社会组织内履行行政职能、处理行政事务的组织。狭义的行政组织则仅指政府系统。本书研究的是广义的行政组织。

二、行政组织的构成要素

行政组织是一个由若干要素组成的有机整体。行政组织的基本要素直接关系到行政组织效能的性质、程度和范围。行政组织的基本要素概括起来主要集中在以下八个方面。

（一）组织目标

行政组织的目标是行政组织赖以产生和发展的基础，它规定了行政组织的运转方向，是行政组织的灵魂，在本质上体现了行政组织的基本功能。目标是一个由总目标与分目标、原则目标与工作目标组成的目标网，各个行政机关都以目标为导向寻求自己在组织大系统中的位置，发挥应有的功能。

（二）机构设置

机构是行政组织的实体，也是履行行政职能、达成组织目标的载体。机构设置是指根据组织目标、职能范围在行政组织内部按分工设置具体的部门和岗位。机构设置问题是行政组织的核心问题，是决定行政组织效果的关键，只有科学合理的行政组织机构，才能真正成为行政职能和行政权力的载体。

（三）组织人员

人是行政组织的主体和核心，离开了人的参与，一切组都不存在，一切组织活动都无法进行。人的素质或状况直接影响到行政组织的效能。因此，要根据行政组织的需要，给行政组织配备一定数量和质量的人员，制定和实施正确的公共人事政策，为组织广招贤才，并做到人尽其才、才尽其用。

（四）权责体系

权责体系是行政组织的各个部门门、各个层级、各个成员之间所有功能的一系列从属、并列关系，是行政组织结构的基础。权责结构配置是否科学，纵向各层次与横向各部门、各职位的分权与分工是否合理，各部门、各职位与整体组织之间权责关系是否明确，是行政组织能否高效运转的关键。

（五）财物设备

经费、物资、设备是构成行政组织的重要的有形要素。尽管行政组织在本质上体现为人的社会关系活动，但是，离开物质因素的支持，人们的组织行为无从着手。行政组织无论是支付行政人员的薪金、维持日常办公、购置办公器材等，都需要一定的财政经费开支。财物设备是否完备足量，将直接影响到行政组织整体功效的发挥。

（六）法规制度

法规制度是用正式文件或书面规定的形式明确组织目标、职能任务、工作程序、权责关系、内部分工及活动方式的一种手段。法规制度是行政组织依法行政的根本保障。法规制度的完善程度，也是衡量行政组织是否健全的主要标志。因此，健全行政组织法、编制法以及组织内部的各项具体法规制度，是行政组织建设十分重要的内容。

（七）技术信息

行政组织构成要素中的技术，不仅包括组织活动过程中所采用的科学技术，还包括组织决策、执行、监督的原则、方式和方法等“政治技术”。信息也是行政组织的重要构成要素。从某种意义上说，行政组织的运转过程，实质上就是信息的收集、整理、利用、制造和传输的过程。

（八）团体意识

行政组织的团体意识是指行政组织成员对组织在思想、认识、情感和态度等方面的共同意识，其核心是把自己视为行政组织的真正一员，并把组织利益作为自己利益的一部分。行政组织的团体意识是形成组织目标的共同心理基础，是维持行政组织存在、延续和发展的灵魂。它关系到组织成员的工作状态和进取精神，关系到组织有效运转的能力。

三、行政组织的价值

所谓价值，是指某一特定事物所发挥的作用。行政组织的作用是指作为国家行政管理主体的各种行政组织，在依法管理社会公共事务过程中所具有的独特作用。

（一）行政组织是政府职能的载体

行政组织是政府职能的载体，政府职能是行政组织的灵魂。行政组织的工作任务、制度、结构、功能和人员、发展目标等均由行政组织的职能来决定。没有完整高效的行政组织，政府职能不可能被履行。

（二）行政组织是行政管理的主体

行政组织是国家对社会事务进行行政管理的主体，是进行行政管理活动的物质基础和力量源泉。一切行政管理活动都是由行政组织来进行的。行政组织是行政管理事务的承担者、实施者和责任者，是行政管理的主体。没有行政组织这一主体，政府就无法行使其行政职能、履行其国家管理的职责。

（三）行政组织是行政人员的归属

行政组织是行政人员的归属。首先，行政人员是行政组织的力量之源。行政组织把孤立的行政人员聚合到一起，把他们联系起来，通过分工与合作，将孤立的个体结合成一个能动的团体，使全体工作人员朝着组织的目标共同努力。组织通过分工，使每个行政人员各负其责、各司其职，有效地发挥个人的专长。同时，通过合作、协调和配合，汇聚组织成员单个的力量，充分发挥各自的长处和优点，产生一种新的组织合力，使组织的集体力量大于各个体力量简单相加之和。

（四）行政组织是行政活动的支点

组织与人事是一切管理活动的两个基本支点，它们构成了管理活动的基本框架。在行政管理活动中，行政组织是行政人员的载体；没有行政组织就没有行政人员，更谈不上行政人员作用的发挥和政府职能的履行。同时，组织的纵横结构、机构设置、权责分配是否科学，组织制度是否健全，又是行政人员能否发挥正面作用的关键。

四、行政组织的类型

现代行政组织可以说是各类形式机构的复合体。按照不同的功能，可以将行政组织分为以下五种类型。

（一）领导机关

领导机关也称首脑机关，是各级政府统辖全局的指挥、决策和督导中心。领导机关是行政组织的中枢，其职能是负责制定行政组织的目标、规划和政策，对所辖区域内的行政工作进行统一领导，它在整个行政组织中起统率作用。例如，我国的国务院和地方各级人民政府就属此类。

（二）职能机关

职能机关也称业务机关，是指在领导机关领导下，负责组织和管理某一具体业务和社会事务的机关。它对上受领导机关的指挥和监督，执行领导机关的各种具体指示、方针和政策；对下行使政府的行政管理职能，指导下级相应的行政部门或某些社会公益性组织的活动。因此，它是政府组织系统中数量最多、拥有较多直接行政管理权限的机构类型。大部分行政机关都是职能机关。例如，我国国务院所属的各部、委、办及直属总局，地方政府所属各厅、局、处等。

（三）辅助机关

辅助机关也称幕僚机关，是指为领导机关和职能机关实现行政目标而在行政组织内部承担辅助性工作的机关。它对各职能部门没有直接的指挥权和监督权，其功能主要是为领导机关和职能机关收集信息、提供咨询、协调沟通各方面的关系，管理日常事务等。辅助机关包括办公机关、信息机关和咨询机关。

（四）咨询机关

咨询机关也称智囊机关或参谋机关，是指为决策机关提供意见和建议，主要由专家、学者或有实际经验的行政人员组成的行政机关。它不是执行机构，也不是秘书班子，只提供研究咨询作用，被形象地称为政府机关的“外脑”。

（五）派出机关

派出机关是指一级政府根据政务管理需要在所辖区域内设置的代表机关，它不是一级政府的行政机关，而是委派机关权力的延伸，其主要任务是贯彻执行上级政府机关的决议和指示，完成上级机关交办的行政任务，检查、督促下级机关贯彻上级机关的指示和决议情况。例如，审计署向各省派驻的特派员办事处，公安局的派出所，城市市区所设的街道办事处，以及现在一部分省尚存的地区行政公署等，都属于派出机关。

五、行政组织的目标

行政组织是为了达到组织目标而人为地制造出来的，是实施目标的手段，行政组织的目标决定了行政组织运行的方向。行政组织的目标是整个社会目标的组成部分，因为行政组织行使着国家行政管理的职能，因此国家行政管理的目标就是行政组织的目标，而行政组织的总目标是由国家根据社会发展的客观需要，依照一定的法律程序而规定的。

（一）组织目标的含义

所谓组织目标，就是指一个行政组织努力争取达到的未来状况。从这个意义上说，目标包括使命、服务对象、指标、定额和时限。

（二）组织目标的类型

组织目标可以划分为官方目标、经营目标和业务目标三类。官方目标一般是概括性的，既笼统又鼓舞人心。经营目标反映出一个组织真正想要做什么，或者指明了组织所追求的近期目标，它往往用具体的词句加以表达，并成为组织进行决策的标准和出发点。业务目标是一个组织用来说明用什么方式和在什么时间对经营目标进行评价和衡量的方法，是基层管理者所关心的重要内容。

（三）目标管理

所谓目标管理，就是把组织的经营目标层层分解，转化为组织的各项方针和各层次的目标，最终化为个人的目标，以激发组织成员的责任心和创造性。目标管理具有两个显著的特征：一是组织计划的系统性。要求每个人的目标必须符合所在工作团体的目标，每个工作团体的目标必须符合组织的总目标。二是目标制定过程的激励性。通过让职工参与组织目标的制定过程来调动广大职工的工作积极性。实行目标管理，对组织成员的要求重点不是在规定的时间里做什么和怎么做，而是强调成果和贡献，即做出了什么样的工作。目标管理一般分为三个基本步骤，即制定目标、实现目标、评价工作成绩。

第二节　组织环境

一、行政组织环境概述

组织不仅受到外部更大社会系统的影响，而且受到内部更小系统的制约。组织内部诸因素的总和，构成了组织内部的环境系统。内外环境系统的交互作用，共同决定组织的总行为，并对组织成员的行为方式发生直接或间接的影响。

行政组织作为一个相对独立的系统，构成要素与相互关系组成了它的内部环境；同时，作为一个开放的社会系统，行政组织又与它所处的外部环境相互作用，进行物质、信息和能量的交换，保持动态的平衡与发展。科学地考察行政组织的内外环境，客观地研究行政组织环境对行政组织的影响，对于提高行政组织的运作效率和管理水平具有十分重要的现实意义。

二、行政组织环境的含义及构成

在本书中，行政组织环境是指影响行政组织生存与发展的一切要素的总和，即行政组织的外部环境和内部环境的总和。

（一）行政组织外部环境的含义及构成

行政组织的外部环境又称行政组织的外部条件，是指处于行政组织边界以外（即行政组织周围）、直接或间接地对其施加各种影响的所有因素的总称。

行政组织的外部环境是一个庞大而复杂的体系，依据不同的标准，可以进行不同的分类。按照各种环境性质的差异，行政组织的外部环境可以区分为自然环境和社会环境两大类。

1. 自然环境

自然环境主要包括宇宙环境和地球环境。其中，宇宙环境包括宇宙天体运行、太阳黑子干扰、日月蚀影等因素，而地球环境主要包括地理条件、国土特点、山川河流、地形地貌、海岸海港等地理环境因素，以及可供人们开发利用的土地、矿产、生物、能源等资源环境因素。

2. 社会环境

社会环境是指在既定的社会中，所有的行政组织都面临并受其影响的共同环境。它的主要构成要素有：

经济环境。主要包括经济制度、经济体制、经济结构、经济发展水平、经济政策等。

政治环境。主要包括国家制度、政治制度、法律制度、政治文化、权力结构、民主参与等。

文化环境。主要包括文化传统、价值观念、道德标准、行为规范、人伦关系等。

民族宗教。民族包括民族分布、民族风俗、民族习惯、民族语言、民族经济等；宗教包括宗教组织、宗教活动、宗教信仰、宗教信徒、宗教教义等。

法制科技。法制包括立法、执法、守法、普法等环节；科技包括科学技术自身的开发状况、发展水平和应用程度等。

国际环境。主要包括国际组织、重大国际事件、国际形势、国际关系等。

社会环境对行政组织产生的作用，往往是上述多种因素同时发挥的。也就是说，行政组织受环境的影响而发生变化不是某一环境因素单独作用的结果，而是在各种环境因素的相互作用中实现的。但是，在多种环境因素对行政组织产生影响的过程中，总有某一种或某几种因素起主导作用。一般来说，经济环境、政治环境、文化环境对行政组织的影响更为重要。

（二）行政组织内部环境的含义及构成

行政组织的内部环境又称行政组织的内部条件，是指处于行政组织边界以内、构成行政组织并使行政组织赖以生存和发展的所有因素及关系的总和。它包括物质性的内部环境和非物质性的内部环境两大类。

行政组织物质性的内部环境是指构成行政组织有机体的有形要素，它是构成行政组织不可或缺的一切实体性客观要素（如人员、经费、物资、设备）的总和。关于行政组织物质性的内部环境前面已详细阐述，本章将着重研究行政组织非物质性的内部环境，即组织气候。

1. 组织气候的含义

组织气候是指“组织成员对其所处的环境感觉认知，所产生的一种持久的组织行为气象，是组织内部的一种精神环境，或心理环境，对组织成员的作为有直接的影响”。组织气候是组织内部的一种较具持久性的行为状态。组织气候是组织内部的非物质性环境，它是一种与组织成员的精神状态和具体行为直接相关的较具持久性的物质或行为气象，其核心是组织成员的个性、目标与组织目标融合并趋向一致。

2. 组织气候的测度

组织气候反映了组织内部环境的内在特色和内部环境各因素之间相互关系的状态。因此，测度、认识和改良组织气候对增进组织环境的和谐与稳定关系重大。

王沪宁认为，测定组织气候可依据各种各样的因素。一般说来，主要包括下列因素：

领导过程。包括系统的领导方式、领导风格、领导范围、领导内容、领导权限等。

组织结构。包括行政个体在组织中的地位，受到组织、法规和程序的限制等。

行政责任。包括个体在系统中感受到的压力、接受的任务、权限、义务，以及必须担负的责任等。

激励力量。包括心理激励、生理激励，以及报酬、物质享受、精神状态、精神兴奋的条件等。

沟通过程。包括系统中信息传递的环节、速度、准确度，信息渠道的开放程度以及行政个体获得信息的多寡等。

人际关系。包括组织成员之间的交往、友谊、工作关系、权力关系、相互作用、相互影响等。

决策过程。包括决策程序、决策方式、决策权限的分配、决策开放的程序、决策的科学性和民主性等。

控制过程。包括控制方式、控制手段、控制范围、控制目的、控制体制、控制效应等。

目标体系。包括行政系统的总目标、总目标的产生、总目标的分解、总目标与个体目标的关系、个体对总目标的态度等。

他认为，这些方面的不同因素在搭配上的不同，都会引起组织气候的改变，从而影响行政组织系统的行为。

三、行政组织环境的特点

（一）复杂性

行政组织环境是一个极其复杂的系统。它不仅包括行政组织所面临的经济、政治、文化、民族、宗教、国际社会等外部的宏观环境，而且还包括行政组织内部诸如组织成员、物资设备、行政经费等物质性的内部环境，以及由组织结构、权力配置、管理模式、人际关系、沟通激励、组织文化等要素与相互关系所组成的组织气候等非物质性的内部环境。

（二）动态性与不确定性

任何一个行政组织的环境都并非是一成不变的。无论是行政组织的外部环境，还是行政组织的内部环境，都随时间的推移而不断发生变化。特别是在现代社会，世界变化日新月异，行政组织环境特别是行政组织的外部环境变化速度越来越快，变化幅度越来越强，变化程度越来越深，带给行政组织的不确定性因素也越来越多，越来越剧烈。

（三）相对稳定性

相对稳定性是针对绝对稳定性而言的。尽管行政组织环境特别是其外部环境处在不断变化之中，但如果从宏观上把握某个行政组织的环境，它在某一时空内却具有稳定性。特别是它的内部环境一旦形成，一般来说，不经人为改革，组织气候的变化系数是很小的。

（四）可塑造性

可塑造性即可变革性或可创建性。行政组织环境特别是行政组织的内部环境更是具有可塑性。行政组织可依据自身条件，通过一定的途径和措施，适当地创建、变革和改善内外环境，使其成为较理想的环境。

第三节 组织结构

一、行政组织结构概述

行政组织的结构是指行政组织的各组成要素之间的相互联系方式或互动关系模式。行政组织结构是行政组织的基本框架。只有通过行政组织结构的设置，才能显示出组织内部成员之间的权责关系以及各部门之间的分工合作关系、工作程序、活动方式、控制方式，也才能表达出组织内部许多变量之间的关系，如权威、专业、分工、专业化及部门之间的依赖关系等关系模式。科学合理的组织结构，能保证行政组织内的各个构成要素——人力、物力、财力等有一个最佳的使用效率。

二、行政组织的一般结构形式

随着人们对公共组织认识的不断加深，人们根据不同需要设计出多种组织结构形式，但这些结构形式都是在一般的组织结构形式基础上发展起来的。一般结构形式可显示出组织内部成员之间的权责关系以及各部门之间的分工合作关系、工作程序、活动方式、控制方式等，所以需首先了解组织的一般结构形式。

（一）直线结构

直线结构的特点是单一垂直领导，其结构简单，领导隶属关系明确，结构中每一层级的个人或组织只有一个直接领导，不与相邻个人或组织及其领导发生命令与服从关系。其结构如图 3－1 所示。

直线结构具有信息传递途径单一、传递速度快等优点，但基层自主性小，且由于各职位工作程序固定，容易导致僵化。直线结构主要为规模不大、工作较为简单的公共组织所采用。

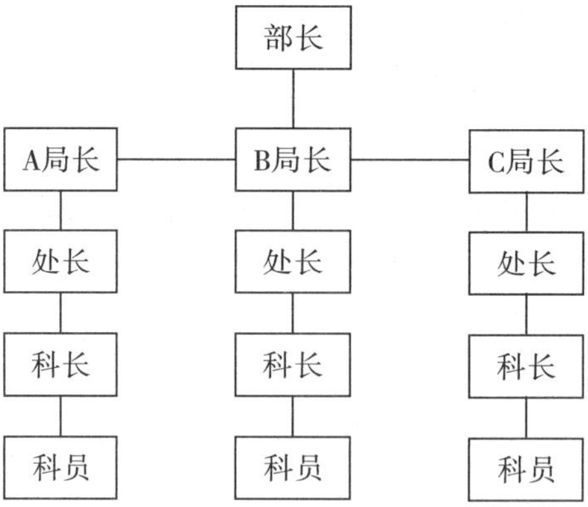

图 3 - 1　直线结构

（二）职能结构

职能结构是相关部门在水平方向依照职能不同进行分工，再分别对下级部门实施领导的结构。在职能结构中，每个上级部门并没有单一服从自己的下级部门；同样，每个下级部门也不只是服从一个上级部门。其结构如图 3 - 2 所示。

职能结构依靠水平分工领导，拓展了各层管理事务的范围，适宜于对较复杂的管理工作，但下级部由于多头领导，容易出现政出多门的情况，而领导部门如果相互缺乏协调，反倒会造成执行混乱以局面。

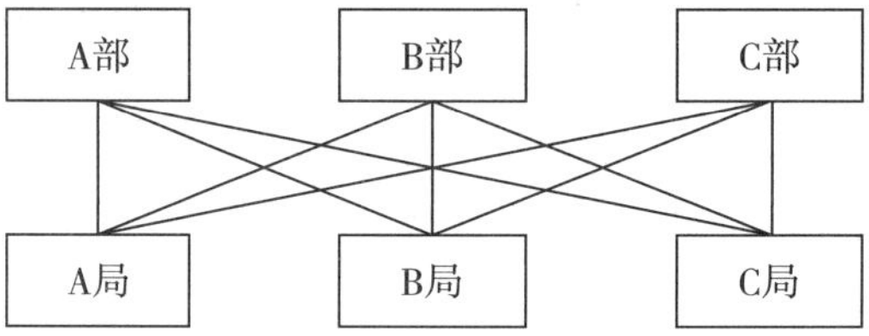

图 3 - 2　职能结构

（三）直线—职能结构

直线—职能结构是在综合直线结构和职能结构的基础上形成的一种组织结构形式，其各级部门间既有垂直领导关系，又有水平领导关系，如图 3 - 3 所示。

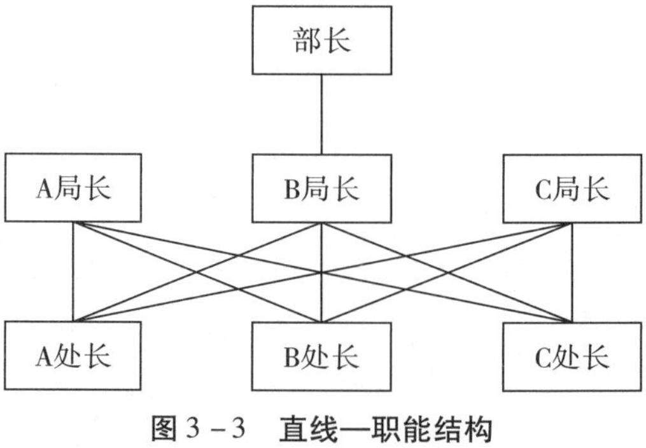

图 3 - 3　直线—职能结构

直线－职能结构加强了对水平层次领导部门的协调领导，有助于克服政出多门的问题，同时每个下级部门在只有一个明确上级领导的基础上，接受其他相关上级部门的指导和监督，有助于决策科学化、民主化。但这种结构的潜在缺陷是，垂直领导有可能排斥水平领导，部门之间的关系更加复杂。

（四）矩阵结构

矩阵结构是以完成某项工作为核心，从有关部门抽调人员组成临时机构来履行工作任务的结构。与直线－职能结构不同的是，矩阵结构中垂直领导与水平领导是并重的，如图3－4所示。

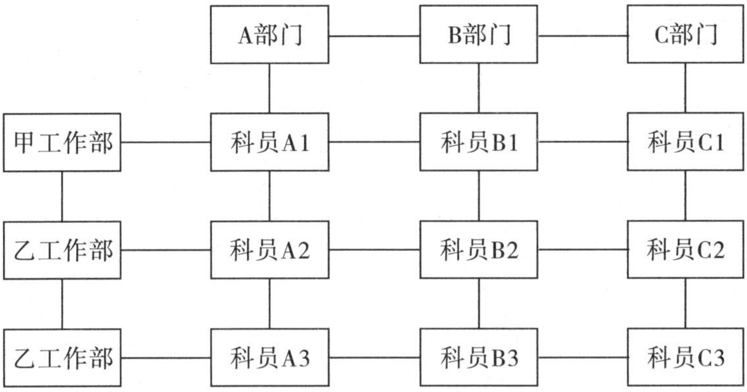

图3－4　矩阵结构

矩阵结构既保持了组织成员构成的稳定性，又有助于充分发挥组织成员的综合优势，组织效率相对较高。与前述三种结构形式相比，矩阵结构更加灵活，适应能力也更强，因此，也有人把矩阵结构称为适应性结构。矩阵结构由于较能适应复杂工作的需要，已被很多规模较大的公共组织采用，特别是在行政组织中，矩阵结构非常普遍。不同时期政府设置的临时办公机构就是以矩阵形式组织起来的，如各种工作领导协调小组及办公室等。

与矩阵结构相似的还有一种称为旁系组织的结构。旁系组织是从科层结构的正式成员中抽出一部分人，按自由联合方式组成某一特定的常设机构，来解决特定问题。与矩阵结构不同的是，旁系组织成员在完成旁系组织任务时，并不与自己的本职工作完全脱离。也就是说，旁系组织成员是“不脱产”或“半脱产”的。生活中常见的“经济学会”“行政学会”“专业技术职称等级评审委员会”以及高校的“学术委员会”等都是典型的旁系组织。

三、管理层次和管理幅度

管理层次与管理幅度的关系涉及行政组织部门或成员之间的领导与被领导、命令与服从关系的组合方式。管理幅度与管理层次是影响组织结构的两个决定性因素。

管理幅度是指一个层级的行政机构或一位行政首长直接控制的下级机构或人员的数目。每一个行政首长的管理幅度必须适当。管理幅度过大，行政首长就很难面面俱到，往往工作流于形式，难以深入了解情况；管理幅度过小，行政首长就会对下属控制过严，直接影响下属的工作积极性。管理幅度是指一名上级管理者或一个组织有效管理的下级人员或单位、部门的数目。管理幅度是衡量管理工作复杂性的重要标志。一项工作越复杂，管理幅度一般也就越宽。管理幅度多宽为宜并没有一个普遍适用的标准，只能是因人、因事而定。但管理幅度是有一定限度的，如同挂钟的幅一样，过大或过小都将影响管理效能。我国现行的行政管理在管理幅度方面上存在过大或过小的问题。例如，省这一级管理幅过大，管辖了数十个县（市）。另一方面，许多单位内部又存在着管理幅度偏小的问题，行政领导副职过多，“官”多“兵”少的情况并不鲜见。

管理层次是指公共组织内部纵向划分的等级数。管理层次是以人类劳动的垂直分工和权力的等级属性为基础的。不同行政组织的管理层次多寡不同，但多数可以分为上、中、下三级或高、中、低、基层四级，前者如通用的部、局、处三级建制，或传统工厂的厂、车间、班组三级建制，后者如国务院、省政府、县政府、乡政府四级领导体制。无论是哪一种管理级数，高层总是负责制定组织总目标，偏重于决策、协调和监督事务，人数相对少；中层承上启下，负责执行上级政策，协调下级活动；基层主要负责执行落实具体事务，人数相对多。

在组织条件不变的情况下，行政部门的管理层次和管理幅度在一个特定的组织内成反比关系，即就一个特定的行政组织而言，行政层次越多，每一行政机构的管理幅度就越小；反之，行政层次越少，每一行政机构的管理幅度就越大。行政层次多，幅度小，行政组织就呈尖型结构；行政层次少，幅度大，行政组织就呈扁型结构。尖型结构是一种集权的结构，有利于强有力的行政控制，但不利于发挥下级的主动性和创造性。扁型结构是一种分权的结构，有利于调动下级的积极性和创造性，但可能导致软弱的行政控制。在实际行政活动中，一个行政组织的结构往往不是纯粹尖型或扁型的，而是综合型的，即组织中某些层次的机构管理幅度大，某些层次的机构管理幅度小。

管理层次多、管理幅度小的组织结构，其形态类似底宽上窄的“金字塔”，因此这种形态的组织结构被称为尖形结构。尖形结构中管理层次分明，上级对下级控制严格、影响力强。其优点是权力集中，分工明确，便于统一行动；但因其层次多，信息传递途径长，容易造成信息失真，使高层决策被走样执行，不利于发挥下级机关和员工的积极性。此外，上级对下级的严格控制，在一定程度上反而阻碍了下级积极性、主动性的发挥，工作也缺乏灵活性，容易走向僵化。

管理层次少、管理幅度大的组织结构，其形态扁平，因此称之为扁形结构。扁形结构管理层次少，信息传递迅速，不易失真，决策执行时间短，下级执行人员拥有较大的自主权，决策、执行面广，也较灵活。不过，由于上级对下级的控制不强，扁形结构组织相对比较松散，集体行动难度较大。

因此，在组织结构设计上，人们总是力图把尖形结构与扁形结构的长处结合起来，尽量克服两者的缺点，以求设计出令人满意的结构。尖形结构与扁形结构具体如图 3 – 5 所示。

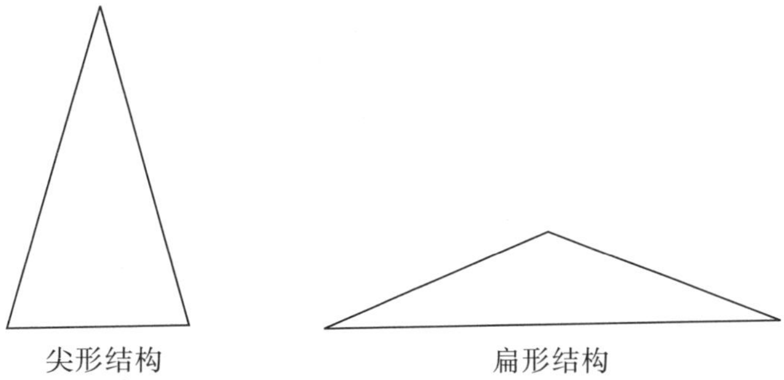

图 3－5　尖形结构与扁形结构

四、非正式组织

（一）非正式组织的表现形式及其特征

所谓正式组织，即指具有一定组织目标并依照一定的规章制度和权责分配体系建立起来的行政组织。但在 20 世纪 30 年代著名的“霍桑实验”进行后，管理学家们发现在企业中实际存在着一种“非正式组织”，它是企业职工在共同的生产中，必然产生的相互之间的人群关系与共同的感情群体，而且在这些群体中还自然形成了一种行为准则或惯例，要求个人服从。这种非正式组织对组织成员的行为影响很大，是影响生产效率的重要因素。

从理论上说，非正式组织是由人员间非正式交互行为而形成的社会关系网，它并非遵循法定程序建立，而是基于人与社会的关系所建立的交往系统。凡是正式组织中的成员为了满足各自需要而建立的所有超越职务关系的团体均称为非正式组织。这样看来，非正式组织的表现形式十分多样化，如机关里的同事，在同一个工作岗位或同一个办公室里朝夕相处，彼此了解较多，在面临共同困难时，往往能彼此提供支持；特殊的角色身份如室友、同乡、校友以及兴趣小组成员往往也构成非正式组织，由于他们之间有着共同的出身、经历和爱好，彼此有更多的共同语言。此外，在社会上，教友、宗亲、病友等关系也常常构成形形色色的非正式组织，以满足其成员的交往需要。

非正式组织一般具有以下特征：

背景上具有共同性。即非正式组织的成员在文化背景上往往比较相似，或社会地位相差不多，常以彼此间的认同感或友谊作为联系的纽带，较容易找到共同语言。

形式上具有不稳定性。非正式组织的产生既没人刻意设计，也没人强制组建，完全是在相互认可的过程中自然、自愿地形成的。因此，它往往无组织结构，无工作任务，无法定领导，内部关系不受正式法令和纪律的支配，而以约定俗成的道德规范、社会惯例和舆论等维持和调整。

人员构成上具有不确定性。在非正式组织中，共同性质较一致的人构成其核心，其他人构成边缘部分并呈游离状态。当出现强烈的外部刺激时，非正式组织可能迅速分化或愈加一致。

组织类别上具有共生性。非正式组织都是与正式组织相互依存的，并对正式组织形成直接影响。若干非正式组织可以同时并存于一个正式组织系统中，同一个人也可能同时是数个非正式组织的成员。

组织行为上具有激烈性。在非正式组织内部总会产生一些公认的行为规范，成员如有违背，必定会受到他人的谴责，形成团体压力。当非正式组织在共同意识或利益上受到来自外部的损害时，其成员可能采用激烈的、突发的、强硬的方式来维护既得利益，常可见到“群起而攻之”的现象。

领导人物的天然性。非正式组织的核心人物往往是所谓的“天然领袖”，其影响、动员、制约和号召他人的主要手段是其个人魅力和吸引力，他主要是靠影响力来实现领导职能的。

（二）非正式组织的影响

1. 有利影响

非正式组织的存在，有其好的一面，即对正式组织具有一些有利的影响，主要有以下几点：①为正式组织的成员提供社交活动的满足。②为正式组织成员提供精神避难所，使其在工作遇到困难时能得到安慰和帮助。③为正式组织功能的更好发挥创造条件。非正式组织的交往能使其成员更加安心工作，从而分担管理人员的工作负荷，弥补管理人员的能力不足。非正式组织内部信息的传播速度很快，管理人员在重大决策之前可以先放出试探信号，看看其可行性如何。④降低缺勤率及人员周转率。良好的非正式组织的存在，能使其成员为了珍惜与其他成员所建立的和谐人际关系而自动减少缺勤时间或不轻易离职他就，保持组织成员的稳定性。

2. 不利影响

非正式组织的存在也有不好的一面，即对正式组织具有一些不利的影响，主要有以下几点：

限制产量。生产部门中的非正式组织成员间一般达成默契，每人维持一个固定的产量不变，谁也不能偷懒，但谁也不能提高产量以显示自己的能耐。这种做法往往会使正式组织在一个相当长的时间内维持一个固定的产量数不变，任何提高生产率的努力都会得到非正式组织成员无形的抗议。

抗拒变革。非正式组织成员在许多方面会结成利益共同体，以保护既得利益为第一需要。正式组织中进行的任何变革都会导致组织结构的震荡，损害一部分人的既得利益，为此，非正式组织成员往往会抱成一团，抗拒变革，对一切都持消极保守的态度。

散布谣言。谣言不一定起源于非正式组织，但是只要谣言一进入非正式组织，马上就会产生强烈的“葡萄藤”效应并迅速扩大其传播面。谣言的泛滥对正式组织开展工作极为不利。

（三）如何对待非正式组织

对待任何非正式组织，都应该本着一分为二的态度，既看到其有利的一面，又看到其不利的一面，努力争取扬长避短，使之更能完成正式组织的目标服务。行为科学家们提出了对待非正式组织的办法：首先了解它们，其次接纳它们，最后影响它们。

1. 了解它们

就是想方设法搞清楚非正式组织是为何而存在的，领导人物是谁，凝聚力有多大，潜在影响力如何，等等。仔细观察非正式组织成员之间的交往方式和相互影响，探寻他们的共同见解和态度。

2. 接纳它们

就是让非正式组织成员了解，他们已被管理人员所接受，尽量考虑让他们参与决策的制定，在采取任何行动前应考虑对其可能产生的影响，并多找机会接触非正式组织的领袖人物，征求其对组织的意见。

3. 影响它们

就是让非正式组织成员努力培养团体意识，加强他们对正式组织的归属感和认同感。同时应设法协调正式组织与非正式组织的目标，使它们趋于一致，如发生对抗时则应对其持反对态度的领袖人物予以调离或辞退，以维持正式组织的稳定。

第四节　行政组织文化

一、行政组织文化的内涵

行政组织文化是由组织文化演变而来的。行政组织文化作为组织文化的一种具体表现形态，是指在一定历史条件下逐步形成的、持久影响行政组织主体的行政心理、行政行为和行政倾向的总和，包括三个方面的内容，即行政组织思想、行政组织制度和行政组织心理，是行政组织体系和行政组织行为的深层结构，是行政组织管理之魂。具体来说，它包含以下几个内容：

行政组织文化既不是文化与行政组织活动的简单结合，也不是社会文化在行政领域中的机械表现和作用，而是在这样一种社会文化的基础上，在行政组织及其成员的具体活动中逐步形成的；

行政组织文化是时代的产物，具有鲜明的历史性和时代性，不同的时代具有不同的行政组织文化；

行政组织文化对行政主体的行政行为和行政态度具有持久、顽固的影响，最终使人们形成总体的行政倾向；

行政组织文化是一个系统，由行政组织思想、行政组织制度和行政组织心理构成。

行政组织文化是指行政组织成员共同的价值观体系。它包括了组织中一直沿袭的、对组织成员行为起着导向作用的一系列价值取向，如人际取向、绩效取向、团队取向、创新取向等。在具体的、大型的行政组织中，组织文化是一个有层次结构的体系。组织核心价值观是组织的主文化，而反映其他具有独特性价值观的则是行政组织的亚文化。不同的行政组织具有不同的、为本组织的成员所接受的价值观念。组织文化形成后，还需要经过实践的调整和完善。只有当组织中的一些核心价值观在实践中证明对组织的团结、发展具有有效性以后，才能形成相对稳定的主文化。

组织文化不同于组织环境的其他方面，它是无形的、隐含的，它的组织结构和形式不一定具有一致性。一个结构森严、制度严格的组织并不一定具有良好的组织文化，组织成员也不一定具有很强的组织认同感；而一个结构松散、形式灵活的组织中，组织文化也许可以使组织成员形成强烈的组织归属感和责任感，重视组织的共同利益。

哈佛商学院研究人员约翰 · 科特和詹姆斯 · 赫斯凯特认为组织文化有两个层面：有形的和无形的（图 3 –6）。

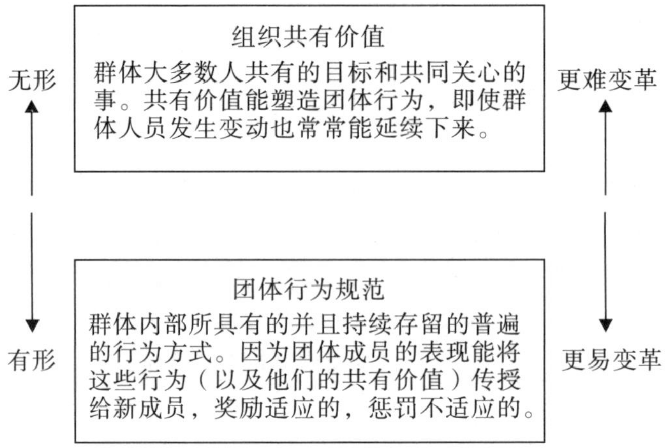

图 3 –6　科特和赫斯凯特组织文化的两个层面

团队行为规范。从图 3 –6 中我们可以得出，团队行为规范是组织成员的行为模式和风格，是组织为了更加成功而着手开展的具有该组织特色的行动。比如，弗吉尼亚大学达顿学院有一个行为准则是"恪尽教职"，所有教职人员随时为学生提供咨询和帮助。

组织共有价值。这个层面是在第一层面基础上进一步发展导致的，这是组织内在的、隐蔽的层面，是组织生活非正式的一面，包括认识、态度、感情以及有关人性、人际关系的性质等问题的一套共有的价值观。延续了很长时间的共有价值，是组织重要的无形财富。在某些组织内部，甚至具有无法估量的价值。

无论是什么类型的组织文化，发展的总体趋势将是文化的多元化，组织需要有开放性和包容性，不排斥不同的价值观和文化信念，让它们在组织内部得到共存共享，让组织在这种不断变动的文化环境中发展。

除此之外，在确定组织决策类型的时候，通常还要考虑的组织环境因素还有：市场特征、竞争压力和可得到的资源及信息；决策所涉及的公众的支持或反应程度；决策利益相关者的行为和态度等。但因为这些环境因素都是组织决策的外部影响力，而以上所述的组织内部因素则是影响到决策效率和决策结果的最主要的环境条件。

二、组织文化的类型

行政组织文化从不同角度可以划分为不同的类型：

根据产生的时间，行政组织文化可分为传统行政组织文化和当代行政组织文化。传统行政组织文化是指从历史上继承下来的行政组织文化；当代行政组织文化是指适应当前时代发展与要求而产生的新的行政组织文化。一定的历史时代都会产生自己时代的行政组织文化，每一时代的行政组织文化既是已有行政组织文化的传承和延续，又是已有行政组织文化的创新和发展。因此，当代行政组织文化是传统行政组织文化经过扬弃以后的延伸和发展。在一个社会中，传统行政组织文化以其固有的文化特性起着一定的影响作用，但起主导作用的应该是当代行政组织文化。

根据作用的领域，行政组织文化可分为总体行政组织文化和区域行政组织文化。总体行政组织文化是指存在并作用于全社会各种行政活动的行政组织文化，也称主行政组织文化。它往往影响和制约整个社会行政系统的行政行为和行政倾向，成为一个团体或组织最基本的文化背景。区域行政组织文化是指在不同的地区，由于政治、经济、文化的差异而形成的与总体行政组织文化存在一定差异的行政组织文化。它既是在一定的社会总体和民族氛围中形成的，又带有本地区和本民族的特色，是一种特殊的组织文化，又称亚行政组织文化。只要经济和文化发展存在不平衡，它的存在就是不可避免的。区域行政组织文化与总体行政组织文化既有一致性，又有差异性，甚至还可能发生冲突、对抗。

根据行政主体，行政组织文化可分为管理者行政组织文化和被管理者行政组织文化。一般说来，管理者行政组织文化是一种在行政系统中占主导地位、起决定作用的行政组织文化。它可以决定本行政系统的基本行政价值取向，其基本特征在于强烈地维护现存的行政系统，维护既得的行政权力，维持现行的政策。被管理者行政组织文化是一种不占主导地位但又不可忽视的重要的行政组织文化。在一定条件下，这种行政组织文化可以影响和制约管理者的行政行为和行政倾向，甚至转化为一种主导的行政取向。它的基本特征在于没有强烈地维护现存行政系统的取向，在行政系统的取向较为复杂时，有的支持，有的反对；有的关心，有的漠视。在管理者与被管理者发生对抗性矛盾时，被管理者的取向多为反对或倾向于反对现存的行政系统。在社会主义国家，行政机关的管理者与被管理者之间没有根本利益的冲突，他们都是人民的勤务员，都必须依法行政，全心全意为人民服务。因此，他们之间的行政组织文化在本质上是一致的，都要维护和发展现存的行政系统。

三、行政组织文化的功能

对于行政系统来说，行政组织文化是一种重要的精神资源，是一种潜在的、无形的、神奇的力量，其功能主要表现为稳定行政系统、变革行政体系和支配行政行为。

（一）稳定行政系统

行政组织文化具有一定的稳定行政系统的功能，是影响和制约行政系统稳定的一个极为重要的因素。这一功能是通过行政组织文化诸要素达成一致的行政行为来实现的。下面以行政组织文化中的行政组织价值观、行政团体意识和行政情感为例具体分析。

1. 行政组织价值观

行政组织价值观是行政组织文化的核心部分，它以鲜明的感召力和强烈的凝聚力，有效地引导和规范行政组织及其成员的各种行政活动，调整和理顺各种行政关系；同时，行政价值观作为一种评价系统，内在包含了一定的行政价值标准，它能使行政组织成员自觉调整自身的行为和活力，纠正不符合行政价值标准的行为，使行政系统协调统一、稳定发展。

2. 行政团体意识

行政系统在其运行、活动的过程中，必然会生成全体行政人员所认同的团体意识。它反映了行政组织内部各主体之间具有一体化的目的、一体化的利益，从而产生一种强有力的凝聚力，这也就必然使全体行政人员的行为趋向同一。因此，这种行政组织文化所蕴涵的行政团体意识也就成为组织群体观念与行为凝聚化、一体化的基础。

3. 行政情感

行政情感是稳定行政系统的重要心理因素，是使其牢固的心理基础。高级的行政情感，如责任感、正义感、忠诚感、集体感、热爱感等，对稳定行政系统有着十分重要的意义。通过对组织成员责任感、正义感、忠诚感、集体感、热爱感的培养和深化，从而形成对行政系统共同的认识，可以稳固行政系统的基础，共同支撑起行政系统的大厦，使其不发生动荡和崩塌。

（二）变革行政体系

行政组织文化的变革功能与稳定功能是截然相反的。在很多情况下，行政组织文化往往是行政现实革故鼎新的重要前提。著名的组织理论家弗里蒙德·卡特斯和詹姆斯·罗森茨韦克指出，组织变革的动力来源于环境、目标与价值、技术、结构、社会心理和管理等七个方面。当这些方面的任何一方发生变异时，组织本身就有了变革的动力。

1. 行政组织成员的价值观

在行政管理过程中，行政组织成员总是根据自己的价值观来评价行政系统，并采取相应的行政行为。当行政系统与组织成员的价值标准相违背时，组织成员就会对现有的行政系统产生不满，就会消极怠工，甚至反对行政系统。如果行政系统不符合大部分组织成员的价值标准，一旦这些组织成员联合起来抵制、反对行政系统，就必然促使行政系统的变革。

2. 行政态度

行政态度是组织成员行为的预测表，决定了组织成员对行政系统采取何种行为。当各种不支持、不赞同行政系统的态度汇集到一起时，就会构成一种强烈的行为倾向，要求现有的行政系统做出一定的改变以适应新的条件。

3. 行政情感

由于种种原因，当组织成员对行政系统产生愤怒、憎恶、蔑视、疏远、怀疑、犹豫等消极情感时，通过组织成员之间的相互感染，就能形成对行政系统共同的轻蔑感、疏远感、怀疑感、紧张感等，从而形成一股共同的力量，促使行政系统在这种行政情感合力的推动下改变其方向或方式。

（三）支配行政行为

行政组织文化的功能，无论是稳定行政系统的功能，还是变革行政体系的功能，都基于行政组织文化支配行政行为的功能。如果行政组织文化对行政行为没有支配功能，其稳定和变革功能就无从谈起。

行政组织文化支配行政行为的功能主要表现为规范行政行为、引导行政行为和调整行政行为。

1. 规范行政行为

行政组织文化对公务员的行政行为具有明显的规范功能。行政制度、行政道德、行政习俗等行政组织文化为全体行政人员提供了行为准则和原则要求，约束行政人员的行为，使他们在一定的规范内进行活动。

2. 引导行政行为

一定的行政价值观、行政理想、行政信念、行政意识和行政道德等行政组织文化，为国家行政机关及其公务员提供一定的行为模式和价值取向。这些行政组织文化一旦为公务员所接受，就必然渗透到他们具体的行政行为中去，对其行为发挥引导的功能。

3. 调整行政行为

行政人员的行政行为处于经常的发展变化之中，这种变化往往经由行政组织文化对行政行为的调整来实现。如果决策者的价值观念发生了变化，决策的过程和内容也会发生相应的改变。如果决策执行者的价值观念发生了变化，为了保证决策的贯彻实施，决策者必须顺应这种变化来调整决策。

四、行政组织文化的构成

行政组织文化的构成内在地包括思想性的行政组织文化、制度性的行政组织文化和心理性的行政组织文化三个层次。

（一）思想性的行政组织文化

思想性的行政组织文化主要包括行政组织价值观、行政组织意识、行政组织理想、行政组织信念和行政组织道德等要素。

行政组织价值观是指行政主体对行政价值物、行政价值关系、行政价值创造活动及其结果的反映，以及由此形成的较为稳定的心理取向、评判标准和行为定式。行政组织价值观是行政组织文化的重要组成部分，是行政主体的动机、目的、需要和情感态度在一定时空中的综合体现，是行政主体对客观现实的意识。行政组织价值观由行政主体的思想观念、情感态度、价值意向、行为定式等要素构成，作用于行政主体的思维和行为过程，影响和制约着行政主体的认识指向和行为定式，成为行政主体处理事物的直接前提，成为行政主体衡量行政客体、行政行为及其结果的主观标准。行政组织价值观的实质是行政主体的需要和利益的内化。

行政组织意识是指行政主体对行政系统、行政活动及其规律的反映。它主要包括以下四层含义：一是行政组织意识反映的客体是行政系统、行政活动及其规律。也就是说，行政组织意识的形式是主观的，内容是客观的。二是行政组织意识对其客体的反映不是消极、简单的，而是一个能动、复杂的过程，有其自身独特的发展规律，具有相对独立性。三是行政组织意识具体表现为行政人员的认知取向、情感取向和评估取向。四是行政组织意识在一定条件下可以转化为物质力量，制约和规范行政人员的行政行为。

行政组织理想是行政组织对行政体系和行政活动的希望，以及对完善行为体系的设想。行政组织理想不是凭空臆想的行政幻想，而是根源于行政主体的实践，并在此基础上形成的一种能转化为具体目标，且具有实现可能性的设计和设想。从另一个角度看，行政组织理想也是行政主体为之奋斗的目标，但因其长远性和普遍性而区别于具体、特殊的行政组织目标。正确的、切合实际的行政组织理想是行政层的精神支柱，能够激励行政人员的精神，鼓舞行政人员为实现行政体系的目标而努力工作、无私奉献，同时，也是行政组织不断趋向完善的重要动力。

行政组织信念是信念的一种特殊表现形式。信念是指人们对生活中所遵循的原则和理想的信仰，它与理想是密不可分的。理想反映信念，是信念本质的组成部分，是信念的核心。没有了理想，就抽掉了信念的核心。行政组织信念则是指行政主体对其所应遵循的行政原则和行政理想的信仰。它是行政主体的精神支柱，决定行政主体行政行为的方向和结果。为捍卫自己的行政信念，行政主体会不惜代价。

行政组织道德是指行政主体在行政管理过程中形成并应遵循的行政道德原则和行政道德规范的总和。行政组织道德是选择和评价行政行为的道德要求，一方面通过舆论和教育的方式，影响行政主体的心理和意识，形成行政主体的善恶观念、情感意向，并进而集中形成行政主体的内心信念，起到一种“内心立法”的作用；另一方面又通过社会舆论、传统习俗和规章制度，在行政生活中确定下来，成为约束行政主体之间相互关系和个人行为的原则和规范。

（二）制度性的行政组织文化

有人认为，行政组织文化属于主观领域，而制度性的东西应属于物质领域，不属于行政组织文化之列。初看起来，这观点似乎很有道理，但仔细推敲，就会发现其不足。因为行政组织制度既不是纯物质的，也不是纯精神的，它有两种表现形态：精神形态和物质形态。

精神形态的行政组织制度包括基础理论和规则系统。一切行政组织制度的建立或形成，都有自己的基础理论，如“三权分立”理论、“社会契约论”“议政合一”理论、系统管理理论、行为科学理论等。一切行政组织制度都必定有一套用以确定人们之间相互关系以及他们各自行为模式的具体的规则和规定。这些规则和规定是一定行政思想文化和一定行政心理文化的凝聚和体现。

物质形态的行政组织制度包括行政组织系统和行政设备系统。

显然，精神形态的行政组织制度属于行政管理的主观领域，是行政组织文化的重要内容之一。应将行政组织制度分为精神形态的行政组织制度和物质形态的行政组织制度，并把它们严格区分开来。

（三）心理性的行政组织文化

心理性的行政组织文化主要包括行政动机、行政态度、行政情感和行政习俗等要素，是行政组织文化的第三层次。

行政动机是指行政人员以愿望、兴趣、理想等形式表现出来的，引起行政人员行政行为，维持和指引这种行为去满足一定的行政需要并导向某一行政目标的心理过程。行政动机是激励行政行为的原因，行政人员行政行为的效果、行政行为的实现方式以及行政行为的能动性、指向性和持久性等，都受行政动机的制约。有效的行政动机激励，对于调动行政人员的积极性，发挥其能动性和创造性，实现行政目标具有极为重要的意义。

行政态度是指行政主体在行政管理过程中对行政客体所持有的，具有一定结构和比较稳定的评价和行为倾向。它由认知因素、情感因素和价值取向三个基本要素构成。这三个基本要素相互联系，相互制约，缺一不可。其中，认知因素是基础，情感因素是调节器，价值取向是指导。

行政情感是行政主体在行政管理过程中对行政客体的直观评价或内心体验，表现为好恶、爱憎、美丑感以及由此产生的亲疏感和信疑感等。行政情感产生于行政人员的行政活动中，是行政主体和行政客体价值关系、实践关系和认识关系的产物，是行政主体意识对行政客体的一种特殊反映形式。

行政习俗是指处于一定社会变革历程中的行政主体在长期共同的行政生活中逐步形成的具有普遍意义的习惯和风俗。行政习俗不是天生就有的，而是行政主体在长期的生活中形成的约定俗成的习惯，是一种经常性、稳固性的行政行为模式。它具有较大的传承性和稳定性。约定俗成之后，人相袭、代相传。一般的行政习俗，只要生存的条件尚在，就不会退出历史舞台。

行政心理的产生和形成，一是受长期的行政社会化过程影响。行政行为人个体体现出的一定的气质、能力、性格、意志品质、行为习惯等是“行政人”心理形成的基本条件。二是受所依存的现实行政环境的影响。行政心理就是在这两方面对行政的影响下形成的。因此，在大体相同的环境中成长和生活的人们，既有基本一致的行政心理，又有各自独特的行政心理。正是这种一致性与多样性的行政心理，构成了多元的行政心理整体。

第五节 行政组织的发展

行政组织是一个开放的社会系统，必须与环境相适应，并在适应环境变化的过程中追求动态平衡。在当今社会的急剧变革中，行政组织必须适应社会而进行不断的自我更新和完善，以实现与时俱进的发展。行政组织是一个特殊的社会系统，它是为推行国家政务而依法建立的一切行政机关的综合体，必须有计划地进行全局性、长期性的规划和建设，从而增进行政组织的有效性，促进其健康发展，从而推动社会的全面发展。

行政组织要生存和发展，保持活力和生机，就必须融入它所处的外界环境，并根据外界环境的变化不断地进行变革。同时，我们必须保证行政组织的发展符合社会发展规律，有规划、有步骤地进行调整、创新和发展。

一、行政组织发展的内涵

行政组织的发展是指行政组织人员在对未来社会发展趋势进行科学预测的基础上，有规划地、长期地依法对行政组织的职能、结构、技术、管理方式、人员、文化等方面进行的重大调整和改革，以增进行政组织的绩效。行政组织发展具备以下特点：

行政组织发展是行政组织适应环境变化，在对社会趋势进行科学预测的基础上追求自身生存和发展的变革。行政组织发展不仅仅是被动的变革与调整，更是行政组织成员，特别是行政组织领导参与的、主动的、着眼于未来的战略行为。

行政组织发展是行政组织在稳定、持续过程中的一种有规划的、长期的变革。行政组织一旦产生和确立，就具有相对的稳定性和持续性。行政组织只有具备足够的稳定性，才能成为发展的载体和制订计划、规划的基础；只有具备足够的持续性，才能保证在组织目标、理念、方法等方面进行有秩序的变革。

行政组织发展是行政组织实现动态平衡、促进全面发展的变革。行政组织发展是行政组织主动变革，使其不断调适以实现自我完善的动态平衡手段。而且，行政组织发展具有全面性和广泛性的特点，整个行政体系的各层次、各部门都必须参与其中，这将弥补行政组织在建立和成长过程中体制、职能、结构、技术、方式等方面的缺陷和不足，实现行政组织日常工作运转机制的完备化，推动行政组织系统全面调整结构、完善功能和制度，从战略性、全局性、整体性角度实现行政组织的全面健康发展。

行政组织发展是行政组织依法提升绩效的变革。任何一种组织及其制度一旦存在时间过长，就会产生某些弊端。行政组织中经常存在的诸如官僚主义、形式主义、机构臃肿、人浮于事、效率低下、腐败现象等弊端，严重损害了行政组织的形象，破坏了行政组织的权威性，影响了行政组织的工作绩效。要克服行政组织中的弊端，必须变革与发展，且必须在遵循社会发展规律的前提下，遵循法定原则、程序，做到有法可依、有法必依、执法必严、违法必究，这样才能保证行政组织发展的合理性和合法性，提高行政组织的科学性和有效性。

行政组织发展是一项极为复杂的系统工程。要有效地推动行政组织发展，必须克服非理性的态度，杜绝违背发展规律的盲目行为，科学分析行政组织发展的动力因素与原因。

二、行政组织发展的动力因素

行政组织发展是行政组织以改善和提高组织绩效为根本目的的活动。行政组织发展受多种动力因素的影响，所以我们要充分认识到行政组织内外环境发生的变化、以及行政组织在组织运行过程中出现和存在的问题，并找到行政组织发展的原因，这将有效地减弱行政组织发展的阻力。

行政组织发展动力是指促使组织由低级向高级发展、由无序向有序进化的各相关因素在交互作用中产生的力量总和。行政组织中各种动力因素的交互作用形成行政组织发展的动力。行政组织发展的动力因素可以分为外部因素和内部因素。

（一）外部因素

外部因素主要是指行政组织发展所处的外部环境。行政组织发展常常受到环境的影响，包括行政组织发展所处的政治、经济、文化、社会、法制、科学技术、人口、资源环境等。这些因素一般间接而长远地影响行政组织发展；当它们发生剧烈变化时，将导致行政组织的重大变革。外部环境对行政组织发展有明显的制约作用，行政组织发展必须与社会环境相适应。

（二）内部因素

内部因素主要包括行政组织的目标和价值取向、行政组织文化、行政组织管理、行政组织技术、行政组织结构。

1. 行政组织目标和价值取向

行政组织目标是指行政组织预期努力争取获得的组织成果。行政组织目标是行政组织存在和发展的基础。每一个行政组织都必须有一个明确的目标，并且在不同的历史时期都有具体的目标。行政组织目标是行政组织机构设置的前提、行政组织活动的方向、行政组织工作任务确立的基础。目标的修正和变动，意味着行政组织的工作任务、组织结构、人员素质、工作方式、管理方法等的变动，对行政组织发展将产生强大的推动力。

行政组织价值取向是行政组织在活动中所拥有的价值理念和遵循的行动思维方向。行政组织人员价值取向的改变、思想觉悟和工作态度的变化，对行政组织发展有较大的影响。例如，随着大众对威权与民主、管制与服务、公平与效率、权力与责任、政府与民众等问题的价值取向的变化，将会出现一个明显不同的行政组织，使行政组织体制、管理方式等发生变革与发展。

2. 行政组织文化

行政组织文化是行政组织的管理之魂，它在行政活动中的巨大渗透力和影响力使行政组织的活动、组织体制、组织管理处在一种特定的文化氛围之中。行政组织文化是在一定的历史条件下，在人们的行政组织实践中产生的反映行政实践的观念意识，并通过行政社会化形成的行政思想、行政制度和行政心理的总和。行政组织文化随着时代的发展而发展，同时，行政组织的发展也随之进行。例如，行政组织中存在的学习型文化，大力推进了行政组织向学习型组织的发展。

3. 行政组织管理

政组织管理是推动行政组织发展的重要因素。如行政领导者的变化，常常是影响行政组织发展的一个直接因素。行政领导者的思想水平、工作能力、人际关系、领导风格等都各有所不同，当变换行政领导者时，新的行政领导者往往从新的角度来审视原来的组织，找出其中存在的问题，并针对这些问题采取措施。一般来说，行政工作人员的素质也是不断变化的，当他们的士气由低落转为高涨时，当他们之间的关系由紧张转为融洽时，都将引起行政组织活动的明显变化。而且，具有先进管理理念和管理技能的行政组织成员也将大力推动行政组织的发展。同时，管理方法的变化也是引起行政组织发展的一个直接因素。如当行政组织由采用经验管理的方法转变为采用科学管理的方法时，或由采用原来某种管理方法改变为采用另一种管理方法时，会在一定程度上推动行政组织的发展。

4. 行政组织技术

行政组织活动渗透了现代科学技术。当科技渗透到组织中，通过对管理方法的改进、管理手段和装备的更新，改变了管理行为。它不但通过行政组织活动对象对管理产生影响，而且对管理内部产生影响，从而推动管理者由观念到现实的变化。机械化、自动化、信息化、网络化等新技术对行政组织发展产生了广泛的影响，从而推动了包括公务员劳动形式的变化、组织机制的转换这类变化。这些变化对行政组织在结构、心理等方面都有相当大的作用。

5. 行政组织结构

行政组织结构是组织内各组成要素之间相互联系相互作用的方式。行政组织目标和价值取向、组织文化、组织管理、技术等的变化将使行政组织结构进行相应的调整，进而引起整个组织联系、作用方式的改变，从而使整个组织系统的效能和作用发生变化。行政组织结构的改变使行政组织有机地整合起来，并发挥其整体效用。如行政组织部门设置的精简、部门层次的调整，将有利于整个行政组织的协调运转，推动行政组织的发展。

总之，推动行政组织发展的动力因素是众多的。这些动力因素并不是彼此孤立、互不相干的，而往往是相互交织的，它会产生一个合力，推动行政组织的发展。

三、行政组织发展的内容

美国管理学家哈罗德·利维特提出，一个单位的组织发展一般都从三个方面着手：组织结构、技术和人事。行政组织发展涉及行政组织系统的方方面面，它的内容包括行政组织职能的发展、行政组织结构的发展、行政组织管理技术的发展和行政组织人事管理的发展。

（一）行政组织职能的发展

行政组织职能是指国家行政组织在一定的社会发展时期，依法对国家社会生活各领域进行管理所具有的职责与功能。行政组织职能充分体现了行政组织所代表的统治阶级意志，反映出行政组织活动的内容、实质和基本方向。行政组织职能取决于特定历史阶段的社会政治、经济、文化生活的需要。行政组织职能转变主要包括以下四个方面的含义：一是行政组织经济化管理职能的转变；二是行政管理权限的转变；三是行政组织职能实现方式与途径的转变；四是行政能力的转换与提高。这些职能转变可以使行政组织由“全能组织”向“有限组织”转变，由微观管理向宏观调整转变，提高行政组织绩效水平。

（二）行政组织结构的发展

行政组织结构是行政组织内部各组成要素相互联系、相互作用的方式，是行政组织内各要素排列组合的方式，包括组织的纵向管理层次和横向管理幅度，以及整个行政组织内部的纵横结构和部门之间的关系。行政组织结构是否合理，直接关系到行政组织系统运转的好坏和效率的高低。因此，根据环境的变化对行政组织结构进行适时、适度的调整是非常必要的。行政组织结构的发展主要是指通过行政组织机构进行的调整，以改变行政组织系统内部的构成方式，进而提高行政组织的适应性和绩效的过程。

（三）行政组织管理技术的发展

行政组织管理技术包括工作操作技术和管理技术两方面。改良工作技术主要包括革新技术流程、工作设备，引进新技术、新工艺、新设备，以及合理安排工作任务等。改良管理技术主要包括革新行政信息的收集、处理技术，更新行政工作的监控技术和管理工具等。要搞好技术改良工作，必须注意做好基础工作和组织配套工作，充分发挥新技术的效能。

（四）行政组织人事管理的发展

行政人员是行政组织活动的主体，他们的素质、积极性和工作作风直接关系到行政组织活动的效率和成效。科学的人事管理制度为行政组织活动提供了有力的人才保障。因此，行政组织都致力于建设与政治制度、经济制度和行政体制相适应的科学的人事管理制度，以便建立一支优化、精干、高效、廉洁的行政人员队伍。

行政组织人事管理的发展要把握以下几点：

人事管理调控。包括政府机关编制、职位的规范，工作人员总量和工资总额的调控等。

要进行有效的人事配置。人事配置是人事管理中经常性的工作，它涉及录用、任免、调任、轮换、挂职锻炼、回避、辞职、退休、开除等。充分发挥人事管理的配置功能，就是要合理配置人事关系，使人员与职位、职责、职权和谐统一，促进行政组织中行政人员的合理流动，给行政组织带来新的朝气和活力。

充分开发和利用行政组织人员。开发是指对行政组织人才资源的开拓与发掘，即将行政组织工作人员的智慧、知识、经验、技能、创造性等当做资源，予以发掘、培养、使用的一系列活动。行政组织要通过激励，充分调动行政人员的积极性。通过改进激励方式，如改进报酬制度、考核制度和奖惩制度，影响行政组织人员。

本章小结

行政组织指一切具有计划、组织、指挥、协调、控制等行政功能的组织。行政组织的基本要素有组织目标、机构设置、组织人员、权责体系、财物设备、法规制度、技术信息、团体意识。行政组织的价值是行政组织是政府职能的载体，行政组织是行政管理的主体，行政组织是行政人员的归属。行政组织是行政活动的支点。行政组织分为领导机关、职能机关、辅助机关、咨询机关、派出机关五种类型。组织目标是一个行政组织努力争取达到的未来状况，可以划分为官方目标、经营目标和业务目标三类。行政组织环境是指影响到行政组织生存与发展的一切要素的总和，即行政组织的外部环境和内部环境的总和，具有复杂性、动态性与不确定性、相对稳定性、可塑造性的特点。行政组织的结构是指行政组织的各组成要素之间的相互联系方式或互动关系模式。行政组织的一般结构形式有直线结构、职能结构、直线－职能结构、矩阵结构。行政组织的文化是指在一定历史条件下逐步形成的，持久影响行政组织主体的行政心理、行政行为和行政倾同的总和。行政组织的发展是指行政组织人员在对未来社会发展趋势进行科学预测的基础上，有规划地、长期地依法对行政组织的职能、结构、技术、管理方式、人员、文化等方面进行的重大调整和改革，以增进行政组织的绩效。

案例讨论

探索食品安全的理事会管理模式

为进一步加强食品安全风险评估工作，根据有关法律规定，经报国务院和中央编委领导同志同意，中央编办于2011年10月批准设立了国家食品安全风险评估中心，主要负责食品安全风险评估监测、预警、交流等技术支持工作。

食品安全是一项重要的民生工作，关系亿万群众的身心健康，关系社会和谐稳定。目前，我国已建立了分工负责、统一协调的食品安全监管体制。食品安全风险评估是食品安全监管体系的核心，也是发现食品安全隐患、确定食品监管重点、制定食品安全标准、发布食品安全预警、处置食品安全事件的科学技术基础。发达国家大都设置了专门的高层次的评估机构，建立了相对完善的运行机制。评估中心的设立标志着我国首次在国家层面设立了食品安全风险评估机构，对加强食品安全监管工作，确保人民群众身体健康和生命安全有重要意义。

按照分类推进事业单位改革要求，评估中心在体制机制方面改革创新，建立健全事业单位法人治理结构。评估中心建立理事会，党务、行政、后勤等日常事务由卫生部（2013年改组为卫计委）负责。理事会作为中心的决策监督机构，负责中心的发展规划、财务预决算、重大业务、章程拟订和修订等事项，按照有关规定履行人事等方面的管理职责，并监督中心的运行。评估中心设立管理层作为执行机构，向理事会负责，按照理事会决议独立自主地履行日常业务管理、财务资产管理、一般工作人员管理等职责，定期向理事会报告工作。2011 年 3 月，评估中心第一届理事会成功召开了第一次全体会议，通过了中心章程。首届理事会由 19 人组成，其中理事长一名、副理事长两名、理事 16 名。卫生部是理事长单位，国务院食品安全办、农业部为副理事长单位，工商总局、质检总局、食品药品监管局等部门为理事单位。理事成员还包括医学、农业、食品等领域的专家，以及两名服务对象代表。其中，一名来自中国食品工业协会，可以代表食品行业发挥作用；另一名是全国人大代表、基层法院工作人员陈燕萍，她从消费者利益的角度发挥理事作用。有了这样的理事会结构，信息共享机制就建立起来了，从而提高了食品安全决策效率。

课后作业

1. 何谓行政组织？行政组织有何特点？
2. 如何认识我国行政机关与其他国家机关的关系？
3. 谈谈行政组织与环境的辩证关系。
4，谈谈行政组织的基本结构及在组织设置中的具体运用。
5. 如何理解管理层次和管理幅度的相互关系？

评价（见下表）

评价表

属性	要点	自评			互评		
		好	一般	差	好	一般	差
理论知识	概述行政组织的概念、目标、类型						
	熟悉行政组织的内部、外部环境的含义及其构成						
	熟悉行政组织的结构，概述一般结构、管理层次幅度、非正式组织						
理论知识	了解行政组织的文化内涵、类型、构成						
	熟悉行政组织的发展动力、内容、方向						
情感态度	课前认真预习行政组织的相关内容，通过多种方式查询相关资料						
	课中认真听课、做笔记，积极回答老师所提问题						
	课后及时完成老师布置的作业，遇到难题积极寻找多种途径解决						

请在掌握程度一栏相应单元格打“√”，如实评价掌握程度。

第四章　人力资源管理

学习目标

1. 了解人力资源管理的相关概念及其基本特征；
2. 掌握员工招聘的相关流程；
3. 掌握薪酬设计的步骤；
4. 掌握人力资源管理开发与培训的流程；
5. 掌握绩效评估的流程以及评估结果的应用。

情境导入

小刘今年大三了，想趁课余时间进入企业实习以补充自己的实习经历。他通过招聘网站投了很多的简历，最后收到了一家企业HR岗位的面试通知。面试过程中，面试官问小刘："你觉得HR是干什么的？"小刘想了很久说："HR就是做人事管理的，负责招聘、发工资和辞退人员。"小刘很满意自己的回答，但是最后小刘并没有收到录取通知。

你觉得小刘为什么没有收到录取通知？你认为HR是做什么的？

第一节　人力资源管理概述

一、人力资源管理的基本概念

（一）资源

在经济学中，资源是指为了创造物质财富而投入生产过程的一切要素。马克思在《资本论》中指出，劳动和土地，是财富两个原始的形成要素。而恩格斯认为，劳动和自然界在一起才是一切财富的源泉；自然界为劳动提供材料，劳动把材料转变为财富。由此可知，资源不仅包括自然资源，还包括与人类劳动相关的经济、信息、科技等因素。所以从这个角度而言，资源是一个比较宽泛的概念，指一切可被人类开发和利用的物质、能量和信息。当代西方经济学把资源分为人力资源、自然资源、资本资源和信息资源，这种资源的划分方法得到了人们的普遍认同。

（二）人力资源

现在我们广为使用的人力资源概念最早是由管理学大师彼得·德鲁克在《管理的实践》中提出的，德鲁克认为，人力资源就是企业所雇佣的所有人，是所有资源中生产力最强、才能最多的资源。但是德鲁克也强调，如果我们只是把员工当作资源，没有认识到人力资源中“人”这个特殊要素，人力资源与其他资源除了主体不一样外不存在其他的区别。所以在现实的管理工作中，我们要充分认识到“人”的特性，重视“人性”的一面，使员工的才能得到充分发挥，使人力资源效用最大化。

20 世纪 60 年代以后，西奥多·W. 舒尔茨的人力资本理论开始进入人们的视野。1960 年，舒尔茨做了一场题为《人力资本投资》的演说，提出人力资本是国民经济增长的主要原因，并且认为人口质量和知识投资在很大程度上决定了人类未来的前景。人力资本理论认为人力资本是以劳动者的数量和质量（即劳动者的知识程度、技术水平、工作能力以及健康状况）来表示的资本价值的总和，而且人力资本是通过投资而形成的，像土地、资本等实体性要素一样，在社会生产中具有重要的作用。该理论的出现很好地解释了二战战败的德国和日本在国力大大受创的情况经济依旧得到快速恢复的现象。

对人力资源的定义，有两种主流的观点：一是从能力的角度来定义人力资源，称为“能力观”，认为人力资源是人体内可以发挥出来的推动经济和社会发展的生产能力，例如伊万·伯格认为，人力资源是人类可用于生产产品和提供各种服务的活动、技能和知识，以及彼得·德鲁克认为人力资源是指企业员工天然拥有并自主支配使用的协调力、融合力、判断力和想象力；二是从人的角度来定义人力资源，称为“人员观”，认为人力资源是一个区域范围内所有具有智力劳动和体力劳动的人口总和，例如我国学者陆国泰认为，人力资源是指一定社会区域内所有具有劳动能力的适龄劳动人口和超过劳动年龄的人口的总和。从一定程度来说，“人员观”将人力资源和劳动力资源等同了，但劳动力资源强调人口数量，而人力资源更加强调人口质量。

正确理解人力资源，还需要掌握其概念与相关概念的区别：①人才资源。《辞海》指出，所谓的人才是指有才识学问的人，德才兼备的人。人才资源更多地强调了其能力、学识的异质性，而人力资源则强调了能力的共同性。②人力资本。人力资本强调“资本”属性，更加关注将其作为投资对象使其增值生利，而人力资源则更加强调人是等待开发、被开发的对象，人力资源只有得到合理开发才能形成人力资本。③人口资源。人口资源主要是指一个国家或地区所拥有的人口总量，其中具备智力和体力的部分才是人力资源。

（三）人力资源管理

彼得·德鲁克提出了人力资源概念，人力资源管理这一概念随之逐渐走入工业生产和企业管理之中。20 世纪 60 年代，人力资源管理的概念首先由怀特·巴克在其《人力资源管理功能》一书中提出，并将其作为一种普通的管理职能进行了论述。到了 20 世纪 80 年代，人力资源管理的理论和实践得到了进一步的发展，在企业中人力逐渐走到了和物力、财力平齐的位置，开始出现特定的人员和部门负责人力资源的管理。而在学术上，人力资源管理也逐渐形成了一个独立的学科体系，并且产生了各种流派，他们分别从人力资源管理的目的、过程、实体、主体等侧面对人力资源管理进行了阐述。

所谓的人力资源管理，是指组织为了达到总体目标，运用现代化的科学方法，对人力资源的取得、开发、保持和利用等方面进行计划、组织、指挥和控制的活动，以充分调动人的主观能动性和积极性，深入挖掘出个体的潜力，从而实现总体的目标。人力资源管理包括人力资源规划、人员招聘与培训、薪酬体系制定、绩效考核等。

二、人力资源管理的六大模块

人力资源管理是以“人”为核心的，强调人是组织的宝贵财富，实现组织目标的同时要保证员工的成长和满意感，寻找个人与组织的共同利益，这就要求组织在进行人力资源管理时要进行决策性和战略性管理，对组织内人员的招聘、录用、培训等进行全过程管理和专门管理。因此，一方面要采取系统取向，整体地对待人和组织；另一方面要明晰组织内部的职能划分，使权责落实到位。通常，人力资源管理一般分以下为六大版块。

（一）人力资源规划

人力资源规划管理的目的在于为实现组织总体目标，对企业的资源以及人力资源管理情况进行分析，从而确定日后人力资源管理的工作目标和实现途径，并确定具体的人力资源管理方案和计划，包括人力资源战略规划、组织机构的设置与调整、人员供给需求分析、人力资源制度的制定等。人力资源规划可以使组织人力数量和质量与组织发展所需的人力资源匹配，确保组织总体目标的实现，这是组织人力资源管理工作的基础。

（二）招聘与配置

招聘与配置是在人力资源管理总体规划的指导下，根据组织岗位的需求，招聘适合企业发展的人才并将其安排在适宜的岗位，包括招聘需求分析、工作分析和胜任能力分析，招聘程序和策略确定，编写招聘计划，招聘实施等。人员招聘与配置是人力资源管理中的关键环节，人岗匹配、人岗相适是人力资源招聘与配置的意义所在，也是组织目标实现的关键。只有招聘到了合适的人才并将其放置在适合的岗位，才能确保组织工作的顺利开展，组织才能通过不断运转逐渐实现自己的目标。

（三）培训与开发

培训与开发是通过组织学习培训，给员工传授完成工作所需的工作技能或者知识，不断地提升个体能力和挖掘个体潜能，使人力资源转化为人力资本，并使之不断升值，进而使员工与岗位可以得到最大限度的适配，不断提升组织的工作绩效。它包括培训需求评估、培训设计、培训实施等工作。人才培训与开发是组织人力资源管理工作中的重要内容，一方面，人才培训开发是人员招聘与绩效之间的桥梁，通过培训开发可以使得组织人员进一步与岗位需求相匹配，增强组织和个人的适应能力；另一方面，通过培训，员工可以提升自身的工作能力和绩效水平，也可以提升员工对组织的认同和归属感。

（四）薪酬与福利管理

薪酬与福利是员工激励最有效的手段之一，一方面是对员工过去业绩的肯定，另一方面也可以通过建立合理且有效的薪酬体系不断激励员工提升业绩。薪酬与福利管理包括了薪酬策略的制定、岗位评价与薪酬等级的设置、薪酬结构设计、薪酬发放与成本统计分析等。一个有效的薪酬福利体系，既要保证组织薪酬福利在市场上具有竞争力，又需要体现薪酬的纵向区别和同岗位员工胜任能力的差距，使员工获得成就感的同时激发员工的工作热情，满足员工的不同需求，发挥员工的最大潜能，才能使员工长久地留下。薪酬福利是组织留住人的关键。

（五）绩效管理

绩效管理是组织通过对部门或者员工的工作结果、行为表现、工作态度等的全面监测、分析和评价，不断改善员工的行为，提高员工的素质，挖掘员工的潜力，最终实现组织目标。它包括绩效管理方案的设计与调整、绩效考评的具体实施、绩效管理的面谈、绩效管理改进等，是人力资源管理的重要内容，也是组织管理中强有力的手段。有效的绩效管理可以评价出员工工作的不足和贡献，也可以对组织人力资源管理的其他版块提供评估资料，改善组织的整体人力资源管理状况，其中尤为显著的就是绩效管理结果可以对薪酬管理提供依据。

（六）员工关系管理

员工关系管理是以国家法规政策以及组织规章制度为基础，明确劳动关系发生期内劳动者和用人单位之间的权利与义务，包括员工信息管理、人事档案管理、员工岗位变动、员工心理辅导等。对于劳动者而言，员工关系管理可以维护他们的基本利益，但同时也规定了劳动者需要对用人单位履行的义务。而对于用人单位而言，员工关系管理在规范其用工行为的同时，也可以保障用人单位的利益，从而为组织的人力活动提供劳动者和用人单位双方的行为规范和利益保护，为组织目标的实现营造一个相对稳定和谐的组织环境。

人力资源管理是一个大的系统，六大版块之间是相互衔接、相互影响的。人力资源规划是人力资源管理的起点，为整体的人力资源管理提供战略指导和方向；招聘与配置是人力资源管理系统的输入环节，为组织成员构成提供新鲜的血液；人员培训与开发是招聘与绩效管理之间的联结环节，任何新进入组织的人员都需要经过培训开发，才能做到人岗相适、人岗匹配，而这就是绩效关系可以正常开展的前提；绩效管理是人力资源管理当中的核心环节，一方面它是人力资源管理质量得到保证的基础，另一方面，绩效管理的结果也作为其他环节正常开展的重要信息参考；薪酬与福利管理是以绩效管理为基本参考的，使员工的劳动在得到合理报酬的同时，能激励员工，提升员工工作绩效，为组织留下适合的人才；员工关系管理能为组织开展人力资源管理创造合法、合理、有效的环境，使组织形成有效的人力资源循环。因此人力资源的六大版块都极其重要，缺一不可。

三、人力资源管理的发展

迄今为止，科学的人力资源管理活动大约经过了百年历史。这个过程大体划分为传统人事管理阶段（20 世纪初至 30 年代）、人力资源管理阶段（20 世纪 30 年代至 70 年代）、人力资本管理阶段（20 世纪 80 年代后）三个阶段。

（一）传统人事管理阶段（20 世纪初至 20 世纪 30 年代）

传统人事管理阶段的重点是改善劳资关系。人事管理是伴随着工业革命而产生的；工业革命对劳动分工、劳动专业化和生产效率的呼唤，使得工厂急需改进原先的工人管理模式。但这一时期只是形成了一些朴素的管理思想，并没有形成科学的管理理论。直到 1911 年，被称为“科学管理之父”的泰勒出版了《科学管理原理》一书，这标志着经验管理时代的结束和科学管理时期的到来。

在传统人事管理阶段中，为了达到生产的高效率，泰勒认为要设置专门的部门和岗位对人员进行管理、培训、考核，通过培训使人的行为标准化，将人作为一个劳动工具，并且实施严格的考核制度和奖惩制度。因此，职位分析、招聘录用、用工培训等人力资源管理的基本职能和负责招聘录用、抱怨处理、工资行政等事务的专门人事管理部门开始出现在实际的管理工作中，并且期望通过人事管理改善劳资关系。这一点在抱怨处理部门的设立上体现得尤其显著。

（二）人力资源管理阶段（20 世纪 30 年代至 70 年代）

20 世纪 30 年代，随着霍桑实验的进行，人们逐渐发现了人际关系在工业生产管理和提高劳动生产率中的重要性。管理者开始关注人性的满足、人的需求、人的归属感等，开始重视工业生产中人的因素，强调对人的关心和理解；增强员工和管理者之间的沟通也成了人力资源管理的主要内容。随着以企业效益为中心的人事管理方式的改变，国家层面也逐渐出台了一系列法规来保护员工利益，例如美国 1964 年颁布的《民权法》。并且，各国开始从司法层面对劳动合同、员工权益、工资待遇、辞退办理等方面做出了详细的规定。

到了 20 世纪 60 年代，随着怀特·巴克人力资源管理概念的提出，一些发达国家的企业也纷纷将“人事部”更名为人力资源管理部门，人力资源管理的初期阶段到来。在人力资源管理阶段，大量的人力资源管理理论不断产生，例如“X 理论—Y 理论”、需求层次理论、双因素理论等。但其中最为突出的进步是人们批判了传统的“经济人”假设，认为“社会人假设”和“自我实现人假设”更符合实际的人力资源管理。这些理论将人视为一种重要的资源，强调人的需求，因此将开发和激励作为人力资源管理的重点。在此基础上，人们强调了非正式组织和劳资合作对于提升人力资源管理绩效的重要性。

（三）人力资本管理阶段（20 世纪 80 年代—）

进入 20 世纪 80 年代，随着西奥多·W·舒尔茨“人力资本”概念的提出，在原先人力资源管理的基础上，人们不再仅仅关注生产管理中“人”这个因素，而开始将经济学中的“资本投资与回报”引入人力资源管理当中，开启了人力资本管理的时代。

学术界将人力资本定义为“体现在人身上的资本总和”，具体来说包括了人的劳动与管理知识、技能以及劳动者心理、身体健康素质等。而想要获得人身上的劳动资本，要对资本的载体进行投资，也就是对人进行投资，强调了人是人力资本的承载体。舒尔茨提出，可以通过医疗保健、学习教育、在职人员培训、择业和迁徙等方式对人进行投资。人力资本理论对企业管理的介入，促使人成为人力资源管理的中心因素。在此背景下，一个新的管理学派——文化管理学派诞生，它更加强调了企业文化在人力资本投资中的重要性。与此同时，随着经济全球化的到来，企业之间的竞争不仅仅是市场的竞争，更是科学技术的竞争、人才的竞争，因而人力资本经营战略也逐渐成为整体企业发展战略和企业管理的核心；人力资源管理不再是企业管理的衍生物，而成为人力资源管理的中心。这些变化明确了人力资本管理时代的到来。著名管理学家德鲁克，著名经济学家加里·贝克尔、罗默、卢卡斯等人，都为这个阶段的发展做出了重要的贡献。

第二节 员工招聘管理

一、员工招聘与招聘管理概述

（一）招聘

招聘是指企业为了满足生存和发展的需要以及组织目标的实现，采取科学的方法吸收人员进入企业的活动。员工招聘是组织人力资源管理中重要的工作，一般发生在以下情境中：①人员结构不合理。当组织结构中缺少某种类型人员或者因为现有人员无法满足现有的人员结构时，就需要从外部吸收人员进入，填补相应的位置，满足组织人员结构的需要。②晋升、退休等造成职位空缺。该情况下组织原本的人员结构是完整的，但由于晋升、退休等原因导致组织人员结构突然性的空缺，因此需要招收适宜的人员补足相应的空缺岗位。③新设置部门或者职位。由于组织生存和发展的需要，组织需要设置新的部门或者在部门内设置新的岗位，由此而产生新的招聘需求。

招聘是组织或者企业根据自己的需求吸收组织外部人员进入到相应的岗位中的活动，看似是企业占据主动地位选择应聘者的过程，但实质上应聘者也在主动地选择企业，是应聘者与招聘者之间的双向选择。因此，现在的招聘不再只是简单的招募和甄选，还出现了专门负责具体招聘工作的人员，被称为招聘专员。

（二）招聘管理

招聘管理是指组织根据组织生存和发展的需要以及组织目标实现的需要，确定组织所需的人才质量和数量，采取科学的方法吸收适宜的个人进入企业，并将其安排到合适的岗位的过程。招聘管理不能等同于具体的招聘行为，还包括了前期准备工作和后续管理工作，如招聘需求分析、岗位分析、招聘渠道选择以及后期的招聘工作评估等。

（三）招聘管理的作用

招聘管理是企业人力资源管理的第一环节，与人力资源管理的其他五大版块关系十分密切。具体来说，招聘在人力资源管理中有以下重要作用。

1. 基础性作用

组织是一个系统，由不同的人和部门组成，因此一个组织想要持续运转下去就需要保证有足够的人才供给，并且是适宜的人才供给，这是一个组织的基础性要求。因此，招聘的基础性作用就是满足组织对人才的需求，人力资源部门通过有效的招聘管理，及时了解组织的人才需求，发布招聘通知，为组织招揽到不同类型、不同层次的人才，满足组织正常运转的人才需求，使得组织得以正常的生存和发展。

2. 促进性作用

人力资源管理的六大版块之间是紧密联系、相辅相成、互相促进的。

第一，组织招聘需求是人力资源规划的结果，人力资源规划会对组织一定期限内的人才需求进行评估，人力资源管理部门会根据评估的结果执行招聘，而招聘的结果也可以进一步反馈给人力资源部门，优化组织的人力资源规划。

第二，人员招聘是组织进行人力资源培训与开发的基础，组织人力资源培训与开发需要根据招聘人员的素质、条件进行员工培训和开发，因此如果招聘到的人员素质高，就可以节约组织的培训成本和降低培训难度。反之，就会增加组织的培训成本和难度。

第三，员工关系管理的基点是人，因此招聘的人员素质、结构等都会影响组织的员工关系管理。

第四，一个有效的薪酬体系需要体现薪酬的纵向区别和同岗位员工胜任能力的差距。新员工的进入会影响原有的员工胜任能力比较系统和员工纵向发展系统，因此组织需要及时地调整薪酬结构中不合理的部分，提高企业薪酬结构的科学性。

第五，绩效管理是对员工的工作行为进行全面考察，并采取一定的措施提升其绩效的活动。而员工最低的绩效水平与组织招聘的员工最初能力是息息相关的，因此组织招聘人员的素质会影响绩效考核水平的设定，同时绩效考核的结果也可以体现组织招聘工作的有效性。

（四）招聘原则

1. 双向原则

招聘是招聘者与应聘者之间的双向选择。招聘者根据自身需求选择合适的应聘者进入组织内任职某个岗位，而应聘者则根据自身的工作意向、期待薪资、发展方向等选择合适的工作或者企业，双方在招聘过程中都有主动选择的权利。同时，招聘也是一个招聘者和应聘者双向满足的过程。组织通过招聘满足自身对人才的需求，达到组织发展的目的，而应聘者同样需要在工作中获得薪酬、个人发展。但是当企业内部人员难以满足现有的工作要求时，如果组织不考虑员工的提升，只是不断地通过人才引进来弥补不足，一方面会导致组织内部人员结构的混乱，严重时可能会导致内部管理混乱；另一方面，员工得不到提升也会影响组织的长远发展。因此，在进行招聘计划时，招聘人员一定要做好招聘需求分析，在引进人才的同时关注现有员工的发展，实现企业与员工的双赢。

2. 人岗匹配原则

人岗匹配原则是指招聘过程中，对应聘者的选择要将应聘者的能力、素质与岗位的要求进行匹配，使员工可以在相应的岗位上发挥特长，完成相应的工作。如果所招聘的人员素质和能力高于或者低于岗位需求，都会造成人才浪费或者工作绩效不足，因此人员招聘的关键是用最低的成本招募到最适合的人才，而非最优秀的人才。近年来，很多企业、组织、单位在招聘人员时，过分追求高学历，导致企业高学历人才饱和，但缺乏充足的晋升渠道与发展空间，导致离职率升高，招聘成本增加，造成资源浪费，严重影响了企业的正常运作和发展。

3. 信息公开原则

信息公开是指在招聘时，要将招聘的种类、数量、报名条件等重要信息向公众公开，使应聘者清楚所有的招聘信息以及报名渠道等。只有信息公开透明，才能给予人才公平竞争的机会。招聘信息的公开，也能确保招聘工作在公众的监督下进行，防止不正之风和不当竞争，也防止由此而引发的人才流失。同时招聘也是一次组织形象宣传的机会，一个公平、公开、平等的招聘，能够提高组织的公众形象。

4. 内部优先原则

人才招聘来源有内部培养和外部选聘两个渠道，因此当组织产生人才需求时，需要决定从上述两个渠道中招聘人才。内部员工对组织的业务、管理方式以及企业文化等更为了解，且已经融入组织内部，具有更高的忠诚度和适应性，更易于组织沟通和协调，也更易于发挥组织效能，因此在人员招聘中，内部培养招聘相对于外部选聘具有一定的优势。并且，内部招聘更利于内部员工的职业发展。企业内部如果能形成有效、科学的内部晋升机制和内部岗位调动机制，可以对员工产生激励作用，提升员工工作的绩效和工作士气。因此，员工招聘可以优先考虑内部人员。但是要注意以下两点：一是确保内部竞聘的公平性和流程的合理性，避免因为内部竞聘影响团队建设和管理僵化；二是要及时识别内部招聘是否能够满足人才需求，内部优先并不代表彻底排除外部选聘，而是要根据内部人才供给质量和组织人才需求状况选择招聘方向，为组织选择最适合的人才。

5. 效益最佳原则

招聘管理的进行势必会产生经费支出。因此作为一种经济行为，招聘管理还必须追求效益最佳原则，即以最少的成本为企业招聘到最优人才。在这一过程中，主要有两种成本：一是招聘的获取成本，主要发生在招聘人员工资、广告等活动费用上；二是招聘的离职成本，主要是指招聘了不合格员工，对其予以辞退所产生的培训费流失、商业机密丢失以及需要重新招聘所产生的各种费用。这就要求招聘人员要根据企业不同的招聘需求，灵活地选择招聘渠道与招聘方式，提高招聘成本控制意识。

（五）招聘管理流程

要想做好招聘管理，首先要搞清楚招聘管理的各个流程。招聘管理流程是指导招聘管理有序进行的规范步骤，只有遵循正确的步骤，招聘管理工作才能有效进行。常见的招聘流程见图 4－1。

1. 准备阶段

招聘管理的前期准备阶段是决定企业能否进行有效招聘的前提，在这个阶段有很多工作需要完成。

（1）招聘需求分析

招聘需求分析是一项系统而专业的工作，是指企业在招聘前对企业内部需要招聘的岗位、岗位数量及岗位人员选拔标准进行分析的过程。有效的招聘需求分析能够使企业招聘做到有的放矢，提高招聘管理的效率。

（2）岗位分析

招聘岗位分析是招聘工作顺利进行的关键。只有明确招聘岗位的职责，才能在招聘过程中真正做到人岗匹配，让招聘工作深入企业核心业务流程。

（3）制订招聘计划书

招聘计划书是招聘管理得以有序进行的纲领性文件，能够起到规范招聘人员行为、把控招聘工作进度等方面的作用。科学详细的招聘计划书能够保证招聘管理工作的顺利进行。

（4）组建招聘团队

在与应聘者的接触过程中，招聘人员作为企业的代言人，他们的形象与个人素质将直接影响应聘者对企业的看法与印象，对应聘者是否愿意接受企业的录用起着关键作用。因此，确定招聘人选也是招聘管理的重要准备工作。

（5）确定招聘渠道

根据招聘岗位及应聘者素质层次的不同，需要选择不同的招聘渠道。尤其是随着社会的发展，招聘渠道也在不断拓宽。因此，人力资源工作者必须积极开发与维护多重招聘渠道，这样才能保证招聘信息得到最大化的传播，扩大企业招聘的选择面，为企业提供充足的人才供应。

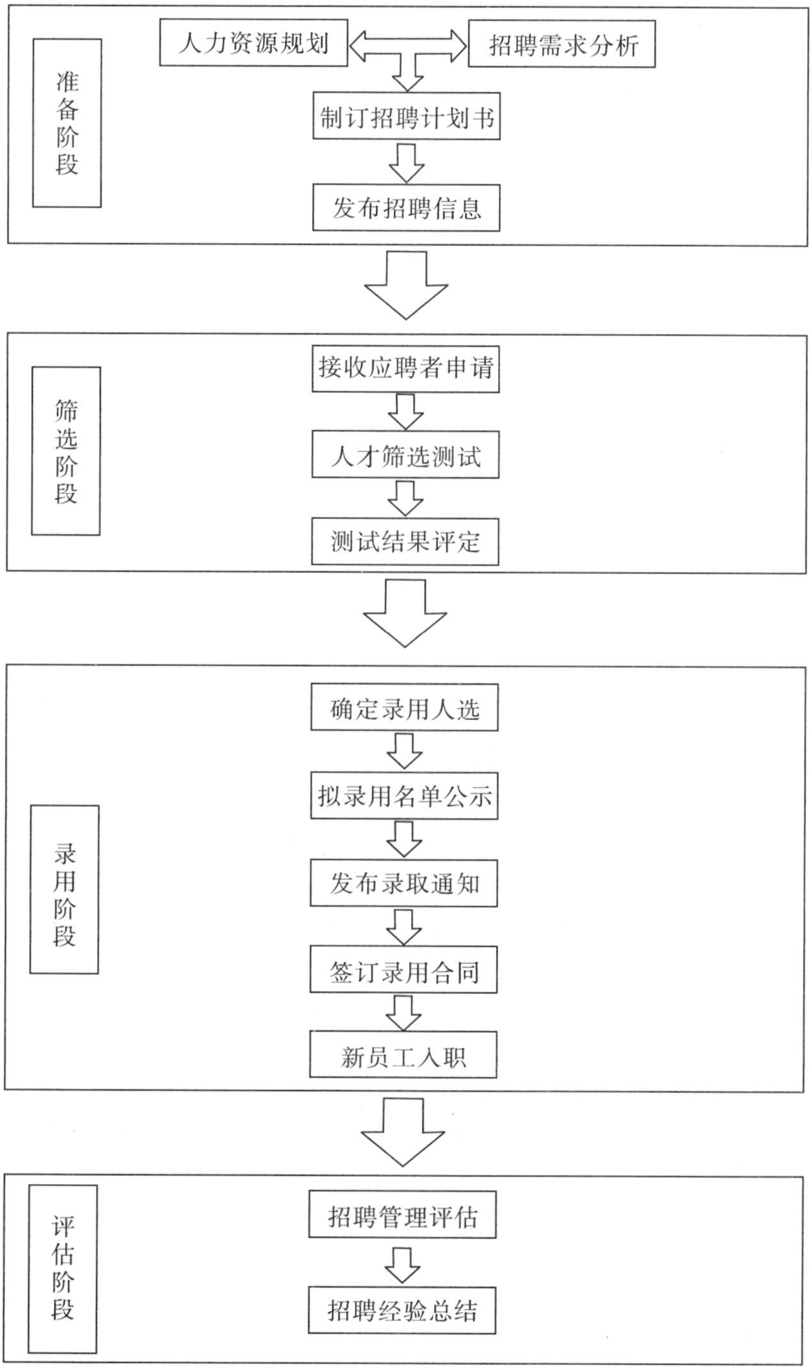

图 4-1　常见的招聘流程

（6）发布招聘信息

招聘信息是企业向广大求职者发出的邀请函。作为企业与应聘者之间的桥梁，好的招聘信息能够做好企业的宣传工作，吸引较多的应聘者。因此，撰写有效的招聘信息也是人力资源工作者必须掌握的专业技能。通常来说，招聘信息需要详细写明企业名称、招聘岗位、岗位职责、薪酬待遇和联系方式等信息，并选择合适的时机发布，起到最好的宣传作用。

2. 筛选阶段

筛选阶段是招聘管理的关键阶段，主要是对应聘者进行全方位、多角度的考查与测评，进而选出与企业匹配度最高的应聘者（图4－2）。

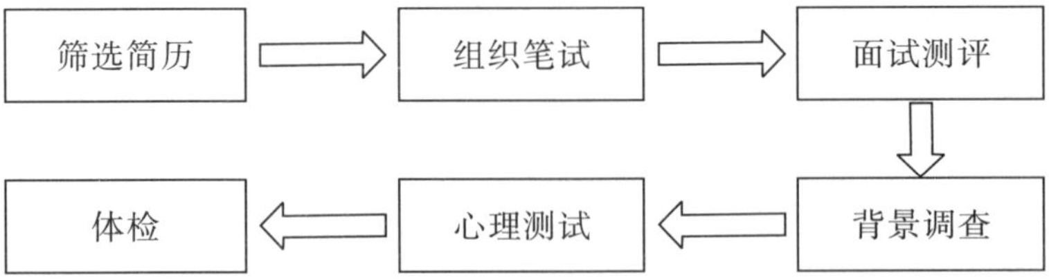

图4－2　筛选步骤

（1）筛选简历

筛选简历是企业进行人才筛选的第一步，即企业在发布招聘信息后接收简历，并按照一定的筛选原则与标准进行初次人才筛选的过程。

（2）组织笔试

笔试是企业筛选人才的重要方式，是通过书面答题方式测试应聘者专业素质与知识的过程。需要注意的是，招聘人员在编制笔试题目时一定要以岗位为核心，设置能够有效测试应聘者胜任能力的题目，以提高招聘工作的质量。

（3）面试测评

面试测评是企业招聘工作必不可少的环节，即招聘人员通过与应聘者面对面的交流与测试，来考查其基本素质与能力的过程。面试测评过程中招聘人员需要注意规避主观误差，确保真实、客观地评价应聘者。

（4）背景调查

背景调查是人才筛选工作中常常被忽略的一个环节。一方面由于其需要耗费一定的时间与物力，容易拉长招聘周期，提高招聘成本；另一方面，很多招聘人员没有意识到背景调查的重要性。事实上，背景调查虽然会耗费一定的招聘成本，却不失为规避招聘风险的有效手段。企业在对关键岗位或者中高层管理岗位进行招聘的时候，一定要进行背景调查。

（5）心理测试

健康良好的心理素质是员工能够有效工作的前提。有的工作岗位会长期面对压力，需要任职人员具有强大的心理素质和较好的应变能力，一些心理素质较差的应聘者可能无法适应这样的工作环境。而且，心理测试的果也是企业对合格应聘者进行后续心理辅导的依据，能够帮助企业更科学地发挥人才优势。

（6）体检

体检是发现某些职业禁忌或某些人群的传染病、遗传病，进而保证企业员工正常工作和生活的重要手段。某些特殊的岗位对应聘者的身体素质要求较高，因而体检成为筛选最佳匹配人员的重要方法。体检结果也可以为后续的员工培养提供参考依据。

3. 录用阶段

录用阶段是招聘管理的后期环节，是确定最终合格人选并办理一系列录用手续，正式将应聘者纳入企业组织的过程。这个过程需要涉及劳动合同签订、培训等一系列环节，录用阶段执行效果的好坏也会直接影响整个招聘过程（图4－3）。

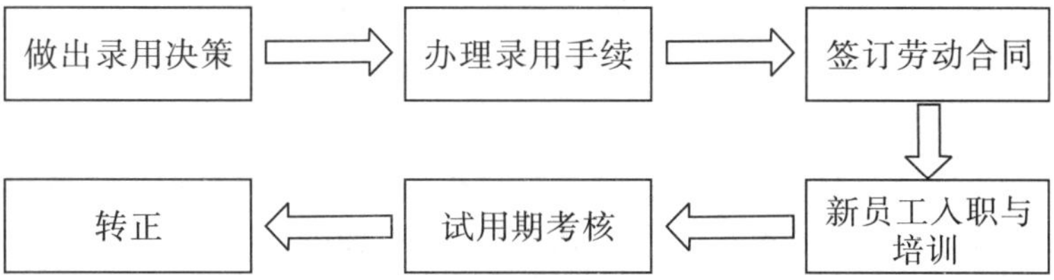

图4－3　录用步骤

（1）录用原则

员工的职位一般会根据企业招聘要求，并结合应聘者的应聘意愿综合安排考虑。对于一个企业来说，招聘新员工不仅是人力、财力的消耗，更关乎组织战略目标的实现。所以，在员工录用过程中一定要坚持宁缺毋滥、有利于组织发展等宗旨。概括起来，人员录用应该坚持以下原则：

a. 公平原则

一是给予每位应聘者同等的机会，尽量减少人为的不公正。二是保证录用过程合理规范，测评方法科学适当；只有从方法上、规则上实现客观公正，才能实现结果的公正。三是要注意评价者自身的能力和素质，避免因为评价者本身专业素养的欠缺而导致评价有失公允。

b. 择优原则

员工录用的核心原则之一便是择优录用。择优录用就是在广泛测评甄选的基础上，为组织选出最适合岗位的人才。这也要求在录用之前做到严格考核、深入分析、准确判断和慎重决策。只有这样，才能在最大程度上为组织筛选出优秀且适合的人才。

c. 适才重于英才的原则

企业甄选员工时，适才往往比英才更重要。所谓适才，就是不论专业能力、心理素质还是身体素质都能胜任其岗位工作，更重要的是其追求工作的动机在企业中能够得到满足。如果企业盲目追求英才，甄选的员工工作水平远高于岗位要求，现有岗位对其没有太大挑战，往往会造成人才流失，最终导致企业过多地支出不必要的成本。企业管理者应该认识到，员工能力与岗位匹配是最重要的。

（2）影响录用的因素

a. 宏观经济环境

宏观经济繁荣，就业充分，劳动力供给就相对紧张，易导致招聘资源不足，企业招聘优秀人才就会面临很多困难，使录用决策有一定的难度。相反，宏观经济形势较差时，失业人数增多，劳动力供给较充分，招聘资源相对充足，企业招聘录用会轻松很多。

b. 组织需求偏好

组织自身的发展阶段不同，对人才的需求也不同。致力于新产品研发与推广的组织，偏好于录用技术研发型人才和市场拓展型人才；产品成熟，需要销售份额不断扩大的组织，偏好于录用营销方面的人才；生产性组织在扩建新的生产基地时，对一线操作员工需求会更大一些。

c. 甄选评价方法

企业招聘过程中会运用各种测评手段，对应聘人员进行全方位考核，从而了解其潜力和能力。而各种甄选测评手段自身的特点会影响到录用的效率和质量。

d. 录用决策者

录用决策者由两部分人组成。人力资源部招聘负责人经过层层选拔，会筛选出他认为合格的人选。但是，最终录用哪一位，则是由用人部门负责人决定。也就是说，人力资源部负责提供某一岗位应聘合格者的名单，最终由用人部门负责人拍板选人。在这种情况下，用人部门负责人的用人偏好和个人素质会决定录用结果。

（3）录用程序

a. 录用决策

在经过笔试、面试或心理测试后，招聘录用工作进入了决定性阶段。这一阶段的主要任务是通过对甄选评价过程中产生的信息进行综合评价与分析，确定每一位应聘者的素质和能力特点，根据预先确定的人员录用标准与录用计划进行录用决策。

b. 办理录用手续

办理录用手续主要是对应聘者的书面材料进行最终审核确定。签订试用合同前要求审核应聘者的学历证书、资格证书、计划生育证书、身份证、户口本和与原单位解除劳动合同的证明等。如果在录用阶段认为某个应聘者十分优秀，但是对他或她又存有一些疑惑（如对其过去的历史），一定要在录用前将事情调查清楚，不要把问题带到录用之后。

c. 签订试用合同

劳动合同一般规定，新员工必须经过一定时间的培训试用期；员工进入组织前，要与组织签订试用合同。试用合同书是指劳动者与用人单位确立试用期间的劳动关系，明确双方权利和义务的协议。员工试用期是指从新员工报到上班开始，经历岗前培训、岗位熟悉到正式胜任工作岗位所需的时间。

d. 员工的入职培训及使用考核

对于新员工来说，试用期的工作岗位意味着他就职的第一个岗位，应该按照招聘要求与应聘者意愿来安排，引导新员工顺利适应新环境，对员工进行入职前的岗位培训，使其进入新角色。在试用过程中要对员工的能力与潜力、个人品质与心理素质进一步考核。

e. 转正录用

经过试用考核，如果员工的表现显示出他已完成了适应企业工作的试用过程，合同双方互相满意并且能达到统一的意向，这时，应聘者就顺利完成了应聘的全过程，被企业录用为劳动合同制的正式员工。

4. 评估阶段

招聘评估是企业招聘管理的重要组成部分，一般在招聘工作结束后进行，主要是对招聘效果、招聘成本、招聘方法及招聘过程进行评估。通过对以上方面的分析，总结经验，以便提高下次招聘工作的效率。

（1）招聘效果评估

招聘效果评估，主要是评估招聘工作是否及时解决了企业内部岗位的空缺、招聘到的员工是否做到了人岗匹配等。招聘效果评估是衡量招聘人员工作效率的重要依据，评估结果不仅能够有针对性地指导招聘人员的工作，还能够作为招聘人员的绩效评估指标，鞭策招聘人员不断加强自身素质，提高招聘工作的效率。

（2）招聘成本评估

招聘成本评估是招聘评估工作的重点，也是衡量招聘工作效率的重要依据。如果招聘成本低，且招到的人员素质高；就说明招聘效率高，反之则说明招聘效率低。招聘成本的评估包含很多方面的内容，是招聘人员不容忽视的。

（3）招聘方法评估

招聘方法评估是对招聘渠道、测试题库、面试方法等实际操作方法的评估。通过评估，能够衡量招聘渠道、测评题库及面试方法的有效性，进而促使招聘人员选择最优的招聘方法。

（4）招聘过程评估

通过对招聘人员工作质量的评估，将其与招聘人员的绩效挂钩，督促招聘人员进行自我提升。

第三节 薪酬与激励机制建设

一、薪酬管理概述

（一）薪酬管理概念

薪酬对于员工和组织的重要性决定了薪酬管理的重要性。组织的薪酬管理就是一个组织根据所有员工提供的劳动或劳务确定员工报酬的支付标准、支付水平、支付结构并随实践不断合理调整的过程；或者说，就是确定和调整基本工资、奖金、佣金和利润分成等具体薪酬构成的过程。

（二）薪酬管理内容

1. 薪酬计划

薪酬是企业人工成本的主要组成部分，因而企业每年应根据人力资源规划制定企业的薪酬预算，以有效控制人工成本。制订薪酬计划时可制作薪酬计划表以便于统计分析。

2. 薪酬等级

薪酬等级主要有两大类：一是分层式薪酬等级类型，其特点是企业包括的薪酬等级比较多，呈金字塔形排列，员工薪酬水平的提高随着个人岗位级别向上发展而提高。这种等级类型常见于成熟的、等级型企业中。另一种是宽泛式薪酬等级类型，其特点是企业包括的薪酬等级少，呈平行方式排列，员工薪酬水平的提高既可以因为个人岗位级别向上发展而提高，也可以随横向工作调整而提高。这种薪酬等级类型常见于不成熟的、业务灵活性强的企业。薪酬等级是薪酬结构的基础，不同的企业类型以及同一企业的不同发展阶段，薪酬等级的划分也将有所不同。

3. 薪酬构成

薪酬结构是指员工薪酬的构成项目及各项目所占比例。薪酬构成应随行业、企业和岗位特征的不同而变化。不同的薪酬构成在支付相同的人工成本的前提下会产生不同的激励效果，因而薪酬构成的有效设计将提高企业效率。

4. 薪酬水平

薪酬水平是薪酬管理的核心内容，薪酬水平的高低直接影响到企业吸引、激励和保留人才的能力。但薪酬水平不能过高，否则将影响企业在产品市场上的竞争力。因此，企业需同时考虑员工薪酬水平的外部竞争力和企业在产品市场上的竞争力，应经常关注市场薪酬水平的变化，并结合企业的实际情况进行薪酬水平的调整。

5. 薪酬日常管理

薪酬方案确定后薪酬的日常管理将是一项长期工作，企业招聘员工、员工岗位异动都将面临薪酬确定问题。另外，员工年度考核后部分员工的薪酬会产生相应的变动、核算和支付，这也是一项经常性的工作。

6. 薪酬诊断

企业薪酬确定后不是一成不变的。随着企业外部环境和内部环境的变化，原有的薪酬体系将会不适应企业的发展，需要定期对薪酬体系进行诊断，找出存在的问题，对原有薪酬体系进行完善或重新设计。

（三）薪酬管理的原则

薪酬体系设计是薪酬管理最基础的工作，其中薪酬水平、薪酬结构、薪酬构成等方面是环环相扣的，每一部分都不能够出现问题；只有兼顾好每一个部分，企业薪酬管理才能达成预定目标。其中，薪酬预算、薪酬支付、薪酬调整工作是薪酬管理的重点工作，应切实加强薪酬日常管理工作，以便实现薪酬管理目标。在这个过程中，不能忽视的是与薪酬管理相关的原则问题。

1. 同步组织战略原则

不同的企业，需要根据自身的实际情况制定不同的人力资源管理战略，也包括不同的薪酬战略。也就是说，企业战略和薪酬战略之间联系得越紧，企业的效率就会越高。与企业战略相匹配的薪酬体系可以对企业的经营管理起到助力作用，使企业赢得并保持竞争优势。因此，薪酬体系必须随着企业经营战略的变化而变化，与企业战略相同步。

2. 公平效率统一原则

企业在设计薪酬管理体系的过程中想要达到“公平”与“效率”共存的目标。但是在实际过程中，追求效率和追求公平往往是相互矛盾的。只追求效率不讲公平，就会产生分配不合理的现象。在同等环境下，如果员工意识到这种不公平的存在，就会对企业与工作失去热情，从而导致效率下降。只讲公平不讲效率，既不能够使员工形成竞争意识，又会造成员工积极性不高的情况，企业的经营状况也会受到影响。因此，在实际的薪酬管理过程中，必须坚持公平与效率相统一的原则。

3. 体现薪酬功能原则

薪酬无论是对企业还是对员工来说都起着不容忽视的重要作用。因此，在设计薪酬管理体系的时候，必须能够有效地体现薪酬的功能。薪酬应该保障员工的收入能够补偿他们的劳动力再生产费用，包括日常生活需要以及在企业可以获得的自身的提升。有效的薪酬管理可以激励员工努力提升自身，为企业创造更多的价值，并能够有效地吸引、保留优秀员工。因此，为了体现薪酬的激励作用，在设计薪酬管理体系的时候应该注意一些问题。比如，对工资结构、基本工资和效益工资的比重可以适当调节。对不同的员工、不同的岗位，要能够设计出较符合他们自身情况的薪酬发放方式。例如对计件人员的工资或者销售人员的工资，应该认真核对绩效和产生的件数，并采取业绩系数递增制。对为公司做出重大贡献的员工，应该给予额外的奖金形式的奖励，这样才能激发更多员工的潜能。而对工资稳定的计时员工，也应该在其完成工作后给予奖励。

4. 先进适用原则

薪酬战略的设计和选择也要与环境相适应。这里的环境指的是产品和劳动力市场的压力，法律和法规的约束，组织的经营战略，变化的劳动力特征，组织文化、价值观和期望等。而薪酬管理在适应环境的同时，也要对环境的发展变化有相应的预测和评估，使薪酬管理具有前瞻性和引导性，也就是先进适用原则。

5. 合法合理原则

薪酬制度在大环境下必须符合各项法律、法规以及相关政策的要求。例如与薪酬管理相关的国家、地方劳动法规，劳动行政部门颁布的管理规定等。其中比较常见的问题有关于最低工资标准的规定，反薪酬歧视的法规等。这些涉及法律问题的相关内容，是薪酬管理过程中应该放在首位考虑的。可以说，薪酬管理承受着来自社会、竞争以及法律方面的压力。只有做到合理合法，才能支持企业的经营战略。

6. 清晰易用原则

薪酬方案必须是清晰的，这样可以使员工清楚地了解自己通过劳动可以获得的全部利益，明确自己的能力、绩效以及对企业做出的贡献之间的关系，这样可以充分发挥薪酬的激励作用。清晰的薪酬方案还能增加员工的安全感、公平感和满意度。同时，薪酬方案必须是易于操作的；如果过于复杂，则不但使员工难以理解，而且会增加管理人员执行的难度和人工成本费用，有时甚至会产生不必要的矛盾。

7. 经济及时原则

薪酬也构成了生产成本的一部分，如果薪酬的标准设定过高，则虽有了一定的竞争优势并发挥了激励功能，但是人工成本也就上升了，这就要遵循循环经济的原则。因此，企业需要在进行成本核算后，在可以支付的范围内设计薪酬方案。

经济及时原则其实就是指薪酬发放必须及时，因为薪酬是员工日常生活的保障。只有及时发放薪酬，才能增强员工的安全感以及对组织的信任感，保障员工的工作热情。

在经济循环方面，员工工作热情提高，企业才可以得到更好的发展，经济效益也会随之提高。在这种情况下，企业应该与员工共同分享企业的部分利益。这种分享可以体现在奖金、年底分红、工资升级等方面。在这种模式下，薪酬的分享使经济达到了有效循环。

二、激励与薪酬

（一）员工个人激励与薪酬

员工个人的激励计划要求业绩考核必须针对员工个人的业绩而不是集体的业绩。同时，员工报酬的增加是一次性的，并不计入基础工资。公司的销售人员按照其销售额的一定比例提成作为其报酬的方式就是一种典型的员工个人激励计划。值得注意的是，绩效工资制度与员工个人激励计划的效果具有相互补充的性质。一般而言，绩效工资制度下的员工薪酬增长幅度在短期内是有限的，相对于员工付出的工作努力，这些增加的报酬对员工在心理上的激励作用比较小（尽管从长期来看，员工的基础工资将随着报酬的增加而增长）。而员工个人激励计划在员工业绩突出的情况下，支付给员工的报酬数额要比在绩效工资制度下大得多。因此，这种薪酬制度对员工个人的激励效果更加明显。同时，由于员工报酬的增加是仅限于当期支付的，而不是提高员工的基础工资，所以对企业的人工成本不会构成上升的压力。

既然如此，那么我们是否可以在企业中广泛地应用这种员工个人的激励计划呢？回答是否定的。其主要的原因是实行员工个人的激励计划是有条件的。行为理论告诉我们，要使员工个人激励计划发挥效力，必须同时具备以下三个条件：第一，员工个人有能力控制达到既定目标的行为和条件；第二，企业支付的报酬与员工达成的目标之间必须建立明确的联系；第三，报酬的数额必须能够足以补偿员工达成既定目标所付出的努力。但是在现实生活当中，我们经常会发现，一些公司为销售人员制订的员工个人激励计划并没有达到预想的效果，其原因常常与不能满足以上条件有关。如韩国在华投资的一个销售公司对销售员工实行按照个人销售额提成的办法来支付报酬，各个销售人员按照地理位置每人负责一个区域。但内于各个地区的人口数量、经济发展水平以及人均收入等方面存在差别，特别是公司在各地的促销活动的强度也有明显差别，结果是员工个人的努力与销售成绩不能对应，员工个人激励计划没有能够发挥作用。

个人激励制度的最大优势在于员工能清楚地看到付出与薪酬之间的关系。但个人激励计划也产生了一些问题，如员工之间的竞争程度可能会涉及工作的质量。因为担心同事赢得奖金，一个销售员很可能会对同事隐藏某些关键信息。

（二）员工集体激励与薪酬

在现代大机器生产和专业化分工条件下，产品是在很多人合作的情况下生产出来的，因此管理人员无法说清楚每位员工在企业整体目标实现过程中各自的贡献是多少，而且管理人员本身的业绩衡量也存在着同样的问题。因此，集体激励计划就成为支持团队合作方式的激励方法。需要注意的是，所谓的集体激励是相对于员工个人激励而言的。因此，严格地讲，只要不是在员工个人层次上实施旨在影响员工报酬的所有激励计划，都可以被称为集体激励计划。在实践中，企业一般根据部门层次或者整个企业的层次来实施集体激励计划。

利润分享计划和增益分享计划是集体激励计划中的两种基本形式。所谓的利润分享计划，指的是用赢利状况的变动来作为对部门或者整个企业的业绩的衡量，超过目标利润的部分在整个企业的全体员工之间进行分配，通常是以把这一部分以现金的形式支付或将其存入员工的某一账户，让员工退休后领取的形式分配给员工。利润分享计划的理论依据是参加利润分享计划的员工对组织和组织的利润目标会有更高程度的认同感，可以使员工更加关心公司的发展，努力工作，减少浪费，因此将促进劳动生产率的提高。此外，如果企业没有利润，那么就不会发生员工激励费用。利润分享制的缺点是如果由于经济不景气等非员工控制的因素，使得企业利润水平没有超过预定的目标，那么即使是最优秀的员工也无法得到奖励。在以延期支付的方式发放奖金时，员工获得这一奖励与员工的努力之间的时间间隔比较长，易使工作绩效与激励之间的联系趋弱。

所谓的增益分享计划，指的是将一个部门或整个企业在本期生产成本的节约上与上期的相同指标进行比较，然后把节约额度的某一事先预定的比例在这一部门或者企业中的全体员工之间进行分配。增益分享计划的主要目的是以薪酬为纽带，将员工个人的目标和组织的整体目标连接起来，同时强调组织绩效的改进是员工个人和团队共同努力的结果。在我们这个越来越倡导团队成员密切合作精神的时代，增益分享计划显然是个不错的激励方法。其主要优点是：第一，那些从事间接服务的、个人绩效区分不明显的员工也可以得到奖励；第二，避免员工之间的恶性竞争。

利润分享计划通常是在整个公司的范围内来实施的，而增益分享计划通常是在各个部门的范围内来实施的。尽管这两种员工集体激励计划在本质上是非常相似的，但是从最终的效果来看，增益分享计划中员工的努力与个人收益之间的联系更容易被员工感受到，因此对员工的激励效果会更强一些。而利润分享计划受到目标利润的确定、管理阶层的决策质量、核算方法等各种因素的影响，因此，员工对利润的增加是难以观察和控制的。结果，在利润分享计划中，员工努力与个人收益之间的联系被削弱了，这也使得利润分享计划的激励效果削弱。我们常常会听到员工抱怨说，为什么效益一年比一年好，而我们的收入却不见有起色？显然，利润分享计划并没有起到激励员工的作用，员工的积极性受到了打击。

（三）通过薪酬激励员工

对于人力资源经理来说，设计与管理薪酬制度是一项最困难的人力资源管理任务。如果建立了有效的薪酬制度，企事业组织就会进入良性循环；相反，员工的积极性就发挥不出来。

国外有一个民意调查组织在研究以往 20 年的数据后发现，在所有的工作分类中，员工们都将工资与收益视为最重要或次重要的指标。工资能极大地影响员工行为——在何处工作以及是否好好干。因此，如何让员工从薪酬上得到最大的满意度，成了现代企业组织应当努力把握的课题。企业应该从以下方面入手：

1. 为员工提供有竞争力的薪酬

使员工一进企业便珍惜这份工作，竭尽全力，把自己的本领都使出来。支付最高工资的企业最能吸引并留住人才，尤其是那些出类拔萃的员工。这对于行业内的领先公司尤其必要。较高的报酬会带来更高的满意度，与之俱来的还有较低的离职率。一个结构合理、管理良好的绩效付酬制度，应能留住优秀的员工，淘汰表现较差的员工。

2. 重视内在报酬

实际上，报酬可以划分为两类，外在的与内在的。外在报酬主要指组织提供的工资、津贴和晋升机会，以及来自同事和上级的认同；而内在报酬是和外在报酬相对而言的，它是基于工作任务本身的报酬，如对工作的胜任感、成就感、责任感、受重视度、影响力、个人成长和价值贡献等。事实上，对于知识型的员工，内在报酬和员工的工作满意度有相当大的关系。因此，企业组织可以通过工作制度、员工影响力、人力资本流动政策来执行内在报酬，让员工从工作本身中得到最大的满足。

3. 把收入和技能挂钩

建立个人技能评估制度，以员工的能力为基础来确定其薪水，工资标准由技能最低直至最高划分出不同的级别。基于技能的制度能在调换岗位和引入新技术方面带来较大的灵活性。当员工证明自己能够胜任更高一级工作时，他们所获的报酬也会顺理成章地提高。此外，基于技能的薪资制度还改变了管理的导向。实行按技能付酬后，管理的重点不再是限制任务指派使其与岗位级别一致；相反，最大限度地利用员工已有技能将成为新的着重点。这种评估制度最大的好处是能传递信息，使员工关注自身的发展。

4. 增强沟通交流

现在许多公司采用秘密工资制，提薪或奖金发放不公开，使得员工很难判断在报酬与绩效之间是否存在着联系。人们既看不到别人的报酬，也不了解自己对公司贡献的价值，这样自然会削弱制度的激励和满足功能。一种封闭式制度会伤害人们平等的感觉，而平等是实现报酬制度满足与激励机制的重要因素之一。

5. 员工参与报酬制度的设计与管理

国外公司在这方面的实践结果表明，与没有员工参加的绩效付酬制度相比，让员工参与设计与管理的报酬制度常令人满意且能长期有效。员工更多地参与对报酬制度的设计与管理，无疑有助于一个更适合员工需要和更符合实际的报酬制度的形成。在员工参与制度设计的过程中，管理者与员工可以针对报酬政策及目的进行沟通，促进相互之间的信任，这样能使带有缺陷的薪资系统变得更加有效。

三、薪酬设计步骤

由上述内容可知，一个好的薪酬体系是可以为员工带来激励作用的。那么，薪酬体系的设计流程又主要是什么样的呢？

（一）职位分析

职位分析是确定薪酬发放的基础。管理层要在业务分析和人员分析的基础上，明确部门职能和职位关系，人力资源部和各部门主管合作编写职位说明书。

（二）职位评价

职位评价或评估重在解决薪酬的对内公平性问题。通过评价，比较单位内部各个职位的相对重要性，设计出职位等级序列，为开展薪酬调查建立统一的职位评估标准，使不同职位之间具有可比性。职位评价的方法有多种，其中比较复杂和科学的是记分比较法，这种方法先确定与薪酬分配有关的评价因素，再给这些因素定义不同的权重和分数，然后进行比较。国际上比较流行的如 Hay 模式和 CRG 模式，都是采用对职位价值进行量化评估的方法，从三大要素、若干个子因素方面对职位进行全面评估，通过综合评价各方面因素，设计出薪酬级别。

（三）薪酬调查

薪酬调查主要是为解决薪酬的价值而进行的。在确定工资水平时，需要参考劳动力市场的工资水平。公司可以委托比较专业的咨询公司进行这方面的调查。薪酬调查的对象，最好是选择与自己有竞争关系的公司或同行业中与本公司相类似的公司，重点考察人才的去向和招聘来源。薪酬调查的资料，要包含上年度的薪酬增长状况、不同薪酬结构对比、不同职位和不同级别的职位薪酬数据、奖金和福利状况、长期激励措施以及未来薪酬走势分析等。只有采用统一的标准进行职位评估，并各自提供真实的薪酬资料，才能保证薪酬调查的准确性。

（四）薪酬定位

在分析同行业薪酬数据的基础上，根据公司状况，选用不同的薪酬水平。影响公司薪酬水平的因素有多种。从公司外部看，国家的宏观经济、通货膨胀、行业特点和行业竞争力、人才供应状况甚至外币汇率的变化，都会对薪酬定位和工资增长水平有不同程度的影响。在公司内部，赢利能力、支付能力、人员素质是决定薪酬水平的关键因素。在公司发展阶段，人才稀缺度、招聘难度、公司的市场品牌和综合实力，也是重要影响因素。在薪酬定位上，公司可选择领先策略或跟随策略。薪酬上的领头羊未必是品牌最响的公司，因为品牌响的公司可以依靠其综合优势，不必花费高薪也可能找到好的人才。或者说，这样的公司可以通过多种途径培养员工的忠诚度，而不是依赖薪酬这一种手段。

（五）薪酬结构设计

许多跨国组织在确定员工工资时，往往要综合考虑三个方面因素：人才职位等级、个人的技能和资历、个人绩效。在薪酬结构上与其相对应的分别是职位工资、技能工资、绩效报酬。也有的将前两者合并考虑，作为确定个人基本薪酬的基础。职位工资由职位等级决定，它是个人工资高低的主要决定因素，公司可以从薪酬调查中选择一些资料作为该工资区间的中点，然后确定每一职位工资等级的上下限；技能工资的差异来源于技能、工作效率、历史贡献等方面，可以在同一等级内，根据职位工资的中点设置一个上下的工资变化区间，来体现其差异，使人才在不变动职位的情况下，随技能提升、经验增加而在同一职位等级内逐步提升工资等级。绩效报酬是指对人才因完成业务目标而进行的奖励，与其所创造的价值相联系。

（六）薪酬体系的实施和调整

薪酬体系一经设计就应严格按体系要求有效地实施、推广，以发挥其应有的作用。同时，它也需要不断地调整，根据公司的战略和价值观、目标对其进行检验，不断完善，确保薪酬体系在不断变化的环境中的适用性。薪酬体系一般包括薪酬和福利两个方面。应该说，在薪酬体系中，所有的薪酬形式都会对培养人才的忠诚度有作用，至少作为物质保障，可以维持低的忠诚度。

但是，不同的薪酬形式对培养忠诚度的作用不同，其中绩效薪酬的作用比较突出。绩效薪酬比单纯的职位工资、技能工资有效，其原因在于绩效薪酬充分体现了员工的价值及其重要性，调动了人才的积极性，使绩效薪酬成为员工为追求高薪酬而发扬献身精神，为企业多做贡献的重要手段。

绩效薪酬制度是公司寻求经营成功最有效的管理工具之一，是通过薪酬培养人才忠诚度的关键策略。绩效薪酬制度包括奖金制、佣金制、激励性年薪制等多种形式。在绩效薪酬中，不同形式的薪酬制度培养出的忠诚度侧重点不同，对培养全员忠诚度最有效的形式是人才持股计划。

第四节　人力资源培训与开发

一、人力资源培训与开发的含义

随着人力资源在组织中的重要性日益增强，人力资源的培训与开发逐渐从一项管理成本转变为一项人才投资，人力资源的培训与开发也被认为是人力资源管理中不可缺少的环节。

目前对于组织人力资源开发活动的定义涉及三个方面的内容：培训、教育和开发。三种功能最大的区别在于时间的连续性。

培训是为了现职的责任和义务而提供的学习，这种学习多集中在技能的建构上，并以此增进或改善个人的观念、态度、想法及行为的自我意识等。所有的这些学习内容都以在雇员绩效管理领域中增强人员完成现有职责的能力为目的。

教育更多具有未来的导向性。它包括技能构建，但更主要的是强调学习那些在不同岗位上通用的东西，以及使个体为迎接新工作职责和挑战做准备。

人员开发也有未来的导向性，但这一特征相对于教育而言比较模糊，它的重点放在使雇员为今后可能的变动做好准备，以迎接未来那些可能出现的未知问题上。虽然技能构建仍然是开发的一个重要组成部分，但它更加强调同组织价值以及变化相一致的雇员态度和知识的构建。此外，个人素质、自我意识、变化管理、战略性规模、建立未来愿景，也是开发的重点内容。

二、人力资源培训与开发的分类

在实践中，培训与开发具有各种不同的形式，对这些类型的辨别将有助于我们加深对培训与开发的理解。按照不同的标准，可以将培训与开发划分成不同的类型。

（一）按照培训对象分

按照培训对象分可以将培训与开发划分成新员工培训和在职员工培训两大类。

新员工培训指对刚刚进入企业的员工进行培训；在职员工培训指对已经在企业中工作的员工进行培训。由于培训的对象不同，这两类培训之间存在比较大的差别。新员工培训相对来说比较简单，因此通常所讲的培训与开发是针对在职员工而言的。

按照员工所处的层次不同，在职员工培训又可以继续划分为基层员工培训、中层员工培训和高层员工培训三类。由于三类员工在企业中所处的位置不同，承担的职责不同，发挥的作用也不同，因此对他们的培训与开发要区别对待，应当侧重不同的内容，采取不同的方法。

（二）按照培训形式分

按照培训形式分可以将培训与开发划分为在岗培训和脱产培训两大类。

在岗培训（ONJT）指员工不离开工作岗位，在实际工作过程中接受培训；脱产培训（OFFJT）则是指员工离开工作岗位，专门接受培训。这两种培训形式各有利弊，企业在实施过程中需要根据实际情况来选择恰当的形式。

（三）按照培训性质分

按照培训性质分可以将培训与开发划分为传授性的培训和改变性的培训两大类。

传授性的培训指那些使员工掌握自己本来所不具备的内容的培训，例如员工本来不知道如何操作机床，通过培训使他能够进行操作，这种培训就是传授性的培训。改变性的培训则是指那些改变员工本来已具备的内容的培训，例如员工知道如何操作机床，但是操作的方法有误，通过培训使他掌握正确的操作方法，这种培训就是改变性的培训。

（四）按照培训内容分

按照培训内容分可以将培训与开发划分为知识性培训、技能性培训和态度性培训三大类。

知识性培训是指以业务知识为主要内容的培训；技能性培训指以工作技术和工作能力为主要内容的培训；态度性培训则是指以工作态度为主要内容的培训。这三类培训对于员工个人和企业绩效的改善都具有非常重要的意义，在培训中都应当给予足够的重视。

此外，按照其他的标准，培训与开发还可以划分成其他不同的类型。需要再次强调指出，对培训与开发类型的划分意义并不完全在于这些类型本身，而在于对培训与开发的深入理解。

三、人力资源培训与开发的作用

企业之所以越来越重视培训开发工作，是因为它具有非常重要的作用和意义，这主要表现在以下几个方面。

（一）有助于改善企业的绩效

企业绩效的实现是以员工个人绩效的实现为前提和基础的，有效的培训工作能够帮助员工提高他们的知识、技能，改变他们的态度，增进他们对企业战略、经营目标、规章制度以及工作标准等的理解，从而有助于改善他们的工作业绩，进而改善企业的绩效，这可以说是培训最为重要的意义。尤其是在员工个人的工作绩效低于需要达到的水平时，这种意义就更加突出。

（二）有助于增进企业的竞争优势

构筑自己的竞争优势，这是任何企业在激烈的竞争中谋求生存和发展的关键所在。当今时代，随着知识经济的迅猛发展和科学技术的突飞猛进，企业的经营环境日益复杂多变，“未来唯一持久的优势，是有能力比你的竞争对手学习得更快”。通过培训，一方面可以使员工及时掌握新的知识、新的技术，另一方面也可以营造出鼓励学习的良好氛围。这些都有助于提高企业的学习能力，增进企业的竞争优势。

（三）有助于提高员工对企业的认同感和归属感

员工只有对企业产生强烈的认同感和归属感，其能力和潜能才能得到真正充分的发挥，进而表现为工作绩效的提高。通过培训，可以使企业中具有不同价值观、信念、工作作风的员工和谐地统一起来，为共同的目标而各尽其力。一个团队或一个组织克服内外困难的力量就来自它自身，即来自它的精神力量，来自它的信念。对员工的培训，主要一点就是培育员工对组织的认同感与归属感，开发员工的智力和技能潜力，使组织从被培训的员工中获得一种精神的发展动力、一种文化力。

（四）有助于培育企业文化

学者们的研究表明，良好的企业文化对员工具有强大的凝聚、规范、导向和激励作用，这些对企业来说有着非常重要的意义，因此很多企业在重视规章制度建设的同时也越来越重视企业文化的建设。作为企业成员共有的一种价值观念和道德准则，企业文化必须得到全体员工的认可，这就需要不断地向员工进行宣传教育，而培训就是其中非常有效的一种手段。

四、人力资源培训与开发的流程

（一）培训需求分析

1. 概述

培训需求分析或需求评估，是指在规划与设计培训之前，由有关人员采取各种方法和技术，对各种组织及其成员的目标、知识、技能等方面各个系统的鉴别与分析，以确定是否需要培训及培训内容的一种活动或过程。

培训需求分析需要对不同的培训主题进行分析。分析对象包括组织高层管理者、人力资源部门、各级管理人员、其他人员等。只有调动各方面人员的积极性，使他们参与需求分析，发挥各自优势，才能保证需求分析的真实性、全面性和有效性。同时，培训需求分析就是要通过对组织及其成员的目标、技能、知识、态度等的分析，来确定员工现有状况与应有状况的差距，以及预测组织与成员未来任务的需求。

2. 培训需求分析内容

在员工的培训过程中，许多企业管理者都能凭借直觉来确定员工需要学习什么。然而，如果单纯地采取一种非正式的、直觉性的方法来判断员工希望学习什么，很可能会遗漏一些重要的问题。因此，绝大多数经验丰富的人力资源管理者都会首先进行培训需求分析。不同层次的员工，他们的培训需求是不一样的：高层有战略的需求，中层有管理的需求，基层有业务的需求。所以，用同一种方法去做不同的事情，效果甚微。只有用不同钥匙开不同的门，这样的培训需求才具针对性。完整、科学的培训需求分析将确保工作、绩效、培训高度契合。培训的需求分析应从以下三个方面入手。

（1）组织分析

组织分析主要是通过对组织的目标、资源、特质、环境等因素进行分析，准确地找出组织存在的问题与问题产生的根源，以确定培训是否是解决这类问题的最有效方法。组织分析需要分析三个问题：①从战略发展高度预测企业未来在技术、销售市场及组织结构上可能发生什么变化，对人力资源的数量和质量的需求状况进行分析，确定适应企业发展需要的员工能力。②分析管理者和员工对培训活动的支持态度。大量研究表明员工与管理者对培训的支持是非常关键的。培训成功的关键要素在于：受训者的上级、同事对其受训活动要持积极态度，并同意向受训者提供关于任何将培训所学的知识运用于工作实践中去的信息；受训者将培训所学习的知识运用于实际工作中的概率较高等。如果受训者的上级、同事对其受训不支持，这种概率就不大。③对企业的培训费用、培训时间及培训相关的专业知识等培训资源的分析。企业可在现有人员技能水平和预算基础上，利用内部咨询人员对相关的员工进行培训。如果企业缺乏必要的时间和专业能力，也可以从咨询公司购买培训服务。目前已有越来越多的企业通过投标的形式来确定为本企业提供培训服务的供应商或咨询公司。

对上述问题和特性的了解，将有助于管理者及培训部门全面真实的了解组织。

（2）工作分析

工作分析的目的在于了解与绩效问题有关的工作的详细内容、标准和达成工作所应具备的知识和技能，它适用于新员工的培训需求分析。工作分析的结果也是将来设计和编制相关培训课程的重要资料来源。工作分析需要富有工作经验的员工和专家参与，以提供完整的工作信息与资料。

a. 可以对员工的工作过程进行反复观察，特别是操作性、重复性较强的工作，以确认工作说明书中的工作任务、工作技能要求是否符合实际。

b. 尽量利用有相关工作经验人员的智慧。例如，与有经验的雇员、离退休人员、部门主管以及制定工作说明书的部门负责人进行访谈，以对工作任务和所需技能进行进一步确认。

c. 可以让权威人员来对工作分析的结论进行认证。向专家或组织顾问委员会提出求证，以确定任务的执行频率，完成每一项任务所需的时间、完成的关键、完成任务的质量标准、完成任务的技能要求及规范的操作程序等。经过这样的程序，对工作任务及所需知识、技能的确认才能更科学、准确。

（3）员工绩效分析

员工绩效分析是一个确认员工是否存在绩效缺陷并且判断这种绩效缺陷是否能通过培训或者其他手段来加以解决的过程，主要是通过分析员工个人现有绩效状况与应有绩效状况之间的差距，来确定谁需要和应该接受培训以及培训的内容。员工绩效分析适用于在职员工培训需求的分析。员工绩效分析的途径有以下几个方面：①绩效评价情况；②与职位相关的绩效数据（包括生产率、缺勤率和迟到情况，争议、浪费、交货延期、停工期、维修、设备利用以及客户投诉等）；③员工的直接上级或其他专家观察到的情况；④对员工本人或其直接上级进行的访谈；⑤对工作知识、技能以及出勤状况等所做的测试或考察；⑥员工态度调查；⑦员工个人的工作日志；⑧评价中心的评估结果；⑨具体的“绩效差距”分析软件。

员工出现绩效差距的原因有两方面：一是员工不会做，即员工可能不知道自己应该做什么；或者企业的绩效标准不明确，在工作中存在工具或条件不足，缺乏必要的工作协助，员工所受培训不足等。二是员工不愿意做，导致绩效不佳，这时需要通过培训来改变员工的工作态度。

3. 培训需求分析流程

（1）发现问题

人力资源培训与开发人员或者管理者，需要在日常工作中去发现组织、员工存在的问题，如员工工作效率低下、员工工作胜任度不足、组织业务变化或新增业务导致需要新技能等。这些问题的发现是人力资源培训与开发的出发点。

（2）预先分析

a. 对问题的严重性或培训的必要性做出初步、直观的判断；

b. 判断需要在多大范围内进行培训需求分析；

c. 确定培训需求分析的工作量；

d. 决定分析方法。

（3）资料收集

a. 根据工作量、问题范围等选取适当的方法和资料。

b. 确定收集资料的方法。

c. 明确收集资料的范畴（组织资料、公司经营目标、岗位资料职位说明书、员工个人资料等）。

（4）需求分析

培训需求分析就是寻找绩效落差，即分析员工个人的绩效与岗位要求、企业要求之间有多大的差距。并非所有的落差都可以通过培训加以消除，应分析清楚什么是运营上、机制上、结构上的问题，什么是职位说明书中存在的问题。只有真正属于员工个体自身的原因时，培训才是有必要的。必要的分析包括，由人力资源培训部门进行综合分析后，写出需求分析。培训需求分析报告的内容包括：培训必要性分析、普遍的培训需求、部门培训需求、短期培训需求、长期培训需求、近期培训需求、未来培训需求。

（5）需求确认

培训部门、各部门经理、员工代表和培训顾问等对培训需求分析报告进行讨论，达成共识，并以正式文件形式进行确认。

（二）培训计划的制订和实施

1. 培训计划的制订

在培训需求分析之后，企业管理人员需要设计培训计划和方案。其中，包括制定培训目标；选择设计适当的培训项目；确定培训对象；培训项目的负责人，包含组织的负责人和具体培训的负责人；培训的方式与方法；培训时间和地点的选择；根据既定目标，具体确定培训形式、学制、课程设置方案、课程大纲、教科书与参考教材、培训教师、教学方法、考核方法、辅助器材设施等。

（1）培训目标的确定

确定培训目标会给培训计划提供明确的方向。有了培训目标，才能确定培训对象、内容、时间、教师、方法等，并在培训之后对照此目标进行效果评估。确定了总体培训目标后，再把培训目标进行细化，就有了各层次的具体目标。目标越具体越具有可操作性，越有利于总体目标的实现。

（2）培训内容的选择

一般来说，培训内容包括三个层次，即知识培训、技能培训和素质培训。知识培训是企业培训中的第一个层次。员工听一次讲座或看一本书，就可能获得相应的知识。知识培训有利于员工理解概念，增强对新环境的适应能力。技能培训是企业培训中的第二个层次。招进新员工、采用新设备、引进新技术等都要求进行技能培训，因为抽象的知识培训不可能立即适应具体的操作。素质培训是企业培训中的最高层次。素质高的员工即使在短期内缺乏知识和技能，也会为实现目标有效、主动地进行学习。究竟选择哪个层次的培训内容，是由不同受训者的具体情况决定的。一般来说，管理者偏向于知识培训和素质培训，一般职员偏向于知识培训和技能培训。

（3）培训资源的确定

培训资源可分为内部资源和外部资源。内部资源包括企业的领导、具备特殊知识和技能的员工，外部资源是指专业培训人员、公开研讨会或学术讲座等。外部资源和内部资源各有优缺点，应根据培训需求分析和培训内容来确定。

（4）培训对象的确定

根据培训需求、培训内容，可以确定培训对象。岗前培训是向新员工介绍企业规章制度、企业文化、岗位职责等，使其迅速适应环境。对于即将转换工作岗位的员工或者不能适应当前岗位的员工，可以进行在岗培训或脱产培训。

（5）培训日期的选择

通常情况下，有下列情况之一时就需要进行培训：新员工加盟企业，晋升或岗位轮换，环境的改变要求不断地培训老员工以满足发展的需要。

（6）培训方法的选择

通常情况下，企业培训的方法有很多种，如讲授法、演示法、案例分析法、讨论法、视听法、角色扮演法等。各种培训方法都有其自身的优缺点。为了提高培训质量，达到培训目的，往往需要将各种方法配合起来灵活运用。

（7）培训场所和设备的选择

培训场所有教室、会议室、工作现场等。若以技能培训为内容，最适宜的场所为工作现场，因为培训内容的具体性，许多工作设备是无法弄进教室或会议室的。培训设备包括教材、模型、幻灯机等。不同的培训内容和培训方法，将最终决定培训场所和设备的选择。

2. 培训计划的实施

（1）估算项目成本

一般来说，培训的成本包括直接成本和间接成本，其中直接成本包括课程开发费、讲师费、资料费、场地和设备租赁费、用管住宿费和交通费、其他杂费等；间接成本包括学员工资福利、培训管理人员工资福利、内部设施使用费用分摊等。

（2）项目沟通与审批

培训计划编制完以后，要进行培训项目的申请与审批，即报请培训主管机构或上级主管人员进行审核．决定培训项目是否执行。

（3）对培训内容和方法的开发和确认

a. 对培训内容进行二次开发。

b. 对培训内容和方法进行审核。

c. 与培训师沟通评估要求。

（4）编制教学计划

将整个培训的时间安排具体化，确定培训的内容和方法等。

（5）培训行政准备

培训行政准备主要是对培训前的各项事务性工作的准备和安排，如培训场地和设备的安排、教学资源的准备、培训学员的食宿安排及其他行政准备工作。

（6）实施培训项目

根据培训计划落实培训项目，主要是做好培训过程中的沟通、协调与监控工作，及时处理突发事件，做好培训师与学员之间的桥梁工作，保证培训项目的顺利完成。

（三）培训效果评估

1. 培训效果评估的作用

在企业培训的某一项目或某一课程结束后，一般要对培训效果进行一次总结性的评估或检查，以便找出受训者究竟有哪些方面的收获与提高。

培训效果评估是一个完整的培训流程的最后环节，它既是对整个培训活动实施成效的评价与总结，同时评估结果又为下一次确定培训需求提供了重要信息，是日后培训活动的重要输入。在运用科学的方法和程序获取培训活动的系统信息前提下，培训效果评估能够帮助企业决策者做出科学的决策，提高培训项目的管理水平，并确保培训活动实现目标。

2. 培训效果评估的内容

有关培训效果评估的最著名模型是由柯克帕特里克提出的。从评估的深度和难度看，柯克帕特里克的模型包括反应层、学习层、行为层和结果层四个层次，这也是培训效果评估的主要内容。人力资源培训人员要确定最终的培训评估层次和内容，因为这将决定要收集的数据种类。

（1）反应层评估

反应层评估是指受训人员对培训项目的看法，包括对材料、讲师、设施、方法和内容等的看法，这些反应可以作为评估培训效果的内容和依据。反应层评估的主要方法是问卷调查。问卷调查是在培训项目结束时，收集受训人员对于培训项目的效果和有用性的反应；受训人员的反应对于重新设计或继续培训项目至关重要。反应问卷调查易于实施，通常只需要几分钟的时间。

（2）学习层评估

学习层评估是目前最常见也最常用到的一种评价方式。它是测量受训人员对原理、事实、技术和技能的掌握程度。学习层评估的方法包括笔试、技能操练和工作模拟等。培训组织者可以通过笔试、绩效考核等方法来了解受训人员培训后在知识以及技能方面有多大程度的提高。

（3）行为层评估

行为层评估往往发生在培训结束后的一段时间，由上级、同事或客户观察受训人员，确定其行为在培训前后是否有差别，他们是否在工作中运用了培训中学到的知识。这个层次的评估可以包括受训人员的主观感觉、下属和同事对其培训前后行为变化的对比，以及受训人员本人的自评。这种评价方法要求人力资源部门与职能部门建立良好的关系，以便不断获得员工的行为信息。

（4）结果层评估

结果层评估是针对组织的评估，即评估组织是否因为培训而经营得更好。这可以通过一些指标来衡量，如事故率、生产率、员工流动率、质量、员工士气以及企业对客户的服务等。通过对这些组织指标的分析，企业能够了解培训带来的收益。例如人力资源开发人员可以通过比较培训前后事故率，分析事故率的下降有多大程度归因于培训，以便确定培训对组织整体的贡献率。

3. 培训效果的评估流程

第一步，收集各阶段主要的评估数据，起草总结报告。在培训的整个过程中，要注意收集相关的信息，并根据培训评估方案，对培训过程和培训结果进行评估，起草培训总结，提出改善建议。

第二步，归档各类资料。培训后要对培训资料及时进行收集和归档，包括培训前的各种调研资料、培训课程的开发资料、培训实施过程的管理资料和评估资料等。

第三步，培训效果的沟通与反馈。在培训评估过程中，人们往往忽视了对培训效果评估的沟通与反馈。其实，这是培训项目操作中的重要一环。一般来说，企业中有四种人必须得到培训效果评估的结果。其中，第一种就是人力资源管理人员，他们需要根据这些信息来调整或改进培训项目。第二种是管理层，他们当中的决策者需要了解培训是否有价值、价值的大小，从而直接决定培训项目的未来。第三种是受训人员，他们应该知道自己的培训效果，并将自己的业绩表现与其他人的相比较，了解培训对自己工作的影响，这样有助于他们继续努力，也有助于将来参加培训项目学习的人不断努力。第四种是受训人员的直接上级，他们有必要了解下属的培训情况，以便在日后的工作中帮助受训人员实现培训效果的转化和提升。

第四步，调整培训项目。对收集到的培训相关信息进行认真分析，培训管理人员可以有针对性地调整培训项目。如果培训项目没有什么效果或是存在问题，培训管理人员就要对该项目进行调整或考虑取消。如果评估结果表明培训项目的某些部分有问题，如内容不适当、授课方式不适当、时间安排欠妥或受训人员本身缺乏积极性等，培训管理人员可有针对性地对这些部分进行重新设计或调整。相反，如果培训评估结果证明该项目各环节均受到好评，则应把成熟项目和工作方法标准化，以便为后期的工作提供指导。

第五节　绩效评估

一、绩效评估概述

（一）绩效的含义

什么是绩效？伯纳丁把绩效定义为“对在特定时间段和特定工作或活动中产生的结果的记录”，也就是说绩效是结果。也有人认为，绩效是与组织中的某种工作并与组织目标有关的一组行为。贝茨和霍顿指出：“绩效是一多维建构，测量的因素不同，其结果也会不同。”从字面意思分析，绩效是绩与效的组合。绩就是业绩，如工作的成果、工作产生的效益或利润等；效就是效率，如影响员工工作结果的关键行为、技能、素质、品行等。因此，绩效既包括对静态结果的反映，也包括对动态过程的监控，两者相辅相成，形成绩效的统一体。结果是工作的最终目标，行为（过程）则会影响和控制目标的实现。

在组织中，绩效一般又分为个人绩效、团队或部门绩效、组织绩效三个方面。其中，组织绩效强调全局性，包括产量、赢利、成本、工作进度等，也包括员工满意度、员工成长与发展等内容。团队或部门绩效强调集体性，包括团队或部门业务指标、客户满意度、团队精神、时间与成本等。员工个人绩效既可以表现为员工的工作结果，也可以表现为员工的工作过程。个体组成团队或部门，团队或部门最终构成组织。因此，如果一个组织责权利清晰、产权明确、各司其职，团队或部门绩效就是员工个人绩效的整合和放大，组织绩效又是团队或部门绩效的整合和放大。各个层次的绩效都来源于员工个人绩效，而员工个人的成功又离不开组织和团队。

（二）绩效的性质与特点

1. 多因性

绩效的多因性是指绩效的优劣并不只取决于某单一因素，而要受到多种主、客观因素的影响。研究表明，员工的绩效既有来自员工自身的内在因素影响，也有来自外在客观因素的影响，可用公式 $P=F(S, M, O, E)$ 来表示。其中，P 是绩效（performance）、S 是技能（skill）、M 是激励（motive）、O 是机会（opportunity）、E 是环境（environment）。这个公式表明，绩效是技能、激励、机会和环境四个变量的函数，其中技能和激励是内因，机会和环境是外因。

技能指员工工作技巧与能力水平，它取决于个人天赋、智力、经历、教育与培训等因素。其中，培训不仅能提高其技能，还能使员工对预定目标的实现树立自信心，从而加大激励的强度。

激励是调动员工的工作积极性的手段。激励本身又取决于员工的需要层次、个性、感知、学习过程、人生观和价值观等个人特点，其中需要层次影响最大。员工在生活、安全、友谊与尊重、自我实现等方面有不同的需求，企业应具体分析，采取不同的激励措施，调动员工的积极性。

机会具有偶然性，它取决于特定的时间、场合和任务等。机会的好坏在很大程度上影响着员工的工作绩效。如某项工作任务分配给甲员工，乙员工因为出差或纯随机性原因未能承担该任务，虽然乙员工能力远远胜于甲员工，但错失表现的机会。因此，机会因素是不可控的。

环境因素包括企业的内在环境和企业的外在环境。企业内在环境指企业内部的客观条件，如工作场所的布局和物理条件、任务的性质、工作设计的质量、设备与原料的供应、上级的领导作风和方式、公司的组织与规章制度、工资福利、培训机会以及企业文化、宗旨及氛围等。企业外在环境指企业自身之外的客观环境，包括社会政治、经济状况、市场竞争强度等宏观条件，这些因素的影响都是间接的。

2. 多维性

绩效的多维性是指绩效需要从多种维度去分析和考评。如一名生产线上的员工绩效，除了工作产量指标、工作质量指标、出勤率、原材料消耗外，还包括团队合作、服从纪律等多方面综合考评。但是，各维度的权重不同，考核侧重点也会有所不同。

3. 动态性

绩效的动态性是指员工的绩效随着时间的推移发生变化，并不是固定不变的。绩效不好的可能改进转好，绩效好的也可能退步变差，因此管理者切不可凭一时印象，以僵化的观点来看待员工的绩效。

总之，认清绩效的多因性、多维性和动态性，有助于管理者以全面的、发展的、多角度的和权变的观点去考察员工的绩效，力戒主观、片面和僵化。

（三）绩效评估

1. 绩效评估的含义

绩效评估是对组织内员工或团队的工作行为和工作业绩进行全面、科学、系统的定期考察和评价的一种正式的过程。绩效评估本质上是为了促进和激励每个员工努力工作，尽最大可能挖掘员工潜能，并为决策者提供有效信息。绩效评估可以为人力资源管理的许多功能提供有效支持，其中最基本、最常用的是作为计算工资和奖金的标准，即按绩效付薪酬。企业根据员工实际绩效给予奖励，以此达到高绩效的员工继续保持高水平的绩效，激励低水平的员工更加努力或促使其离开企业的目的。

2. 绩效评估的功能

（1）控制功能

绩效评估是人事管理中主要的控制手段。通过绩效评估，使工作过程保持在合理的数量、质量进度和协作关系上，使各项管理工作能够按计划进行。对员工本人来说，这也是一种控制手段，使员工时时记住自己的工作职责，起到促进员工按照规章制度工作的目的。

（2）激励功能

激励功能则是指绩效评估对员工的工作成绩给予肯定，本身就能使员工体验到成功的满足感、对成就的自豪感，由此调动员工的积极性。

（3）标准功能

绩效评估为各项人事管理提供了一个客观而公正的标准，并依据这个绩效评估的结果决定晋升、奖惩、调配等。不断的绩效评估，并按此进行奖惩与晋升，会使企业形成事事按标准办事的风气，使企业的人事管理标准化。

（4）发展功能

绩效评估的发展功能，主要体现在两个方面。一方面是组织根据绩效评估的结果，制定正确的培训计划，达到提高全体员工素质的目标，以推动企业发展；另一方面，它可以发现员工的长处和特点，根据其特点决定培养方向和使用办法，充分发挥个人的长处，促进个人的发展。

（5）沟通功能

绩效评估的结果出来以后，人力资源主管要和员工谈话，并向他说明绩效评估的结果，听取员工的申诉与看法，这样就为领导与员工沟通提供了机会，增进相互的了解。

二、绩效评估的实施

（一）绩效评估的原则

1. 客观公正原则

这是绩效评估的首要原则。在制定绩效评估标准时应从客观、公正的原则出发，坚持定量与定性相结合的方法，建立科学适用的绩效评估指标体系。这就要求制定的标准多采用可以量化的客观尺度，尽量避免或减少主观因素和感情色彩，一定要用事实说话，切忌主观武断或长官意志。应当依照明确的考评细则，针对客观的考核资料进行评价，要让被考核者与确定的标准做比较，而不是进行人与人之间的比较。

2. 公开原则

首先要公开考评目标、标准和方法。在绩效评估之初，就要把这些信息公开地、毫无保留地传达给每一位被考核的员工。其次要公开评价过程。在绩效评估的每一个环节上，都应接受来自人力资源部门以外人员的参与和监督，防止出现暗箱操作。最后要公开评价结果。在绩效评估结束之后，人力资源管理部门应把评价的结果，通报给每一位被考核的员工，使他们了解自己和他人的成绩信息。公开原则有助于消除被考核人员对于绩效评估工作的疑虑，提高绩效评估结果的可信度；也有助于被考核员工看清问题和差距，找到努力的目标和方向，进一步改进工作，提高自身素质；此外，还可增加绩效评估工作的透明度和公开性，增加人力资源管理部门的责任感，促使其不断改进和提高工作质量。

3. 反馈原则

绩效评估并不是为考核而考核，而是要通过面谈等形式将考核结果反馈给被考核者本人，否则就起不到考核的教育作用。在反馈考核结果的同时，应当向考核者就评语进行说明解释，肯定成绩和进步，指出不足之处，提供今后努力的参考意见等。

4. 经常化、制度化原则

由于企业的生产经营活动是连续的过程，员工的工作也是持续不断的行为，因此企业绩效评估工作也必须作为一项长期化、制度化的工作来抓，这样才能最大限度地发挥绩效评估的各项功能。此外，经常化、制度化的考核工作也有利于调动员工的积极性，有利于激发员工改进工作、提高质量的强烈愿望。

5. 多层次、多渠道、全方位考核原则

因为员工在不同时间、不同场合往往有不同的行为表现，因此在进行绩效评估时，应多方收集信息，建立起多层次、多渠道、全方位的评价体系，将上级考核、同级评定、下级评议、专家鉴定、员工自评等几个方面结合起来，综合运用。只有充分听取和考察各方面的意见，才能保证考核工作的客观公正性。

（二）绩效评估的方法

1. 自我评估

虽然自我评估并不经常用来作为绩效评估的结果，但它是非常有价值的。显然，评估对象是最有机会对自己的工作行为和工作绩效进行观察的人了，同时，他们也能够获得与其工作结果有关的信息。但是这种评估方法存在的缺点之一是，会导致个人夸大对自己所做出绩效的评估。大量的事实证明，人们总有一种把个人的不良绩效归咎于外部因素的倾向，他们会认为自己的同事没有及时地向自己提供所需的信息。自我评估最好还是用于管理性目的。在绩效反馈阶段的前期，通过评估对象的自我评估，帮助评估对象思考一下自己的绩效，从而将绩效面谈集中在上级和下级之间存在分歧的地方。

2. 上级评估

上级评估是最常用也是最主要的评估方式。上级对下属的评估方式通常说来是比较可靠的，上级对于下属所从事工作的要求具有全面的了解，并且他们有充分的机会对员工进行观察。也就是说，上级管理者有能力对他们的下属做出评估。此外，由于上级管理者能够从下属的高绩效中获得某种利益，同时也会因下属员工的低劣绩效而受损，因此，他们有充分的动力去对下属员工绩效做出精确的评估。最后，上级所提供的信息反馈通常与工作绩效具有非常强的相关性。

但在某些特殊情况下，让上级来评估也会产生一些问题。如在某些工作中，上级本人并没有足够的机会来监督下属员工履行其工作职责。例如，在销售工作中，上级在大多数时间里并没有充分的机会来监督销售人员的工作。通常情况下，这会要求管理人员必须偶尔抽出一天时间去陪同销售人员处理打进来的订货电话。然而，在这些情况下，员工很可能会努力把他最好的行为表现出来，这样，员工在这一天的表现就很可能无法代表他们在管理人员不在场的那些时候的行为表现。

3. 平级评估

绩效评估的另一个方式是由同事来评估被评估者。对于上级无法总是有机会观察员工行为的工作来说，员工的同事就是一个很好的评估主体。被评估者的同事不仅通晓工作的要求，而且也是最有机会观察被评估者日常工作活动的人。同事在绩效评估过程中往往有着不同的角度，而这种角度对于全方位地评估一个人的绩效是非常有价值的。事实上，同事在许多不同的情况下都对与自己共事的员工提供了非常有效的绩效评估。

然而利用员工的同事来进行绩效评估的缺点之一是，他们与被评估者之间的朋友关系可能会造成评估结果的偏差。不过，很少有经验证据表明这是一个经常存在的问题。平级评估的另一个缺点是，当绩效评估的结果被用作管理决策的依据时，同事之间常常发现，无论是作为评估者，还是作为被评估者，他们都感到不太舒服。然而如果评估的结果仅仅是被用在开发的目的上，那么同事之间对这种评估的反应就比较积极了。

4. 下级评估

在对管理者进行评估的时候，其下级员工评估是一种特别有价值的评估方式。下级员工常常是最有权利来评估他们的上级管理者是如何对待他们的。当上级管理者知道从下面反馈上来的信息是哪些员工提出来的时候，他们对这种绩效反馈的看法往往也更积极一些，可是下属人员却往往愿意以匿名的方式提供绩效反馈。这是因为，提供信息反馈的那些员工的姓名一旦被管理人员知道了，那么这些员工在管理人员那里所得到的绩效评估就很有可能会受到负面的影响。

采用下属评估所产生的问题之一是，这种评估方法赋予了下属员工超过其上级管理者的权力，因此这会使管理者陷入困境，也会导致管理者更为重视员工的满意程度而不是工作的效率。不过，上述情况在绩效评估结果被用在管理决策时才会出现。与同事评估一样，仅仅将下级员工的评估结果用在管理人员的开发方面是一种明智的做法。为了确保下属员工不会担心遭到管理者的报复，下级评估有必要采用匿名的方式，并且每次至少要有3名以上员工对同一位管理人员进行评估。

除上述四种评估方式外，还有顾客评估、专家评估、全方位评估等，在实际生活中也有应用。

（三）绩效评估的流程

绩效评估一般包括绩效评估前培训、绩效信息收集、绩效量化评估、绩效沟通与反馈、绩效统计分析和绩效改进计划六个环节。

1. 绩效评估前的培训

在正式的绩效评估实施之前，要对所有评估人进行业务培训。培训的目的是为了使评估人了解绩效评估的目的、作用和原则，了解各岗位的绩效评估内容，掌握进行评估的操作方法和评估沟通技巧，识别和预防评估中的误差。培训的具体内容包括：①绩效评估的含义、用途和目的；②公司、各部门或各岗位绩效评估的内容；③企业的续效评估制度；④评估的具体操作方法；⑤评估沟通的方法和技巧；⑥绩效改进计划技巧。

2. 绩效信息的收集

在绩效评估之前，对绩效信息的收集是非常重要的一个环节；缺少评估的数据和资料，是很难进行有效和正确的评估的。绩效信息从性质上来看，可以简单划分为两类：第一类是由职能部门输出的各种报表数据，这些数据通常包括财务数据、业务数据等，这些数据是职能部门在工作过程中自然形成的，不依赖于个人主观评估；第二类数据是由评估者和第三方依据主观判断所输出的各种数据，通常这些数据是指一些管理类的数据。

对大多数企业来说，一般绩效资料的收集汇总工作，通常会由人力资源部门负责。各部门将各自负责输出的数据提交给人力资源部门，由他们对这些原始的报表数据进行整理和汇总，并在考核前将这些数据提交给评估者，让他们依照这些数据进行自评或对他人评估。

3. 绩效量化评估

考核者对照绩效合同里的绩效指标、目标值及评分标准，对被考核者进行量化评分，最后得出相应的考核得分。绩效量化评估是根据关键绩效目标进行的。在绩效管理期间要根据绩效目标收集相关的信息和数据，以确保绩效评估的信息和数据客观、全面、可靠、公正。在绩效管理期末，要选取客观、公正、科学的评估手段，使绩效评估能公平地反映每一个评估部门和员工的绩效情况。要保证绩效评估的公平性和合理性，还需要考核者能客观、公正地对待考核，考核者要尽量克服主观偏见，公平地对待每一个员工，对员工绩效给予真实的评估。另外，企业还需要人力资源管理部门和上级领导对考核者给予有效的监督，避免绩效评估的机构缺陷。

通过绩效量化评估，要确定部门和员工的总体等级，一般分为杰出、优秀、良好、需改进和不合格五个等级。一般来说，部门的绩效评估主要以数据为主，而对职能部门员工定性的评估较多，因此，对普通员工的绩效评估注意评估的结果要呈正态分布，业绩好的和不好的占少数，业绩中间的占大多数。而且不同部门也要体现差异，绩效优秀的部门可以允许更高比率的优秀员工，绩效较差的部门要适当减少优秀员工的比例，这样使员工绩效紧紧与部门绩效挂钩。

4. 绩效沟通与反馈

绩效沟通一直伴随战略绩效管理的所有环节。考核者与被考核者进行绩效沟通，对提升绩效评估的效果有非常大的帮助。绩效管理的根本目的是为了不断提升和改进部门及员工的绩效。绩效沟通可以给企业带来的帮助有以下几个方面：

（1）使被考核者参与到绩效评估中，提高了员工对绩效管理的满意度

考核者和被考核者双方在沟通过程中，可以共同分析完成绩效目标过程中各种问题产生的原因，找出解决办法。绩效不好产生的原因可能是多方面的，如果是自身存在的不足造成的，通过绩效沟通考核者可以为被考核者提出需要改进的地方，帮助被考核者改进和提升。如果绩效不好，责任不完全在被考核者身上，考核者本人也有很多需要改进之处，那么通过面谈可以分清责任，找出改进的方法，这对考核者和被考核者双方都是非常有帮助的。

（2）使被考核者清楚考核者对自己工作绩效的看法

一个绩效管理循环即将结束，被考核者希望能够得到考核者对自己工作绩效的反馈信息，以便在以后的工作中不断改进绩效、提高技能。另外，被考核者也想就一些具体问题或自己的思想与考核者进行交流。员工在努力工作了一个季度或更长一段时间后，首先，员工希望得到的就是对自己绩效水平公正客观的评估，这种评估往往被员工视为报酬的一个重要组成部分，尤其是在绩效好的情况下，被考核者更希望能够得到考核者及时的激励，满足自我实现的需要。其次，由于平时双方工作都比较繁忙，沟通交流的机会不是很多，绩效面谈也可以满足员工在这方面的情感需求，使被考核者可以将自己的思想和想法与考核者进行交流。

（3）绩效面谈也是双方共同确定下一绩效管理周期的绩效目标和改进点的主要方式

在双方对绩效结果和改进点达成共识以后，考核者和被考核者就需要一同确定下一绩效管理周期的绩效目标和改进点。绩效管理是一个往复不断的循环，一个周期的结束恰好也是下一个周期的开始，因此，绩效反馈面谈可以与下一个循环的绩效计划合并在一起进行。

5. 绩效统计分析

绩效评估完毕后，人力资源部门应该及时地对绩效评估结果进行归档、整理，并进行统计和分析。需要进行统计和分析的主要内容有：①各项结果占总人数的比例是多少，其中优秀人数比例和不合格人数比例各为多少。②不合格人员的不合格主要原因是什么；是工作态度问题，还是工作能力问题。③是否出现员工自评和企业评估差距过大的现象。如果出现，主要原因是什么。④是否有明显的评估误差出现。如果出现，是哪种误差，如何才能预防。⑤能胜任工作岗位的员工比率占多少。

企业人力资源部门可以根据不同的需要，进行不同的统计和分析。它有助于人力资源部门合理制定和实施各项人力资源管理政策，如招聘政策、选拔政策、培训政策等。

6. 绩效改进计划

绩效管理的一个重要功能是发现绩效问题，并在下一个绩效管理周期改进。为此，绩效评估后，管理者一定要与下属员工共同确定改进计划。绩效改进计划是管理者与员工充分讨论后，由员工自己制订的，包括改进项目、原因、目前水平和期望水平、改进方式、期限等，在制订绩效改进计划时是要满足切合实际、时间约束和具体明确等基本要求。

三、评估结果的应用

（一）管理诊断

战略绩效管理的根本目的并不是对部门和员工分出高下，这只是面向过去的绩效评估方式，整个绩效管理体系的最终目的是面向将来的，更着重于绩效的进一步提高。通过绩效评估，找出对企业绩效起阻碍作用的因素，找出企业经营管理中存在的病因，从而找到根治这些病因的方法。一般来说，对绩效产生重要影响的因素主要包括以下四个方面。

1. 员工知识

员工的知识指员工掌握工作相关知识的程度，包括员工的操作知识、管理知识、技术知识、工作方法、工作流程与制度、工作经验等。

2. 员工技能

员工技能指员工掌握工作中所使用的相关技能的程度，包括通用技能、管理技能、专业技能等。

3. 员工态度

员工态度指员工对待工作与绩效的态度，如主动性、诚信、投入等。

4. 外部障碍

外部障碍指除员工本人之外影响绩效的因素，如工作环境、工作难度、管理机制等。

在绩效评估完成后，管理者要对影响绩效的原因进行分析。管理者需要找出可能妨碍被考核者实现各方面绩效目标的问题所在，即发现绩效差的征兆和原因。管理者可以运用绩效诊断箱，对员工绩效进行诊断。

（二）绩效奖金分配

绩效奖金分配是指企业依据员工的绩效评估结果，确定奖金的发放标准并支付奖金的做法。一般来说，员工的薪酬包括两大部分：基本薪酬和奖金。绩效奖金一般与绩效结果挂钩。绩效奖金的类型有很多种，计算方法通常也比较简单。

常用的公式是：员工实际得到的奖金 = 绩效奖金标准 × 绩效系数

绩效系数则是由员工的绩效评估结果决定的。绩效奖金和绩效加薪的不同之处在于企业支付给员工的绩效奖金不会自动累计到员工的基本工资之中；员工如果想再次获得同样的奖励，就必须像以前那样努力工作，以获得较高的评价分数。由于绩效奖金制度和企业的绩效评估周期密切相关，所以，这种制度在奖励员工方面有一定的限制，缺乏灵活性。当企业需要对那些在某方面特别优秀的员工进行奖励时，特殊绩效奖金认可计划可能是一种很好的选择。

特殊绩效奖金认可计划，是在员工努力程度远远超出了工作的要求，为企业实现了优秀的业绩或者做出了重大贡献时，企业给予他们的一次性奖励。这种奖励可以是现金，可以是物质奖励，也可以是荣誉称号等精神奖励。与绩效加薪和绩效奖金不同的是，特殊绩效认可计划具有非常高的灵活性，它可以对那些出乎意料的、各种各样的单项高水平绩效表现，比如开发新产品、开拓新市场等予以奖励。当然，在进行特殊绩效认可计划时，对员工绩效结果的评价往往是针对某个具体项目，和绩效管理系统中的评价方法不太一样。

（三）薪酬调整

薪酬调整是指将基本薪酬级别的调整与员工所获得的绩效评估等级联系在一起的绩效激励计划。企业在实施绩效加薪的时候，必须关注一个非常重要的问题，即绩效评估等级的分布。在许多企业里，由于绩效指标设置不科学，或者评价者的评价有误差，常常使公司80%左右的员工在年终的评价结果中获得较高的评价等级，这就引发了企业薪酬成本增加的问题。为了避免这种情况，有的企业对评价结果等级采取强制分布的方法，或者把员工个人评价结果的等级和部门的业绩结合起来。这些方法都是从总量上控制加薪的比例，从而在一定程度上避免了企业薪酬成本的无原则增加。采取绩效加薪后，新增加的工资额就会变成员工下一期的基本工资。随着时间的延续，这种情况很可能会导致员工的基本工资额在缓慢积累的基础上大幅度提高，甚至会超出企业的赢利能力所能够支付的界限。因此，为了弥补绩效加薪这种制度的缺陷，越来越多的企业采取绩效奖金的方式，而较少采用绩效加薪的方式来激励优秀员工。

（四）职位调整

利用绩效评估结果也可以促使员工职位调整。在此，我们把职位调整分为晋升、岗位调整两种主要形式。职位调整的核心在于使员工本人的素质和能力能够更好地与相应的工作相匹配。

职位调整常常是和绩效评估结果联系在一起的。企业在对员工进行绩效评估时，不能只评价他目前工作业绩的好坏，还要通过对员工能力的考察，进一步确认该员工未来的潜力。而且管理者还应该明白，人与人之间所存在的绩效差异，除了他们自身的努力外，还和他们所处的工作系统本身有关系，这些工作系统包括同事关系、工作本身、材料、所提供的设备、顾客、所接受的管理和指导、所接受的监督以及外部环境条件等，这些要素在很大程度上不在员工自己的掌控之中。对那些绩效非常好、能力非常强的员工，企业可以通过晋升的方式给他们提供更大的舞台和机会，帮助他们获得更大的业绩；而对那些绩效不佳的员工，管理者应该认真分析其绩效不好的原因。

（五）淘汰

如果是员工个人不努力工作、消极怠工，则可以采取淘汰的方式。如果是员工所具备的素质和能力与现有的工作任职资格不匹配，则可以考虑进行工作轮换，以观后效。

（六）员工培训

战略绩效管理系统，除了要区分出员工绩效的优劣之外，还有一个很重要的功能就是通过分析绩效评价的结果来提升员工的技能和能力。培训的一个主要出发点就是员工绩效不良或者绩效低于标准要求，也就是说，当员工的现有绩效评价结果和企业对他们的期望绩效之间存在差距时，管理者就要考虑是否可以通过培训来改善员工的绩效水平。这时就需要对绩效较差的员工进行分析，如果员工仅仅是缺乏完成工作所必需的技能和知识，那么就需要对他们进行培训。因此，除了可以通过绩效评价衡量员工的绩效业绩外，也可以利用绩效评价的信息来对员工能力进行开发。绩效评价系统必须能够向员工提供关于他们所存在的绩效问题，以及可以被用来改善这些绩效问题的方法等方面的信息，其中包括使员工清楚地理解他们当前的绩效与期望绩效之间所存在的差异，帮助他们找到造成差异的原因以及制定改善绩效的行动计划。

（七）职业发展

从较长期和连续的考核中，管理者可以看出员工的真实潜能和职业倾向。当员工的职业生涯定位不准确时，管理人员应及时和员工进行沟通，指出员工的优、缺点，并和员工一起对职业发展道路进行重新规划和调整，避免员工因职业发展定位不准带来各种负面影响。

本章小结

本章分为四个小节。第一节，阐述了人力资源的概念、特点，人力资源管理的概念，人力资源管理的产生与发展等；第二节、第三节、第四节和第五节分别介绍了人力资源的招聘管理、人力资源培训和开发、薪酬管理和绩效管理，详细介绍了每个模块的实际操作流程。

案例讨论

1988 年从技校毕业后，张勇进入四川省一个拖拉机厂工作。在那几年里，据说他常常利用假期遍访祖国大江南北，考察市场，寻找商机。后来，他在街边做起了麻辣烫生意。虽然并不擅长做饭，但他对生意很有天分和感悟，他发现只要顾客吃得开心就一定会赞扬和捧场。于是，他把关注点放在了服务上，保持微笑，动作麻利。就这样，在这家小小的麻辣烫店里，张勇攒够了投资一家火锅店的本金。

1994 年，张勇在四川省简阳市开设了第一家“海底捞”火锅店。2007 年 4 月，四川省简阳市“海底捞”餐饮有限责任公司正式成立。目前，“海底捞”在全国拥有 1 万余名员工，50 多家直营分店，店址主要分布在北京、上海、四川、陕西、河南。“海底捞”已经向着“将海底捞开遍全国”的梦想迈进。

“海底捞”在火锅店中首屈一指，作为中国餐饮协会理事单位和四川省餐饮协会常务理事单位，“海底捞”是川、陕、京、豫、沪等省市颇具知名度的餐饮企业，曾先后在四川、陕西、河南等地荣获“纳税大户”“先进集体”“优秀企业”“消费者满意单位”“名优火锅”等十余项光荣称号和荣誉，并于2007 年被评为“最受欢迎20 佳餐馆”和“最受欢迎 10 佳火锅”。

在“大众点评”网、“饭桶”网等网站上，“海底捞”牢牢占据着几大城市“服务最佳”榜单的前列。在餐馆开始营业，店面的环境不做任何变化的前提下，如果单纯追求服务和口味独特的话，势必造成成本的上升，使得餐饮企业在价格上失去竞争优势；而如果一味地强调低成本低价格，又必然会损害企业的服务质量和产品的口味。二者似乎是难以平衡的天平。

那么，你认为“海底捞”究竟依靠什么做到了既能保持价格低廉，又能做到服务领先呢？“海底捞”的员工真的能心甘情愿地为顾客服务？低廉的成本又是不是通过压榨和剥削员工换来的？

课后作业

1. 简述人力资源的含义。
2. 简述员工招聘和录用所遵循的原则。
3. 说说有哪些绩效评估方法。
4. 请详细说明薪酬与员工激励的关系。

评价（见下表）

评价表

属性	要点	自评			互评		
		好	一般	差	好	一般	差
理论知识	了解人力资源管理的相关概念及其基本特征						
	了解人力资源管理理论的发展历史						
	了解员工招聘的概念、作用以及原则						
	了解薪酬管理的概念、内容和原则						
	了解薪酬和激励之间的关系						
	了解人力资源开发与培训的概念、分类及作用						
	了解绩效评估的相关概念、方法以及原则						
技能水平	掌握员工招聘的相关流程						
	掌握薪酬设计的步骤						
	掌握人力资源管理开发与培训的流程						
	掌握绩效评估的流程以及评估结果的应用						
情感态度	课前认真预习人力资源管理的相关内容，通过多种方式查询相关资料						
	课中认真听课、做笔记，积极回答老师所提问题						
	课后及时完成老师布置的作业，遇到难题积极寻找多种途径解决						

第五章　预算与财务管理

学习目标

1. 学会概述财务管理的目标、原则、制度；
2. 掌握预算管理流程、方法；
3. 熟悉财务报告构成、分类；
4. 了解采购管理流程、供应商管理、采购成本与定价管理；
5. 了解财务审计内容、程序和方法。

情景导入

以下通过三个典型案例来理解预算管理的作用与目标：

案例 1

A 公司规定差旅费补贴标准是每天 5 元钱，财务总监的解释是：公司要控制差旅费用支出，要严格执行预算，不能让员工想着出差能赚钱就总申请出差。

这个案例代表了以各种理由限制费用支出的一类公司，比如公司的广告费支出、销售部的招待费等。

案例 2

B 公司准备试行增加差旅费补贴标准的规定，财务总监的解释是：我想尽量让补贴标准高一些，让销售人员额外赚到一些钱，也更愿意出差，这样应该能带来更多的客户。

这个案例是第一种类型的对立面，我们先不讨论孰优孰劣。

案例 3

C 公司追求利润最大化。业务部因一项新业务多次与财务沟通，财务总监都严词拒绝。到年底，同行业公司业绩增长迅速，该公司却是原地踏步。董事长质问销售团队，销售总监立马拉财务总监做挡箭牌。财务总监却认为，业务增长不重要，重要的是利润，必须要降低费用才有利润。

这三个案例代表了大多数公司的费用控制类型，虽然比较极端，但各有各的理由。对企业来说，开源与节流是同样重要的。

最重要的是为了确保公司战略目标的实现。与战略目标相背离的支出，即便是在预算内，也应该拒绝；相反，为了让公司离战略目标更近，即便支出已经超出了预算，钱也应该花。

预算是一个工具，也可以说是一把双刃剑，成败的关键在于怎么用它，建议用“疏胜于堵”的方式。不管怎样，最后要做到的是，不让预算成为一场数字游戏，而是一艘带着公司驶向目标的船。

第一节　预算与财务管理概述

一、预算与财务管理的含义

（一）财务管理的含义

财务管理是指在一定的整体目标下，对资产的购置，资本的融通和经营中现金流量，即投资、筹资、营运资金以及利润分配的管理。财务管理是企业管理的一个组成部分，它是根据财经法规制度，按照财务管理的原则，组织企业财务活动，处理财务关系的一项经济管理工作。

（二）财务管理的内容

1. 筹资管理

企业筹措的资金可分为两类：一是企业的权益资金，企业可以通过吸收直接投资、发行股票、企业内部留存收益等方式取得；二是企业的负债资金，企业可以通过向银行借款、发行债券，应付款项等方式取得。

2. 投资管理

以收回现金并取得收益为目的而发生的现金流出。

3. 营运资金管理

营运资金管理的作用一是保持现金的收支平衡；二是加强对存货、应收账款的管理，提高资金的使用效率；三是通过制定各项费用预算和定额，降低消耗，提高生产效率，节约各项开支。

4. 利润分配管理

通过财务管理确定合理的利润分配政策，以便正确处理各项财务关系。

二、预算与财务管理的目标

财务管理的目标是五个最大化，即产值最大化、利润最大化、股东财富最大化、企业价值最大化、相关方利益最大化。预算目标是预算期内企业生产经营活动所要达到的目标和结果。它以企业目标和战略规划为导向，在市场预测和平衡企业内部各项资源的基础上，经过公司投资者、决策者、经营者以及内部各个预算执行部门反复协调、测算确定的。

预算目标的作用具有双重性：恰当的预算目标既有利于全面预算管理的有效实施，也有利于企业经营目标的最终落实；不恰当的预算目标会使全面预算管理的效能大打折扣，甚至使企业的全面预算管理陷入无法运行的困境之中。

三、预算与财务管理的原则

（一）恰当性

预算目标应能反映企业在预算期内可以实现的最佳水平，既先进又合理。

（二）全面性

一是在预算目标的属性上，既包括财务指标，又包括非财务指标；既有绝对数指标，又有相对数指标。

二是在预算目标的范围上，既包括供产销各个环节、人财物各个方面的指标，又包括企业各个部门、各个层级的指标。

三是在预算目标的制订上，既要兼顾国家、投资人、债权人、经营者和员工各方面的利益和要求，同时还要兼顾企业的长远发展规划与近期经营效益。

（三）导向性

确定预算目标既要以企业目标和战略规划为导向，又要为各预算执行部门预算期内的生产经营活动指明重点和方向。

例如，为引导生产部门重视安全生产，就应将安全生产指数作为一项重要的预算指标；为了促使销售部门回收货款，就应将销售货款回收率作为一项重要的预算指标。

（四）可控性

企业向各预算执行部门分解落实预算目标时要遵循可控性原则。凡是某预算执行部门不能控制的指标，一定要将其变为可控性指标。

例如，成本指标是由消耗因素和价格因素构成的，对于没有材料采购权的生产部门而言，材料价格就是该生产部门的不可控指标。因此，在向该生产部门下达成本预算指标时，材料价格就必须用计划价格，而不能用实际价格。否则，就会使预算管理变为一场赌博游戏。

（五）科学性

企业各项预算目标的制订要以历史资料为基础，根据市场调研和科学预测，通过分析、研究产品品种、结构、成本、产销数量和价格等变量之间的相互关系及其影响，以可靠、翔实的数据为依据来确定，而决不能脱离实际、凭主观臆断确定预算目标。

（六）客观性

一是预算目标的制订必须符合市场的客观需求，以市场预测为基础，经得起市场的考验，与企业的外部环境相适应。

二是预算目标的制订要符合企业内部生产经营活动的客观实际，与企业的资源状况、生产能力、技术水平和员工素质相适应。

（七）系统性

预算目标之间具有深刻的内在联系和严密的逻辑关系。

各期预算目标要前后衔接、相互协调，以确保企业战略规划能够按步骤、分阶段得到落实；同时，企业预算总目标与内部各层级的预算分目标之间、同层级预算目标之间要相互协调、相互配合、相互适应，共同构成囊括企业所有经营活动的预算指标体系。

四、预算与财务管理制度的规范

（一）企业内部财务制度的必要性

企业内部财务制度是市场经济条件下企业财务工作的新任务，企业只有合理设计内部财务制度，才能实现自主理财、科学理财，使企业在市场竞争中立于不败之地；也才能合法理财，使政府的宏观调控落到实处。

（二）企业内部财务制度制定的依据

企业内部财务制度制定是指以国家相关的财税法规为依据，用系统控制的技术和方法，将企业内部理财活动的组织机构、财务战略与政策、业务流程、内部控制等规范化、文件化，进而据以指导和处理理财工作的过程。

从一般意义上讲，财务制度制定的依据应包括理论依据和实践依据两个方面。就理论依据而言，除包括现代财务理论外，还包括马克思主义哲学以及系统论、信息论和控制论的现代理论和技术等，它们能够为制度设计提供理论和一般方法的指导，确保制度设计正确、有效，充分体现科学化、民主化要求。实践依据主要是客观条件的体现，包含如下方面：

国家财税法规以及经济发展状况。这是企业设计内部财务制度的基本依据。

企业的生产经营特点和管理要求。这是财务制度设计的前提和基础。

企业的根本利益和财务管理目标。这是财务制度设计的出发点和归宿。

（三）企业内部的财务制度

1. 建立企业内部审计控制制度

内部审计控制是一个企业内部经济活动和管理制度是否合规、合理和有效的独立评价系统，在某种意义上讲是对其他控制的再控制。内部审计在企业应保持相对独立性，应独立于其他经营管理部门，确保审计部门发现的重要问题能送达治理层和管理层。对于不具备条件的企业，可聘请外部审计机构和人员进行内部审计。

2. 建立企业内部控制制度

要建立企业内部控制制度和会计控制制度，如对企业的货币资金控制、采购与付款控制、销售与收款控制、对外投资控制等。实施内部牵制制度，对不相容的岗位实行相互分离、相互制约；建立回避制度；会计负责人的直系亲属不得担任出纳人员；严禁擅自挪用、借出货币资金；严禁收入不入账；严禁一人保管支付款项所需的全部印章；不得由同一部门或个人办理采购与付款、销售与收款业务的全过程；销售收入要及时入账。

财务风险存在于财务管理工作的各个环节，任何环节的工作失误都可能会给企业带来财务风险，企业的经营者、管理者、财务人员必须将风险防范贯穿于财务管理工作的始终。要及时了解企业财务运营的真实情况，优化财务结构，从而规避风险，改善不良经营状况，实现企业目标，确保企业的生存和发展壮大。

第二节　预算管理

一、预算管理的含义与目的

（一）预算管理含义

预算管理是指企业在战略目标的指导下，对未来的经营活动和相应财务结果进行充分、全面的预测和筹划，并通过对执行过程的监控，将实际完成情况与预算目标不断对照分析，从而能及时指导经营活动，以帮助管理者更加有效地管理企业，最大限度地实现企业战略目标。

常言道，凡事预则立，不预则废。全面预算管理已经成为现代化企业不可或缺的重要管理模式。它通过业务、资金、信息、人才的整合，明确适度的分权授权，战略驱动的业绩评价等，来实现企业的资源合理配置并真实地反映出企业的实际需要，进而对作业协同、战略贯彻、经营现状与价值增长等方面的最终决策提供支持。就像美国著名管理学家戴维·奥利所指出的那样，全面预算管理是为数不多的几个能把组织的所有关键问题融合于一个体系之中的管理控制方法之一。

（二）预算管理的目的

1. 有助于制订计划

预算有助于管理者通过制订计划的具体行为来确定可行的目标，同时能使管理者考虑各种可能的情形。

2. 有助于促进合作与交流

总预算能协调组织的活动，使得管理者全盘考虑整个价值链之间的相互联系。预算是一个有效的沟通手段，能触及企业的各个角落。

3. 有助于业绩评价

通过预算管理各项目标的预测、组织实施，能促进企业各项目标的实现，保证企业各项目标的不断提高和优化，是体现企业业绩的一种好的管理模式。

4. 有助于激励员工

预算的过程会促进管理者及全体员工面向未来，促进发展，有助于增强预见性，避免盲目行为，激励员工完成企业的目标。

二、预算管理的作用

预算是行为计划的量化，这种量化有助于管理者协调、贯彻计划，是一种重要的管理工具。预算具有以下几种作用。

（一）预算管理可促进企业的战略管理

预算不是简单的收支预计或仅把预算看作财务数字金额方面的反映。预算是一种资源分配，是对计划投入产出内容、数量、以及投入产出时间安排的详细说明。通过预算的编制，使企业经理人明确经营目标，工作有方向。预算管理与战略管理的关系如图 5－1 所示。

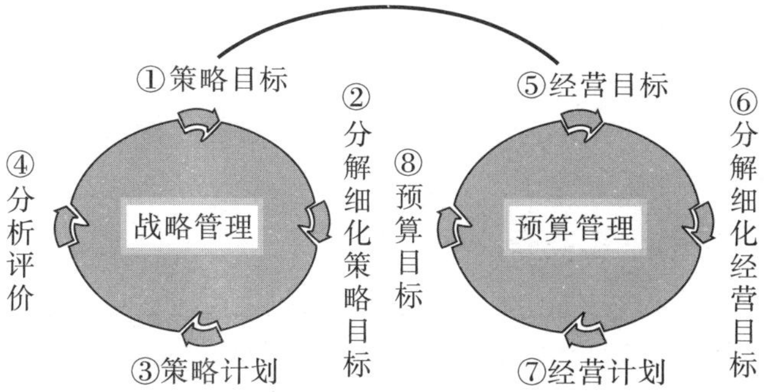

图 5－1　预算管理与战略管理的关系

（二）预算管理是一种预测

预算管理是对未来一段时间内收支情况的预计。预算执行者可以根据预测到的可能存在的问题、环境变化的趋势，采取措施预先准备，控制偏差，保证计划目标的实现。

（三）预算管理是一种控制手段

预算以数量化的方式来表明管理工作的标准。控制是以确定的管理工作标准为依据，对行动进行度量和纠正偏差。所以预算管理是过程中的控制，即事前控制、事中控制、事后控制。事前控制是投资项目或生产经营的规划、预算的编制，详细地描述了为实现计划目标而要进行的工作标准；事中控制是一种协调、限制差异的行动，保证预期目标的实现；事后控制是鉴别偏差，纠正不利的影响。预算管理的重要性如图 5－2 所示。

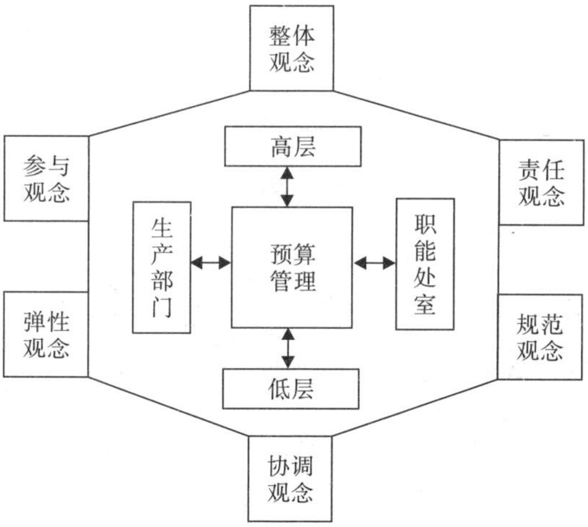

图 5－2　预算管理的重要性

（四）预算管理是一种协调

公司的总预算是由各分级预算汇编而成的。从组织预算编制到预算执行，各相关部门必须协商沟通、相互配合，有利于管理层工作协商一致，导致出更好的计划和执行效果，这也是预算管理的基本目的。经董事会批准的预算，表述了计划期企业的业绩展望，所有经理人员和雇员一定要努力工作达到计划目标。预算是预算期之前编制并获得董事会批准的计划，通过实际执行结果与预算之差异分析，可以评价相关经理人员和雇员的工作表现。

预算管理既是企业供产销的生产经营方式，又是企业资源的合理配置与调配，更是与企业生产适行的管理手段。

（五）预算管理有利于完善企业的基础管理

预算编制必须有各项相关的定额，如人员、物料消耗定额等，要求定额合理并随定额条件变化而修正。预算的编制与预算控制对信息要求面广量大，要求信息传递及时准确，能促进信息管理的发展。

（六）预算管理是考核工作效率、工作质量的标准

预算是以数量化的方式来提出管理工作的标准，其本身具有可考核性，因而可根据预算的执行情况来评定工作成效，分析差异，改进工作。

预算从编制到执行控制再到业绩评价，完整地体现了管理上为实现预期目标而进行的协调活动。预算管理工作在整个企业管理工作中就像关系网。建立以预算为中心的管理体系是由于预算在企业管理中的地位和作用决定的，其应用结构如图 5－3 所示。

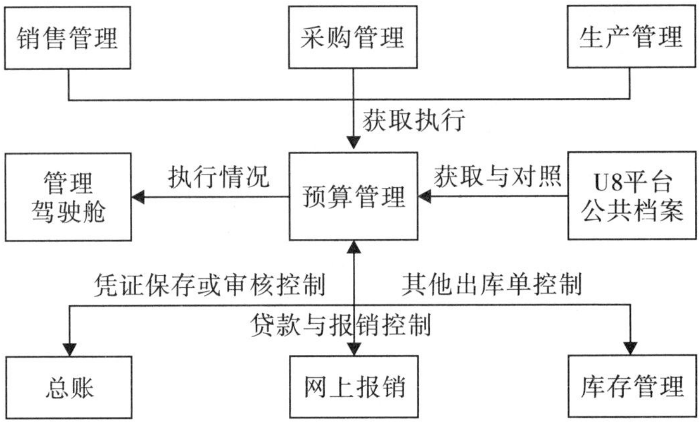

图 5－3 预算管理的应用结构

三、预算管理的基本原则

预算管理的原则包括责任制原则、例外管理原则、有效性原则、经济效益原则、动态管理原则。

（一）责任制原则

责任制原则指对负责的工作范围的可控制事项负责。如我们把各责任区域的成本划分为可控成本和不可控成本，各责任区域对本区域发生的可控成本负责。

（二）例外管理原则

例外管理原则就是要把注意力集中在超乎常情的情况上，因为实际发生的情况往往与预算有出入。如发生的情况差异不大，一般不逐一查明其原因，只把注意力集中在非正常的例外事项上。如某一段时间我们发现生产用刀具等用品特别节约，经过核查，是外方管

理专家的非程序性采购造成记录的时间差和因非程序性采购造成的工作混乱、数量差错。这是一种不合情理的节约。于是，公司重新修正公布了新的采购控制程序，并随时检查该程序的有效性。

（三）有效性原则

有效性原则是指预算编制不能过于烦琐，预算控制程序要有可操作性，避免预算管理失效。

（四）经济效益原则

经济效益原则是为控制所费与所得相比，后者应大于前者。

总之，在实践中，预算的执行控制是最大的难点。如投资预算从批准预算到预算执行，其间时间跨度大，情况变化复杂，预算执行偏差大；超预算执行时必须申请追加预算，需一定的批准程序。否则，预算就没有严肃性。对经营预算要定期调整，因为市场环境在不断变化，内部状况也在不断变化，所以预算管理必须是动态性管理。我们于每年末调整下一年的预算；对年度预算的执行控制，于每季度末分析评价本季度预算执行差异，并预测调整年度内后各季度预算，编制管理报告书，以指导下一阶段工作。

四、预算的编制与审批

预算编制是预算过程的第一步，是指各部门在财政部门的指导下进行收入和支出的测算，编制本部门预算，再由财政部门汇总编制政府预算草案的过程。预算审批是指同级人大审查批准政府预算，赋予其合法性的过程。

预算编制过程即资金分配过程。目前，部门预算支出主要包括人员支出、公用支出和项目支出，每部分支出采用不同的方法编制。

（一）人员支出和公用支出：定额管理

1. 人员支出和公用支出合成为基本支出

定员定额是编制基本支出的基本方法。定员指根据行政事业单位的工作性质和业务量确定的机构人员的编制数，定额指各部门履行职能及开展业务工作所需的各项基本费用支出（包括人员和公用经费）的人均额度标准，即人员经费或公用经费 = 定额 × 定员。

2. 目前地方政府确定定额标准的依据

财政部门根据其职能将各部门分成若干档次，不同档次适用不同标准。财力是制定定额标准必须考虑的。在实际中，受财力限制，常常是不能完全按部门实际需要来核定定额标准的；往年支出标准通常成为确定定额的依据，成为确定基本支出的基数；其他地区标准通常根据本地财力、生活水平以及历史数据，确定符合地区实际情况的标准。

3. 定额编制的特点

定员定额的编制方法使得人员和公用经费预算比较固定，弹性较小。人员经费除调资影响，通常具有较强的稳定性，财政部门通常是按实批复。对公用经费来讲，由于部门支出总额限制，定额标准通常变化不大，年度间只做微调，实际上仍是基数加增长的渐进模式，而不是根据每年工作量重新测算。

4. 定额编制的难点

定额标准核算过程中的一个难点是如何把预算和部门实物资产直接挂钩。日常办公经费中的大部分是和部门的实物资产相关的，因而，为了科学合理地核定定额标准，实物资产的费用定额标准是一项关键的内容。

（二）项目支出

1. 项目支出总述

项目支出是部门预算的重要组成部分，是指部门为完成特定的工作任务或事业发展目标，在基本支出预算之外的用于年度支出的计划。中央部门的项目按照部门预算编报要求分为国务院已研究确定项目、经常性专项业务费项目、跨年度支出项目和其他项目四类。项目支出预算管理包括如下基本原则：综合预算的原则；科学论证、合理排序的原则；追踪时效的原则。项目的申报、审核和批复是部门预算编制的重要环节，也是预算管理的一个重要组成部分。

2. 中央部门预算中项目的预算支出

中央部门对申报的项目审核后，将符合条件的项目纳入中央部门项目库。根据年度部门预算编制的要求，中央部门对其项目库中的项目，按照轻重缓急统一排序后，才能向财政部申报。财政部对中央部门申报的项目进行审核后，对符合条件的项目，排序纳入财政部项目库。按照财政部的有关规定，项目库要实行统一规划、分级管理。统一规划是指由财政部统一制定中央部门项目库管理的规章制度、项目申报文本，统一设计计算机软件。分级管理是指中央各部门和财政部分别按照规定对各自设立的项目库实行管理。此外，项目库要实行滚动管理。编报延续项目预算时，项目的名称、编码、项目的使用方向不得变动，如发生变动，视同其他项目类的新增项目，按照规定程序得重新申报。中央部门年度预算项目清理后的延续项目，在报经财政部批准后，滚动转入以后年度项目库，并与下年新增项目一并申请项目支出预算。

（三）绩效评价

绩效考评的目的，是通过对部门绩效目标的综合考评，合理配置资源，优化支出结构，规范预算资金分配，提高预算资金使用效益和效率。

中央部门的预算支出绩效考评由财政部负责统一制定绩效考评的规章制度，指导、监督、检查中央部门的绩效考评工作，中央部门负责组织实施本部门的绩效考评工作。

对于中央部门而言，绩效考评的对象主要是那些社会效益比较明显的项目，既包括重大项目，也包括一般项目。同时，地方政府也陆续开展了绩效预算改革或支出绩效考评的试点。

五、预算执行

预算执行是指各个部门根据批复的预算筹集财政收入，进行支出，开展各项活动，履行其职能的过程。预算执行通常涉及预算收入执行、预算支出执行和预算变更。预算执行需考虑如下因素。

（一）控制与灵活性的权衡

预算执行的悖论在于，政府及其部门一般倾向于认为它们应该有更多的灵活性来执行预算，而立法机构则倾向于认为如果不对预算执行进行严格控制，它就不能很好地履行宪法赋予的监督、管理财政的权力。不过，根据各国的经验，一个基本的底线是必须保证的：无论如何，灵活性和机动性不能损害财政责任。在控制和灵活性之间进行适度平衡时，一般都应坚持以下两大原则：一是尽量减少预算变更的需要和程度。原因在于，预算变更改变了立法机构体现在批准的预算中的政策意图。二是在制度上明确规定，哪些预算变更必须事先报立法机构审查批准，哪些则不用。对于前者，一般都建立了相应的审查批准程序，非经立法机构同意，不得进行任何预算变更。

在我国，为了确保预算执行顺利进行，需要遵循以下原则：

1. 依法执行预算

一方面依法组织收入，另一方面要依法安排预算支出。

2. 严格执行预算

在预算执行中必须强化人大所批准的预算的权威性，严格遵循先有预算才有拨款，才能筹集财政收入的基本原则；不得随意改变预算中确定收入和支出的性质、数额和用途等。

3. 执行进度合理

执行进度是预算执行中非常关键的内容。预算执行过快可能会导致支出失去控制，导致超支，执行过慢则会影响工作如期完成，并冲击下一个预算年度的预算。所以，必须确保预算执行进度合理。

4. 遵守各种规章制度

在预算执行中必须确保收入和支出预算的执行严格遵守人大和政府制定的各种与预算执行相关的规章制度。

5. 严格依程序进行预算变更

尽管预算变更是难免的，但是，必须严格依程序进行，需要报财政部门审批的必须报请审批，需要报人大审批的必须报请审批。

（二）财政管理周期

财政管理周期对实行资金授权和支出控制具有重要影响。财政管理周期一般分为政府授权周期、与现金管理相联系的控制过程、现金和债务管理之间的配合等环节，具体如图5－4所示。

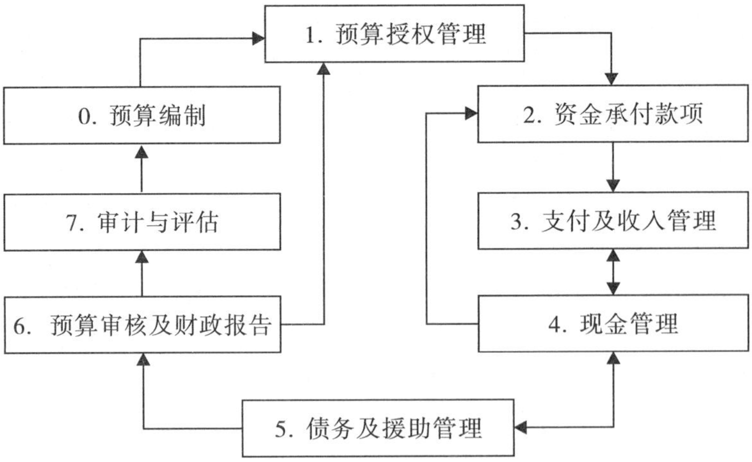

图 5－4　财政管理周期

第三节　财务报告

一、财务报告概述

财务报告（又称“财务会计报告”）是指企业对外提供的反映企业某一特定日期的财务状况和某一会计期间的经营成果、现金流量等会计信息的文件。

财务报告至少应具有以下含义：（1）财务报告必须是外部报告，其服务对象主要是投资者、债权人等外部用户，特别是内部管理需要的报告不属于财务报告的范围。（2）财务报告应当全面反映特定时点的财务状况、公司的生产经营状况，用以概括企业特定时期的经营成果和现金流量的整体和全局。（3）财务报告必须是系统一致的文件，相关文件不应是零星的或不完整的信息。

财务报告是公司财务会计确认和计量的最终结果。它是为投资者和其他财务报告用户提供决策信息的媒介和渠道，是与投资者、债权人以及其他用户和公司管理层之间信息交换的桥梁和纽带。财务报告包括财务报表和其他应当在财务报告中披露的相关信息和资料，财务报表是财务报告的核心。

二、财务报表概述

财务报表是会计要素确认、计量的结果和综合性描述。会计准则中对会计要素确认、计量过程中所采用的各项会计政策被企业实际应用后将有助于企业的可持续发展，反映企业管理层受托责任的履行情况。

（一）财务报表的构成

财务报表由报表本身及其附注两部分构成。一套完整的财务报表至少应当包括“四表一注”，即资产负债表、利润表、现金流量表、所有者权益（或股东权益，下同）变动表以及附注。

资产负债表是反映企业在特定日期的财务状况的财务报表。创建公司资产负债表的目的是如实反映公司资产、负债和所有者资本的数量和结构，以便用户评估公司资产的质量和短期偿债能力、长期偿债能力、利润分享能力等。

利润表是反映公司在特定会计期间的经营成果和综合收益的财务报表。利润表的目的是准确反映已实现的收入、发生的费用、计入当期利润的损益、其他综合收益、综合收益等金额及其结构，从而帮助用户分析和评估公司的盈利能力及其构成和质量。

现金流量表是反映公司在特定会计期间现金和现金等价物流入和流出的会计报表。公司编制现金流量表的目的是准确反映公司各项活动的现金流入和流出，反映用户在公司生产经营过程中形成的现金流量和资金周转情况。

所有者权益变动表是反映构成公司所有者资本的组成部分当前变化的报表。所有者权益变动表必须全面反映一段时间内所有者权益的变动情况。这不仅包括所有者资本总额的增加或减少，还包括有关所有者资本增加或减少的重要结构信息，特别是反映直接记录在所有者资本中的变化。所有者资本的盈亏情况，就是要让用户准确了解所有者资本增加或减少的原因。

附注是对财务报表所列项目的详细说明和对本财务报表未列项目的说明。附注由几个时间表和相关项目的文字描述组成。公司做附注的目的是对报表本身进行补充说明，以便更全面、系统地反映公司的财务状况、经营成果和现金流量概况，为用户提供更多有用的信息，从而提供决策信息并协助他们做出更科学合理的决策。

（二）财务报表的分类

财务报表可以根据各种标准进行分类。

1. 按财务报表的不同编制期间可分为中期财务报表和年度财务报表

中期财务报表是根据比全年更短的报告期编制的财务报表，包括月度、季度和半年度报告。中期财务报表应当至少包括资产负债表、利润表、现金流量表和附注，其中中期财务报表、利润表和现金流量表应当是完整的财务报表，格式和内容应当与年度财务报表一致。中期财务报表中的披露部分与年度财务报表相比可能会适当省略。

2. 编制财务报表按主体不同，可分为个别财务报表和合并财务报表

个别财务报表是公司根据会计处理其账簿记录后编制的财务报表，主要用于反映公司的财务状况、经营成果和现金流量。合并财务报表以母公司及其子公司的财务报表为基础，由母公司编制全面反映企业集团财务状况、经营成果和现金流量的财务报表。

三、财务报告的作用

财务报告的目的是为信息使用者提供经济决策的有用信息，既要满足国家宏观经济管理的要求，又要满足有关各方了解企业财务状况和经营成果的需要。为了满足企业加强内部管理的需要，财务报告通过其作用可达到目的。具体来说，财务报告的作用如下：①有助于投资者和债权人做出适当的决策。在市场经济中，企业的资金主要来自所有者的投资和债权人的融资。投资者和债权人为了合理进行投资和信贷决策，必须了解企业的财务状况和经营成果。比如在进行融资的时候，需要考虑企业的偿还能力和财务状况，判断是否能偿债。这些财务信息需要通过财务报告来提供和披露。②反映管理人员的业务责任。当所有权和管理权分开时，所有者投资于企业的是经济资源，它由管理人员控制和使用，经

理负责管理业主的财产。对于业主来说，为了确保其投资资本的完整性和价值，并保护其重要利益，有必要了解和评估管理人员的业务表现和对信托资源的责任。财务报告可以充分披露这一信息。

四、财务报告的信息质量特征

信息质量的特性不仅是实现财务目标的重要因素，也是评价信息质量的标准。财务报告的内容和反映范围对信息利用者的计算工作是否有意义、是否保障信息利用者的收益、是否进行合理的资源规划等方面起着重要作用。

财务报告的制定是用于其既定目的的，不仅规定了有关财务报告价值的界定标准，还限制了它反映的信息内容。1989 年 IASC 发布了《编制和提供财务报表的框架》，指出可理解性、相关性、可靠性和可比性是四种重要的会计信息质量特征。2006 年 2 月，我国《公司会计准则——基本准则》也对会计信息质量进行了具体要求。会计信息质量特征具体包含以下几点。

（一）可靠性

可靠性这种性质是为了确保财务信息不出错，减少信息的潜在危险，并准确地揭示财务状况。应当使用合理的方法来衡量信息，使财务信息更具实用性。美国财务会计准则委员会（FASB）认为可靠性和相关性是财务报告信息质量的关键属性。因此，财务信息需要针对现实因素做出公正的披露，所揭示的现实情况不具有偏向性，员工必须按照会计专业的法律层面与道德层面的规定来执行。

（二）相关性

财务报告的相关性会影响信息使用者制定经济战略水平，高质量的财务报告有助于决策。相关关系具体包括以下几个部分：①在预测方面，用户可以利用相关信息推测公司未来的发展状况，投入合理的战略并提供咨询，从而降低困难状况；②在反应方面，它可以帮助投资者确认和改变之前的策略；③在按时方面，按时收集信息并进行分析，按时写出报告反映信息。可信度和关联度是重要的信息质量特征，这两种特征相辅相成，不可或缺。

（三）可比性

可比性是指一个公司的会计信息与其他公司的同类会计信息尽量做到口径一致，相互可比。20 世纪 90 年代，国际会计准则委员会（IASC）在《编制财务报表的框架》中，把会计的可比性分为不同时期的可比性和不同公司的可比性两个方面，指出使用者需要对比不同时期的财务报表，还需要比较不同公司的财务报表。所以，对不同时期、不同的公司来说，相同类型的交易、事项的计量与呈报都要使用相同的方法。

（四）可理解性

可理解性是指公司提供的财务信息要清晰明了，便于信息使用者更好地理解和使用。记账和编制会计报告时，会计记录应当清晰、资料齐全、相互关系正确。会计信息是可理解的，不仅可以使信息传递更加有效，信息配置更加完善，还可以提高信息使用者的数量，促进经济活动的发展。

（五）实质重于形式

实质重于形式，要求公司以交易和事项的经济实质为依据进行确认、计量、记录和报告，而不仅仅是以交易和事项的法定形式为依据进行会计确认和计量。实质重于形式是会计中被广泛采用的一种方法，它涉及财务会计操作的各个环节。

（六）重要性

重要性要求公司根据会计确认和计量的关键程度，采用不同的会计方法对交易和项目进行分类。当经济事件对公司的经营状况和盈亏影响不大时，可以采用简单的会计程序；当经济事件对公司的财务状况和损益有较大影响时，应当按照规定的会计方法进行核算。

（七）谨慎性

谨慎性要求公司在进行会计确认和计量时，不能多计资产和收益，也不能少计负债和费用。具体经济业务有几个不同的会计处理方法和程序时，在合理的选择范围内，尽量选择对权益的影响最小的控制方法进行会计处理，将有可能发生的损失和费用进行合理的计算。

（八）及时性

及时性要求会计事项的处理应该在经济业务产生时及时进行，避免拖延，以便于实时进行信息的处理与使用。不仅需要及时地收集与记录相关的信息，及时地处理所发生的经济业务，还需要实时地传递、报告相关信息，在会计期末把报告进行报送。

综上可知，虽然我国关于信息质量的要求与 IASC、FASB 基本相似，但也有一些差别，具体在于未能明确指出信息质量特征要求之间的关系，缺少层次性和逻辑性。

五、财务报告改进的国际经验

（一）美国财务报告改进的经验

美国会计机构的研究水平一直处于领先地位，在关于财务报告的改进研究方面起步很早，拥有很多可以借鉴的、成功的经验，例如美国注册会计师协会（AICPA）发布的改进报告、财务会计准则委员会（FASB）发布的《企业报告信息的电子传递》研究报告与特别报告。

1994 年 AICPA 发布了《改进企业报告——以用户为重心》报告，从信息使用者的信息需求入手进行分析，在对使用者进行信息需求了解的前提下提出了关于改进报告的建议，并制作了报告模型。AICPA 发布的报告中具体的改进建议是：会计准则的制定机构应该协助公司对行业中的分部进行合理的划分，建议公司在划分分部时统一内部报告与外部报告的划分方法；在金融工具的核算与披露方面进行改进；改进分部信息的披露；改进表外融资的机会与风险的披露情况；披露核心和非核心业务和事项所造成的影响，依据公允价值的计量方式计量非核心资产和负债；独立披露第四季度的报告内容，以季度为时间间隔反应分部信息。

FASB 在 2001 年发布了《企业报告信息的电子传递》的研究报告，在收集了许多公司在网络上的信息后，将重点放在对现在和将来的信息使用者对电子信息的需求上，对影响互联网信息发展的相关因素展开研究。FASB 认为，第一，互联网信息应做到公开化与真实性，公司需要将信息公开化；第二，利用互联网进行报告时，需要报告和生产经营活动有关联的信息，不能被旧的模式束缚；第三，互联网没有充分、完全地反映信息；第四，改进实时报告中的问题，应该及时地披露信息；第五，通过分析公司在网上发布的信息内容，能够使其了解与评估公司的具体情况；第六，互联网信息存在安全方面的问题，需要重点关注并保持警惕。

2001 年 FASB 发布特别报告，报告阐明公司处于新经济环境中，应该多披露预测信息和非财务信息，还应增加无形资产的信息披露内容。FASB 的特别报告指出，当前财务报告的问题是：第一，之前的财务报表通常仅仅反映已经确认的资产和负债实现的情况，新的财务报告要求对创造价值的能力进行合理反映，能够完善当前财务报告的缺陷，也能够替换当前的财务报告；第二，许多重要的非财务信息未包括在财务报告中，应该使用一些方法让信息使用者对公司进行评估；第三，无形资产的披露非常重要，在确认与计量方面起着关键作用，所以准则制定机构应制定一个关于无形资产的确认基础。

（二）国际会计准则委员会改进的经验

国际会计准则委员会关于财务报告改进的研究起步较早，研究较为深入，所以在财务报告改进过程中应借鉴国际会计准则委员会的研究成果与经验。关于分部报告方面的改进，国际会计准则委员会在 1981 年发布 IAS14 “按分部报告财务信息”，规定公司利用报告来反映行业与地区分部的信息，可以依据主次关系进行分部，要依据准则来确认和计量。关于全面收益表的改进，1997 年国际会计准则委员会指出，报表中的期末、期初净资产的数额及变动情况与净收益的变化关联程度不够。所以委员会建议，增加已确认利得与损失表。财务报告改进的目的是向信息使用者提供完整的、有实用性的财务信息，使财务信息得到充分披露。

第四节　采购管理

一、采购管理概述

采购是一种获取所需资源的过程，满足企业所需的各类物料资源，实现企业的顺利生产和运营。采购不是简单的采买，也包括对有关物资的供应来源的考查及其计划和决策，对物资的数量和品质进行检验等一系列活动，确保客户能准时交货。从采购的职能分析，采购工作不仅包括购买、销售和库存管理等内容，还包括产品及供应商的开发、评选和维护等，保证产品符合客户和市场的需求。

采购管理是保证企业生产经营物资的正常供应而进行的计划、组织、协调、控制等相关活动的管理，一般包括采购流程、供应商、成本与定价、采购合同、品牌管理、包装设计、配件、物料、库存和财务管理等，也包括采购完成后的售后管理活动。采购管理在现代企业管理中占据重要地位，不同国家的企业家和采购管理人员为了提高企业效益，将更多的注意力放在采购管理优化方面。采购从过去简单的买和卖模式，逐渐提升到采购管理战略层面。

采购管理的每一个环节，都会对企业的运营、成本控制和盈利能力等有不同程度的影响。企业通过控制采购成本，能够明显提高销售的边际收益。某种意义上，采购是企业的

“第三方利润源泉”。过去，大多数企业更加注重产品的研发设计、生产制造和销售，对采购没有足够重视，认为只需要按照生产的需求直接购买，只是将采购作为后勤服务保障部门即可。2000 年以后，随着时代的进步和企业的国际化进程发展，采购的职能和重要性被不断地发现和研究，许多专家根据不同企业的发展状况，深入研究采购管理的功能和作用。早期的采购管理研究发现，许多生产型企业采购的原辅料和零配件占成品销售额的 50% 以上，控制原料采购成本对利润产生的影响，大于其他领域节约产生的效益。

随着经济的进一步发展和供求关系的变化，出现了供应链采购管理的概念。研究者们分别从采购的各个方面进行深入分析，开始使用总成本的观念进行采购管理，其不仅包含初始的直接采购价格，也包括采购完成后的管理成本。较低的初始购买成本可能导致较高的维护维修成本。采购管理需要整合上下游供应链的协调能力，提高企业的整体竞争力，通过不同方式的成本和营销管理，达到降本增效的目标。

近年来，随着采购管理思想的进一步发展，管理者们开始考虑设计更加规范的采购流程、严格控制库存、提高采购人员的专业能力和综合素质等，优化企业内部管理。同时，研究人员开始重视企业、供应商和客户的共同优化，加强与供应商的沟通协作，稳定管理产品的质量，避免因产品质量引起的投诉，重视供应商的选择和激励等，及时响应客户需求，与供应商和客户建立战略合作关系，多方面提高企业的采购管理能力。

采购管理的内容随着社会经济结构和形式的变化而变化，以及随着企业与上下游供应链关系的演变而变化，各企业采购管理的重点和目标也随着时代的变化而发展。在采购管理优化的新时代，企业应与供应商和客户建立战略合作关系，满足客户多样化的采购需求，三方合作，实现共同目标，提高整体效率。

二、国内外相关研究现状

国外的众多学者和企业家对于采购管理进行了一系列的研究。1953 年，由日本丰田副总裁大野耐一提出准时生产概念（JIT），即在生产过程中保持物质流和信息流同步，在需要的时候、按需要的量生产所需的产品，这种方法能够减少库存、降低成本和提高生产效率。1973 年，这种管理方法帮助丰田公司顺利度过第一次能源危机，后被其他国家的众多企业借鉴，延伸成准时化采购管理的思想。

1966 年，A. K. Karman 首次提出产品全生命周期理论（LCC），它指企业的生产成本和用户使用成本之和。Hersey 和 Blanchard 于 1976 年进一步发展了这个概念，量化了产品生命周期内的所有成本，包括产品的开发设计、生产制造、营销和维护维修的总成本，为众多企业的采购管理提供了方向和机会，综合考虑未来可能发生的危机，并且提前进行规避。

随着经济发展和全球一体化程度越来越高，全球知名企业如 IBM、通用电气和沃尔玛等跨国企业迅速发展，推动采购管理及其供应链快速发展。众多企业将采购部门独立出来，促进了采购职能的多样化，不仅要求采购合适的产品，还要求节约采购成本和降低库存等，坚持以采购为核心，重视供应商的管理，带动财务和物流系统，推动了全球采购供应链管理的进步。

不同的采购管理相关人员，对于采购管理的侧重点看法不同。有人认为，应该加强供应商的模型建立，利用科学的模型选择最合适的供应商，保障采购产品质量的稳定性，节约产品的隐形成本，准时向客户提供正确的产品；有人认为，应该重视采购成本和定价策略的管理，多方面管理节约采购成本，提高定价；有人认为，应该加强库存管理，避免占用大量的资金。总之，通过采购管理活动的改进，提升了企业的盈利能力。

国外发达国家对于采购管理的研究和应用领先于国内的众多企业，他们起源早、基础好、发展快、后劲足，而且把采购作为一门学科进行普及教育，采购管理的重要性显而易见。

我国大多数企业的创立时间较国外知名企业晚，采购管理的经验也相对落后。回顾我国采购的发展历程，1979 年以后实行对外开放、多种经济体制并存的政策，国家由计划经济逐步转换为市场经济，供求关系由卖方市场转换成买方市场，采购管理有了一定的发展。但这只是起步阶段，很多企业的管理还只是抓生产、重销售的策略，只是将采购作为后勤工作。

2001 年中国加入世界贸易组织（WTO），改革和开放的进程加快，民营企业和中外合资企业的数量迅速增加，采购管理得到快速发展，由传统的买和卖模式，逐渐转变成集中化采购和准时化采购等模式，即根据客户的要求，以物料的需求计划为主导，在需要的时候生产所需要的数量，及时满足客户的需求。采购过程中，企业只是从自身的角度考虑，只重视买方的短期利益，不断压低采购价格，而不考虑产品使用周期的总成本，也没有考虑卖方的实际情况，缺乏与供应商的沟通和协作，不能与供应商建立战略性的长久合作关系。

随着企业的不断壮大，各类采购需求多样化，为了适应时代的发展，企业逐渐转变为现代化的供应链采购管理思想。企业在进行采购时，通过建立专业的采购团队，强化采购管理的重要性和必要性，注重供应商的管理，有意识地控制供应商的数量，与特定供应商建立战略性的长期合作关系，注重产品价格、质量和供应商的交货及时性，注重零库存运营模式，提高了资金的利用率。我国采购管理的发展是伴随着我国企业的发展壮大而不断完善的，通过借鉴国外采购管理的先进经验，再根据不同企业的实际需求，采购管理的相关人员不断进行总结和研究，以适应新时代的采购管理要求。

采购经理人刘宝红在《采购与供应链管理》一书中提出，企业进行采购管理活动时，必须重视供应商管理的必要性和重要性，集中精力开发、维护和培养供应商。其中，供应商的开发约占供应商管理时间的 60%。只有选择合适的供应商，满足企业的真实需求，才能保证供应商管理方向的正确性。然后，通过精细化生产降低采购成本，通过价值工程或价值分析来降低设计的成本，通过对供应商的深度协作和集成管理，培养优秀的供应商，促进双方的共同进步和发展，这样能够保障企业的采购管理效益。

采购专家王为人在《供与求的博弈：采购管理案例 + 分析》一书中分析了大量的企业案例，认为采购管理需要加强采购时机的管理，选择合适的采购时机，提高采购效率。企业家宋宗友认为加强采购管理，可以通过建立全面采购成本管理观念，建立完善的采购流程，增加采购双方合作的透明度，降低直接采购成本，建立全面的供应商体系，确保采购渠道畅通，才能应对不断加剧的市场竞争。

三、采购流程管理

流程是指一组将输入转换为输出的相互关联活动。它由两个或多个业务模块组成，形成一套完整的业务行为。这个过程至少有两个节点，同时保证一定的方向性。每个节点内部都有一定的可连性、逻辑性和完整性，从一个环节到另一个环节，层层延伸不同方向的分支，包括平面、垂直或混合，这样能保证工作的完整性，为企业和客户创造价值。

流程优化也称流程再造，是一种企业活动，由美国的 Michael Hammer 和 Janes Champy 提出，即通过全面分析与设计流程的每个环节，并且管理相关的企业变革，以改善成本结构，提高执行力，使企业得到快速的发展。企业再造的重点在于选定对企业经营极为重要的几项流程进行重新规划，从而使企业在成本、品质、服务和时效上得到重大改进。

面对激烈的市场竞争和不断变化的客户要求，企业需要加强控制，不断重新思考和重新设计原有的流程，通过流程优化工具建立合理的流程，消除企业不重视或不合理的流程，补充可以为企业带来增值效益的流程，建立一种新的工作模式，以改善和提升企业的工作效率和绩效，目的是降低成本，提高产品质量，提高服务满意度等。采购流程优化不需要完全否定之前的流程，而是要重新审视现有的采购流程，根据现有流程进行局部的、逐步的改进和调整，从而补充更多的增值环节，删除非增值部分，减少浪费，提高采购效率和准确性。

四、供应商管理

供应商是生产加工原材料、设备、工具和其他资源的实体，向买方提供实物或者服务，用于满足客户的生产或者销售需要，通过资源交换获得报酬的企业。供应商管理是企业为了保障产品质量、控制成本、准时获取物料和降低采购风险等各种需求而对供应商采取的管理手段。供应商管理的目标是建立一个稳定可靠的供应商团队，为企业的生产和发展提供可靠的产品和服务。

供应商管理的思想开始于 20 世纪 40 年代工业化发展迅速的西方发达国家。当时采购管理处于萌芽状态，企业家只关注采购价格，较少关注供应商管理。然后，大家逐渐发现这种管理方式的弊端太多，产品以次充好，品质没有任何保障。80 年代，随着一些企业的壮大，采购管理的重要性和必要性被逐渐认可和接受，采购管理人员也开始重视供应商的管理，综合考虑产品质量、交货周期和服务质量等因素，供应商管理得到了初步的发展。进入 21 世纪，发达和发展中国家的企业都进入快速发展时期，出现供应链管理的思想，供应商管理的重要性和必要性得到更多的关注，更多的管理人员深入研究企业与供应商的双赢发展模式，不断总结和研究供应商的可持续发展问题。

供应商管理是现代企业管理的重点，众多学者和专家分别进行了深入的研究。不同类型的供应商关注的核心问题不同，但是大多数企业的供应商管理方式都是相似的。通过一套完整的评价体系，可规范供应商的日常管理，一般包括供应商的开发、选择、分类、评估、风险控制和协调等内容。

美国供应管理协会（ISM）的前主席尼尔森，是美国采购和供应管理界的领先者，认为系统、深度的供应商管理是增加供应商价值和控制风险必不可少的环节。只有全球一流的供应商，才能开发出全球一流的产品。本土企业如果要在全球竞争中处于有利地位，就必须全球采购，建立系统的供应商管理体系，把世界上最优秀的供应商吸纳进来并且管理好。

采购管理专家宫迅伟、汪浩等在采购管理系列丛书《供应商全生命周期管理》中认为，供应商的管理是企业采购管理的基础，也是一项持久性的工作。企业想要长期发展，必须有计划地实施供应商全生命周期管理，包括供应商开发、评审、质量改善和发展等。供应商管理的各个环节都应有相应的计划，并且供应商管理的各个计划行动方案要与各相关部门达成共识，落实行动方案所需要的资源，确保行动方案按计划实施，打造供应商的全生命周期管理闭环，建立合理的制度规则，包括准入、选择、评估、提升、退出，反馈、调整、控制，再反馈、再调整、再控制和删除等。

供应商管理是采购管理的重要组成部分。通过制定合理的管理方法，实现有针对性的管控，提升产品和服务的内在价值，满足客户的指定需求。企业需要不断完善供应商的管理体系，以确保供应商所提供产品或服务的品质；对已合作和未来可能合作的供应商，要定期进行全方位的评估和筛选，保障合作供应商的质量。通过动态评估供应商的综合实力，严格控制供应商的数量在合理范围内，减少与供应商的无效沟通，提高工作效率。

五、采购成本与定价管理

采购成本是为了取得所需资源而付出的经济价值，指采购过程中购买、运输和存储等环节消耗的金钱、人力和物力总和。采购成本的管理不仅包含初始直接的购买价格，也包括与整个采购活动相关联的各个过程的管理。从物料需求计划生成采购订单，供应商根据采购订单的要求，准时提供符合指定要求的货物；企业通过这个过程获取所需的原材料或商品，同时，对整个采购过程进行把控，以节省和降低所有环节的成本和费用，保证采购高效的同时得到最低的整体采购成本。

采购成本管理是所有企业都时刻关注的管理问题。起初，采购成本管理研究是以跨国公司或者大型企业为主体。近年来，中小型企业的数量迅速增长，采购成本节约的空间大，社会效益明显，吸引了更多采购管理的相关人员参与，更多地关注中小型企业，目的是通过加强采购成本管理将企业做大做强。

采购成本与产品的整体质量、采购数量、交货时间和采购时机等都有密切的关系。进行采购成本管理时，综合利用它们之间的相互关系，在客户和供应商都可以接受的范围内，适当地降低产品质量或者提高采购数量，可以降低直接采购成本。降低或者提高直接采购成本，满足客户的特定需求，提高采购成本与产品质量的性价比，可以实现降本增效的企业管理目标，为企业带来更多的收益。

定价就是制定价格。定价管理是以调查分析为基础，通过研究商品或服务的内在价值以及价格变动状态，根据具体情况，运用不同的管理策略，为商品或服务制定合理的售价，从而实现期望的销售收益。定价是一个动态的过程，动态定价是指产品的价格随着时间、空间、消费者的不同，而不断改变定价的一种方式。定价时需要考虑产品的生产成本、价值、市场供求、客户需求、行业竞争和相关法律法规的规定等因素。对于完全相同的产品和服务，根据消费者需求的不同、消费者不同时间价值认知的改变，设置不同的价格进行定价管理，满足不同消费能力客户的需求，企业通过综合运用不同的定价管理策略，提高效益。

国外部分企业家和学者将采购管理的注意力集中在产品的定价管理上，通过制定合理的定价提高企业的利润和竞争力。在罗伯特·J. 罗兰等人所著的《定价圣经》中，通过研究知名企业的定价案例，分析企业如何进行定价管理，提高企业的净利润，讲述了产品的成本、定价和利润之间的关系，介绍了竞争定价和组合定价等多种定价方法。知名投行麦肯锡的研究员 Michael V. Marn 等合著的《The Price Advantage》，也向向企业管理者介绍了如何运用定价管理战略争取更多的订单，如何选用最合适的方法进行定价、提高企业利润率的方法。

加强定价管理，有利于增强产品定价的合理性，提高产品在市场上的吸引力，从而提高产品的市场占有率。企业的盈利水平和产品的定价及销量有着直接的关系。如果销售价格偏高，可能会导致销量降低，导致企业的毛利总额低于盈亏平衡点，企业会亏损；如果销售价格较低，虽然销售量增加，但是毛利太低，也会导致企业的盈利水平下降。因此，企业需要灵活运用各种定价策略，制定合理的销售价格。

未来，采购管理会向着专业化、信息化、透明化、国际化、合作化和多职能化的方向发展，采购管理会得到更多企业的关注和重视，其重要性也会更加突出。企业可以通过采购管理优化，促进企业的稳定发展，提高企业的收益。采购管理能力也将成为企业竞争力的关键，企业竞争也会更加激烈。

第五节 财务审计

一、财务审计概述

（一）审计的概念及特征

1. 审计的概念

审计是一项具有独立性的经济监督活动。它是由独立的专职机构或人员接受委托或授权，对被审单位特定时期的财务报表及其他有关资料以及经济活动的真实性、合法性、公允性和效益性进行审查、监督、评价和鉴定的活动，旨在维护财经法纪，改善经营管理，提高经济效益等。这一定义对审计的主体、客体、对象、目标、职能、作用、性质等进行了概括。

2. 审计的特征

从上述定义中，我们了解到审计是独立性的经济监督活动。无论是我国还是西方国家都承认，审计的独立性是审计的基本特征，不具备独立性的经济监督活动都不能称为审计。由审计的独立性引申出审计的权威性，即审计具有两个基本特征：独立性与权威性。

（1）独立性

审计的独立性指审计机构和审计人员依法独立行使审计监督权，不受其他行政机关、社会团体和个人的干涉。这是审计的本质特征，也是保证审计工作顺利进行的必要条件。审计的独立性主要体现在以下几个方面：①机构及人员独立。审计机构应是独立设置的专职机构，审计机构及人员独立于被审计人和审计委托人，同时独立于其他机构。②经济独立。审计机构应有专门的经费来源，以保证能独立自主地进行审计工作，不受被审计单位的牵制。审计人与被审计人不应当存在任何经济利益关系，不参与被审计单位的经营管理活动。③精神独立。审计人员依法独立行使审计监督权，独立进行审查，做出审计判断，并提出审计报告，任何单位及个人不得干涉。审计人员执行审计工作时须保持精神上的独立，自觉抵制各种干扰，进行客观公正的审计。

（2）权威性

审计组织的权威性是指审计机构在宪法中所明确的法律地位即依法独立行使职权，不受任何干涉，这是审计监督正常发挥作用的重要保证。审计的权威性主要来自两个方面：法律赋予的权威，以及审计人员自身工作树立的权威。各国为了保证审计的权威性，分别通过了《公司法》《商法》《证券交易法》等，从法律上赋予审计在市场经济中的经济监督权。一些国际组织为了提高审计的权威性，通过协调各国的审计制度、准则、标准，使审计成为一项世界性的专业服务，增加了各国会计信息的一致性和可比性。审计人员均具有较高的专业知识和政治素质，加之审计职业规范体系对审计人员执行审计业务也做了严格要求，这就保证了其所从事的工作具有较高的准确性、科学性。因此，审计人员的工作结果具有一定的社会权威性，使不同的经济利益方都乐于接受。

（二）审计与会计的关系

审计与会计密不可分，二者的起源密切相关。传统审计主要审查会计资料及反映的受托人经济责任的履行情况，会计资料是审计的直按审查对象。会计是产生审计的基础，审计是会计的质量保障；两者彼此渗透、融合，但二者又是两门独立的学科。审计标准、审计证据与会计有着密切的联系，表现在审计标准的制定和审计证据的取得绝大多数依赖于会计资料。同时，它们的目的是一致的，业务虽不同，但都是以维护财经法纪、加强经营管理、提高经济效益为最终目的。

二、财务审计的定义

企业财务审计是指由国家审计机关、社会审计组织和内部审计机构及其专职审计人员，依照审计准则和相关法律、法规，并采用现代审计技术依法独立地对企业的资产、负债、所有者权益和损益等会计信息的真实性，财务收支业务和相关经济活动的合法性、合理性、效益性，以及对企业的经营管理者应承担的经济责任进行审查、监督、鉴证与评价，借以揭示错弊，维护财经法纪，提高企业经济效益并促进宏观调控的审查监督体系。

需要指出的是，企业财务审计是现代企业环境和现代审计环境相结合的产物，它揭示了企业财务审计是一个发展的概念。企业财务审计，明确地将其范围界定在国有企业及国有控股企业和其他企业的财务审计范畴之中，不是泛指对社会所有财务活动的审计，如不包括对社会捐赠资金、社会保障资金、境外援助资金、境外货款资金和国家对基本建设项目的固定资产投资等方面的审计。

三、财务审计的内容

财务审计是对被审计单位的会计资料及其所反映的财政收支、财务收支活动的真实性、正确性、公允性、合法性和合规性所进行的审计，又称传统审计或常规审计。根据被审计单位的不同，财务审计的范围主要包括对实行预算管理的行政事业单位财务收支的审计、基本建设项目的财务收支情况审计，以及对实行营利管理的企业财务收支的审计等。就企业财务审计而言，企业财务审计的对象主要包括以下两个方面：

一是被审计单位的财务收支及其有关的经济活动，二是记载和反映这些经济活动的会计报表及相关资料。将企业财务审计对象的内容具体化，就构成了企业财务审计的内容。

一般而言，企业财务审计的内容主要包括以下七项：

（一）财务报表审计

财务报表审计是对企业的资产负债表、利润表、现金流量表、所有者权益变动表，财务报表附注，及相关的会计账簿和会计凭证的真实性、合法性进行审计。

（二）资产审计

资产审计是对企业的各项资产进行审计，包括对流动资产、长期股权投资、持有至到期投资、固定资产及其累计折旧、在建工程、无形资产和其他资产的安全完整及保值增值所进行的审计。

（三）负债审计

负债审计是对企业的各项负债进行审计，包括对流动负债和长期负债的情况进行审计。具体包括短期借款、应付票据、应付账款、预收账款、其他应付款、应付职工薪酬、应交税费、应付利润、长期借款、应付债券、长期应付款等项目的审计。

（四）所有者权益审计

所有者权益审计是对企业的各项所有者权益进行的审计，包括对实收资本、资本公积、盈余公积和未分配利润的真实性、合法性进行审计。

（五）收入审计

收入审计是对企业的营业收入进行审计，包括通过对销货与收款循环内部控制制度的测试，营业收入的实质性测试，从而对营业收入真实性、合法性进行审计。

（六）费用审计

费用审计是对企业的成本费用进行审计，包括产品成本的审计、营业成本的审计、营业税金及附加的审计，以及期间费用的审计。

（七）利润审计

利润审计是对企业的利润形成及其分配项目进行的审计，包括营业利润、利润总额、所得税费用的审计，以及对利润分配的情况进行审计。

四、财务审计的程序

（一）审计的准备阶段

1. 了解被审计单位的基本情况

会计师事务所通过初步调查，在接受被审计单位的委托之前，应对被审计单位的基本情况做初步的了解，包括但不限于被审计单位的行业状况，法律环境与监管环境以及其他外部因素，被审计单位的性质，被审计单位对会计政策的选择与运用，被审计单位的目标、战略及相关经营风险，被审计单位财务业绩的衡量与评价，被审计单位的内部控制等。审计人员在了解被审计单位的基本情况之后，再决定是否接受委托。

2. 签订审计业务约定书

审计业务约定书是指会计师事务所在接受被审计单位委托的审计项目时提交给被审计

单位的正式文件，用以记录和确认审计业务的委托以及受托关系、审计目标和范围、双方的责任以及报告格式等约定事项的理解。审计业务书具有合同的性质，一经审计单位签字认可，即成为会计师事务所与被审计单位之间在法律上生效的合同。会计师事务所在接受任何审计业务时，都应当与被审计单位签订审计业务约定书。

审计业务约定书的具体内容和格式可能因被审计单位的不同而不同，但应当包括以下主要内容：财务报表审计的目标与范围；注册会计师的责任；管理层的责任；指出用于编制财务报表所适用的财务报告编制基础；提及注册会计师拟出具的审计报告的预期形式和内容，以及对在特定况下出具的审计报告可能不同于预期形式和内容的说明。

3. 审计计划与审计风险分析

会计师事务所在与被审计单位签署业务约定书后，会计师事务所和注册会计师便开始拟订审计计划。审计计划是根据审计任务和具体情况所拟订的审计框架及具体步骤。其内容一般包括：被审计单位的概况、审计的目的和出具报告的要求、参加审计组的人员、审计风险及重要性的考虑、时间及经费预算等。审计计划包括总体审计策略和具体审计计划。

审计风险是在审计准备阶段必须认真分析的一个重要问题。所谓审计风险，是指审计人员通过审计工作未能发现财务报表中存在重大错报而签发不恰当审计意见的可能性。一般而言，审计风险由重大错报风险和检查风险组成的。重大错报风险是指财务报表在审计前存在重大错报的可能性。在评价财务报表整体是否存在重大错报时，注册会计师应从财务报表层次和各类认定层次中考虑重大错报风险，并根据评估结果确定总体的应对措施。注册会计师应当评估认定层次中的重大错报风险，以此来确定可接受的检查风险水平。

（二）实施风险评估程序

审计准则规定，注册会计师必须实施风险评估程序，以此作为评估财务报表层次和认定层次中重大错报风险的基础。风险评估程序是指注册会计师为了解被审计单位及其环境，以识别和评估财务报表层次和认定层次的重大错报风险而实施的审计程序。风险评估程序是必要程序，了解被审计单位及其环境为注册会计师在许多关键环节做出职业判断提供了重要基础。了解被审计单位及其环境实际上是一个连续和动态地收集、更新与分析信息的过程，贯穿于整个审计过程的始终。

（三）实施控制测试和实质性程序

注册会计师实施风险评估程序本身并不足以为发表审计意见提供充分、适当的审计证据，还应当实施进一步的审计程序，包括实施控制测试（必要时或决定测试时）和实质性程序。因此，注册会计师在评价财务报表重大错报风险后，应当运用职业判断，针对评估的财务报表层次的重大错报风险来确定总体应对措施，并针对评估认定层次的重大错报风险设计和实施进一步的审计程序，以将审计风险降至可接受的低水平。

（四）完成审计工作和编制审计报告

注册会计师在完成进一步审计程序后，还应当按照有关审计准则的规定做好审计完成阶段的工作，并根据所获取的审计证据，合理运用职业判断，形成适当的审计意见。本阶段主要工作有：考虑持续经营假设、或有事项和期后事项；获取管理层声明；汇总审计差异，提出被审计单位调整或披露；复核审计工作底稿和财务报表；与管理层和治理层沟通；评价审计证据，形成审计意见，编制审计报告等。

五、财务审计的一般方法

审计的一般方法是就审计工作的先后顺序和审计工作的范围或详简程度而进行划分的某种方法。

（一）顺序审查法：顺查法与逆查法

审计的一般方法，按照审计工作的顺序和会计业务处理程序的关系，有顺查法和逆查法之分。

1. 顺查法

顺查法又称为正查法，它是按照会计业务处理程序进行分类审查的一种方法，即按照所有原始凭证的发生时间顺序进行检查，逐一校对。首先检查原始凭证，核对并检查记账凭证；其次，根据凭证对日记账、总分类账、明细分类账进行检查，最后以总账和明细账校对会计报表和进行报表分析，沿着“制证—过账—结账—试算”的账务处理程序，从头到尾进行详细检查。

2. 逆查法

逆查法又称为倒查法，它是按照会计业务处理的相反程序，即在检查过程中逆着记账程序进行检查的方法。通常先从记账程序的终端开始检查，从会计报表或账簿上发现线索、寻找疑点，然后逆着记账程序追根求源进行检查，如从会计报表查到会计账簿，再查到记账凭证，最后查到原始凭证，即从审阅、分析会计报表着手，根据发现的问题和疑点，确定审计重点，再来审查核对有关的账册和凭证，而不必对报表中的所有项目，一个一个地进行审查的一种审计方法。

必须指出，顺查法和逆查法由于它们各有优劣，因此，在审计实务工作中，应当注意将二者结合起来运用。即在顺查过程中可以采用一定的逆查方法，逆查过程中也可以采用一定的顺查方法。两种方法的结合使用，可以取长补短，提高审计效果和审计效率。

（二）范围审查法：详查法与抽样法

审计方法按照审查经济业务资料的规模大小和收集审计证据范围的大小不同，又有详查法和抽样法之分。

1. 详查法

详查法又称详细审计，是指对被审计单位一定时期内的某类经济业务和会计资料的全部内容进行详细的审核检查，以判断评价被审计单位经济活动的合法性、真实性和效益性的一种审计方法。此法的优点是容易查出问题，审计风险较小，审计结果比较正确；缺点是工作量较大，审计成本较高。所以，在实际工作中，只对有严重问题的，非彻底检查不可的专案审计，以及经济活动很少的小型企事业单位采用，一般不常用。

2. 抽样法

抽样法又称审计抽样，是指审计人员对具有审计相关性的所有项目都实施审计程序，使所有抽样单位都有被选取的机会，为审计人员针对整体得出的结论提供合理性基础。审计抽样旨在帮助审计人员确定实施审计程序的范围，以获取充分、适当的审计证据，得出合理的结论，作为形成审计意见的基础。

本章小结

在本章学习过程中，首先需要了解财务管理是在一定的整体目标下，关于资产的购置（投资）、资本的融通（筹资）和经营中的现金流量（营运资金）以及利润分配的管理。财务管理的目标包括五个最大化：产值最大化，利润最大化，股东财富最大化，企业价值最大化，相关方利益最大化。财务管理是在一定的整体目标下，关于资产的购置，资本的融通和经营中的现金流量，即投资、筹资、营运资金以及利润分配的管理。预算与财务管理应符合恰当性、全面性、导向性、可控性、科学性、客观性、系统性的原则。预算管理是指企业在战略目标的指导下，对未来的经营活动和相应财务结果进行充分、全面的预测和筹划，及时指导经营活动的改善和调整，以帮助管理者更加有效地管理企业和最大限度地实现战略目标。预算管理的基本原则遵循责任制、例外管理、有效性、经济效益等。

案例讨论

大亚湾核电站作为国家的第一座大型商用核电站，从开工建设以来就一直非常重视预算管理，在基建期就设立了投资预算管理机构，进行专门的预算管理。1994 年进入商业运营期以后就在电站推行预算管理，从 1997 年开始更是在全公司推行全面预算管理，至今已建立起一整套行之有效的以成本为中心的全面预算管理体制。推行预算管理在电站的管理工作中取得了巨大的经济效益，据统计，从 1997 年至 2002 年年平均节省资金 9232 万元人民币。

1. 核电站采用的预算管理方法

针对核电站运行管理的特点，大亚湾核电站采用了“零基预算”的管理方法。这样做的优点是成本中心每年在预算申报时都需对以往的工作进行进一步的检查、讨论，同时亦可有效消除、减少“今年存在或开支的费用支出在下一年度就一定存在”的成本费用开支习惯性心理，所有项目均需重新审视其开支的合理性。采用“零基预算”管理方法的难点是所有项目均需重新审视，工作量极大，而且效率低，时效性差，投入成本巨大。为了避免上述问题，充分发挥公司预算计划的作用，我们在设计公司预算运作模式的时候，采取“折中”模式，即对新的项目、重要的项目（5 万美元以上）全部采用“零基预算”管理，对其他项目采用滚动预算进行管理，同时采取年度预算编制、年中预算调整、预算变更等具体的工作方式来使预算与实际工作相匹配，真正起到通过工作计划来编制预算，又通过预算来衡量指导工作计划的作用。

2. 预算管理的组织建设

预算管理功能通过设立各级成本中心组织来实现。成本中心责任管理体系是按照统一领导、分级管理的原则，并根据技术上的特点和管理上的要求而设置的。目前，在公司机构划分为决策、管理和执行三个层次的基础上，又将执行层划分为三级成本中心，即部级成本中心、处级成本中心和科级成本中心。各级成本中心负责人分别是部长、处长和科长，对各自成本中心的预算、成本及其他资源进行规划、申报、执行、控制和考核。成本中心基本单位一般以处为单位划分，但业务较多的处可以以科为单位设置；对于临时性的较大项目或跨处的工程项目，可设置单独的、临时的成本中心，项目经理为该成本中心的负责人。每个成本中心应指定一个专人为兼职预算员，协助成本中心负责人的日常预算管理或其他经济管理工作。

3. 预算管理的制度建设

按照预算管理的要求，公司制定了各种程序、制度，从各方面对预算管理做出了明确规定。按照经济业务不同，分别制定了《生产预算编制与执行程序》《资本性预算编制与执行程序》《材料采购预算编制与执行程序》等专门规定来执行具体的预算管理，同时，还颁布了《成本中心运作管理规定》来规范成本中心的职责、权力。

4. 预算管理循环

核电站的预算管理遵循“工作计划→预算编制→立项→承诺→支付→反馈→工作计划”的管理循环。

工作计划。这是一切预算形成的基础。离开工作计划编制出来的预算不是真正的预算，是无法执行的预算。

预算编制。每年8月，财务部向公司各级成本中心负责人下达下年度《预算编制计划大纲》并开展相关的在岗业务培训，各级成本中心负责人及预算协调员在接受在岗业务培训和阅读理解该大纲的基础上，开展年度预算的编制与申报工作。整个公司年度预算的编制工作是以各级预算成本中心为单位开展实施的，科级成本中心负责向处级成本中心申报，处级成本中心负责向部级成本中心或预算归口管理部门申报；各部级成本中心负责对所属下级成本中心所报预算进行综合审议后正式报送财务部。凡有归口管理部门的项目，应首先报送归口管理部门所在的科或处级预算成本中心，然后由归口管理部门所在的部级预算成本中心统一向财务部申报。预算编制过程中，财务部成本处及各部预算归口单位预算人员将按预算大纲中的协调计划进行预算编制协调工作，而各级成本中心在预算编制过程中也可与财务部成本处随时保持联络与沟通，以便财务部成本处能够掌握充足的信息，随时进行必要的协助。

立项。所有项目实施前均应按《合同采购手册》等公司章程中的规定进行立项申请。在这一过程中各级成本中心的工作内容是：各级成本中心在填制立项申请单前首先应经过本成本中心预算协调员运用财务系统中的预算管理系统对其预算与立项情况进行检查，在保证确有预算后，对立项单进行编码并签字认可，然后送有关授权成本中心负责人批准。有归口管理的项目还需经归口管理部门审批，无归口管理成本中心的批准任何部门不得动用属于归口管理资源的预算。对于无预算的项目，各级成本中心预算协调员应先进行“预算变更申请单”的填制报批工作。各级成本中心预算协调员应对有关立项予以记录，并定期与预算管理计算机系统数据或与财务部成本处核对分析。

承诺。在立项申请获得批准之后，公司商务部门将组织对外询价、签订合同的活动。商务部门申请的合同推荐除按程序逐步审批外，还须经过原申请立项的各部预算归口管理单位在“签订合同/订单推荐书”的预算控制栏签字认可。各部预算归口管理单位应对有关合同推荐予以记录，并定期与预算管理计算机系统数据或与财务部成本处核对分析。

支付。商务部门申请的合同支付除按程序逐步审批外，还须经过原申请立项的各部预算归口管理单位在“支付申请单”的预算控制栏签字认可。各部预算归口管理单位应对有关合同支付资料予以记录，并定期与预算管理计算机系统数据或与财务部成本处核对分析。

反馈。预算反馈包括对预算执行情况实行定期分析、报告与考核。财务部成本处每月汇总编制《预算执行情况及成本分析月报》，分析预算及成本的执行情况，揭示发展趋势及重大异常现象，汇总公司生产经营、财务状况的重要信息及各成本中心的运作状况，报财务部经理、总经理部审核批示。每年年终财务部成本处根据预算年度成本执行状况编制《年度预算执行情况分析表》和《预算年度成本与往年同期成本费用对比分析表》，对年度内预算管理工作进行考核，揭示成本控制工作的成绩与不足，并编制《年度预算控制回顾》报告，报财务部经理、总经理部审核批示。财务部成本处每月按成本中心提供预算监控报告，发送各级成本中心，以便各级成本中心掌握预算开支情况，了解各申请项目的具体执行情况，促使各项目按原计划日期及时完成并办理支付。

公司制度规定，公司采购执行“没有预算不能立项，没有立项不能承诺，没有承诺不能支付”这一不可逆过程，同时通过预算系统的在线监控，保证公司业务按计划开展，促进公司目标的顺利实现。

课后作业

1. 简述预算与财务管理原则。
2. 分析预算管理作用和基本原则。
3. 简述财务报表的分类。
4. 简述企业财务审计的内容和程序。

评价（见下表）

评价表

属性	要点	自评			互评		
		好	一般	差	好	一般	差
理论知识	概述预算与财务管理的含义、目标、原则						
	熟悉财务报告的构成、分类						
	了解财务审计的内容、程序和方法						
技能水平	掌握预算管理的流程、方法						
	了解采购管理流程、供应商管理、采购成本与定价管理						
情感态度	课前认真预习行政管理职能相关内容，通过多种方式查询相关资料						
	课中认真听课、做笔记，积极回答老师所提问题						
	课后及时完成老师布置的作业，遇到难题积极寻找多种途径解决						

第六章　信息管理

学习目标

1. 了解信息管理的概念及特征；
2. 了解信息管理的性质与任务；
3. 掌握信息管理系统的主要类型；
4. 掌握信息资源的管理过程；
5. 掌握信息保密管理的措施；

情境导入

2020 年 5 月，某事业单位新入职员工贺某被安排在秘书部门工作，由于是初入职，对工作情况和相关法律法规不了解，未履行涉密文件销毁管理规定，将 3 本秘密级汇编书籍交给保洁人员处理。保洁人员将书籍当作废品，卖到了流动废品收购站，被保密行政管理部门工作人员及时发现，进行了收缴处理。事后，有关部门给予贺某记大过处分。

问题：贺某犯了什么错误？

随着现代科学技术的迅速发展，信息已被看作人类的第三大资源，在人们日常生活中起着越来越重要的作用，也越来越被人们所重视。对于企业来说，信息管理是信息工作的重要组成部分，它贯穿于信息的发布、收集、筛选、集中、分析、综合、汇报、利用和反馈等一系列活动的全过程，是领导决策和一切行政工作的依据和基础，在企业的生产经营过程中起着举足轻重的作用。

第一节　信息管理概述

一、信息管理的概念与特征

（一）信息管理的概念

信息管理是指管理者为了实现确定的目标，对信息进行的采集、加工、存储、传播和利用，对信息活动各要素进行合理的计划、组织、指挥和控制，以实现信息及有关资源的合理配置，从而有效地满足组织信息需求的全过程。简言之，信息管理就是对信息和信息活动的管理①。

---

① 金新政、马敬东：《信息管理概论》，武汉：武汉大学出版社，2014 年，第 9 页。

（二）信息管理的特征

信息管理也是管理的一种，因此它具有管理所具有的一般性特征。例如，管理的四大基本职能是计划、组织、领导、控制；管理的对象是组织活动；管理的目的是为了实现组织的最终目标等。但同时，信息管理又是一种不同于一般管理的管理领域，它是在信息技术高速发展推动下得到持续发展和广泛应用的领域，因此，信息管理又具有自己独特的管理特征和时代特征。

1. 信息管理的对象是信息资源和信息活动

众所周知，传统管理领域的管理对象主要是人、财、物等有形资源，而信息管理的对象则是基于人、财、物等基础之上产生的信息资源和信息活动，这是信息管理有别于传统管理最显著的地方。

2. 信息管理贯穿于整个管理过程之中

管理活动的五项基本职能是计划、组织、协调、指挥和控制，管理活动中的每一个过程都必须是在大量信息的基础上完成。在此过程中，信息起到了不可替代的作用，它是整个管理组织的支撑，是整个管理活动的灵魂，信息管理贯穿于整个管理过程。

3. 信息管理具有浓厚的技术色彩

随着经济全球化的迅速发展，世界各国和地区之间的政治、经济、文化往来日益密切，组织与组织之间的联系越来越广泛，组织内部各个部门之间的联系越来越多，科学技术的发展越来越迅猛，这些都导致信息资源的日趋增大和信息活动的日趋复杂。为了更好地管理这些信息资源和信息活动，信息管理必须与现代信息技术高度紧密结合，以便加快信息收集、处理和传播的速度，科学合理地使用信息资源，使其发挥真正作用，为企业及社会创造价值。

4. 信息管理是为了更好完成管理的职能

信息管理可以科学、合理、有效地对信息资源与知识资源进行管理，最大限度地发挥它们的作用，促进人、财、物等资源的合理配置和有效流动，减少不必要的浪费，以此为组织带来可观的效率和效益。

二、信息管理的性质与任务

（一）信息管理的性质

1. 信息管理的社会性

信息管理的社会性主要表现在以下几个方面：

（1）信息管理是一种社会现象

管理是通过计划、组织、领导、控制等环节来协调人力、物力和财力等资源，以期更好的达成组织目标的过程。在此过程中，执行管理活动的主体是以社会性为其根本属性的人。信息管理属于管理的范畴，因而它也是一种典型的社会现象。也就是说，信息管理活动是人类社会特有的一种活动。

（2）信息管理涉及社会的各个领域、各个方面、各个部门

社会的各个领域、各个方面、各个部门都或多或少地开展着信息管理活动，它们都需要信息管理活动来管理其所需要的信息。例如，企业在降低企业运行成本、提高经营效率、识别客户资源、提升客户满意度等各个方面，都要将原本分散、混乱、无序的客户信息进行收集、分析、整合和利用，以便瞅准市场，抓住客户心理，提供针对性服务与产品，最终实现企业利润的最大化。

（3）信息管理受各种社会因素的影响

信息管理的有无、多少、好坏等都或多或少会受到社会政治、经济、文化、科技等多种因素直接或间接的影响。在科学技术快速发展的当今时代，信息量急剧膨胀，信息管理也面临着一定的挑战。信息管理者如何利用政治、经济、科技等社会发展的巨大优势，科学、合理、有效地对信息进行管理，减少管理过程中的阻碍因素，显得至关重要。

2. 信息管理的专业性

信息管理是一种专业性极强的管理活动，其专业性主要表现在知识性、技术性和学术性等方面。

（1）信息管理的知识性

信息管理的知识性是指从事信息管理工作，不仅需要信息管理学方面的专业基础知识，而且还要具备一定程度的科学文化知识和其他相关学科的知识，只有这样，才能全面和科学地对信息进行管理。比如，信息技术人才需要具备系统的信息技术知识、一定的信息管理知识以及管理学知识，信息业务人才需要具备系统的信息管理知识、丰富的计算机科学知识和熟练的信息工具操作技能，信息研究人才需要具备全面、系统的信息管理学科知识和丰富的相关学科知识。

（2）信息管理的技术性

信息管理的技术性是指信息管理的各个环节都要用到专门的信息管理技术和方法，现代科学技术的利用尤为重要，尤其是现代信息技术。如一般的信息搜集方法有直接观察法、调查法、文献法、索取、交换、计算机检索等方法。信息组织的方法有信息揭示方法（包括等级体系分类法、标题词法、关键词法等）、信息描述法、信息序化法（时空组织法、号码组织法、重要程度组织法等）、信息存储方法（包括顺序存储、随机存储和混合存储等）。

（3）信息管理的学术性

信息管理的学术性是指信息分析工作是一项学术性很强的工作，必须要采用相应的科学研究方法。如文献综述法、内容分析法、相关分析法（包括主成分分析法、回归分析法、聚类分析法）、信息预测方法（包括头脑风暴法、德尔菲法、时间序列分析法）、信息评估方法（包括模糊综合评价法、层次分析法）等。

总而言之，信息管理需要掌握专门的知识、技术和方法。信息工作人员如果缺乏对专门的理论知识、技术方法的理解和应用能力，信息管理工作将无法顺利进行，也无法满足企业和行业发展所需要的基本信息需求。

3. 信息管理的服务性

信息管理对信息进行搜集、整理和分析不是其最终的目的，其最终目的是将搜集、整

理和分析后形成的信息资源服务于企业发展，促进企业生产经营活动正常运行。在经济和科技快速发展的今天，企业对信息需求的数量、类型越来越多，对所获取的信息的质量要求也越来越高。企业专门的信息机构和信息人员就承担着信息搜集、筛选、组织和分析的任务，以便把促进企业发展的信息整合出来并加以利用，以满足企业持续健康发展需要。

（二）信息管理的任务

一般说来，信息资源数量大、分布面广、内容杂乱与信息用户需求的目的性、针对性、有序性互相矛盾，信息资源与信息用户之间处于分离状态。信息管理的基本任务就是将信息资源与信息用户紧密联系起来，科学地管理和使用信息资源，最大限度地满足用户的信息需求。

信息管理的具体任务由信息搜集、信息组织、信息分析和信息提供的任务组成。

1. 信息搜集

信息搜集，简单地说就是将分散杂乱的信息集中起来。信息技术和网络技术的快速发展，使得信息的载体和存储方式多样，信息广泛存储在各个载体中，这与用户对信息需求的合理集中产生了矛盾，不利于用户对其充分利用，实现信息的价值。信息搜集就是要通过多种渠道和途径，将分散在各类信息源和信息载体中的信息集中起来，以便向外输出信息资源，解决信息分散与用户信息需求集中的矛盾。

2. 信息组织

信息组织，简单地说就是将无序的信息转化为有序的信息。通过多种渠道搜集起来的信息解决了信息由分散变为集中的问题，但搜集起来的信息在内容和形式上却不是有序的，而用户总是需要比较系统的信息，信息的无序与用户信息需求的系统性之间产生了矛盾。信息组织的任务就是要对所搜集的信息进行描述与著录、揭示与标引、存储与排序、重组与开发，以此来解决信息结构的无序与用户信息需求的系统性之间的矛盾。

3. 信息分析

信息分析，简单地说就是要从大量的信息中提取出有利用价值的信息，从表层信息揭示出相关的隐蔽信息，利用已知信息推测出未来信息，从部分信息中推知整体信息以及运用相关信息对事物的属性、功能、效果等进行评价，对信息管理的绩效进行评价。如企业利用 SWOT 信息分析方法对内部的优劣势和外部机会与威胁进行分析，从而能够为自身的持续健康发展制定相应的对策和策略。

4. 信息提供

信息提供，简单地说就是将已经搜集、组织、分析好的特定信息在特定的时间提供给特定的信息用户的过程。具体而言，就是信息管理人员要以信息用户的信息需求为导向，为信息用户提供准确、可靠、及时的信息，让用户可以方便、快速地获取所需要的信息资源。

三、信息管理的注意事项

在信息管理的过程中，尤其要注意以下事项。

（一）信息收集必须要及时

当今社会，信息的多样和变化的层出不穷是众多企业应接不暇的，有些信息甚至是稍纵即逝的，根本无法及时捕捉，所以这就要求信息管理人员要对信息做出快速、敏捷的反应，及时地发现、收集和记录相关信息，并将其迅速地传递给相关部门，发挥信息应有的作用和价值，为企业的综合决策、指挥和控制提供科学的依据。

（二）信息管理必须要准确

对于企业而言，仅仅做到信息发现的及时性是远远不够的，还必须保证信息的准确性。因为只有信息准确，才能为企业的决策提供有利的帮助，才能确保决策者做出正确的判断和决策。否则，失真甚至错误的信息，很可能会给企业的管理和监管带来严重的误导，造成重大的决策失误，后果无法想象。

（三）信息管理必须要规范

信息管理的规范体现在方方面面。例如，在加工整理信息的过程中，一定要注意信息的单位是否统一。只有做到了计量单位相同，才能便于信息的最终统计分析，以此避免在信息使用时造成混乱或错误判断现象的发生。

第二节　信息管理系统

信息管理在很大程度上是通过信息管理系统来实现的。可以说，没有结构合理、功能完善的信息管理系统，各种信息资源和要素就难以进行科学整合和有效管理，信息管理活动将会无法顺利开展。

一、信息管理系统的概念

从广义说来，信息管理系统是由信息资源、信息管理人才、信息管理技术设备、信息管理方法等多种要素相互联系、相互作用而形成的，能进行信息的收集、整序、储存、加工、传递和提供利用的有机整体。广义的信息管理系统除了计算机信息管理系统外，还包括信息管理机构、信息网络等。从狭义说来，信息管理系统是一个利用计算机硬件和软件，利用各类分析计划、控制和决策的模型以及数据库，能够进行信息收集、整序、储存、加工、传递和提供利用的计算机系统①。

二、信息管理系统的构成要素和分类

（一）信息管理系统的构成要素

一个信息管理系统的组成要素包括计算机硬件、软件、数据、处理规程和人员。其实无论是小系统还是大系统，都包含着这五个要素。例如，当你使用电脑写一份课程报告时，你就使用了硬件（电脑、存储盘、键盘、显示器等）、软件（词或其他文字处理程序）、数据（词汇句子和段落）、处理规程（启动程序、输入报告、打印报告、保存和备

① 娄策群、段尧清：《信息管理学基础》（第3版），北京：教育科学出版社，2021年，第171页。

份文件）和人员（你自己）。思考一个更加复杂的案例，比如一个飞机订票系统，它也是由这五个要素构成，但每个要素都更加的复杂。它的硬件是由数以千计的计算机构成，这些计算机被数据通信硬件连接起来。数以百万的不同程序协调着这些计算机之间的通信，还有其他程序执行订票及相关的数据。航空公司职员、旅行社和乘客关注着成百上千个处理规程。这个信息管理系统还包括人员，除了系统的试用者，还包括那些操作、维修计算机和数据维护的人员，以及那些提供计算机网络技术支持的人员。

（二）信息管理系统的分类

1. 按物理结构分

按物理结构分，信息管理系统有集中式信息管理系统、分散－集中式信息管理系统和分布式信息管理系统。

（1）集中式信息管理系统

集中式信息管理系统是由一台主机带动若干个终端，运行多用户操作系统，供多个用户使用的信息管理系统。主机承担着系统所有的数据处理、存储和应用管理任务，所以必须要有超大存储容量和超高速传输速率，一般是由小型机甚至中大型机担任。终端一般是非智能的，也就是没有信息处理能力，只是将信息通过键盘输入进主机以及将主机输出的信息显示在显示器上。

（2）分散—集中式信息管理系统

分散—集中式信息管理系统用微机或工作站执行应用软件和数据库管理软件，通过局域网与一台或几台作为整个系统的主机和信息处理交换中枢的小型机乃至大型机相连。这种结构的优点是主机主要作为文件服务器负责根据用户的请求读取和传送文件，并且可以集中管理共享资源，各个工作站之间既能相互独立地处理各自的业务，在必要时又是一个整体，可相互传输信息，共享数据，因此比较灵活，容易扩展。其缺点是服务器提供服务的能力是有限的，它仅仅是以将整个文件在网络中传输的方式进行服务，因而导致网络通信负荷过重，系统维护较困难。

（3）分布式信息管理系统

分布式信息管理系统由微机、工作站充当客户机，负责执行前管功能，如管理用户接口、采集数据和报告请求等；由一台或分散在不同地点的多台微机、工作站、小型机或大型机充当服务器，负责执行后台功能，如管理共享外设、控制对共享数据库的存取、接受并回答客户机的请求等，再用总线结构网络把客户机和服务器连接起来。它与分散－集中式信息管理系统的区别在于将系统的任务一分为二，即客户机承担每个用户专有的外围应用功能，负责处理用户的应用程序；服务器承担数据库系统的数据服务功能，负责执行数据库管理软件。

2. 按层次性分

按层次性分，信息管理系统有国际信息管理系统、国家信息管理系统、地区信息管理系统和基础信息管理系统。

国际信息管理系统、国家信息管理系统和地区信息管理系统并不是具体的专门化信息管理系统，而是宏观的信息或信息资源管理体系。基础信息管理系统就是独立组织机构建立的，具有不同管理特征的具体信息管理系统。

3. 按对信息的加工处理深度分

按照对信息的加工处理深度分，信息管理系统有业务信息处理系统、信息存储与检索系统和信息分析系统。

（1）业务信息处理系统

业务信息处理系统是用计算机等现代信息技术帮助企业或社会组织进行一般业务处理的信息系统，如人事管理系统、财务管理系统、生产管理系统、销售管理系统、市场管理系统、办公自动化系统等。

（2）信息存储与检索系统

信息存储与检索系统是对一定范围内的信息集合进行选择、记录、排序与存储，便于用户采用科学技术与方法从中获取所需信息资源的信息管理系统。

（3）信息分析系统

信息分析系统是一种高层次的信息系统，它是为决策者或中层管理人员进行决策、分析和处理事务的信息系统。信息分析系统包括管理信息系统、决策支持系统、企业资源计划系统等。

三、信息管理系统的主要类型

（一）信息存储与检索系统

1. 信息存储与检索系统的含义

信息存储与检索系统是指利用计算机对大量信息进行存储与检索的信息管理系统。信息存储与检索系统存取信息的机制是：大量的原始信息以及经过处理加工生成的二次信息以一定的格式输入到计算机中，经过计算机加工处理后，生成具有一定结构的供检索使用的数据库，用户按照一定的要求和需求输入到计算机中，由计算机对其进行处理并与存储在计算机内的数据库进行检索匹配，最后将符合检索者要求的结果按要求的格式输出给用户。

2. 信息存储与检索系统的基本结构

信息存储与检索系统是由信息技术设备、信息资源、信息存储规则、信息检索方法、人员等有机结合的信息集合体。从物理结构来看，计算机信息存取系统是一个包括软硬件资源在内的，由多部性能与作用不同的机器组合而成的有机结合体。从整体上讲，信息存储与检索系统包括硬件、软件和数据库三部分内容。

（1）硬件

信息存储与检索系统的硬件部分与其他信息管理系统并没有太大的区别，主要是由计算机主机及其外部设备组成。计算机主机必须要有较大的内存和快速处理大量数据的能力。外部设备除显示器、打印机外，还有高速磁盘机组、磁带机、光盘机以及通信设备等。

（2）软件

信息存储与检索系统的软件部分中除了操作系统、语言编译程序等系统软件之外，还有数据库管理系统，它是信息存储与检索系统中最基本、最重要的通用应用软件。信息存储与检索系统的专门应用软件主要是自动标引软件、词表管理软件及各种匹配程序。

（3）数据库

信息存储与检索系统中的数据库类型众多。

按数据类型划分，信息存储与检索系统中有书目型数据库、数据型数据库、事实型数据库、全文型数据库、多媒体数据库等。

按存储介质划分，信息存储与检索系统中有磁盘数据库、磁带数据库和光盘数据库。

3. 信息存储与检索系统的类型

信息存储与检索系统类型众多，可按照不同的标准进行划分。

（1）按存取信息的特征划分

按存取信息的特征划分，信息存储与检索系统有文献信息存储与检索系统、事实型信息存储与检索系统、数值型信息存储与检索系统、图形图像信息存储与检索系统等。

（2）按文档组织方式划分

按文档组织方式划分，信息存储与检索系统有顺序文档存储与检索系统、倒排文档存储与检索系统。

（3）按信息存取方式划分

按信息存取方式划分，信息存储与检索系统有文件存储与检索系统、数据库存储与检索系统、超文本信息存储与检索系统、主题树存储与检索系统等。

（4）按信息存取介质和工作方式划分

按信息存取介质和工作方式划分，信息存储与检索系统有脱机信息存储与检索系统、联机信息存储与检索系统、光盘数据库存储与检索系统和互联网网络信息存储与检索系统等。

（二）管理信息系统

1. 管理信息系统的概念

管理信息系统是一个由人、计算机等组成的能进行信息收集、传送、存储、维护和使用的系统，不仅能够实时监测组织运行的各种情况，也可以利用历史数据来预测未来，从组织全局角度出发辅助组织进行决策，利用信息调控组织行为，帮助组织实现其预期目标。这个定义强调了管理信息系统的功能和性质，也强调了在管理信息系统中计算机对组织管理来说只是一种工具。

2. 管理信息系统的主要任务

管理信息系统的对象就是信息，信息来源分布广、数量大。信息来源于生产一线，来源于市场，来源于社会环境，来源于行政管理等部门。管理过程是信息流的过程，并且具有信息反馈的特征。管理信息系统辅助企业完成日常结构化信息处理任务，一般认为管理信息系统的主要任务有以下几方面：

对基础数据进行严格管理，要求计量工具标准化、程序化和正确的使用方法，使信息流通渠道顺畅，确保信息的准确性、一致性和完整性；

确定信息处理过程的标准化，统一数据和报表的标准格式，以便建立一个集中统一的数据库；

高效低耗地完成组织日常事务处理业务，优化配置各种资源，包括人力、物力、财力等；

充分利用已有资源，包括现有和历史的数据信息等，运用各种管理模型，对数据进行加工处理，支持管理和决策工作，以便实现组织目标。

3. 管理信息系统的结构

管理信息系统一般被看作一个金字塔形结构，分为从底层的业务处理到运行控制、管理控制、最高层的战略计划。最基层由任务艰巨、处理烦琐的事务信息和状态信息构成。层次越往上，事务处理的范围越小，针对的也是比较特殊和非结构化的问题。

（1）纵向结构

一个组织的管理信息系统可分解为以下几个基本部分：①数据处理部分。主要完成数据收集、输入、数据库管理、查询、基本运算、日常报表输出等。②分析部分。主要基于数据处理，对数据进行深加工，如运用各种管理模型、程序化方法、定量化分析手段等对组织的生产经营情况进行科学分析。③决策部分。管理信息系统的决策模型多限于以解决结构化管理决策问题为主，其决策结果是要为高层管理者和决策者提供一个最优决策方案。④数据库部分。主要完成数据文件存储、组织、备份等功能。数据库是管理信息系统的核心部分。

（2）横向结构

一个组织的管理信息系统可以根据管理功能的不同划分为横向的子系统。例如，一个企业的管理信息系统主要有以下子系统：①库存管理子系统。其功能主要包括库存控制、订货计划制订、库存台账管理和仓库自身管理等。②生产管理子系统。其功能主要包括物料需求计划制订、生产计划安排、生产调度和日常生产数据管理分析等。③人事管理子系统。其功能主要包括人员档案管理、人员考勤情况管理、人员培训计划制订和人员保险基金管理等。④财务管理子系统。其功能主要包括财务账目管理、财务状况分析、财务计划制订和生产经营成本管理等。⑤销售管理子系统。其功能主要包括销售计划制定、销售状况分析、销售合同管理和顾客信息管理等。

（三）办公自动化系统

1. 办公自动化系统的定义

办公自动化系统是指通过应用先进技术，将部分办公业务物化于人以外的各种设备，并由这些设备和办公人员共同完成办公业务的人/机信息系统。

办公自动化可以简单理解为：办公人员运用现代科学技术，如通过局域网或远程网络，采用各种媒体形式，管理和传输信息，实现无纸化办公。办公自动化系统具有以下特征：面向非结构化的管理问题，工作对象主要是事务处理型的办公业务，强调即席的工作方式，设备驱动。该系统提供了日常办公的各项功能及相关信息，极大地提高了办公效率，节约了管理成本并减轻了办公人员的工作负担。

2. 办公自动化系统的支撑技术

办公自动化系统的支撑技术有通信技术、计算机技术、自动化技术。但一般都把办公自动化系统的支撑技术划分为硬件和软件两部分。

（1）办公自动化系统的硬件

办公自动化系统硬件包括计算机、计算机网络、通信线路和终端设备。其中计算机是办公自动化系统的主要设备，因为所有的业务操作都依赖于计算机。计算机网络和通信设备是企业内部信息交流、传递、共享的媒介，它使得系统连接成一个整体。终端设备专门负责信息的收集和发送，承担了系统与外界联系的主要任务，如显示器、打字机、绘图仪等。

（2）办公自动化系统的软件

办公自动化系统的软件包括系统支撑软件、办公自动化通用软件和办公自动化专用软件。其中，系统支撑软件是维护计算机运行和管理计算机资源的软件，如 Windows、UNIX 等。办公自动化通用软件是指大众化的办公应用软件，如 Word、Excel 等。办公自动化专用软件是指面向特定单位与部门，有针对性地开发的办公应用软件，如针对事业机关的会议安排、文件处理、市场分析、企业财务报表等开发的软件。

3. 办公自动化系统的功能

办公自动化系统一般具有以下几项功能：

工作计划管理。可以定义和修改文档工作流程。工作流程中每一步可以是一个或多个人员和单位，可以要求每一步中全部人员答复或其中之一答复。文件工作流程发出后，将严格按照工作流程流转，直到流程结束或取消。

通告信息管理。管理部门可以通过网络对下属任一部门发放通告，让通告可以更加及时、准确地发往每个部门。

公文信息管理。可以为公文流转定义多种工作流程，并通过网络完成公文签发、批阅等工作，然后将公文分发给有关人员，同时归入公文档案管理。

通信资料管理。可以记录和管理所有工作人员的联系方式，在需要的时候可以在第一时间内调出所需要的信息。为节省资源开支，工作人员可以对所需要的资源进行预约，使资源得到最好的利用。

系统管理。包括运转流程定义、组织机构设置、用户权限角色定义和固定文档格式定义等功能，把系统管理员从烦琐的管理工作中解脱出来。

（四）企业资源计划系统

1. 企业资源计划系统的定义

企业资源计划是指建立在信息技术基础之上，以系统化的管理思想，为企业决策层及员工提供决策运行手段的管理平台。企业资源计划系统集信息技术与先进管理思想于一身，或成为现代企业的运行模式，反映时代对企业合理调配资源，最大化地创造社会财富的需求，成为企业在信息时代生存、发展的基石。

企业发展的重要标志是合理调整和运用企业资源（厂房、生产线、加工设备、检测设备、运输工具等都是企业的硬件资源；人力、管理、信誉、组织结构、融资能力、员工的劳动热情等都是企业的软件资源）。在没有企业资源计划系统时，企业资源状况及调整方向不清楚，要做相应的调整安排比较困难，调整过程也较为漫长，企业组织结构只能是金字塔形，部门间的协作交流相对较弱。随着信息技术的发展，特别是针对企业资源进行管理而设计的企业资源计划系统，正是针对这些问题设计的，其成功推行的结果必使企业能更好地运用资源。

2. 企业资源计划系统的结构

企业资源计划系统是涉及企业的人、财、物，产、供、销，预测、决策等多方面的管理工作，包括采购、库存、生产、销售、质量管理等子系统。

制造数据管理子系统。本模块主要完成整个企业资源计划系统的基础信息定义、修改工作。

销售管理子系统。直接向客户提供销售报价、客户订单、销售发票、催款信息、发运提货单等信息。

库存管理子系统。对库存物料的出库、入库、转移、盘点等事务处理进行全面管理和控制。

主生产计划子系统。主要说明企业计划生产什么产品，什么时候生产，生产多少。

物料需求计划系统。零部件加工和物料采购管理。

能力需求计划子系统。估计可用的生产能力并确定应采取的措施，以平衡能力需求和可用能力之间的供求关系。

车间作业控制子系统。本模块接受物料需求计划产生的订单，并根据零部件的工艺路线来编制车间作业计划，组织生产运作，完成生产计划任务，并通过作业统计实现车间在制品的管理。

采购管理子系统。采购管理系统是企业生产准备的重要环节，负责原材料、外购件、外协件准备和管理。

设备管理子系统。设备管理系统通过基础资料设置、业务处理、设备变动、综合记录、设备计划等功能来帮助企业对固定资产进行有效的管理。

质量管理子系统。通过对原材料、在制品、成品的检验与跟踪，及时发现存在的质量问题和隐患，确保产品质量。

人事管理系统。人事管理系统完成基本数据录入、人事档案管理、人员培训控制等功能。

经理查询子系统。提供生产、供应、销售、人事、财务和物资等方面的重要信息，通过对各种数据的提炼和分析，帮助企业高层管理人员对生产经营做出正确的决策判断。

3. 企业资源计划系统在管理中的应用

企业资源计划系统在管理中的应用主要体现在以下几个方面：

（1）实现供应链资源管理

在知识经济高速发展的时代，企业必须把经营过程中的有关各方如供应商、制造工厂、分销网络、客户等纳入一个紧密联系的供应链中，才能有效地安排企业的产、供、销活动，满足企业利用社会一切市场资源高效快速地进行生产经营的需求，以期进一步提高企业效率和市场竞争力。

（2）实现精益生产、同步工程和敏捷制造

企业资源计划系统支持对混合型生产方式的管理，其管理思想表现在两个方面：一是企业按大批量生产方式组织生产时，把客户、销售代理商、供应商、协作单位纳入生产体系，企业同其供应商、销售代理和客户形成利益共享的合作伙伴关系，共同组成了一个企业的供应链，这即是精益生产的核心思想。二是当市场发生变化，企业遇到特定市场和产品需求时，企业的基本合作伙伴不一定能满足新时代新产品开发生产的要求。此时，企业会组织一个由特定的供应商和销售渠道组成的短期或一次性供应链，形成“虚拟工厂”，把供应和协作单位看成是企业的一个组成部分，运用“同步工程”组织生产，用最短的时间将新产品生产出来并打入市场，保持产品的高质量、多样化和灵活性，这就是“敏捷制造”。

（3）体现事先计划与事中控制的思想

企业资源计划系统中的计划体系主要包括主生产计划、物料需求计划、能力计划、采购计划、销售执行计划、利润计划、财务预算和人力资源计划等，而且这些计划功能与价值控制功能已完全集成到整个供应链系统中。

企业资源计划应用成功的标志是：系统运行集成化，软件的运作横跨多个部门；业务流程合理化，各级业务部门根据完全优化后的流程重新构建；绩效监控动态化，绩效系统能即时反馈以便纠正管理过程中存在的问题；管理改善持续化，企业建立一个可以不断自我评价和不断改善管理的机制。

四、信息系统的日常管理

信息系统的日常管理主要包括以下内容。

（一）数据录入管理

数据录入管理主要包括数据收集、校验及录入三个方面的工作。数据收集工作主要是由分散在各业务部门的兼职工作人员完成，因此其工作任务比较繁重。数据校验是一项关键性的工作。经校验通过后输入到系统中的数据不能出现任何差错，一旦出现问题损失将会不可估量，因此必须保证数据录入的及时、完整及准确。

数据主要源于两方面：一种是已经建立的资料源，如从企业的档案文件、账册、各种类型的票据中获得，称为来源性收集数据；另一种是从实际系统中获得，称为根源性收集数据。对于根源性数据收集，必须注意仪器的精确度、使用方法、技术和时间性等。

对数据录入的要求是迅速、准确地将数据输入计算机。录入人员除了技术熟练之外，还要有很强的责任心，耐心细致，做到录入计算机中的数据与经校验送来的数据严格保持一致。

信息系统的输入类型包括以下几种：

终端输入。即通过键盘将数据以一定格式输入计算机。这种输入方式不仅速度慢，而且很容易出错，因此需要仔细进行确认和人工校对。

实时输入。把现场工作情况、设备运行状态及环境条件等有关信息定时或随机地通过检测装置和转换装置变成数字数据传送到计算机中，常用于实时检测或实时控制系统。此方法要求有可靠而复杂的设备，且费用较高。

批量输入。把收集到的有关数据放到磁带等介质上，然后再通过这些介质将数据成批成量地定时送到计算机中。操作时，数据输入后，可由程序进行正确性检查。

网络输入。系统通过计算机网络以通信方式从工作站或网络系统获取有关数据。网络输入能够及时索取反映外界情况的数据，是一种较高水平的输入。

（二）信息处理和信息服务

在保证基本数据完整、及时和准确的前提下，信息处理及信息服务工作是由软件操作人员按照一定的规程，定期或不定期地执行某些事先编制好了的程序完成的。这些工作主要包括例行的数据更新、报表生成、统计分析、数据的复制及保存、与外界定期的数据交流等。

（三）资料完整性管理

信息系统的资料应该包括从系统总体规划、系统分析、系统设计，系统实施，到系统运行与维护各阶段的所有文档。例如，系统分析阶段的各种调查研究的记录、逻辑设计的方案、系统规格说明书、系统设计阶段的结构图、各模块的设计说明书、系统实施阶段的各项工作情况的记录，直到验收报告以及运行情况记录等。研制工作中的各种工作文件，包括可行性报告、系统规模说明书、实施方案等都应当得到妥当的管理。

（四）运行与维护

运行与维护的任务是保证系统的软、硬件系统始终处于正常运行的工作状态。所以，企业要根据系统的实际规模配备相应的工作人员。这里特别需要强调的是，对于硬件维护工作主要是对设备的使用管理、定期检修、备品配件的准备及使用、各种消耗性材料（如软盘、打印纸等）的使用及管理、电源及工作环境的管理等①。

第三节 信息资源管理

信息资源是科学决策的基础、合理计划的依据、有序组织的保证，同时也是有效控制各种对象的手段。信息资源能够增强企业的竞争力，为组织或领导者在经营活动中作出正确决策与选择提供源泉，以确保在激烈的竞争中立于不败之地。

一、信息资源管理的概念及特点

（一）信息资源管理的概念

信息是无处不在的，但并非所有的信息都可称之为信息资源，只有经过收集、整理、保存，变成可被利用的信息才可被称为信息资源。信息通过文字、声音、图像等符号形式记录在各种载体上，集合在一起就成了信息资源。信息资源是经过收集整理的，即经人的主观认识选取、组织、序化之后的信息集合。因此，同样的信息资源，也会因使用者的不同而挖掘出不同的价值。目前，人们越来越清晰地意识到信息资源日益显著的作用，人类所从事的一切社会生产经营活动必须从利用信息资源入手。在未来激烈的社会环境中，那些拥有较多优质信息资源的组织或个人，将拥有更大的市场竞争优势。

（二）信息资源管理的特点

信息资源管理是指围绕信息进行的一系列工作，包括对信息进行收集、整理、保存、利用四个程序。因此，很多管理部门已经把它当作一项重要的事务，并认为它是一项科学

① 刘红军：《信息管理概论》（第3版），北京：科学出版社，2015年，第210—211页。

的、技术性较强的事务。同时，有条件的组织还建立了自己的“信息资源中心”，以给组织及领导提供有价值的信息资源为职责。然而，行政部门不同于业务单位和技术部门，它是直接为组织及领导服务的综合机构，其信息资源管理主要有以下三个特点：

1. 针对性

任何信息资源，都有其直接服务的对象。行政管理部门处在领导层的辅助位置上，他们从事信息资源事务的主要目的是为组织及领导决策和管理服务的。这就决定了行政人员必须依据组织及领导的需要去运作四个程序。这就加强了信息资源事务上的针对性，特别应注重有关战略性、方向性、政策性的信息，把它们作为信息资源收集的重点。

2. 实用性

行政部门的信息资源既来于实际事务，又服务于实际工作，因此具有极强的实用价值。所以，信息资源工作一定要和实践紧密结合，注重信息资源的实用性。这就要求行政人员不要漫无目的地收集信息，而是要围绕领导的中心工作需要收集信息，抓重点、抓关键、抓特色，在此基础上对信息资源进行加工处理，为领导层进行科学决策提供较高参考价值的高质信息资源。

3. 超前性

信息资源是为组织及领导进行科学决策服务的。领导者在决策制定和实施的过程中，应当高瞻远瞩，预测事物发展的总趋势；如果没有大量具有科学性、预见性的信息资源作为基础，很难做出正确决策，并且在决策实施过程中实现有效调节和控制的。因此，行政管理部门要使信息资源具有科学性、预见性，就不能坐以待毙，等着信息资源找上门，需拿出积极主动的姿态，直抵信息资源的前沿阵地，迅速地将新颖性、倾向性和即时性的信息提供给领导。这样才能超前谋划，把握工作的主动权。

二、信息资源管理的内容与要求

（一）信息资源管理的内容

信息资源依据组织目的性质与领导的需要可分为内部信息资源和外部信息资源两大类。内部信息资源是指组织在正常运转中产生的信息资源，外部信息资源是指与组织有关并且影响组织发展的信息资源。

1. 内部信息资源

来自上面决策管理层的指令、计划、批示、会议记录等，以及业务往来的协议书、合同、函件等，它们通常以会议、内部文件、公函等形式下达。这往往是主管部门和主管领导必须熟知并且遵照办理的，行政人员必须认真细致地对待，绝不可掉以轻心。

来自下面执行层的各种总结、报告、生产报表、业务记录等。这些是操作者执行决策之后的反馈信息，也是领导层依据反馈结果加强或重新修改决策的依据，需要用心加以收集。

来自社会各有关组织的信息资源，比如，党的建设、职工思想政治工作等方面的信息资源。这是本组织与其他组织相关业务往来的各种信息资源，关系到组织的建设问题，同样应该加以重视。

2. 外部信息资源

法规性信息资源。这主要是指国家与地方政府及职能部门发布的法令、法规、条例等，通常以文件形式下达或在报纸杂志上公开发表。这些宏观的政策性、规范性、指导性的信息资源，是每个组织都必须遵循和了解的，必须认真地进行收集，并加以理解和掌握。

反馈性信息资源。这主要是指顾客通过与组织的直接接触所反映的正反两方面的反馈信息，同时这也包括报纸、电台、电视台等新闻媒介对本组织的评论和报道。这些信息资源反映了组织的声誉和名声，关系到组织的生存和发展，也是不容忽视的。

比较性信息资源。这是指不同地域中的同类事务可作横向比较的信息资源，以便参照学习，取人之长，补己之短。比较性信息资源还包括同一组织在不同时期对同类事务的纵向比较，以便看出进退盛衰，从中总结经验，找出失误和吸取教训。

关联性信息资源。这是指看起来各不相干，当为研究某一课题时却相互有关联的信息资源。比如，新建企业第一步是选址，在选址时不能只考虑地理位置及面积大小等几个简单的因素，还得顾及周围的道路交通、产业结构、原料产地、人才市场、销售地区等相关因素。

预测性信息资源。现代社会的组织决策者，不能只着眼于过去，也不能只关注眼前，而应该目光远大，看到将来，富有预见性、前瞻性。行政人员辅助领导决策，就应该注意收集社会发展、经济发展、科技发展等中与本组织有关的信息资源。

专题性信息资源。这是指组织及领导为完成组织的任务，要求行政部门及人员在一定的业务范围内，依据特定的需要而进行的信息资源管理。这种专题的范围，大的，可大到组织的任务需要，乃至组织发展的最终目标；小的，可小到研究每一位客户的背景资料，乃至仅是这位客户多久后到达会场。在实践中，决策层次越高，对信息资源专题性的广度和深度要求也就越高。

（二）信息资源管理的要求

1. 信息资源管理的基本要求

及时。在效率高、发展迅速的今天，信息资源的价值在一定程度上取决于速度。有很多信息资源，得时则贵、失时则贱。只有抓住前沿信息，及时反应、及时处理、及时传递，实行超前服务，才能稳扎于市场潮流中，不被淘汰。

准确。准确就是必须坚持实事求是，切莫主观臆测，不搞人为的夸大和贬低，要有喜报喜，有忧报忧，敢于揭露矛盾，提出问题。例如信息资源的时间、地点、人物、数字等都应该核对无误。

充分。真实客观是信息资源的价值中心，故而须有必要数量的信息资源才能说明问题，才能反映事物的全貌和本质。要防止以偏概全，把领导、指挥、决策引向错误的方向。

适用。一是要站在一定高度来分析信息资源；二是要提升信息资源的综合质量；三是要注意信息资源的政策性、苗头性、倾向性；四是提供的信息资源要少而精，避免无用的信息资源被成堆地推送给领导。

经济。经济是指获取和管理信息资源的方式要经济，即花最少的钱得到最好的结果。比如要通过市场调查获得某个新产品的反馈信息，既可以用派员跟踪访问顾客或电话抽样访问用户的方式，也可以采取网上问卷调查的方式。这两种方式究竟选择哪种既经济又能保证取得好的调查效果，是需要慎重考虑的。

2. 信息资源管理的针对性要求

行政管理部是直接为领导提供服务的综合性部门，这就决定了行政管理部的信息资源管理，既有与其他部门信息资源管理相似的共性，又有其独特的个性。这就是对综合信息资源应具有的针对性，即把握目的、有的放矢地在内容上进行信息资源管理。对行政管理部门来说，信息资源管理包含三层含义：

行业专业的针对性。对企业系统来说，应着重收集有关国内外市场、高新技术领域的信息资源；对政府机关来说，就应特别注重政策、措施的落实情况，以及群众的反馈与存在的问题等信息资源。

服务对象的针对性。不同的对象对信息资源的内容要求不同。如企业的最高管理层需要的是有关经营方向、计划、策略以及重要资源的种类、数量和用途方面的信息资源。中间管理层主要需要有助于它做出与经营目标相一致的各项决策，以及各种资源如何能有效利用等方面的信息资源。比如，人员、库存、生产等的安排与控制，这类信息大都来自内部。

为任务中心服务的针对性。一个组织，或一个领导者，事务都是千头万绪的，每一个时期都有一个任务为中心或重点。这就要求信息资源管理必须服务于该中心和重点，及时将组织及领导最关心的信息资源报送上去，辅助领导审时度势，及时采取相应的策略。

此外，行政人员要做到提供的信息资源具有针对性，还必须做到三点：一是准确把握领导意图，按照领导的指示进行信息资源的收集和整理工作。二是要把握领导的思维方式；当领导需要某种信息资源时，能够提前做好准备。三是可以设想领导所处的环境，并提前准备好相关的信息资源以供咨询。

三、信息资源的管理过程

（一）信息资源的采集

信息资源采集是根据顾客的特定需求或信息管理工作规划的需要，用科学的方法收集、检索和获取特定信息资源的活动过程。信息资源采集是信息管理的首要环节，这要求信息工作者要经常研究信息的分布和传播渠道，对信息资源进行选择和评价，在收集时遵循一定的原则，有针对性地采集信息资源，提高信息资源管理、开发和利用的效率。

1. 信息资源采集的原则

（1）针对性原则

信息资源采集要根据企业的目标和服务对象的实际需求，有针对性、有重点、有选择性地采集利用价值较大并且符合企业用户需求的信息。为此，信息资源采集人员必须对企业内外环境和发展战略有明确的了解，详细调查信息需求和信息来源，采取多种收集渠道，获取具有较强针对性的信息。

（2）系统性原则

所谓系统性，是指时间上的连续性和空间上的广泛性。因此，信息资源收集人员应尽可能全面地采集符合企业发展所需要的信息，注意重点需求信息的连续性、完整性、准确性。

（3）及时性原则

及时性是信息的一个重要属性。过时的信息不仅其价值会降低或丧失，而且会造成工作上的损失，所以要力争在最短时间内收集到最新、最急需的信息。

（4）计划性原则

采集信息时，要根据本企业的任务、经费等情况制定比较周密详细的采集计划和规章制度，详细列明有关信息采集的目的、方式、人员配备、时间限定、经费等情况。

（5）科学性原则

当代信息资源数量大、形式多、内容散、品种杂现象普遍存在，这给信息的选择和收集带来了极大的困难。因此，需要采用科学方法研究信息资源的分布规律，选择和确定信息密度大、信息含量多的信息源。

（6）预见性原则

采集信息时既要着眼于现实需求，又要有一定的超前性，充分估计用户未来的信息需求，有预见性地采集信息资源。

2. 信息资源采集的方法

信息采集方法是获取信息的步骤、程序和过程的总和，它通常随着信息源的不同而变化。就总体而言，信息资源管理常用的信息采集方法主要包括调查法、询问法、媒介分析法、咨询和网络查询法等。

（1）调查法

调查法是最常用的信息采集方法之一。调查法本身又可进一步细分，以问卷调查和访问调查最为常见。

问卷是为了索取信息而设计的一组问题或变量指标体系，有结构式问卷、非结构式问卷和混合型问卷之分。问卷设计、印制完毕后，将问卷分发给精选的样本群体，并积极寻求回答者的合作和尽可能高的回收率。问卷调查法的优点是易于管理且花费较小；对于结构式问卷，所收集的数据能以一种统一的格式组织起来，分析起来相对较容易一些。但这种方法的缺点是有效性比较差，因为人们倾向于回避一些敏感的问题，导致问卷回收率较低。问卷设计对于调查能否成功至关重要，所以问卷必须具有严密的逻辑性，所提问题必须避免模棱两可，才能获得相对准确的数据。

（2）询问法

询问法可分为个别访问、座谈采访、参加会议、电话采访等多种方式。这种方法要求访问者善于提问，善于引导，善于观察，善于应变，善于利用各种先进的现代化采访工具等。访问法的主要优点是能够就一些复杂的议题展开讨论，同时，它又极具灵活性和互动性，能在很大程度上消除一些误解和含糊其词的问题，并得到很高的回答率。访问方法的主要限制因素在于成本较高，而且还容易因访问者个性和偏见等因素的影响导致信息失真现象的发生。

（3）媒介分析法

媒介分析法是通过对信息媒介的分析来获取信息资源的方法，它包括三方面：一是媒介的内容信息，即媒介所评论或报道的内容；二是媒介的形式信息，包括媒介名称、责任者和出版发行数据等；三是关于媒介信息的信息，包括目录、索引、文摘、快报、综述和评论等。媒介分析的对象很多，其中包括图书、报纸、杂志论文、实验报告、档案、电视栏目和广播节目等。

（4）咨询和网络查询法

咨询和网络查询也是常用的信息采集方法。咨询大多是指传统的人工咨询，而网络查询则是基于现代化技术的机器咨询。咨询和网络查询都建立在咨询方或被查询方都拥有同一个信息源“数据库”的基础上，据此可以提供信息采集线索或所需信息。咨询和网络查询本身也包含检索过程，对于用户而言，检索也是一种信息采集方法，是一种行之有效的获取信息的方法。

信息采集是一个科学、客观、精细的过程。选择什么信息并不取决于采集人员的主观意志，而是取决于对用户信息需求的分析和信息源实际能够提供什么信息。但这远远不够，实际的信息采集工作还需要分析和熟悉信息采集的原则、评估指标、工具与技术、信息获取渠道等。

（二）信息资源的加工与存储

1. 信息资源加工

信息资源加工，是指对采集来的大量原始信息进行筛选和判别、分类和排序、计算和研究、著录和标引、编目和组织而使之成为二次信息的活动。

（1）信息资源加工的原则

系统性。为了更好地使用信息，使其能最大限度地发挥效能，信息资源在加工过程中应该具有系统性。因为只有系统化的信息，才能使人发现其中隐藏的一些共性规律。

标准性。为了方便国内外的信息交流，在对信息进行加工过程中需要按标准化要求进行操作，遵循国内外相关标准。否则，该信息的利用价值就会大打折扣。

准确性。加工之后的信息必须具有准确性，只有准确的信息才能为使用者提供帮助。错误的信息可能会使信息使用者误入歧途，带来重大损失。

可推广性。经加工后的信息一定要便于推广，其内容务必要通俗易懂、简单明了。只有人们看了之后能很快理解的信息，才能被人们充分利用。

（2）信息资源加工的基本内容

信息的筛选和判别。信息的筛选和判别是指对原始信息有无使用价值的筛检和挑选，或是对原始信息真伪的判断和鉴别。

信息的分类和排序。信息的分类是指根据选定的分类表，对杂乱无章的原始信息进行分门别类。信息的排序是指在信息分类的基础上，按照一定规律前后排列成序。

信息的计算和研究。信息的计算和研究是指对分类排序后的信息进行计算、分析、比较和研究，以便从中创造出更为系统、更为深刻、更具使用价值的新信息的活动过程。

信息的著录和标引。信息的著录是指按照一定的标准和格式，对原始信息的外表特征（如名称、来源、加工者等）和物质特征（如载体形式等）进行描述并记载下来的活动。信息的标引是指对著录后的信息载体按照一定规律加注标识符号的活动。

信息的编目和组织。信息的编目和组织是指按照一定的规则将著录和标引的结果另外编制成简明的目录，以供信息需求者查找信息的活动。

2. 信息资源存储

信息资源存储是指将经过加工处理后的信息资源，按照一定的格式与顺序存储在特定载体中的一种信息活动。信息存储的目的是为了便于信息管理者和信息用户快速准确地识别、定位和检索信息，对于非数字化的信息资源主要是形成各种文献信息检索工具书，对于数字化的信息资源则主要是形成各种数据库、联机检索工具、因特网检索工具等。信息资源存储必须要考虑两方面的因素：一是存储介质的空间容量问题。无论人的大脑还是纸张、计算机网络等，其容量都是有限的，而信息存储的根本问题就是如何通过有效的信息组织高效率地利用有限的存储空间。二是存储信息的利用问题。信息存储的最终目的是为人们的异时利用提供方便，如果只考虑空间的集约，就可能妨碍人们对存储信息的利用。因此，信息存储的关键就是设法在节约存储空间和提高信息利用率之间寻找平衡点。

信息资源存储的作用主要表现在以下四个方面：

便于查询检索。将加工处理后的信息资源存储起来，形成信息资源库，极大地方便了用户从中检索所需的信息。

便于管理。将信息资源集中存储到信息资源库中，就可以采用先进的数据库管理技术定期对信息内容进行更新和删除，剔除其中已经老化失效的信息内容。

便于共享。将信息资源集中存储到信息资源库中，极大地便利了用户共享信息内容，同时这些信息资源还可供人们重复使用，大大提高了信息资源的利用率。

延长寿命。信息资源存储还可以有效地延长信息资源的使用寿命，提高信息资源的使用效益。

传统的信息资源存储技术主要是指纸张存储技术。现代信息资源存储技术主要包括声像存储技术、计算机存储技术以及光盘存储技术，它们具有存储容量大、成本低、存取迅速等优点，是用户广泛使用的重要因素。各种存储技术各有其优缺点，它们各自在不同场合、不同时间、不同地点发挥着各自的优势。

（三）信息资源的传播与利用

1. 信息资源的传播

信息资源的传播是信息资源价值得以实现的重要条件，它是指以信息提供者为起点，通过传输媒介或者载体，将信息资源传递给信息接收者的过程。

信息资源只有通过传播才能实现其价值，发挥其作用。各类企业的领导层或管理层在进行决策、计划、组织、控制、指挥等过程中，都离不开信息资源的传播。信息管理者通过信息传播才能把组织组成一个有机的整体，使广大员工按照管理者的意图统一行动，实现组织目标。信息资源传送给信息接收者要采用具体的传播方式。信息资源传播方式的选择恰当与否，直接影响着信息资源传播的时效和质量。以下列举的是几种常见的信息资源传播方式。

（1）按信息资源的流向划分

如果按信息资源的流向划分，则可将企业信息资源传播方式分为以下四种模式：

单向传播。单向传播是指信息资源传递者直接将信息资源传递给单个信息资源接收者的传递方式。

多向传播。多向传播是指信息资源传递者直接将信息资源传递给多个信息资源接收者的传递方式。

相向传播。相向传播是指信息资源传递者和信息资源接收者之间相互传递信息的方式。

反馈传播。反馈传播是指信息资源传递者和信息资源接收者根据对方的需要向对方传递信息资源的方式。

（2）按信息资源的传播范围划分

如果按信息资源的传播范围划分，则可将企业信息资源传播方式分为以下两种：

内部传播。内部传播是指一个组织内部的上下级之间、平级之间、工作部门之间所进行的信息资源传播，它通常具有封闭性的特点。如果组织内部机构庞杂、层次繁多，上层管理者的信息往下传播时，每经过一个层次，信息就要受到该层次管理者的一次综合，并根据自己的理解再传播出去，这样不仅传播速度慢，而且容易导致信息失真。组织内的信息传播系统不健全、分工不明确、责任不清，也会影响传播速度，造成信息传播中断。

外部传播。外部传播是指一个组织与其他组织之间、组织与社会之间所进行的更为广泛复杂的信息资源传播，它通常具有开放性特点。组织的信息外部传播渠道包括邮政、电信、文件专递、电子邮件、网络等。

（3）按信息资源的传播载体划分

如果按信息资源的传播载体划分，则可将企业信息资源的传播方式主要分为以下四种模式：

语言传播。语言传播主要是指通过对话、座谈、讲座、会议、录音、技术交流和推广人员口授等形式传递信息资源的传播方式。

文字传播。文字传播主要是指通过报纸、杂志、图书、黑板报、墙报、宣传橱窗等形式传递信息资源的传播方式。

直观传播。直观传播主要是指通过实物展览、商品展销、现场观摩等形式传递信息资源的传播方式。

多媒体传播。多媒体传播是指利用广播、电视、计算机网络等多种方式传递信息资源的方式。

2. 信息资源的利用

信息资源利用是指将经过采集、处理并存储的信息资源提供给相关组织或者个人，以满足其信息需求的过程。在企业中，信息资源利用指的是有意识地运用存储的信息去解决管理中具体问题的过程。有效利用信息资源不仅可以降低其他资源的消耗，还可以增大其他资源的价值，同时在信息资源的积累和利用过程中还可以重新产生信息资源，提升信息资源的存量和质量。

信息资源利用的价值主要体现在以下三个方面：

实现信息资源的价值，提高科学技术成果的数量与质量。信息资源具有知识性、增值性和效用性等特点。人们通过有效地利用信息资源，使它渗透到企业的管理活动中，会直接影响科研成果和技术发明产出的数量与质量，能够产生巨大的社会效益和经济效益，从而实现信息资源的使用价值。

实现信息资源的增值和共享。在实际工作中，通过信息资源的复制、转换和传递等环节，可以实现信息资源在空间上的广泛传递；通过对信息资源的合理存储与管理，可以实现信息资源在时间上的长久传递。这样就使得可供利用的信息资源在更广阔的时空范围内进行扩散和渗透，促使信息资源不断增值，从而达到信息资源增值和共享的目的。

提高组织决策的成功率。决策可被看成是信息资源的深层加工和再生产过程，而信息资源的传递和利用则决定着该过程的“原料（即信息资源）”供给，从而间接地影响到组织决策的成功率。获取正确和足够的信息，利用这些信息开展决策显得十分重要和必要。以经济信息的利用为例，正确而即时的经济信息不仅可以给相关人员带来正确的经济决策，而且可以以此获得重大的商业利益。

（四）信息资源的反馈

信息资源的反馈是将利用某一信息之后得到的结果与利用该信息前对结果的预测相比较，以期获得该信息利用效果的结论，借以指导下一次信息利用的过程。

1. 信息资源反馈的特点

一是滞后性。滞后性是信息资源反馈的基本特征，信息资源反馈贯穿于信息资源的采集、加工、存储、传播和利用等多个环节中，但它主要表现在上述诸环节之后的信息资源“再传递”和“再返送”上。

二是针对性。信息资源反馈不同于一般的反映情况，它是针对特定决策所采取的主动采集，具有较强的针对性。

三是时效性。时效性是指所反馈的信息资源的实际内容本身具有较强的时效性要求。如果某项决策实施以后，不能够及时反馈真实情况，则不仅使反馈的情况失去价值，而且对决策本身造成不良影响，甚至会导致决策的失败。

四是连续性。信息资源反馈的连续性是指对某项决策的实施情况要进行连续、有层次的反馈。连续反馈有助于深化领导的认识，使决策得到完善和发展，并使问题得到真正解决。

2. 信息资源反馈的方式与方法

（1）信息资源反馈的主要方式

正反馈。正反馈是指将某项决策实施后的正面经验、做法和效果反馈给决策机构，决策机构分析研究以后，总结推广成功经验，使决策得到更全面、更深入的贯彻。

负反馈。负反馈是指将某项决策实施过程中出现的问题或者造成的不良后果反馈给决策机构，由决策机构进行分析研究，然后修正或者改变决策的内容，使决策的贯彻更加稳妥和完善。

前反馈。前反馈是指在某项决策实施过程中，将预测中得出的将会出现偏差的信息资源返送给决策机构，使决策机构在出现偏差之前采取措施，从而防止偏差的产生和发展。

（2）信息资源反馈的常用方法

典型反馈法。典型反馈法是指将某些典型组织机构的情况、某些典型事例、某些代表性人物的观点言行反馈给决策者。

综合反馈法。综合反馈法是指将不同部门对某项决策的反映汇集在一起，通过分析、总结和归纳，加以集中反馈。

跟踪反馈法。在决策贯彻实施过程中，对特定主题内容进行全面跟踪，有计划、分步骤地组织连续反馈，便于决策机构随时掌握相关情况，控制工作进度，及时发现问题，采取针对性措施纠正偏差。

组合反馈法。通过一组信息对某项决策分别进行反馈。由于每一反馈信息着重突出一个方面、一类问题，因而将所有反馈信息组合在一起，才能了解一个完整的情况。

四、企业竞争情报的管理

企业是市场经济活动的主体，竞争是企业实现经济利益的重要手段，企业竞争情报的管理就是围绕着企业的竞争活动展开的。在市场经济大潮中，强有力的情报，特别是针对性强的竞争情报的导向，将直接关系到企业的兴衰。竞争情报是21世纪企业最重要的竞争工具之一。

（一）企业竞争情报的基本内容

企业竞争情报的主要内容应包括明确本企业情况、分析企业竞争环境、研究竞争对手、制定本企业竞争战略四个方面。

1. 应明确本企业情况

企业自身应对自己有明确的了解、全面的剖析和客观的评价，其中包括明确企业经营战略计划、资源、产品和服务、核心竞争力、市场竞争地位、营销策略、竞争优势和劣势等，准确判断自己的市场竞争地位，发现市场机遇或潜在的威胁，客观评价自己的优缺点，特别是不应回避一切不利因素。正确评价自己是企业参与市场竞争的前提。

2. 分析企业竞争环境

这里的环境是指处在企业之外，不受企业控制，但会对企业产生影响的因素。分析企业所处环境可以从社会环境和行业环境两个角度进行。社会环境包括政治、经济、科技进步、法律政策、自然条件等因素，这些因素对企业的发展产生间接影响。行业环境是企业所处的直接环境，与企业关系密切。对行业环境的分析包括市场准入特征、产业集中度、品牌的依赖度和产品的信赖度、劳动力与资本、技术密集度等情况，直接竞争的细分化市场、间接竞争的现状与发展趋势等因素。

3. 研究竞争对手

充分了解竞争对手，这是竞争情报的核心内容。只有充分了解竞争对手的实力，监视竞争对手的每一步行动，预测竞争对手可能采取的行动策略，并结合本企业的实际条件，制定出切实有力的竞争策略，才能占据先机。企业要善于研究竞争对手，包括了解竞争对手的基本情况、总体经营战略、目标、政策、主要的优劣势、产品和服务特点、新产品开发动态、定价政策、销售和市场营销策略、生产工艺与设备、成本地位、研究与开发能力、财务状况、组织结构、企业形象等，知己知彼才能百战百胜，只有对竞争对手有充分了解，才能看清对方形势，找准自身优势，以优胜劣，抢占市场先机。

4. 制定本企业竞争战略

竞争战略要解决的核心问题是企业如何凭借实力进入某地、某产业和某个部门并在其中确定自己的竞争目标与方针，以指导企业在竞争中取胜。对于企业战略来讲，企业高层管理者应在特定的环境下有效地制定、实施和评价企业竞争战略和战术，使企业能充分利用自身优势，抓住外部机遇和避开外部威胁，达到企业竞争目标。由于没有任何企业拥有无限的资源，战略制定者必须确定在可选择的战略中，选择能够使企业获得最大收益的一种。战略决策将使企业在相当长的时期内与特定的产品、市场、资源和技术相联系。

（二）企业竞争情报的功能

1. 危机预警功能

危机预警功能是竞争情报最重要的功能之一。它通过对企业竞争环境和竞争态势的连续跟踪和实时分析，可以及时发现市场中潜在的威胁或机遇，为企业制定应对策略赢得宝贵的时间，从而使企业避免遭受突然袭击或错失良机。竞争情报的危机预警功能主要包括：能够监视竞争环境，了解影响企业业务的政策法规变化；跟踪新技术的发展趋势、主要客户的动向、市场需求的变化，预测现有竞争对手的行动，发现新的或潜在的竞争对手。

2. 决策支持功能

竞争情报对高层管理人员在企业并购、投资、竞争领域选择、技术开发等方面的战略决策具有积极作用。利用竞争情报能够为企业的决策提供指导，便于在决策制定时分析内外形势，提高企业决策的成功率。

3. 学习功能

竞争情报能够帮助企业不断地接触新思想、新技术和新的管理方法，避免思想僵化。在收集和分析竞争对手情报的过程中，企业也可以从中学到很多东西，如竞争对手成功的经验、失败的教训等，这些经验和教训可以使企业少走很多弯路。竞争情报的标杆学习功能主要体现在技术借鉴、标杆比较、帮助学习和采用最新的管理工具、促进新思想、新方法的交流等方面。

（三）企业竞争情报系统

有效地发掘竞争情报资源，对其进行深入分析加工，并以最快、最能满足需求的方式输出，正成为企业在市场上提高竞争力的关键因素。因此，建设一个高效、稳定的竞争情报系统，是企业获得持续竞争优势的根本保证。

1. 企业竞争情报系统的概念

竞争情报系统是一个持续演化的正式与非正式操作流程相结合的企业管理子系统，其主要功能是为企业组织和成员评估发展趋势，跟踪正在出现的不连续性变化，把握行业结构的变化，以及分析现有和潜在竞争对手的能力和动向，从而协助企业保持和发展竞争优势。

企业竞争情报系统是对反映企业内部和外部竞争环境要素或事件的状态或变化的数据或信息进行收集、存储、处理和分析，并以适当的形式将分析结果（即情报）发布给战略管理人员的计算机应用系统，也称竞争支持系统。它的根本目的是为企业高级管理人员决策提供依据，以帮助企业在激烈市场竞争中获取优势。因此，企业竞争情报系统也是一种决策支持系统。

2. 企业竞争情报系统的作用

企业竞争情报系统最重要的作用就是它的协调作用。这种协调将使企业以更低的成本获取更多、更好的信息，使企业在市场变化中由被动向主动转化，帮助企业抓住市场机遇，增加使企业获得或维持竞争优势的途径。为了达到以上目标，竞争情报系统主要通过以下途径实现其协调作用。

（1）情报有序化

企业竞争情报系统中的情报分析人员将分散在各处的表面看上去毫不相关的竞争情报集中起来，通过对其表面与本质的关系、原因与结果的关系等进行归类、排序和分析，最后筛选出真正有用的情报内容，以满足各种不同的情报需求。

（2）非正式渠道正规化

建立企业竞争情报系统，可将各种随机的非正式的情报渠道纳入正常的轨道，从而有利于提高竞争情报系统的稳定性和准确性。

（3）企业信息化

竞争情报系统的建立，通过对信息搜集制度的正规化、信息处理的有序化，来改变企业对信息利用的状况，从而作为企业经营活动的神经中枢来发挥应有的作用，促进企业对信息资源的开发利用和经营信息化。

3. 企业竞争情报系统的构成

企业竞争情报系统的输入来自各种渠道的信息收集，系统的输出为各类情报报告和用户查询结果，系统本身的作用则是将输入的信息过滤、整理、分类、存储及处理，然后为情报分析人员撰写各类情报报告提供所需材料，为用户提供检索、查询的友好界面接口。合格有效的企业竞争情报系统应该能够系统地收集、处理、分析情报；应该能够监视竞争对手的活动，对来自内部和外部的初始情报进行筛选和分析处理，使之成为可供战略分析和指导企业行为的情报，并在适当时机以适当的形式提供给有特定需求的用户。因此，一个竞争情报系统主要是由竞争情报收集子系统、竞争情报处理与分析子系统及竞争情报服务子系统三部分构成。

（1）竞争情报收集子系统

情报收集子系统主要负责竞争情报的收集。竞争情报的收集是否全面、准确、及时，是决定企业竞争情报系统质量的最基本因素。竞争情报收集子系统主要针对以下四点信息实施查询、捕获功能：企业自身的信息、市场信息、竞争对手的信息、竞争环境的信息。对这些信息的连续监视应成为企业整个战略管理工作的一个组成部分。

（2）竞争情报处理与分析子系统

竞争情报处理与分析子系统是整个竞争情报系统的核心，其目标是整理分析信息，将其有序化、系统化、层次化。因为情报收集子系统所收集到的信息，通常还要通过专职人员的归纳整理和计算机系统的重新组织，才能去伪存真、由表及里，提炼出真正有用的竞争性情报。所以，竞争情报处理与分析子系统的效率决定了企业竞争情报系统的效率。

（3）竞争情报服务子系统

竞争情报服务子系统主要是针对用户的提问要求，将竞争情报在适当的时机提供给适当的人员，从而使前两个子系统收集、分析的情报发挥出最大的效用。它还包括如何方便、及时地将存储在企业竞争情报系统中的情报提供给有关决策人员的功能。竞争情报服务于用户的主要途径是通过计算机检索系统，一般在该系统内建立一个数据库检索服务分系统，通过计算机可以及时为用户调用存储的各类情报。

从以上分析可以看出，竞争情报收集子系统、竞争情报分析与处理子系统、竞争情报服务子系统这三个系统是相互联系的一个有机整体，只有密切配合、相互协作，才能发挥各自的最大效能，才能为一般用户、决策人员提供准确、及时、客观、全面的情报，以便为战略决策人员做出正确的战略决策提供保障。

第四节　信息保密管理

企业的秘密关系着企业的权利与权益。为了保守企业的秘密，维护企业的合法权益不受侵犯，保证企业的正常经营管理秩序，企业要注意数据信息的安全管理，防止出现商业秘密泄露的情况。

一、保密信息的分类管理

并非所有的企业信息都应纳入保密的范围。例如，企业的一般性决定、一般性决策、通告、规章制度、行政文书等文件，都不属于保密范围。甚至有些时候，这些信息不仅不应该保密，还应想方设法地传播，以促进企业竞争力的增强和知名度的提升。

企业的保密信息一般包括以下事项：

一是重大决策中的秘密事项。主要包括内部掌握的合同、协议、意向书、重要会议记录、可行性报告，还包括尚未付诸实施的经营战略、经营规划、经营方向、经营项目以及经营决策等。

二是依法制订的各种内部掌控的管理制度、管理策略、货源情报、采购资料、产销策略、定价政策、营销计划、管理诀窍、投资计划方案、发展规划、公司档案等。

三是客户信息、供应商信息、订单资料、营销计划、售货记录、样品、谈判底价、市场分析资料、供销货源（资源）情报、招投标文件、有关的协议、账册、单据等。

四是产品生产制造技术信息。包括产品制作方法、技术、工艺、数据、程序、设计，以及生产经营计划、质量体系文件。

五是财务账目（账簿、账册、原始凭证、银行信息等），财务数据、文件、记录，业务函电及各类财务报表、统计报表。

六是企业所掌握的尚未进入市场或尚未公开的各类信息，含不能从公开渠道直接获取的其他技术信息和经营信息。

七是企业合法获悉且承诺保守其秘密的，属于与企业具有相关联系的第三方的商业秘密。

八是企业员工的人事档案、个人信息、薪资待遇、劳务性收入及其他信息资料。

企业的保密信息一般可以分为绝密、机密和秘密三个等级：

绝密级是企业最主要的秘密，一旦泄露会对企业的权益造成特别严重的损害。这种损害一旦造成，几乎无法挽回。

机密级是企业主要的秘密，一旦泄露会对企业的权益造成严重的损害。

秘密级是企业一般的秘密，一旦泄露会对企业的权益造成一定的损害。

企业应当根据秘密信息的种类划分保密的等级。不同秘密等级的文件，应采取不同的保密策略。一般来说，等级越高的秘密，越应当严格控制知悉信息的人群范围。不同的秘密等级，对应着不同的保密期限。

二、信息保密管理的措施

防患于未然，做好预防工作，总比在出现问题之后再问责要好得多。保密工作的成果如何取决于企业所采取的一系列工作的质量。企业可以采取的保密管理措施如下：

文件的保密措施。属于企业秘密的文件、资料和其他物品的制作、收发、传递、使用、复制、摘抄、保存和销毁，应由专人执行。采用计算机技术存取、处理、传递的企业秘密应由计算机使用者负责保密。对于秘密的文件资料非经授权批准，不得复制和摘抄；收发、传递和外出携带，由专人负责并采取必要的安全措施。保密文件应在完善的保险设备中保存。

会议的保密措施。属于企业秘密内容的会议和其他活动，应选择具备保密条件的会议场所。根据工作需要，限定参加会议的人员范围。依照保密规定使用会议设备、管理会议文件。确定会议内容是否能够传达及传达的范围。

设备的保密措施。属于企业秘密的设备，应当由企业指定的专门部门负责，并采取相应的保密措施。其他人要接触保密设备前，必须经过授权批准。使用保密设备前必须备案并详细记录使用时间和使用内容。

信息传递的保密措施。当企业需要对外提供保密信息时，必须经过授权批准（最好是最高管理层批准）。员工不得在私人通信中泄露企业的秘密，不得在公共场所谈论企业秘密，不得通过其他方式私自传递企业秘密。

当发现企业秘密被泄露时，应当按照如下步骤采取措施：

一是立即尝试补救或挽回损失，并通知相关的责任人和领导；

二是立即调查泄密原因，采取保护措施，防止类似情况再次发生；

三是找到相关责任人实施问责，以儆效尤。

对于保密工作，企业应当有相应的奖罚措施。对在保护企业秘密以及在改进保密技术、措施等方面成绩显著的部门或员工，应当进行正面激励和奖励；对违反企业的保密要求，有泄露企业秘密行为的员工实施惩戒，行为严重者甚至可开除。

另外，企业在实施保密管理的时候要特别注意，不能盲目强调保密，而忽视了正常的运营效率；不能为了追求保密，而造成内部矛盾。企业实施保密工作的时候，要达到既能实现保密管理，又能实现高效率工作的目标。

三、网络数据信息安全

随着互联网技术的迅速发展，信息传输越来越容易，越来越方便，这让企业发生数据信息泄露、计算机感染病毒、遭受黑客攻击等情况的可能性越来越大。企业应特别关注自身的网络数据信息安全。在网络数据信息安全管理方面，要做好如下工作。

（一）数据信息备份

一是所有的办公计算机必须安装正版的操作系统、杀毒软件和办公软件，而且操作系统、杀毒软件和办公软件必须定期更新，始终保持在最新版本。

二是不同岗位的员工应当只能接触到岗位需要的数据信息，与岗位无关的数据信息不应接收到，也不应当能够轻易看到。

三是员工应当养成定期备份重要文件的习惯，不要只把数据信息存放在单一的设备中，应在多个设备中做多组备份。

四是对于企业的重要数据，应当由专人负责定期备份，并将备份信息保存在多种存储设备中。企业服务器中的数据，应由专人负责定期备份。

（二）网络办公安全

一是企业要指定网络责任人。网络责任人对企业的网络安全负主要责任，具有网络安全的最高权限，负责统筹管理和监控网络安全。

二是网络责任人应定期对企业网络中的办公计算机和服务器进行杀毒、升级系统、升级软件、清理垃圾文件，以保证系统内计算机的网络安全。

三是员工是办公网络使用的第一责任人。要注意杀毒软件的安装、升级等网络安全工作，严禁私自安装和卸载软件。

四是员工未经授权，不得将涉密的数据信息传输到公共网络中或通过企业内部网络传送给其他员工。

五是员工在上班时间不得做与工作无关的事，不得浏览与工作无关的网页，不得接受、下载或发送与工作无关的文件。

六是如果企业条件允许，应当设置内外部网络的监控系统，监督员工的网络使用情况。可以统一安装 U 盘控制软件，防止员工随意备份电脑中的文件。

（三）硬件使用安全

一是企业要指定硬件责任人。硬件责任人对企业的硬件安全负主要责任，负责统筹和管理企业所有的硬件设备。

二是所有的办公设备、服务器、存储设备等要进行编号，并应有相应的责任人。员工是其所使用办公设备的第一责任人。

三是未经许可，硬件设备不得给其他岗位的员工使用，更不得随意给企业外部人员使用。

四是员工不得私自拆装、更换硬件设备。

五是当硬件出现故障时，应当第一时间通知硬件责任人。员工不得自行修理硬件，也不得擅自将其交给外部机构修理。

六是如果员工保管使用的硬件丢失，应第一时间通知硬件责任人，在必要情况下应及时向公安部门报案处理。

四、保密与竞业限制协议

接触企业关键数据和信息的岗位人员有保守企业秘密的义务。企业可以和员工签订书面的保密协议或竞业限制协议，把保密协议和竞业限制协议作为劳动合同的补充条款。

《中华人民共和国劳动合同法》（自 2013 年 7 月 1 日起施行）的相关规定如下：

第二十三条，用人单位与劳动者可以在劳动合同中约定保守用人单位的商业秘密和与知识产权相关的保密事项。

对负有保密义务的劳动者，用人单位可以在劳动合同或者保密协议中与劳动者约定竞业限制条款，并约定在解除或者终止劳动合同后，在竞业限制期限内按月给予劳动者经济补偿。劳动者违反竞业限制约定的，应当按照约定向用人单位支付违约金。

第二十四条，竞业限制的人员限于用人单位的高级管理人员、高级技术人员和其他负有保密义务的人员。竞业限制的范围、地域、期限由用人单位与劳动者约定，竞业限制的约定不得违反法律、法规的规定。

企业在制订保密协议或竞业限制协议的时候，必须本着公平原则和平等原则，让劳资双方的权利义务对等，才能使协议具备法律效力。行政管理部门在进行保密与竞业限制协议签署的时候，要注意以下事项。

（一）界定保密人员范围

不同的企业持有的商业秘密是不同的，保密人员的范围也是不同的。即使是同一个企业，在不同的时期，因为商业秘密不同，保密人员的范围也是不同的。对于一些既可以说是企业的无形资产，又可以说是员工个人劳动成果的事项，企业要做出定义。例如，技术人员的发明专利，设计人员的创意设计，IT 部门的编程开发技术等。

对于企业内部人员来说，保密人员的范围不仅包括产生商业秘密的岗位，还包括能够直接或间接接触到这些商业秘密的岗位。对于企业外部人员来说，保密人员的范围不仅包括员工本人，还可以包括员工的家属。当然，对企业外部人员保密的约束的一般形式是和企业内部人员签署保密协议或竞业限制协议，但与该员工相关的企业外部人员泄密，同样是该员工的责任。

（二）界定保密时间期限

虽然根据劳动相关的法律法规，保守企业商业秘密的义务不因双方劳动合同的解除、终止而免除，但商业秘密是有时间期限的。商业秘密可能会随着时间的推移，出现过期、公开或被淘汰的情况，也就是失去商业秘密的属性。企业不能无限期要求员工保守曾经的商业秘密。

竞业限制是有时间期限的，《中华人民共和国劳动合同法》（自 2013 年 7 月 1 日起施行）第二十四条的规定如下：在解除或者终止劳动合同后，前款规定的人员到与本单位生产或者经营同类产品、从事同类业务的有竞争关系的其他用人单位，或者自己开业生产或者经营同类产品、从事同类业务的竞业限制期限，不得超过二年。

（三）界定保密方式要求

企业要明确保密人员在什么情况下使用保密信息是合约的，在什么情况下使用保密信息是违约的。要明确保密人员应当如何使用保密信息，明确保密人员采取什么样的方式使用保密信息将会是违约的。

（四）界定权利义务关系

企业和员工作为保密的双方，权利义务的关系是对等的；企业不能一味要求员工必须承担保密的义务，但却不让员工享受对等的权利。例如，企业要求员工承担竞业限制协议中的义务，就必须支付员工一定的竞业限制补偿。

本章小结

本章内容旨在介绍行政管理中的重要环节——信息管理部分。本章首先介绍了信息管理的概念与特征、性质与任务、注意事项等知识，目的是初步使读者对信息管理知识有个大致印象。在建构了信息管理基础理论知识结构的基础上，本章接着深入探究了信息管理中涉及的管理内容，主要包括信息管理系统、信息资源管理、信息保密管理等，其中相对重要的部分就是信息资源管理和信息保密管理。这两部分学习内容是读者必须认真学习和理解的，因为只有熟练掌握这些知识才能加以实践和运用。信息管理工作的内容是多种多样的，信息管理工作的形式也是多种多样的。作为未来的行政管理工作人员，必须对本章内容牢固掌握并能灵活加以运用，工作才能游刃有余、得心应手。

案例讨论

有一次，某单位秘书小陈收到一份密级文件，所办事宜涉及某科室领导。小陈请该领导到阅文室看件，领导说："我正有个急事忙着呢，麻烦你把文件送到我的办公室，我看过就还你。"碍于情面，小陈将该文件送了过去。这时，这位领导突然接到一个电话，要马上出去，就跟小陈商量回来再把文件给他。于是，领导把文件放在抽屉里锁了起来。等领导回来，小陈去要文件，可领导已把此事忘了。丢了密级文件，可是个大事故。虽然当时室内开着空调，温度很低，小陈却出了一身冷汗。所幸这位领导最终想起了这件事，并在抽屉里找到了那份文件。从本案例中，你会得到什么启示？

课后作业

1. 什么是信息管理？
2. 信息管理系统的分类有哪些？
3. 信息资源采集的方法有哪些？
4. 简述企业竞争情报的基本内容？
5. 简述信息保密管理的措施？

评价（见下表）

评价表

属性	要点	自评			互评		
		好	一般	差	好	一般	差
理论知识	能熟记信息管理、信息管理系统、信息资源管理的相关概念						
	能大致了解信息管理系统的分类与主要类型						
	能熟练掌握信息资源管理的内容与要求						
理论知识	相对了解企业竞争情报的功能以及企业竞争情报系统的作用						
	能准确阐述信息保密管理的相关措施						

续　表

属性	要点	自评			互评		
		好	一般	差	好	一般	差
技能水平	对信息管理系统的操作有基本了解，对信息系统的日常管理程序熟悉						
	能熟练掌握信息资源的采集、加工与存储、传播与利用以及反馈的方法，并加以运用						
	能分清信息保密的范围以及如何对信息进行保密						
情感态度	课前对信息管理的相关知识进行预习，在头脑中有信息管理相关知识的结构和轮廓，作好在学习过程中获取深入知识和较高技能的心理准备						
	课中认真领悟，虚心求教，能根据老师讲的课程内容，增强对信息相关管理知识的关注度和重视程度						
	课后通过信息管理系统、信息资源管理、信息保密管理等内容的学习，能对信息管理工作有清晰地了解并有进行实践和遵循的意识						

第七章　办公室管理

学习目标

1. 掌握办公室管理的工作要诀；
2. 了解组织证照管理的相关流程；
3. 掌握环境秩序管理；
4. 掌握办公礼仪管理；
5. 掌握实物资产管理的方法。

情境导入

某企业有个开放式的大办公室，里面有300多人办公，但这个办公室经常出现这样的问题：早上上班的时候发现灯和空调在昨晚没有关掉。公司高层知道这件事后，要求行政部门出台措施、强化管理，尽快解决这个问题。为此，行政部采取了一些措施，例如，在门上贴上一个告示“人走灯灭”；有人提出制定标准，要求保安加强巡视，每天下班时检查是否关灯；有人提出采用点检表，要求员工轮流值班，发现问题、解决问题；还有人提出，对最后离开办公室而未关灯的人给予罚款等。

最后的结果如何呢？一段时间过去后，采纳这些措施的结果并不理想。这时候，公司高层开始抱怨行政部门管理不力、员工素养低下。事实上，这种抱怨既不客观，更不能解决问题。此时，管理者应该自问是不是真的有这样严重的问题。

第一节　办公室管理概述

办公室是行政领导或企事业单位主管进行决策、指挥和管理的重要场所，就如同人体的大脑，一切信息都在这里收集、汇总、整理，一切指令从这里发出，工作业务联系在此进行，各种日常事务在此处理。因此，办公室管理质量的好坏直接影响到整个组织或企事业单位生产经营的效果。

一、办公室的概念和特征

（一）办公室的概念

办公室处于一个机构的核心位置。办公室的概念有广义和狭义之分。广义的办公室泛指办公处所，即机构的成员工作的时候所利用的场所。狭义的办公室特指一个机构的综合职能部门，即处理机构各种行政事务的部门，包括机构的会务处理、信息处理、上下左右沟通、内外联络、协调各种关系以及其他各类行政事务的处理与管理。本教材所论的办公室管理即指狭义的办公室概念。

（二）办公室的特征

1. 辅助性

办公室工作是从属于领导工作的一部分。办公室自身不能独立存在，它是为了保证领导机关和领导顺利进行工作而设立的。从本质上说，办公室的全部活动内容都是辅助领导工作的，办公室工作人员只能根据领导的指示和意图来办理事务，不可自己随意做决定。

2. 服务性

办公室跟其他的职能部门不同。职能部门都有着明确而具体的业务目标和工作范围，而办公室不像职能部门那样承担具体的业务工作，它是直接为领导及各部门提供服务的，因而服务质量的好坏，在一定程度上反映着办公室工作的优劣。服务性是办公室工作的又一重要特性。

3. 综合性

一个单位就是一个有机整体，是由许多职能部门按一定的性质、宗旨和系统构成的网络体系。而办公室在这个整体中居于独特的位置，它是单位的中枢神经，是网络的中心支柱，起着重要的综合主导作用。办公室虽然不主管单位工作中的任何一项，但却与每一项工作都有着密切的关系，这是办公室工作综合性特点的突出表现。

4. 机要性

办公室是直接为领导层及管理层服务的，在协助领导贯彻落实国家的路线、方针、政策与单位的决定、决议方面负有重要的责任，了解和掌握着单位诸多的重要信息，如相关文件的修订和人员的任免。这其中，有许多信息是不宜过早被人知晓和大范围传播的。这就要求办公室工作人员要有责任意识和机要意识，自觉严格地保守住单位的秘密。

5. 事务性

办公室工作的事务性体现在方方面面。从值班、接待、公文运转再到后勤服务、人员的迎来送往等，很多工作都是非常繁杂、琐碎、具体的，这些工作却是每个办公室工作人员的常态。办公室维系着整个单位或组织的正常运转，每一件文件拟稿、每一次会议安排、每一次迎宾接待、每一次协调通知都会涉及多个部门甚至是整个单位的工作进程。这些看似平常的工作一旦出现差错，就可能引起连锁反应。因此，办公室工作人员应该对办公室工作的事务性有足够正确的认识。

二、办公室工作人员的构成与要求

随着社会的发展和时代的变化，社会化分工越来越明确和细化，办公室工作人员的构成越来越多元化，这就对办公室工作人员的职业素质、知识素养及技能水平的要求越来越高。

（一）办公室工作人员的构成

1. 管理人员

办公室管理人员是指办公室主任或办公室经理、行政经理、行政总监，全面负责、指挥和领导整体的办公工作；也包括办公室下设部门的负责人，如科长、组长、主管，具体负责某一方面的工作。办公室管理人员的主要职责是协调办公室的人力、物力、财力及各项工作，以使办公室发挥出最大的效用。

2. 秘书

秘书是协助领导处理日常事务并帮助领导制定及实施决策服务的人员。秘书是直接服务于领导的，不仅为领导提供文字、信息、事务及决策等方面的服务，有时还要帮助单位或部门组织、协调和运作各种综合性活动。

3. 助理

在组织或公司中，办公室工作常常被助理承担。助理通常有行政助理、经理助理及各种专门助理等。

（1）行政助理

行政助理的工作类似行政秘书，主要是在行政工作方面给整个组织或单位以支持。

（2）经理助理

经理助理（局长助理、校长助理、总裁助理）的工作是对某个特定的高层管理者提供辅助和支持。这类助理经领导示意授权，可以负责管理某个部门或者某个专项工作。

（3）专门助理

专门助理具有专业特长，主要是协助专门领域或部门领导开展工作的，如市场助理、人事助理等。

4. 其他文员

办公室还有一些其他工作人员，他们的工作内容不涉及管理与秘书事务，而从事诸如前台接待、设备操作、打字复印、办公设备使用与网络系统维护、档案管理等专一的技术性工作。

（二）办公室工作人员的要求

1. 职业道德要求

说起职业道德，简单理解就是同人们的职业活动紧密联系的符合职业特点的道德准则、道德情操与道德品质的总和。办公室工作人员处在辅助决策、协调事务、服务全局的重要位置上，势必对其职业道德素质及水平提出更高的要求。

（1）爱岗敬业

办公室工作人员要热爱自己的本职工作，明确工作职责和要求，对自己所在组织或部门要有强烈的归属感和高度的认同感，能够从自身的工作中获得荣誉感和成就感，兢兢业业、踏踏实实、勤勤恳恳地做好自己分内之事。

（2）忠于职守

办公室工作的事务性、辅助性、服务性等特点都需要办公室工作人员格守本分，尽职尽责，忠于自己的岗位、职责，甘当无名英雄，甘当配角、助手，不越权、不滥用职权。

（3）诚恳守信

办公室工作对上服务领导，对下连接基层，甚至有时也会代表领导发布命令、传达信息及检查工作等。对此，办公室工作人员必须脚踏实地、严谨细致、不虚报、不舞弊，并且要诚恳待人，恪守信用，言出必行，遵守时间，按时按约完成上级工作任务安排。

（4）严守机密

办公室工作人员接触领导的机会比一般员工多，处于知密早、知密多、知密深的工作状态，因此一定要熟悉单位或部门的保密工作内容和程序，具有高度的保密意识，对一些单位机密务必要做到守口如瓶，不该说的绝对不说，不该听的绝对不听。

2. 知识素养要求

办公室工作人员应当具备基础知识、专业知识及其他相关知识等。

（1）基础知识

办公室工作人员知识的第一个层次，是办公室工作人员必备的知识和前提条件。作为一名办公室工作人员，知识面要宽广，基础知识要扎实，这样才能胜任岗位需要的一些基本的知识要求。基础知识具体可分为以下三个部分：

科学文化基础知识。这类知识包括语文、数学、外语、地理、历史、管理、经济等各方面的常识。办公室工作的特点要求工作人员具有较宽的知识面；只有具备较好的知识基础，才能进一步学习和掌握其他的知识，才能在工作过程中增强理解能力和接受能力。

基本政治理论知识。包括政治经济学、中国共产党党史、党的建设理论，马克思列宁主义、毛泽东思想、邓小平理论、“三个代表”重要思想、科学发展观、习近平新时代中国特色社会主义思想等。只有当办公室人员学习和了解了基本政治理论知识后，才能在工作中表现出正确的政治方向和较高的理论修养。

政策法规基础知识。这是办公室工作人员必备的知识，包括党的路线、方针、政策和国家的宪法和法律，以及各种行政法规和部门的规章制度等相关的知识，特别要注重对平时工作中接触最多的法律法规的学习①。办公室作为辅助机构，有义务为领导及决策人员提供相关建议。只有熟练掌握政策法规知识，才能在工作中有章可循，不至于在繁杂的事务中迷失方向，提出的建议才更具有合理性和可操作性。

（2）专业知识

专业知识是办公室工作人员知识结构的核心或主体，也是区别于其他人才知识结构的主要方面。专业知识包含以下三个方面：

理论知识。秘书工作总体的理论知识，是办公室工作人员胜任本职工作的重要前提条件，也是办公室工作的基本理论知识与指导思想，主要包括秘书史、秘书学、秘书实务、文书学等理论。

业务知识。这主要是指在办公室工作各个环节中的基本技能、操作常识、流程规范、注意事项等。如信息的收集、筛选、存储、提取、综合分析、利用、反馈以及网络化服务方面的知识；现行文书的特点、作用、体例格式和撰写要求方面的知识；档案的收集、鉴别、整理、加工及利用等方面的知识。

行业知识。所从事的行业要求办公室工作人员必须具备基本的行业知识。熟悉本行业专业知识，具备过硬的综合素质，是一名优秀办公室工作人员所必备的品质。

（3）其他相关知识

其他相关知识是指与专业知识密切相关而又有所区别的知识。虽然这些知识并不会直

---

① 马东艳、薛荐戈：《现代办公实务》，北京：北京理工大学出版社，2019 年，第 9 页。

接运用到具体工作中，但是学习这些知识对于提高办公室人员的工作效率和水平具有十分重要的意义。

方法论知识。方法论知识主要是在方法上开阔办公室人员的视野，主要包括信息论、系统论、控制论等。学习和掌握这些方法论知识有利于办公室人员从新颖而又全面的角度来分析和解决问题，从而达到更好的工作效果。

心理学知识。对于办公室工作人员来说，学习必要的心理学知识无疑是至关重要的，因为办公室人员是为组织和领导服务的，需要在一定程度上掌握相关的心理学知识，才能在某些方面及时了解领导层的心理动向，以便精准服务。这类知识主要包括领导心理学、社会心理学、管理心理学、秘书心理学等。

社交知识。办公室工作人员的服务对象不仅是领导和整个组织，有时还需要接待外界来宾。办公室人员需接触大量的人员，人际交往和沟通能力显得十分重要，这就需要学习相关的社交知识，如人际关系学、公共关系学、礼仪学等。在办公室工作中，人员的言谈举止、行为表现，以及与周围人的社交关系等，都会直接影响工作状态和整个组织的工作质量。

3. 技能要求

（1）语言表达与沟通的能力

办公室工作人员要有较强的语言表达能力，要掌握一定的沟通技巧，说话要语意准确、措辞恰当、简单易懂，要会借用动作、表情来表达情感。沟通时要能够站在对方的角度考虑问题，认真倾听对方的话语，把握说话的分寸和尺度，善于用言辞化解分歧和矛盾。

（2）写作能力

办公室工作人员要具备扎实的写作功底，熟知各种应用文的写作，了解各种应用文的写作特点和技巧，能够承担起草文件、拟写报告、发言稿、讲话稿等各种文字工作。

（3）办事能力

办公室工作很多都是具体的事务性工作，上级指示办的、领导交付办的、下级请求办的、同事委托办的，这都要求办公室工作人员具备相应的办事能力。无论办任何事，都要明明白白，雷厉风行，严谨细致，有始有终，严格有序。

（4）协调能力

办公室是一个综合性的管理服务部门，是组织正常运行的桥梁和纽带。办公室工作人员不仅要协调好领导间的关系，也要协调好上下左右部门之间的关系，同时还要负责组织内外部关系的协调。因此，办公室工作人员要有良好的统筹协调能力，能够组织各部门协调配合，营造和谐的组织关系。

三、办公室的工作内容

办公室的工作由办公室的性质和职能决定，主要是提供服务性和协调性工作。在不同的组织中，由于组织性质和业务方向不同，办公室的工作内容有很大的差异性。但是，办公室的基本任务大体上相似，具体包括以下几种。

（一）信息管理工作

作为组织的中枢机构和中坚力量，随时为领导和组织提供大量的信息，是办公室的第一要务。办公室需要综合收集本组织领导和各职能部门所需要的信息，开展整理、保管、传递信息等工作，随时为领导和其他部门提供准确信息。

（二）文书及档案管理工作

1. 文书工作

办公室根据领导意图或者会议精神起草领导的指令，以及本组织发布的各种命令；负责对外部门的来信登记、拟办、转送、催办及归档等；负责本组织的各职能部门、员工向领导的请示、报告等的登记、审计、批办等。在文书处理过程中，强调公文格式的行文风格；在起草领导的发言稿中，着重突出领导的讲话场景、讲话风格等。

2. 档案管理工作

办公室的一项重要职责就是对档案进行有效的管理，监督各职能部门的执行情况，对各种档案、重要的文书、信件等归档保存。在日常工作中，整理相关的档案是办公室的重要工作内容。办公室需要有针对性地对各种文书、信件、图像等重要资料进行收集和保存。

（三）辅助决策及协调工作

1. 辅助决策工作

组织中的重大决策是由领导完成的，但只凭领导个人是不可能对所有决策都清晰掌握的。这就需要办公室为领导提供大量决策信息，在适当时候做出相关的决策方案供领导选择。办公室辅助领导决策可以节省领导的时间和精力，减少决策成本。

2. 协调工作

办公室在组织分工中就是为整个组织提供服务的部门，是联系上下、沟通左右的桥梁部门，在组织的协调中发挥着重要作用。办公室的协调主要包括内部协调和外部协调。内部协调主要是协调组织中各部门之间的横向关系，也包括领导与各部门之间的纵向关系；外部协调则主要是负责组织与外部组织的交流活动。

（四）接待工作

办公室是一个单位的“窗口”，经常负责接待各级各类的来访者，来访对象内容也涉及方方面面，接待工作也是办公室常规的基础工作之一。办公室工作人员必须熟悉接待规定，掌握接待规格与接待工作的基本程序及事务内容，做好接待前的准备工作；在接待过程中，要遵循礼貌周到、平等待人、热情细致、严守机密、确保安全的接待原则。

（五）保密工作

组织发布的文件，特别是组织高层发布的文件，大部分都具有不同程度的秘密性，有许多涉及政府和组织的重大决策。办公室要协助领导做好有关保密的制度、人员、措施等方面的工作。办公室在接触机密时要做好保密工作。一是在工作过程中采取措施，保证文件、资料的安全，在包装、运转、拆封、知密范围和传达中制定安全措施；二是办公室人员要保证自己知密不泄密。

（六）事务性工作

1. 办公环境管理

营造良好的工作环境，有利于办公效率的提高和组织良好形象的树立。办公室工作人员要合理布置办公室，使设备、物品放置整洁、得当，取用方便，维护办公场所和办公设备的安全，并做好紧急情况的应对和事故记录工作。

2. 会议及重要活动的安排

会议是组织重要的活动内容。办公室是会议工作的主要承担者，如承担领导办公会、高层人员管理工作会、部门联谊会等。办公室需要对会议的前期准备、召开及善后工作提供全程服务；同时，还需要单独承担或与其他部门协作承担重大活动的举办，如领导出席的重要会议、对外活动等。

3. 通信联络工作

电话和电子邮件是办公室内外联系的重要工具。办公室工作人员要懂得电话礼仪和通话技巧，正确接听和拨打电话，正确处理通话中出现的问题；能够简洁、完整、准确地记录电话内容，及时送达领导和有关人员；能够使用网络收发电子邮件和高效利用网络。

4. 印信管理工作

印章是一个机关、一个单位合法存在的标志和职权的象征，具有凭证作用、标志作用和权威作用。印章一般由办公室工作人员保管。要刻制标准化的印章，严格管理、使用好印章，建立严格的用印制度。盖有印章的信证材料是一个机关、一个单位对外联系交流的凭证。印章使用要严格遵循程序和规章制度。

5. 值班安排工作

值班工作是办公室为了保证组织及时获得准确信息、进行正确决策以及出于安全防范的需要而开展的经常性工作。值班时，要做到随时接受、传达上级领导的命令和指示，完成领导临时交办的各种事项，处理突发性事件，关注和落实防火、防盗等安全保卫事项等。

6. 现代办公设备的维护与保养

现代办公设备已成为办公室工作不可或缺的工具。办公室工作人员在使用现代办公设备的同时，也要注意现代办公设备的维护与保养。现代办公设备包括计算机、打印机、传真机、复印机、计算机网络设备、多功能一体机、数码摄像机、激光影碟机、投影仪、电子白板、碎纸机、刻字机等。办公室要制定相关的办公设备使用及维护制度，制作相关的登记表格。工作人员要能够处理简单的设备故障，保证设备的正常运行①。

（七）领导交办的其他工作

除了常规性的工作之外，办公室经常还需要处理领导交办的临时事务，这就需要工作人员具备处置突发事件的能力。虽然这些工作没有规律可循，但必须认真对待、按时按质按量完成。

---

① 赵爱华、周蓓新主编：《新编办公室工作实务》，北京：中国纺织出版社，2015年，第4－5页。

四、办公室管理的概念和对象

（一）办公室管理的概念

办公室管理一方面是行政管理学研究的重要内容，另一方面又在秘书学理论中得到极大发展。这两方面的研究成果为办公室管理的实践提供了大量理论支撑。作为交叉学科，办公室管理是管理学在办公室工作中的具体运用。透过管理学的相关研究成果可以发现办公室管理的概念。管理学对管理的理解主要包含以下几个方面：

管理是一个过程；

管理的主体是扮演管理者角色的组织或作为个体的管理者；

管理是在特定的环境和条件下进行的；

管理是为了实现特定的目标；

管理的客体是管理所指向的对象；

管理的保障是组织资源；

管理包括计划、组织、指挥、协调、控制等职能。

基于管理学中对管理的理解以及对办公室的理解，我们可以发现办公室管理主要包含以下几个方面：

办公室管理是一个过程；

办公室管理的核心职能是协助领导以及组织实现特定的目标；

办公室管理需要特定的组织资源保障；

办公室管理需要在相应的组织环境和条件下进行；

办公室管理具有计划、组织和协调等职能。

从以上几个方面我们可以得出办公室管理的概念：办公室管理是指通过整合组织的各种资源，在特定的环境和条件下实施计划、组织和协调等职能，为领导和组织提供服务以实现组织目标的过程①。

（二）办公室管理的对象

同一般管理一样，办公室管理的对象也包括人、财、物、信息、技术、时间等一切资源。对人的管理主要涉及人员调配、工作评价、人力资源开发、组织模式等；对财的管理主要涉及财务管理、预算控制、成本控制、效益分析等；对物的管理主要是对各种办公物资进行合理使用和调配；对信息的管理主要涉及对组织的外部、内部信息的收集、处理、保存、利用、传递、反馈等，对外部环境及发展趋势进行准确预测等；对技术的管理主要涉及工作技术和方法的研究、新技术和理论的引进利用、各种技术标准的制定与执行等，一般表现为对各项具体工作的管理；对时间的管理主要涉及长期和短期管理，常规性和临时性管理等。

在对以上对象进行管理的过程中，需要调动各种资源以实现管理目标。因此，办公室管理的对象实际上是对资源的调配。一般来说，办公室管理中主要涉及人力资源、有形资产资源、无形资产资源、资金资源等的管理。

---

① 孙荣：《现代办公室管理》，上海：复旦大学出版社，2012 年，第 4 页。

1. 人力资源

人力资源是办公室中完成各项工作最重要的资源，其中既包括办公室的各级管理人员，也包括办公室其他各工作岗位人员。这些人员要符合岗位素质要求，具备完成相应工作的能力和技术。

2. 有形资产资源

有形资产资源包括组织所有的房产、车辆、基建财产、办公家具及其他办公用品等物资，同时还包括办公室内的设备装置、办公物资等。

3. 无形资产资源

组织顺利进行经营活动所必需的各类信息是办公室管理中最重要的无形资产，既包括文件、资料、档案、图纸、书籍等纸质载体的信息材料，也包括各种电子载体的信息材料等。

另外，组织的形象及声誉也是办公室要负责管理的一种重要无形资产，因为这在很大程度上影响着组织的生存环境以及能否持续健康发展。

4. 资金资源

出于工作需要，办公室往往会掌管一定数额的办公资金，在规定的范围内自行决定使用，如用于补充办公室消耗的物资及招待联络经费等。即便是规模较小的单位，办公室也会有一笔固定数额的小笔零用现金（备用金），供零星办公用品及其他数额不大的临时采购等活动使用，使用后可以通过财务报销来继续补足原来的金额。

除了以上资源外，办公室管理通常还有时间、技术、环境、证照等必不可少的资源。办公室只有充分对各种资源进行有效的管理，才能达成组织特定的目标。

五、办公室管理的工作要诀

（一）准确的原则

办公室工作的准确性，可以简要概括为办文要准，办事要稳，情况要实，主意要慎。要求做到办文一环环无差错，办事一件件要落实，信息一条条要真实，建议一个个要稳妥。

（二）迅速的原则

办公室的迅速性，就是要求工作要精简、高效、及时、适时。任何事情要实现最终目标，必须具备两个要素，一是准确，二是时限，两者缺一不可。

（三）保密的原则

办公室工作中涉及领导决策、重要会议、重要文件和重要机密的，一定要遵守保密原则，确保组织全局的正常运转。一是办公室人员在工作过程中要采取措施保证文件、资料的安全；二是要保证少说多做，知密不泄密。

（四）一切从实际出发的原则

坚持实事求是，一切从实际出发，理论联系实际，这是辩证唯物主义的基本观点，也是我们党始终倡导的优良作风。办公室工作涉及面广，既有政策性较强的工作，又有烦琐、零散、事务性强的工作。因此，一切工作都应从具体的事情出发，以满足现实需要为原则。

（五）协调配合的原则

办公室既是信息的交汇处，又是人事矛盾的聚集地，因而办公室工作的主要内容就是协调，将各种复杂的人、财、物、事调整到最和谐的状态。只有办公室工作人员相互协调配合，才能达到上述目的。

第二节　组织证照管理

组织证照管理的目的是为了增强证照的有效性和规范性，确保组织遵守国家的法律法规和规章制度，加强对组织的监督管理，确保组织生产经营的正常运行，维护社会主义市场经济秩序。组织证照管理的主要工作内容包括证照的办理、建档、使用、更新和年审等工作。

一、组织证照的种类

常见的组织证照一般有四类，分别是经营类证照、资质类证照、权证类证照和其他类证照。

经营类证照。指的是经营许可类的证件，例如营业执照、金融许可类证件等。

资质类证照。指的是组织的资质证明，例如安全生产许可证、压力容器制造许可证、体系认证证书等。

权证类证照。指的是政府职能部门颁发的权属证明，例如土地使用权证、房屋产权证、有价证券证书等。

其他类证照。指的是除以上三类证照之外的其他证书，例如各类机构颁发的会员证、理事证、荣誉证书等。

一般来说，前三类证照都非常重要。如果从组织正常经营发展的角度来说，经营类和资质类的证照最为重要，因为这两类证照决定了组织有没有权限继续经营；如果从资产管理的角度来说，权证类的证照最重要，因为这类证照表明了组织的资产权①。

除了上述这两类组织证照之外，有的组织还把组织经营需要员工具备的各类资格证书或证明员工能力的各类能力认证证书视同组织证照，由组织统一进行管理。这样做的好处是能实现组织对相关证照的全面和有效管理；坏处是算进这类证照之后，组织要管理的证照较多，管理的成本较高。

二、证照办理流程

证照办理的流程如图 7－1 所示。

---

① 任康磊：《行政管理实操从入门到精通》，北京：人民邮电出版社，2020 年，第 22 页。

图 7 – 1　证照办理流程

证照办理的第一步是由经办人提出申请。证照办理申请表如表 7 – 1 所示。

表 7 – 1　证照办理申请表

申请人		申请部门		申请办理证照名称		证照颁发部门	
申请原因用途							
证照原件数量		证照副本数量		预计出证时间		证照有效期	
办证需要材料				证照经办人/协办人			
备注说明							
部门负责人审批				行政管理部门负责人审批			
总经理审批							

重要证照的办理必须经过总经理审批后才能办理；重要等级相对较低的证照可以由行政管理部门负责人审批后上报总经理知晓。

因为证照管理员负责组织的证照管理，所以审批流程通过后一定要知会证照管理员，以便其监督证照的办理进度。

证照办理结束后，经办人应第一时间将证照交到证照管理员处，并由证照管理员做好证照的建档备案工作。

如果经办人与证照管理员不在同一个城市，则要注意证照邮递的安全性。对于比较重要、补办手续较难或丢失后会给组织造成较大损失的证照，最好不要邮寄，应由组织派专人送达；对于重要性一般、补办手续比较简单或丢失后给组织造成的损失较小的证照，可以邮寄，但必须选择正规可靠的快递公司。

三、证照建档管理

组织证照应由组织的行政管理部统一管理。对于像财务部这样需要经常使用经营类或权证类证照的部门，经过组织管理层批准后，可以由财务部长期留存必要证照的复印件，证照的原件仍然由行政管理部门统一保管。组织应当指派专门的证照管理员来负责证照的建档、登记、更新和管理工作。证照管理员对证照的建档如表 7－2 所示。

表 7－2 证照建档表

证照名称	颁发部门	原件数量	登记日期	有效截止日期	年审时间	副本存放地	备注

如果组织的规模较大，证照管理员可以由专人担任；如果组织的规模较小，证照管理员可以由公司员工兼任。组织要定期对证照管理员进行培训，定期检查证照管理员对证照的保管情况、使用情况以及对快到期证照的更新情况。

证照管理员岗位具有一定的特殊性，应当由在组织工作有一定年限、对组织有一定了解和忠诚度、稳定性较好的员工担任。一般来说，如果不是证照管理员岗位的员工主动提出离职，不建议组织主动频繁更换该岗位的员工。

四、证照使用管理

各部门有使用证照的需求时，可以提出使用证照原件、复印件或电子版的申请，使用证照必须经过部门相关负责人和行政管理部门负责人的审批。

证照使用申请表如表 7－3 所示。

表 7－3 证照使用申请表

申请人		申请部门		申请时间	
申请使用证照名称		申请使用证照类别	□原件 □复印件 □电子版		
申请使用证照份数		申请使用时间		归还时间	
用途说明					
部门负责人审批		行政管理部门负责人审批		证照管理员审核	

证照管理员凭经过相关领导审批签字后的证照使用申请表办理证照的借用业务。不经正常和规范手续进行申请，不得使用证照。

对于借出的证照原件，申请人应当在规定时间内归还。如遇特殊情况不能归还，应当申请延期归还，证照延期归还手续的办理与证照使用申请的流程相同。

证照申请使用人应妥善保管证照，不能损坏或丢失。如果发现证照损坏或丢失，第一时间要向证照管理员报告。证照管理员在接到通知后，立即办理证照的挂失或补办手续。证照申请使用人不得擅自把组织的证照用于非申请内容之外的其他用途，尤其不能进行各种担保。

证照管理员应当做好证照的使用登记，形成证照使用登记表，如表 7－4 所示。

表 7－4　证照使用登记表

证照申请使用部门	证照申请使用人	证照使用日期	证照使用类型	使用份数	使用原因	备注

五、证照年审变更

证照的年审、到期换证、变更、延期等工作由证照申请部门负责，由证照管理员负责提醒，行政管理部门实施监督。

对于一些比较重要的证照，例如营业执照，也可以由行政管理部门统一负责延期或变更工作。

在证照的年审、到期换证、变更、延期等工作进行的过程中，除经办人之外的相关参与部门要做好配合工作。如果因为经办人的问题导致证照出现问题，要追究经办人的责任；如果因为相关参与部门没有做好配合工作导致证照出现问题，要追究相关部门的责任，且不论因为什么问题导致证照出现问题，证照管理员都负有连带责任。

证照管理员应当至少在证照到期前的半年之内提醒相关经办人或相关部门证照即将到期。在提醒过后，证照管理员要跟踪证照更新的进度。证照更新结束后，经办人员应当把新的证照交到证照管理员处，由证照管理员统一保管。

当有证照需要注销时，应当提出申请，填写证照注销申请表，如表 7－5 所示。

表 7－5　证照注销申请表

申请人		申请部门		申请时间	
申请注销的证照名称		申请注销证照的理由			
部门负责人审批		行政管理部门负责人审批		总经理审批	

注销重要的证照必须经总经理审批后才能办理。证照注销手续办理完毕后，报证照管理员处。证照管理员可将注销的证照销毁或单独存放。

第三节　办公环境管理

办公环境又称办公室环境，是指直接或间接影响办公室工作的各种要素的总合。办公环境的质量影响着员工办公效率的好坏。良好的办公环境能够减少办公成本，提高办公效率。

一、办公环境的概念

从广义上说，办公环境是指一定的组织机构的所有员工所处的大环境；从狭义上说，办公环境是指一定的组织机构的秘书部门员工所处的环境，它包括人文环境和自然环境。人文环境包括教育、文化、人际关系等要素，自然环境包括建筑设计、室内空气、光线、颜色、办公设备和办公室的布局等要素。从总体上看，办公环境是一个复杂的开放系统。为了更好地认识办公环境，可以对办公环境诸要素进行总体类型的划分。

二、环境秩序的管理

为了规范办公秩序，营造整洁有序的办公环境，树立良好的组织形象，组织要注重对各部门环境秩序的管理。这主要包括全体员工使用的公共区域、员工个人的办公区域及员工日常的办公秩序。

（一）公共区域管理

对公共区域管理的基本要求如下：

办公室内物品的摆放要整齐有序、无灰尘、无损坏，每天按时倾倒垃圾，保持地面干净、墙壁无乱涂乱画现象；

办公使用的电器设备要定期检查，如有破损要定期更换，保证安全合理用电；

走廊地面要保持干净清洁，墙壁上的摆设及消防器材无灰尘；

洗手间、洗手台无垢渍；

办公区域的通风、采光、噪音、温度、湿度要保持科学合理的水平；

厂区无垃圾、杂物、树叶等，保持厂区干净卫生整洁。

各部门办公区域的卫生维护由相应部门负责，地面、办公桌、文件柜、门窗、隔断等要经常清理。总经理办公室的卫生由行政管理部门的专人负责。每天上班前要彻底清扫办公区域的地面，不留卫生死角，保证地面无水渍、无积尘、无污渍、无丢弃物。

办公区域严禁吸烟（会议室有来访客户除外）。遇到有外来人员吸烟时，应及时加以劝阻。办公区域应经常打开窗户，保持室内空气流通。严禁携带食物进入办公区域，禁止在办公区域就餐。各部门办公室内墙面上不得悬挂与工作无关的物品。洗手间、走廊、厂区等公共区域的卫生由后勤人员负责维护。员工应时刻注意保持包括走廊、洗手间等区域的卫生，遇到地面有废弃物时应主动捡起并丢进垃圾桶；不准随地吐痰；不准随地乱扔果皮、纸屑等废弃物；不准随意往地面上泼脏水、茶水。垃圾应划分区域分类堆放。

爱护洗手间的公共设施，节约用水，保持洗手台干净整洁，使用后及时清理水渍。废物入篓，不得向水池、便池内倾倒果皮、茶叶、剩饭等废弃物，严防下水道堵塞。

会议室由各部门轮流打扫，保证会议室的干净、整洁。前台接待人员负责监督会议室打扫情况。清洁用品（包括抹布、拖把、清洁剂等）应摆放在柜内等隐蔽区域。员工应自觉爱护并正确使用公共用品、用具和设备，不准随意拆除或挪用。

各部门使用会议室后，应负责清理遗留的杂物，放置好桌椅，保持会议室的整洁有序。节约用电、安全用电，严禁私拉乱接电线，需要时由行政管理部联系电工解决。各部门应定期组织部门人员进行大扫除，维护好办公环境。

（二）个人办公区域管理

个人办公区域指的是个人办公桌及周边区域内所有的办公设备及办公物品。要求办公桌、个人计算机上无尘土；桌面上的工具、资料、文件、配件等均应放置得美观、整洁、有序；严禁放置食品、化妆品等与工作无关的杂物。

保持个人办公桌及周边区域的清洁卫生，经常检查，及时打扫，及时倾倒垃圾。在午餐时间或长时间离开办公室时应将办公物品、相关资料整理好。

工作时间内办事说话要注意动作的轻重、声音的大小，保持一个安静有序的办公环境。

下班前整理好自己的办公桌椅，将办公物品摆放整齐，重要文件要锁进抽屉里。检查个人计算机是否关闭，最后一名离开办公室的员工应负责关闭电灯、门窗、打印机、饮水机等办公用品。

（三）办公秩序管理

良好的办公秩序有助于加强组织自身建设，提高工作效率，形成严于律己、积极务实、团结协作、高效规范的工作氛围，能促进组织和员工的共同发展。要做好办公秩序管理，员工应当达到以下要求：

遵纪守法，遵守组织的各项规章制度，服从领导的安排并自觉接受监督管理；

维护组织荣誉，不做有损组织形象及利益的事情，不泄露组织机密；

遵守工作纪律，不迟到、不早退、不旷工、不串岗，如有事应按组织规定流程请假；

维护办公秩序，办公时间、办公场所内禁止吸烟、吃零食、玩游戏等，不做与工作无关的事；

不得聚众闹事，不得大声喧哗、嬉笑打闹，不得有赌博、酗酒等有伤风纪的行为，不得影响其他同事的正常工作；

如无工作需要，禁止随意出入领导办公室、会议室或其他部门；

未经他人允许，不可私自动用他人的办公用具及私人物品；

爱护组织设施、财务，节约资源，不得窃取和挪用办公物品、办公设备，对办公电器、设施设备等应在熟悉使用说明和操作方法后使用。损坏公司物品应负责赔偿；

禁止因私事占用办公电话；

正常工作时间因私会客，应请示上级领导，上级领导同意后方可接见；不得私自带领外来人员进入组织办公区域；非工作时间一律不得引领外来人员进入办公区域；

在办公区域靠右行走。在楼梯拐角、门口处注意慢行，互相礼让；

全体员工应注意提高道德修养，待人接物诚恳谦和，使用文明用语，严禁与来访人员发生冲突，接电话时语气温和、言语文雅、态度诚恳，避免引起不必要的误会，体现良好的精神风貌和工作素养；

保持办公区域卫生，严禁乱丢污物、违规堆放杂物，办公桌应保持整洁，桌面上的文件物品应摆放整齐，禁止随意摆放私人物品；

严守原则，不得收受业务相关单位或个人各种形式的馈赠或贿赂。

三、办公礼仪管理

不论对内还是对外，良好的办公礼仪都能带来积极正面的影响。对内，良好的办公礼仪有助于形成和谐的办公氛围，让员工心情更愉悦、工作更开心，减少内部矛盾现象的发生；对外，良好的办公礼仪能够给人留下深刻的印象，为组织树立良好的口碑和声誉。

（一）日常办公礼仪

日常办公礼仪的第一个要求是员工必须保持仪表端庄、整洁。

a. 头发。发型、发色得体，头发要经常清洗，保持清洁；男性员工头发应注意定期修剪，不宜过长；女性员工不披头散发，应梳理整齐。

b. 指甲。保持手部清洁，指甲不能太长；女性员工涂指甲油应尽量选择淡色。

c. 胡须。男性员工胡须不能太长，应注意经常修剪，给人一种清爽的印象。

d. 口腔。保持口腔卫生清洁、无异味。

e. 妆容。女性员工禁止浓妆艳抹，应化淡妆，给人清爽、健康的形象，也不宜使用香味过于浓烈的香水。

f. 着装。员工着装应大方、得体，不可穿奇装异服，不可过分追求华丽。在办公时间内按照规定换上统一的工作服并佩戴上岗证；工作服要干净整洁；不可敞怀。鞋子应保持清洁，如有破损应及时修补，不得穿拖鞋进入办公区域。男性员工禁止赤膊或穿短裤、背心、拖鞋上班；女性员工不得穿超短裙、短裤、吊带、背心、拖鞋，不得穿着薄、透、露等不适合工作场合的服装。

g. 姿态。在公司办公区域内，员工应尽量保持优雅的姿势和动作。会见外来人员、出席重要场合或在上级面前时，不得将手交叉抱于胸前，应保持脚跟着地，脚尖外开约45度，挺胸收腹、两臂自然下垂、不耸肩。坐下后，应尽量保持身体端正，双腿平行放好；先把椅子放在应放的地方，然后再就座。

还有一些在日常办公过程中需要注意的礼仪，如与他人握手时应该看着对方的眼睛，热情大方、不卑不亢；同性间应由地位高或年纪大的一方先伸手，异性间女性应先向男性伸手；与同事相遇时应相互微笑、点头行礼，与宾客及公司领导相遇时应主动致意并侧身让道。

进入其他部门的办公室前要先轻轻敲门，征得对方同意后再进入；进入后应随手轻轻关上门。进入办公室后，若对方正在讲话，应在一旁静候，不要插话；如确有急事要打断对方，应选择适当的时机并致歉。

递交物件（如递文件）时，要使文件正面向上并双手递给对方。在通道、走廊行走时要放轻脚步，靠右侧行走。不得边走边大声说话，也不得有唱歌或吹口哨等不雅行为。

（二）来访接待礼仪

在接待组织来访客人时要注意接待礼仪的基本规范，要求如下：

a. 不迟到、不早退、不缺席；

b. 有客人来访时，前台接待人员应根据实际情况接待宾客，并登记、核实、传达相关信息，按照接待规定做好茶水的供应；

c. 接待多位访客时，接待人员应按事件的重要程度及来访顺序进行接待；

d. 接待人员在接待访客时应主动、热情、大方，保持微笑服务；

e. 接待人员对访客提出的问题应尽量给予解答，不得随意承诺，也不得搪塞敷衍，控制好接待时间，保证工作效率和质量。

介绍和被介绍的方式和方法如下：

a. 无论是何种形式、关系、目的和方法的介绍，都要认真负责。

b. 直接见面介绍的场合里，应先把地位低者介绍给地位高者。若难以判断，可把年轻者介绍给年长者。

c. 男女间的介绍，应先把男性介绍给女性。男女地位、年龄有很大差距时，若女性年轻，可先把女性介绍给男性。

名片的接受和保管应当注意如下事项：

a. 名片应先递给长辈或上级。

b. 递出自己的名片时，应把名片的正面朝向对方，双手递出，一边递交一边清楚地说出自己的姓名。

c. 接对方名片时应双手去接，拿到手后要马上察看，正确记住对方的姓名后将名片收起。

d. 如遇对方姓名中有难认的字，马上礼貌询问。

e. 应妥善保管收到的名片，以便日后检索。

（三）电话接听礼仪

员工应正确、迅速、谨慎地接打电话。接打电话时，要注意如下事项：

a. 电话来时，应在第 2 声铃响后迅速拿起话筒。通话时首先向对方问好，并自报公司及部门名称，内线电话需报部门和本人姓名。

b. 公司员工接打电话时应注意使用标准普通话，避免因表达歧义造成误解。

c. 对方讲述时要留心倾听，并记下要点；如未听清，应及时告诉对方。

d. 通话结束时应礼貌道别，待对方挂断电话后再放下话筒。

e. 通话应简明扼要，不得在电话中随意聊天。

f. 通话中对方要找的当事人不在时，应客气地询问有什么事情，或按照对方的需要留下姓名、电话，帮其代转留言。

g. 非公司工作人员来电查询公司领导手机号码或公司某部门办公室电话号码时，应首先问明具体事由，并请他们拨打公用办公电话或者相关部门电话，不得随便提供公司领导的手机号码。

h. 接听电话时应语气柔和、亲切，保持耐心，禁止冷言冷语或不耐烦。

i. 如有电话联系非本部门或咨询非本部门负责的业务时，应转告相关的负责部门的电话或直接为其转接，严禁推责、拒绝。

接打电话的标准用语如下：

a. 您好、谢谢、不客气、请问、不好意思、对不起、很抱歉、请放心、请稍等；

b. 您好，这里是××公司××部门；

c. 请问您贵姓？请问您找哪位？请问您有什么事吗？

d. 他在，请您稍等；

e. 对不起，××不在，他有事出去了，您有什么事需要转告吗？如若方便请留下您的电话，以便他跟您联系；

f. 您放心，我一定及时转告；

g. 关于这个问题，很抱歉，在我向您解释之前，需要请示一下领导；

h. 对不起，这边有点吵，请您再说一遍，好吗？

i. 您需要联系的是××部门，这个部门的办公电话是××，方便的话请您直接拨打这个电话，或者您把电话留下，我们会告知该部门相关负责人及时跟您联系。

四、办公室的5S管理

在办公室中，如果各个角落都摆满了文件，办公桌上堆满了无用的物品，员工在这样的办公环境下，根本不可能进行高效率的工作。良好的办公环境除需要良好的规划设计外，还应借助5S管理来维持。5S即整理（Seiri）、整顿（Seiton）、清扫（Seiso）、清洁（Seiketsu）、素养（Shitsuke）。实施5S管理主要是对组织员工的日常行为提出要求，倡导员工从小事做起，养成良好的行为习惯，从而营造干净、整洁、舒适的办公环境。

（一）办公室的整理

整理是5S管理的第一步，也是实现良好办公环境的基础。整理的标准是将有用的物品和无用的物品区分开，在办公桌上只放有用的、必须的物品。整理工作是长期性的；一旦中断，就会发现以前清理掉的物品又回来了。办公室工作人员必须每时、每天、每月都要处理无用的物品。

一是要每天检查文件（包括电子文件），把文件分为必要的（有效的）和不要的（过期无效的）两部分。必要的文件应分类保存，不要的文件应尽快删除销毁。

二是要每周对表单、记录单（包括电子文件）进行检查，将有效的表单、记录单整理保存。

（二）办公室的整顿

整顿是在整理之后将留在办公室的必要物品分门别类、定位摆放、排列整齐、设置有效标识，使工作场所和工作内容一目了然。

1. 办公区域标识

办公室应在各个区域设置明显标识，便于员工准确找到这些场所，如办公室、休息室、会议室等，清晰的标识有助于提高工作效率。

2. 办公桌椅定位

办公桌椅定位是指对办公桌椅划线定位，以保证办公桌椅摆放整齐、有序和美观。桌椅定位线应采用四角定位线，线宽不超过5厘米。由于办公室地面多为浅色，因此定位线一般采用蓝色，以突出定位线的位置。

3. 办公桌标识

办公桌标识主要是在抽屉门的左上角粘贴标签，以说明抽屉内所装物品的名称。制作抽屉标签是一种可视化的管理手段，便于员工快速查找抽屉内的物品。

4. 文件标识

对文件进行标识即将文件归档装入文件袋或档案袋，并放入相应的文件柜。文件标识有三项内容：一是为文件柜设置标识，说明柜内文件的类别；二是为柜内文件夹设置标识，说明文件夹内文件的目录、介绍；三是为便于拿取、归放文件而做的定位管理。

（三）办公室的清扫、清洁

清扫、清洁是整理及整顿效果的维护、维持和深化。

清扫就是把工作场所及办公家具、办公设备等清扫干净。需要注意的是，清扫活动不是一劳永逸的事情，而是每天必须坚持做的工作。如若不然，办公场所将很快回到之前的杂乱状态。

清洁是在前三项的基础上，进一步标准化、制度化和持续化的过程，并通过必要的宣传手段提高员工的认识，其内容主要包括以下几个方面：

确认前三项活动；

运用可视化管理，制定检查方法；

通过制定奖惩方法，加强员工执行力；

领导带头维持，将改善效果持续化。

办公室部门应制定相应的规章制度，对前四项的执行情况进行定期或不定期检查，以帮助员工养成良好的习惯，提高员工工作素养。

第四节 办公资产管理

资产对于组织来说是非常重要的。它作为组织的可控资源，有利于保障和促进组织各项经济活动的顺利开展和进行，在预期内给组织带来无限经济利益。

一、办公资产管理的方法

一是在结合组织实际的情况下，办公资产管理必须要讲求正确、科学的方式方法。

二是办公资产管理应实行“谁使用，谁管理”的归口分级管理原则，根据资产的类别、使用地点等确定对口分级管理，将组织所有的固定资产按其类别划分给有关职能部门进行管理，实行物物有人管的层层分级管理责任制。

三是应建立办公资产明细台账。各相关管理部门需定期对资产进行日常清查、盘点对比、核对相关账簿、记录文件，如发现问题，须及时向上级报告和处理，以确保组织资产不流失、账务属实和资产价值的真实性。

四是办公资产管理台账的保管要设定期限，要有留存年限，以备查找相关资产信息。

五是要统筹安排组织资产，合理利用并优化组织资源配置，充分发挥资产的最大效率，提高资产利用率。

六是要制定规范的资产领购、外借制度和流程，以确保有依可循、规范化管理[①]。

二、实物资产的管理

（一）实物资产的管理范围

实物资产管理应本着节约成本、控制费用、合理配合、发挥实物资产使用价值的宗旨。

---

① 凤凰高新教育编著：《行政管理高效工作手册》，北京：北京大学出版社，2019年，第200页。

实物资产包括固定资产、低值易耗品、材料等。

1. 固定资产

它是指单位价值较大、使用年限较长，并且在使用过程中保持原有实物形态的各种财产物资。根据我国现行财务制度规定，购入或调入的一般设备，其单位价值在2000元以上，并且使用年限在1年以上的，均属于固定资产；单价比较低，但使用年限在1年以上的物资设备，如椅子、图书等也应列入固定资产范围。固定资产包括房屋、建筑物、机器设备、运输设备以及其他与生产经营有关的器具、工具等。一般单位的固定资产，通常分为如下几类：房屋和建筑物（包括业务用房、办公用房和宿舍等）、专用设备（如打字机、复印机、仪器仪表、电子计算机控制系统等）、一般设备（包括器具、车辆、被服等）和陈列品等。

2. 低值易耗品

它包括低值品和易耗品。低值品指单位价值在规定起点2000元以下，耐用时间在1年以上的物质材料。易耗品，指单位价值在规定起点2000元以上，耐用时间在1年以下的物质材料。一般来说，凡是不够固定资产标准的工具、设备，如办公文具，低值仪表、仪器、量具、器具，低值劳保用品等，都属低值易耗品。

3. 材料

它是指使用以后就消耗掉或者逐渐消耗掉而不能复原的物质资料。比如燃料、水泥、试剂、设备修理所用的元件和配件等。材料和固定资产的区别在于前者的使用时间一般比较短，而且在使用中大多数会改变其原有的形态，更主要的是大都在使用一次之后就失去了其原有的价值，或者把价值转移到了新的物质实体中。

（二）实物资产的购置和出入库程序

1. 实物资产的购置

固定资产的增添主要来自基建、购入、自制、捐赠以及其他单位调入。

购置固定资产。编制一份设备购置计划，报上级领导审查同意后，可列入当年的预算，然后方可在所批范围内购置。对购置的固定资产，应当会同使用部门共同验收；验收合格后，填制资产购置验收单。

自制固定资产。单位自制的各项设备，凡是用材料、工资、费用的，同时合计数达到固定资产标准限额的，属于自制固定资产。完工后，填制自制固定资产报核单，注明名称、规格、单价、数量、成本数额，登账后交付使用。

对捐赠的各种设备、仪器和文物等物品，凡是达到固定资产标准的，应当按照单位的固定资产管理办法，加强管理。

对调入的固定资产，应当填写固定资产收单，详细列明名称、规格、数量。

2. 实物资产的出入库程序

（1）资产入库登记

资产购置后，实施独立资产管理的部门应于申领当日填写资产购置验收单，资产保管人应当及时填写资产表。待财务建账后，即刻在所购物品上加贴资产编号标签。编号参考标准例子（见表7-6）（部门和类别视情况相应增加）：

表7-6　资产入库登记表

部门	办公室	a
	生产管理部门	b
	财务管理部门	c
类别	机器设备	01
	化验设备	02
	办公设备	03
	运输设备	04
	配电设备	05
	其他	06

（2）资产发放

资产保管人接到办公室或财务管理部通知后，到办公室及资产财务管理部门办理资产的领用。经资产保管人员核实申购资产无误后，在资产购置验收单和资产表上签字确认。

（3）结算流程

结算需持发票和购置物品申请单、资产购置验收单到财务管理部门办理结算报销手续。财务管理部门在办理固定资产和低值易耗品发票报销时，应当严格审查发票后是否附有购置物品申请单、资产购置数收单等；如无以上附件，应拒绝给予报销，直至将单据补齐。

（4）资产入账

财务管理部门根据报销凭证办理资产财务入账手续，进行资产编号，按相关财务规定计提折旧。财务账目上的资产编号，即作为实物资产标签上的编号，以保证账实相符。

（三）实物资产的日常管理

1. 台账管理

一是财务管理部应当设置资产明细分类账，按资产使用部门、种类及具体品名进行明细核算，详细记录每项资产的购入、公司之间调拨、报废、初始使用人（部门）等。

二是实施独立资产管理的部门应当建立实物台账，各种资产应当按类别及时间顺序在资产总表上登记，注明资产的名称、价格、状况、存放地点、保管人等，与财务的各类账目相一致。同时，实施独立资产管理的部门应当按工作人员的申领情况编制资产表，经工作人员确认后书面签收，登记造册。

三是实物资产的保修卡、说明书等，应当由实物资产所在部门负责统一保管，并登记造册，以便于查阅。

2. 在用资产的管理

在用资产本着谁使用、谁保管的原则。部门内共同使用的实物资产由部门负责人保管，工作人员个人使用的资产由工作人员个人保管。使用人应当妥善保管单位资产，不私自将其转借他人使用。私自挪用调换造成单位资产损坏的，责任应当由原资产保管人负责。

3. 可调配资产的管理

可调配资产主要是指由于人员的离职而收回的单位资产，并暂时处于可调配状况。人员离职前，实施独立资产管理的部门应当根据资产表收回离职人员的实物资产并进行检查。核实无误后，应在资产表上签字确认；如有损坏或丢失，应按照单位相应规定进行赔偿。人力资源部应当在确认实物资产检查回收手续完成后，才可以办理人员的离职手续。回收的可继续使用的资产，应及时记入资产总表的可调配状态。

4. 资产借用

公用设备设施（包括供各部门共同使用的投影仪、数码相机、笔记本电脑、录音笔等）应由办公室负责统一保管，各部门采用借用方式使用。资产借用和归还程序如下：

a. 借用申请报批。申请部门（人员）如需借用公共资产，应当详细填写资产借用审批表，经本部门主管领导签字确认后，到办公室、生产管理部门及其他被认定为实施独立资产管理的部门，进行借用手续的办理。

b. 借用登记。审批通过后，实物资产所在部门的资产保管人员应当严格查看借用审批表并如实办理借用登记手续。

c. 资产归还。资产借用人归还物品时，实物资产所在部门的资产保管人应当按照资产借用审批表的内容，详细核对所借资产的数量及状况；核对无误后，借用人在资产借用审批表归还栏上签字确认。

5. 实物资产调拨

实物资产调拨经相关授权领导审批后，填写固定资产调拨验收单，按资产净值进行转账。

（四）实物资产的盘点

实物资产应当每年定期进行盘点（比如每年的 12 月），盘点范围应当包括固定资产、低值易耗品、材料等。

进行资产盘点时，实施独立资产管理的部门应当将实际盘点数与资产总表一一进行核对。盘点的内容通常包括：收发有无错误，账物是否相符，各种材料有无损坏或者变质，还要检查库房设备和安全设施有无损坏等。财务管理部门应当将盘点结果与财务账目进行核对，核对不符的由实施独立资产管理的部门会同财务管理部门按相关程序进行上报。对积压、多余的物资材料，应当妥善处理。对盘亏物资材料，在查清原因之后，应当按照一定的程序和手续加以处理，并相应调整账目。对于清查中发现的问题，应当搞清情况，及时汇报并认真严肃地进行处理。

（五）实物资产的保养与维修

实物资产的保养。实施独立资产管理的部门应当定期组织对单位实物资产状况进行检查及保养，在合同或保修卡规定的保修期内，由供应商提供保养，资产所在部门负责督办。

实物资产的维修。实物资产发生损坏时，资产保管人员应当报实施独立资产管理的部门进行核实鉴定。如属于正常损耗，可由实施独立资产管理的部门安排修理事宜；如属于非正常损耗，由使用责任人承担全部维修费用或按资产净值予以赔偿。

（六）实物资产的报废

实物资产的报废应按如下程序：

a. 实物资产因陈旧或者经使用寿命终结而无使用价值的，应当由资产所在部门提出申请，财务管理部门签字审核，报授权领导审批后给予报废。

b. 资产所在部门更正资产资料，在资产总表上注明“报发”字样，然后由财务管理部门进行相关的账务处理。

c. 每次资产盘点结束后，办公室应当对报废的资产进行集中变卖处理，尽可能收回资产残值。变卖收入交到财务管理部。

（七）实物资产的遗失或损毁

因自然灾害、盗窃或其他原因而造成的实物资产遭受损毁或者遗失的，资产使用部门应当及时通知办公室、生产管理部门以及其他被认定为有必要实施独立资产管理的部门，进行报案或者通知保险公司，取得相关证明文件后，办理实物资产遗失或索赔手续。

如系使用人或者保管人的过失造成资产损毁的，应当由责任人赔偿。可按资产净值赔偿或者赔偿同等型号同样品牌的实物。

三、办公用品管理

办公用品管理是指对各种办公用品的采购、保管和发放。办公用品有很多，可以简单地区分为办公耐用品、办公易耗品两大类。办公用品管理是组织管理中最常规的工作之一。虽然如此，相关人员应当对办公用品进行科学、有效地管理，保证办公用品适时、适量、按需发放到位，以保障各项工作顺利开展。

（一）办公用品管理的要求

1. 合理计划

办公用品种类多、用量大，因此需要制订计划，合理使用。一方面可避免因办公用品的断档脱节而影响正常工作的开展，另一方面也要防止浪费现象的发生。计划的制订应当考虑下列因素：

a. 以往办公用品的使用情况；

b. 现有的库存量；

c. 可用于添置办公用品的经费；

d. 留有一定余地，以备紧急或特殊情况下的需要。

2. 厉行节约

办公用品使用很容易出现浪费的现象，应当严格把好计划、采购、保管、发放、使用、检查等各个环节，防止大手大脚和铺张浪费现象的发生。

3. 确保重点

在办公用品有限的情况下，要确保使用的重点。首先是要确保领导办公用品的使用需要，然后是要保证工作性质较为重要的部门和客观上办公用品消耗较大的部门的需要。

4. 健全制度

办公用品的管理必须有健全的规章制度，这些制度包括：

采购招标制度。大批量的物品或重要设备的采购要实行公开招标制度，杜绝暗箱操作，防止产生腐败，降低采购成本，提高采购质量。

进货登记制度。所有办公用品都必须进库统一保管并进行严格的登记，不允许有账外"小仓库"或未经登记就以个人名义使用和保管。

专人保管制度。办公用品的保管要由专人负责，以做到心中有数。

领导审批制度。对办公用品的计划制订、供应商确定、价格谈判方案、经费使用、重要办公用品的领用等，要实行领导审批制度。

领用签字制度。领用办公用品，要填写"办公用品领用登记簿"。领用人详细填写领用物品的名称、数量、用途、领用时间等项目，并在领用人一栏中签字，做到"谁领用，谁负责"的原则。

维护保养制度。办公用的设备和器材在使用过程中要加倍爱护。平时要定期检查和保养，以延长其使用寿命。

（二）办公用品的采购

根据单位办公用品的实际用量和库存情况制订合理的采购计划，并将办公用品采购申报表提前报领导审批，以便落实经费，根据批准的采购计划实施采购。

选择最佳的采购时间。对比选出最佳的市场价格和商家，以最小的采购量满足单位日常工作运行的需求。选择好供货商，第一要看同样货物的价格是否合理，第二要看质量是否有保障，第三要看交货是否方便，第四要看是否有较好的售后服务。

签订供货合同后，收到货物时，即核对货物与购货清单、发票所载是否一致；保留好购货清单和发票，及时入库。

当库存余额达到最小库存量，应当检查是否已经订货。如需订货，需要考虑业务的运行、平均使用量、物品交货的时间长短等多种因素，以确定订货量。

（三）办公用品的入库保管

1. 入库

货物收到后，先入库再出库。入库前，应当根据合同或根据进货凭证，严格检查到库货物的数量、质量、品种、规格，保证入库货物的数量准确、品种规格相符、质量完好。验收后，填制验收入库单。

为了保证工作和各项业务的顺利开展，各种货物必须具备一定的储备量，但又不能积压大量的存货，因此需要建立库存记录。库存记录的目的是：大量的资金不被不必要的库存占用；空间不被用来存储不必要的货物。应当建立办公用品库存一览表（见表7-7），记录货物入库时间、入库量，统计库存余数及月均需求量。

表 7－7　办公用品库存一览表

物品	入库时间及入库量	月均需求量	库存余数				
			1 月	2 月	3 月	4 月	……
便签（本）	时间： 数量：						
……							
……							
……							

2. 保管

应当根据不同物品的性能特点，结合仓库的自然条件和取用方便原则，加以合理的存放。合理存放指零整分开，位置固定，整齐有序，以便于收发和检查清点。科学保养指应当根据物品的性能，采取必要的防火、防腐、防爆、通风、通气、取暖、排水等各种技术措施，以便物品在一定时间和一定条件下不变形、不变质、不损坏，从而保证达到业务使用的要求。对于那些易燃、易爆、有毒等危险品，注意与其他物品分开存放。加强责任管理，经常进行安全检查，防止发生意外事故。

各类物品应当清楚地贴上标签，以便能迅速地找到物品。给每一库存项编号，与存放位置相联系，这样容易找到物品。新物品置于旧物品的下面或后面。物品发放坚持先进先出，以保证物品不会因为过期而不得不销毁。体积大、分量重的物品放置在最下面，以减少和避免从架子上取物时发生事故的危险。

（四）办公用品的领取发放

坚持先进先出、后进后出的原则发放物品，无论是送料、转库，还是调出，都应当当面点交清楚。建立严格的领取发放审批手续、严格的领取发放登记制度，观察每月消耗量，监督个人和部门对物品的使用情况，以避免浪费。

物品出库时及时做好“领料单”或“年度物品领取发放记录表”（见表 7－8）的记录。其中，“领料单”记录应当包括领料部门、货名、规格、单位、数量、单价、合计、备注等事项，还应有主管、领料人、仓库管理员的签字环节。

表 7－8　年度物品领取发放记录表

物品	领取时间、领取数量、领取人签字												
	1 月	2 月	3 月	4 月	5 月	6 月	7 月	8 月	9 月	10 月	11 月	12 月	年度总计
便签（本）	时间： 数量：												

续 表

物品	领取时间、领取数量、领取人签字												
	1 月	2 月	3 月	4 月	5 月	6 月	7 月	8 月	9 月	10 月	11 月	12 月	年度总计
……													
……													
合计													

四、办公室零用现金管理

一些组织办公室中常设立有一笔零用现金或称作备用金，以支付本市交通费、接待用茶点费、停车费和添置少量的办公用品。它通常是由组织领导和财务负责人批准后由办公室人员保管和支出的，也是一笔供平时周转使用的现金。

它的数额根据组织的规模和平时小额支出的次数多少来确定。办公室人员取得现金后，应将现金锁在保险箱内，并负起保管和支付备用的责任。

（一）日常管理

办公室人员必须建立一本零用现金账簿，清楚注明收到现金的日期、收据编号、金额，支出现金的日期、用途，零用现金凭单编号、金额、余额等。有的还要在账目上进行分析，了解花销的情况和去向。

内部工作人员需要使用领取零用现金时，应填写“零用现金凭单”（见表 7－9），提交花销的项目和用途、日期、金额记录。

表 7－9　零用现金凭单

零用现金凭单	编号
项目和用途 申请人签名	金额 日期
审批人签字	日期
账页编号支付	日期

办公室人员要认真核对零用现金凭单，经授权人审批签字后，方可将现金支付给使用者。

办公室人员要认真核对领取者提交的发票等证据上的用途、内容、金额是否与零用现金凭单上填写的完全一致，然后将发票等证据附在零用现金凭单后面。

每当支出一笔现金，均须及时在零用现金账簿上进行记录。

当支出的费用到一定数额后或月末，办公室人员再到财务部门报销并将现金返还到零用现金箱中进行周转。

（二）注意事项

对零用现金的管理，应当像财务工作一样，严谨认真地对待。不允许管理者自己或协助他人建立办公室的“小金库”，而是应该严格遵守单位的办公程序和财务制度。

办公室人员保管备用金，应把办公室的开支情况记录下来并定期进行分析，并将零用现金收支报表定期送主管领导核阅，以便领导掌握动态。

本章小结

本章首先介绍了办公室的概念和特征、办公室人员的构成与要求、办公室的工作内容、办公室管理的概念和对象以及办公室管理的工作要诀等，旨在让学生先对办公室和办公室管理有个理论上的认知。本章接着介绍了办公室管理工作中的一些相关流程和技能，包括组织证照管理、办公环境管理、办公资产管理等，这就要求学生在了解基本理论知识的基础上，更进一步了解办公室工作的基本要求，熟练掌握各项办公室管理工作的手续和规范，以便于在今后的工作岗位中学以致用，理论联系现实，胜任办公室管理工作，满足单位对办公室相关人才的需求。通过本章的学习，希望学生能够对办公室管理的相关内容有基本的把握，并不断地在实践中提升自我。

案例讨论

在某公司实习的秘书小李第一天上班，被安排在接电话的岗位。由于心情十分激动，第一次遇到外来电话，铃声刚起，他就迅速地抓起电话说：“喂，你找谁？”第二次接电话时，是对方打错了，小李一听就告诉对方说“你打错了”，然后就挂上了电话。第三次接电话时，小李在第二遍铃声后拿起听筒，对方没有说明来意就直接说要找总经理。小李很兴奋地说：“王总外出打保龄球去了。”对方说：“你知道王总的手机号码吗”小李热情地帮对方查了号，并在对方的道谢声中说了再见。他觉得自己处理得很好。

课后作业

1. 什么是办公室管理？
2. 办公礼仪管理包括哪些内容？
3. 办公室的5S管理是什么？
4. 简述实物资产管理的范围？
5. 简述办公用品管理的要求？

评价（见下表）

评价表

属性	要点	自评			互评		
		好	一般	差	好	一般	差
理论知识	掌握办公室的概念和工作内容以及办公室管理的概念、对象和工作要诀	好	一般	差	好	一般	差
	掌握办公环境管理的主要内容以及办公室的5S管理的内涵						
	熟练叙述办公室资产管理的方法						
	简述实物资产的日常管理内容以及办公用品管理的要求						
技能水平	模拟日常办公礼仪、来访接待礼仪和电话接听礼仪三大办公礼仪						
	掌握组织证照办理、建档、使用、年审变更的相关程序						
	掌握办公用品如何采购、入库保管和领取发放要求						
情感态度	课前认真预习办公室管理的相关内容，通过多种方式查询相关资料，在课堂学习之前具备一些知识认知						
	课中认真听课、做笔记，积极回答老师所提问题，能有深入学习办公室管理知识的兴趣						
	课后及时完成老师布置的作业，遇到难题积极寻找多种途径解决，形成想在日常生活中学习一些良好礼仪的意识						

第八章　税收申报管理

学习目标

1. 了解税收的基本概念、特征；
2. 了解税收管理制度的概念、分类及其功能；
3. 了解税务登记和发票领购；
4. 了解增值税纳税申报的主体、范围以及地点、时间；
5. 了解企业所得税的缴纳申报、相关优惠，以及其他税种的申报。

情境导入

2018 年 7 月 3 日，某区国税局稽查人员在对某加油站进行日常纳税检查时发现，该加油站于 6 月 7 日根据城市规划的安排，由原经营地人民大道 36 号，搬到马路对面 38 号经营，并于 6 月 12 号在区工商行政机关办理了变更登记。加油站认为，经营地址只是门牌号稍有不同，不影响纳税，所以就直接将税务登记证件中的地址 36 号改为 38 号。

请问该加油站的行为有无违法之处？

第一节　税收管理概述

一、税收的基本概念、特点

（一）税收的基本概念

税收是国家依据国家法律规定，按照固定比例对社会产品进行的强制的、无偿的分配，是财政收入的主要形式。到了当今社会，税收更是政府对经济进行宏观调控的一种重要手段。

第一，税收是由政府强制征收的，税收征收的主体是代表社会全体成员行使公共权力的政府。第二，政府之所以向社会成员进行征税，也是凭借国家的政治权力，这是以法律的形式予以明确规定的。第三，政府征税的目的是满足整个社会对公共产品的需要。国家在履行其公共职能过程中，必然要有一定的公共支出。公共支出一般情况下不能由公民个人、企业采取自愿出资的方式，而只能采用由国家（政府）强制征税的方式，由经济组织、单位和个人来负担。国家征税的目的是满足政府经费开支的需要，满足社会公众对公共物品的需求，满足国家提供公共产品的需要，其中包括政府弥补市场失灵、促进公平分配等需要。同时，国家征税也要受到所提供的公共产品规模和质量的制约，因而税收成为各国政府对经济进行宏观调控的重要政策手段。第四，按照法律规定的条件和标准征税。凭借国家的政治权力，把劳动者创造的一部分社会产品用税收的形式集中到国家手中，是依靠法律规定的条件和标准进行的。国家通过制定税法及其实施细则，凭借它来要求纳税人将其收入或财产的一部分以货币或实物的形式转移给国家，具有强制性。若没有税法，无论法人还是自然人都会感到无所适从，难以纳税。最后，税收属于分配范畴。国家征税就是把一部分社会产品从一部分社会成员中强制地、无偿地转变为国家所有，在全社会范围内统一分配使用。同时，政府征税的结果，必然引起社会各成员间占有社会产品和国民收入分配比例的变化，使得一部分社会成员占有的比例增加，另一部分社会成员占有的比例减少。

剥去外壳看其本质的话，其实税收就是以满足公共需要为目的，政府以政治权利来进行分配的一种特殊的分配关系。

（二）税收的特点

1. 强制性

税收强制性，是指税收凭借国家政治权力征收，通过强制手段对国民收入分配中已实现的收入进行再分配。强制的含义是指：一方面国家依法获得各种税的征税权；另一方面使纳税人的纳税义务成立。强制性是国家的政治权力在税收上的法律体现，是国家取得税收收入的根本前提，它也是与税收的无偿性特征相对应的一个特征。正因为税收具有无偿性，才需要通过税收法律的形式规范征纳双方的权利和义务。对纳税人而言，依法纳税既是一种权利，更是一种义务。

因此，纳税人必须依法纳税，尽其纳税义务；如果不依法纳税，就要受到法律的制裁，税务机关可以通过加收滞纳金、罚款、通知银行扣缴入库、扣押财产和最终提请法院强制执行等种种办法和制度，进行强制征收。而对于构成税务犯罪的，司法机关还要追究刑事责任。

税收的强制性特征使其与公债、政府收费和接受捐款等财政收入形式区别开来，是税收形式的最根本特征。与税收形式相比，政府发债取决于债权人的认购意愿，政府收费有着直接的服务对象，政府接受捐款更是依赖于捐款者的行为选择。这些，都不具有强制性的形式特征。

2. 无偿性

税收的无偿性，是指国家征税以后，对具体纳税人既不需要直接偿还，也不付出任何直接形式的报酬，纳税人从政府支出中所获利益通常与其支付的税款不完全成一一对应的比例关系。无偿性是税收的关键特征，它使税收明显地区别于国债等财政收入形式，决定了税收是国家筹集财政收入的主要手段，并成为调节经济和矫正社会分配不公的有力工具。

税收的这个特征是针对具体纳税人而言的，即税款交纳后，国家与纳税人之间不再有直接的返还关系。它和我们后面要讲的国债、收费等财政收入形式不同，也与银行信用不同，它们都是需要偿还或付出代价的。

3. 固定性

税收的固定性，指税收是国家通过法律形式预先规定了对什么征税及其征收比例等税制要素，并保持相对的连续性和稳定性，即使税制要素的具体内容也会因经济发展水平、国家经济政策的变化而进行必要的改革和调整，这种改革和调整也总是要通过法律形式事先规定的，而且改革调整后要保持一定时期的相对稳定。基于法律的税收固定性始终是税收的固有形式特征。税收的固定性对国家和纳税人都具有十分重要的意义。对国家来说，可以保证财政收入的及时、稳定和可靠，可以防止国家不顾客观经济条件和纳税人的负担能力，滥用征税权力；对于纳税人来说，可以保护其合法权益不受侵犯，增强其依法纳税的法律意识，同时也有利于纳税人通过税收筹划选择合理的经营规模、经营方式和经营结构等，降低经营成本。税收的这一特点又与上缴的利润和各种罚没收入不同。它既把国家和企业、个人的分配关系通过法律的形式固定下来，从而保证了财政收入的稳定性，也有利于维护纳税人的合法权益。

税收三性是一个完整的统一体，它们相辅相成、缺一不可。其中，无偿性是核心，强制性是保障，固定性是对强制性和无偿性的一种规范和约束。税收是以上三性的统一，只有同时具备了这三个特征，才构成税收。

二、税收管理制度的基本内涵、分类及功能

（一）税收制度及其分类

1. 税收制度

税收制度是指国家通过立法程序规定的各种税收法令和征收管理办法的总称，其核心是主体税种的选择和各税种的搭配问题。税收制度有广义和狭义之分。狭义的税收制度是指国家以法律或法令形式确定的各种课税办法的总和，包括税种的设置、各税种的具体内涵，体现税收的征纳关系；广义的税收制度是指税收基本法规、税收征收管理体制、税收征收管理制度以及国家机关之间因税收管理而发生的各种关系。

2. 税收制度的类型

（1）单一税制

单一税制是指一个国家只征收一种税的税收制度。这种税制只在理论上存在，难以在实践中施行。在税收理论发展史上，与不同时期的政治主张、经济学说相呼应，曾有不少学者提出过实行单一税的理论主张，大致可分为单一土地税、单一消费税、单一财产税和单一所得税等。

单一税制的主张之所以能产生，是因为主张者们认为单一税有如下的优点：①征税范围明确，便于征纳；②课税次数较少，有利于生产流通；③纳税人易于接受，减少苛扰之弊；④稽征手续简单，可以减少征管机构，节约征管费用。反对单一税制主张的许多学者则认为单一税制有如下缺点：①无法保证财政收入的充裕、稳定和可靠，也不能充分发挥税收对社会经济的有效调控作用；②课税来源单一，容易导致税源枯竭，妨碍国民经济协调发展；③课税对象单一，无法实现税负公平。由于单一税制结构存在很多缺陷，因而它只不过是一种纯理论的设想，只能停留在理论讨论阶段，至今世界各国无一付诸实施。目前，各国实行的税收制度都是复合税制。

（2）复合税制

复合税制是指一个国家同时开征两个以上税种的税收制度。由于复合税制具有多种税同时征收的特点，可在税制系统内部各税种之间发挥相互协调、相辅相成的功效。就财政

收入而言，税源广，弹性充分，能保证财政收入充裕可靠；就税收政策而言，具有平均社会财富，稳定国民经济的功能；就税收负担而言，税收落点全面、普遍、公平；就税收作用而言，多税种并用可以充分发挥税收的作用。鉴于复合税制具有以上优点，世界各国目前均采用复合税制，我国采用的也是复合税制。

在当今世界各国，复合税制普遍包括若干税种，每一税种都有不同的课税对向，但所有税种的纳税人不外乎企业和个人，这就对税制设计提出了更高的要求。在选择税种、税源，确定税目、税率等方面，应根据本国国情，既要考虑能否符合税收原则的要求，还要考虑每种税之间的关系和搭配，更要考虑税收负担和征管能力。

目前，我国共有增值税、消费税、企业所得税、个人所得税、资源税、城镇土地使用税、房产税、城市维护建设税、耕地占用税、土地增值税、车辆购置税、车船税、印花税、契税、烟叶税、关税、船舶吨税等17个税种。其中，15个税种由税务部门负责征收；关税和船舶吨税由海关部门征收。另外，进口货物的增值税、消费税也由海关部门代征。

（二）税收管理制度的概念及分类

税收管理是国家以法律为依据，根据税收的特点及其客观规律，对税收参与社会分配活动全过程进行决策、计划、组织、协调和监督控制的一系列活动。保证税务管理活动实施的法律、法规、规章、规范，共同构成税收管理制度。

税收管理制度有广义和狭义之分。广义的税收管理制度按其管理内容可划分为以下四类：

税收法制管理制度。该制度涉及税法的制定和实施，具体包括税收立法、税收执法和税收司法全过程。

税收征收管理制度。这是一种执行性管理制度，是指税法制定之后，税务机关组织、计划、协调、指挥税务人员，将税法具体实施的制度，具体包括税务登记管理、纳税申报管理、税款征收管理、减税免税及退税管理、税收票证管理、纳税检查和税务稽查、纳税档案资料管理。

税收计划管理制度。该制度主要包括税收计划管理、税收重点税源管理、税收会计管理、税收统计管理等方面。

税务行政管理制度。该制度又称税务组织管理制度，是有关税务机关内部的机构设置和人员配备的制度和规范，具体包括税务机构的设置管理、征收机关的组织与分工管理、税务工作的程序管理、税务人员的组织建设与思想建设管理、对税务人员的监督与考核、税务行政复议与诉讼的管理等方面。狭义的税收管理制度是指税收征收管理制度，这是征纳双方关注的焦点。在税收问题上，除了税制设计外，政府最重要的工作莫过于强化税收征收管理。税收征收管理是税务管理的核心，在整个税务管理工作中占有十分重要的地位。

（三）税收管理制度的功能

1. 保护征纳双方的利益

税收管理过程实质上就是依法确保税收收入的过程。税收管理制度作为管理依据和规范，可以要求征纳双方严格遵守税法，依法征税和纳税，做到有法可依，有章可循，即规范纳税人的纳税行为，规范征收机关和税务人员的征税行为，尤其是提高执法人员的执法意识，尽量减少违规执法或执法不当的现象，保护征纳双方的权益。

2. 实现税收职能

税收管理制度是税收制度得以顺利实施的重要保证，也是税收职能得以实现的重要保证。征收管理活动是围绕着税款征收这一中心任务展开的，征收管理制度的制定和实施可以保证税款征收工作的顺利完成。在税收管理过程中，能够了解国民经济的发展情况、纳税人对税法的执行情况、税制设计是否符合客观的经济状况，并能及时把这些信息反馈给国家决策机关，实现税收的财政职能、调节职能和监督职能。

3. 完善法律法规体系

税收制度和税收管理制度都是国家法律法规体系的重要组成部分。税收管理制度可从程序和管理角度规范征纳双方行为，在税收制度层面不可或缺。

第二节 税务登记与发票领购

税收征收管理是税务机关代表国家行驶征税权，对日常税收活动进行有计划的组织、指挥、控制和监督的活动，是对纳税人履行纳税义务采用的一种管理、征收和检查行为，是实现税收职能的必要手段。税收征管包括税务登记、发票管理、纳税申报等。其中，税务登记和发票管理作为基础性环节，在开展税收征管的学习时，我们需要预先了解。

一、税务登记

税务登记是指税务机关根据税法规定，对纳税人的生产经营活动进行登记管理的一项基本制度。经营应税业务的单位和个人在开业、歇业以及经营期间发生改组、合并等大的变动时，必须在所在地税务机关办理书面登记。它的意义在于：有利于税务机关了解纳税人的基本情况，把握税源；加强征收与管理，防止漏管漏征；建立税务机关与纳税人之间正常的工作联系，强化税收政策和法规的宣传，增强纳税意识等。

（一）税务登记法律制度

为了加强户籍管理，严格税源控制，我国对纳税人实行税务登记制度。目前，我国的纳税人税务登记制度实施的法律基础是《中华人民共和国税收征收管理办法》以及国家税务总局2003年12月17日公布并于2019年7月24日修订的《税务登记管理办法》。在上述管理办法中，我国税务登记的种类主要包括以下内容。

1. 设立登记

设立登记是指纳税人在新成立机构时或在外地设立分支机构和从事生产、经营的场所时，应向税务机关申请办理的纳税登记。从事生产、经营的纳税人，应当自领取营业执照之日起30日内主动依法向国家税务机关申报办理登记。若为新成立的纳税企业，应向当地主管国家税务机关申报办理纳税登记。若是纳税企业跨县（市）区设立的分支机构和从事生产经营的场所，除总机构向当地主管国家税务机关申报办理税务登记外，分支机构还应当向其所在地的主管国家税务机关申报办理纳税登记。

办理纳税设立登记时，纳税人需要提出书面申请报告，并提供营业执照、公司章程等相应证件资料。在资料、证件齐全的情况下，向纳税登记机关领取并填写《税务登记表》；

填写完毕并盖上相应单位公章、法人代表章后，将税务登记表和相关资料一并交由税务机关审核；经主管国家税务机关审批核准后，在规定期限内领取税务登记证及相关材料。

2. 变更登记

变更登记是指纳税人原税务登记证上的内容发生变化，需要重新办理税务登记变更手续，如纳税人名称、法定代表人（负责人）或个体业主姓名及其居民身份证、护照或其他合法证明的号码、注册地址、生产经营地址、生产经营范围、经营方式、登记注册类型、隶属关系、行业、注册资本、投资总额、开户银行及账号、生产经营期限、从业人数、营业执照及号码、财务负责人、办税人员、会计报表种类、低值易耗品摊销方式、折旧方式等。

变更登记流程与设立登记流程除填写申报表格中种类之外，基本无异。但需要注意的是：如果纳税人改变单位名称的必须先缴销发票；如果纳税人未在规定期限内办理变更税务登记的，税务机关将按照规定进行违章处罚；如果纳税人经营地址发生跨征收区域变更（指迁出原主管税务机关管辖范围）的，必须按照迁移税务登记程序办理跨区迁移。

3. 注销登记

纳税人发生解散、破产、撤销以及依法终止纳税义务情形的，应当在向工商行政管理机关或者其他机关办理注销登记前，持有关证件向原税务登记机关申报办理注销税务登记。

按照规定不需要在工商行政管理机关或者其他机关办理注销登记的，应当在有关部门批准或宣告注销之日起 15 天内，持有关证件向原税务登记机关申报办理注销税务登记。纳税人被工商行政管理机关吊销营业执照或者其他机关予以撤销登记的，应当自营业执照被吊销或者被撤销登记之日起 15 日内，持有关证件向原税务登记机关办理注销税务登记。

在申请注销登记时，纳税人除了填写《注销税务登记申请审批表》之外，还需提交董事会等相关部门的决议，并交回原税务登记证、发票、发票购领证等材料。

除上述三种主要登记类型外，还有停业、复业登记，外出经营报验登记，扣缴税款登记等。纳税人需要根据实际经营情况，进行纳税登记，履行纳税义务。如果纳税人未及时、尽责履行纳税义务，根据《中华人民共和国税收征收管理办法》的相关规定，可以做出罚款、吊销营业执照等处罚。

（二）“三证合一、一照一码”登记模式

“三证合一、一照一码”登记模式是由国务院办公厅 2015 年 6 月底印发的《关于加快推进“三证合一”登记制度改革的意见》提出的，《意见》中明确提出要加快推进企业“三证合一”登记制度改革，将由工商、税务、质检三个部门分别核发不同证照，即原来由工商部门核发的营业执照、质检部门核发的组织机构代码证、税务部门核发的税务登记证，改为由工商部门核发加载法人和其他组织统一社会信用代码的营业执照，实行“一照一码”登记模式。

“一照一码”证照具有营业执照、组织机构代码证、税务登记证的相关功能。企业领取“一照一码”证照后，无须再次进行税务登记，不再领取税务登记证。企业办理涉税事宜时，在完成税务部门补充信息采集后，凭“一照一码”证照可代替税务登记证使用。税务机关应及时核对纳税人信息。对于工商登记已采集信息，税务机关不再重复采集；其他必要涉税基础信息，可在企业办理有关涉税事宜时，及时采集，陆续补齐。

“三证合一、一照一码”登记模式相较于此前中国实行的“三证分离的商事登记制度”，解决了其企业注册资本高、部门间信息隔离、政府服务效能低等问题，可以方便企业办事、简化登记手续、降低行政成本，是国家行政改革的重要举措之一。

二、发票领购

发票是单位和个人在购销商品、提供或者接受经营服务以及从事其他经营活动中，开具、取得的收付款凭证，是会计核算的原始依据。发票的印制、领购、开具、保管应当符合税收征收管理法律制度和发票管理制度的规定。发票内容包括向购买者提供产品或服务的名称、日期、数量以及协议价格。每一张发票都有独一无二的流水账号码，要防止发票重复或跳号。

根据《发票管理办法》及实施细则的有关规定，我国目前的发票分为专用发票和普通发票两大类：

（一）普通发票

1. 概念

普通发票主要由营业税纳税人和增值税小规模纳税人使用，增值税一般纳税人在不能开具专用发票的情况下也可使用普通发票。普通发票由行业发票和专用发票组成。前者适用于某个行业和经营业务，如商业零售统一发票、商业批发统一发票、工业企业产品销售统一发票等；后者仅适用于某一经营项目，如广告费用结算发票，商品房销售发票等。普通发票的联次有二联票和五联票，第一联为记账联，第二联为发票联，五联票的后三联及附加联次供纳税人选择使用。随着行政改革的进行，目前普通发票还有电子形式的。

2. 普通发票领购及规定

有领购资格的纳税人领购普通发票时，必须提供以下资料：办税人员资格证、发票领购审批传递单、已开具使用的旧发票及发票使用情况明细表、普通发票领购卡。

需要临时使用发票的单位和个人，可以直接向税务机关申请办理。临时取得应税收入的纳税人需要发票的，可到税务部门办税服务厅申请代开发票。纳税人申请代开普通发票的，应当提交以下资料：

a. 付款单位接受产品、劳务，承认付款的证明；

b. 申请代开单位的税务登记证件或证实申请代开人职业的证明；

c. 申请代开人的居民身份证；

d. 其他有关证明。

跨省、市、县从事临时经营活动的单位和个人领购普通发票的办法如下：

a. 临时到本省市、县以外从事经营活动的单位和个人，应当凭所在地税务机关的证明，向经营地税务机关申请领购发票。

b. 经营地税务机关可以要求其提供保证人或者根据所领购发票的票面限额及数量交纳不超过 1 万元的保证金，并限期缴销发票。

c. 按期缴销发票的，解除保证人的担保义务或者退还保证金；未按期缴销发票的，由保证人或者以保证金承担法律责任。

d. 经营地税务机关收取发票保证金时，应当开具收据。

（二）增值税专用发票

1. 概念

增值税专用发票，是商事凭证，由于实行凭发票购进税款扣税，购货方要向销货方支付增值税，因此也是完税凭证，起到销货方纳税义务和购货方进项税额的合法证明作用。专用发票既具有普通发票所具有的内涵，同时还具有比普通发票更特殊的作用。增值税专用发票也有电子形式的。增值税专用发票的联次有三个联次和六个联次两种，第一联为记账联（用于销售方记账），第二联为抵扣联（用作购买方扣税凭证），第三联为发票联（用于购买方记账），六联次的其他三联为备用联，分别作为企业出门证、检查和仓库留存用。

2. 增值税专用发票领购及规定

增值税专用发票只限于增值税一般纳税人领购使用，领购时需携带发票领购簿、比卡和经办人身份证明。增值税小规模纳税人不得领购使用。小规模纳税人符合条件，需要开具专用发票的，由当地税务所代开。

一般纳税人有下列法定情形的，不得领购使用增值税专用发票：

一是会计核算不健全，不能向税务机关准确提供增值税销项税额其他有关增值税税务资料的。

二是有《税收征管法》规定的税收违法行为，拒不接受税务机关处理的。

三是有下列行为，经税务机关责令限期改正而仍未改正的，如已领购专用发票，主管税务机关应暂扣其结存的专用发票和 IC 卡：虚开增值税专用发票；私自印制专用发票；向税务机关以外的单位或个人买取专用发票；借用他人专用发票；向他人提供专用发票；未按规定开具、保管专用发票和专用设备；未按规定申请办理防伪税控系统；变更发行，未按规定接受税务机关检查。

四是销售的货物全部属于免税项目的。

五是纳税人当月购买专用发票而未申报纳税的，不得向其发售专用发票。

第三节　增值税纳税申报

增值税法是指国家制定的用以调整增值税税收与缴纳之间权利及义务的法律规范。现行增值税法的基本规范是 1993 年 12 月 13 日中华人民共和国国务院令第 134 号发布、2008 年 11 月 5 日国务院第 34 次常务会议修订通过的《中华人民共和国增值税暂行条例》。该条例自 2009 年 1 月 1 日起施行。

一、增值税概述

（一）增值税的概念

增值税（VAT）是以商品在流转过程中产生的增值额为计税依据而征收的一种税。在我国，增值税是指对在中华人民共和国境内销售货物或者提供加工、修理修配劳务以及进口货物的单位和个人，就其实现的增值额为征税对象，并实行税款抵扣制的一种流转税。

所谓增值额，是指在一定期间从事工业制造、商业经营和提供劳务的过程中，新创造的那部分价值。它是纳税人在一定时期内，所取得的商品销售（或劳务）收入额大于购进商品（或取得劳务）所支付金额的差额。

增值税的计税原理为：对商品生产和流通中各环节的新增价值或商品附加值进行征收增值税的实际操作中采用的间接计算法，即从事货物销售以及提供应税劳务的纳税人，要根据货物或应税劳务的销售额，按照规定的税率计算税款，然后从中扣除上一道环节已纳增值税税款，其余额即为纳税人应缴纳的增值税税款。税款随着货物的销售诸环节转移，最终消费者是全部税款的承担者。但政府并不直接向消费者征税，而是在各个生产经营环节分段征税，由各个环节取得增值额的纳税人缴纳税款。

（二）增值税的类型

实施增值税的国家，按照允许抵扣项目范围的大小，一般把增值税分为三种类型。

1. 生产型增值税

生产型增值税，纳税人的销售收入中可以扣除外购的生产资料（用于生产、经营的原材料、燃料、动力等物质资料）的价值，以其余额作为法定增值额，但不允许从销售额中扣除所购人的固定资产及折旧。征税对象（法定增值额）等于工资、租金、利息、利润和折旧之和，其内容就整个社会来说大体相当于国民生产总值。因此，应税的征税对象相对最大，税基最大，对生产影响最深，对经济的干扰程度最大。

因为生产型增值税不允许在计算增值税时扣除外购固定资产的价值，对这部分价值存在重复征税的问题，所以它是一种不彻底的增值税，不利于鼓励投资。但正因为如此，它可以抑制企业的固定资产投资，保证国家的财政收入。目前，只有巴基斯坦、多米尼加、海地等少数发展中国家采用。

2. 收入型增值税

收入型增值税除允许从销售额中扣除外购物资的价值外，还允许扣除外购用于生产经营的固定资产的折旧额。这个法定增值额就整个社会来说，相当于国民收入，所以称为收入型增值税。由于其税基相对较大，对生产影响较大，对经济的干扰程度居中。

理论上，收入型增值税是一种标准的增值税，不存在重复征税问题，但由于外购固定资产价值是以计提折旧的方式分期转入产品价值的，转入部分并没有逐笔对应外购凭证，故给凭发票扣税的计算方法带来困难，从而影响了这种方法的广泛运用。

3. 消费型增值税

消费型增值税允许将外购物质资料的价值和用于生产经营的固定资料的价值在购置时全部一次扣除，即纳税企业用于生产的全部外购生产资料都不在课税之列。作为课税基的法定增值额，相当于纳税人当期的全部销售额扣除外购的全部生产资料价款后的余额，从社会来看，只相当于消费资料部分，所以称为消费型增值税。由于其增值额最小，税基最小，对生产的干扰程度最小。

消费型增值税不仅不会导致重复征税问题，而且大大增加了固定资产购进当期的扣除额，减少了纳税人的增值税负担，也相应减少了国家的财政收入。但从税收征管的角度看，这种方法最适合凭发票扣税的计算方法，凭固定资产的外购发票就可以一次将其已纳税款全部扣除，既便于操作，也便于管理。此外，消费型增值税还具有鼓励投资、加速设备更新的优点。

依据亚当·斯密的观点，政府在经济调节中充当“守夜人”的角色。由于消费型增值税税基最小，对经济的干预最小，因而最能体现增值税的优点——税收中性原则；它避免了对资本型货物的重叠课税，更具有公平性。西方发达国家大多实行消费型增值税，我国从 2019 年 1 月 1 日起，全面由生产型增值税转为消费型增值税。

（三）增值税的特点

1. 税不重征

税不重征，是增值税最本质的特点。即增值税是只对增值额征收的一种税，也就是按照货物和劳务销售收入额中新创造而未征过税的那部分销售额征税；对销售额中属于转移过来的、以前环节已征过税的那部分销售额不再征税。

此外，增值税税率档次少。一些国家只采取一档税率，即使采取二档或三档税率的，其绝大部分货物一般也都是按一个统一的基本税率征税。这不仅使得绝大部分货物的税负是一样的，而且同一货物在经历的所有生产和流通的各环节的整体税负也是一样的。这种情况使增值税对生产经营活动以及消费行为基本不发生影响，从而使增值税具有了中性税收的特征。

2. 普遍课征、道道征收

增值税从征税领域看，涉及货物的生产、批发、零售各环节及劳务的有关领域；从生产经营的横向关系看，无论工业、商业或者提供应税劳务，只要有增值收入，就要纳税；从生产经营的纵向关系看，每一货物无论经过多少生产经营环节，都要按各道环节上发生的增值额逐次征税，具有普遍征税的特点。

增值税就各个生产环节道道征税，是一种多环节连续性课征的税种。征收范围延伸到生产、流通的各个领域，体现普遍征收的原则。一种商品从生产到最后进入消费，每经过一道环节就征一道税，因此从生产经营全过程来看，具有道道征税的特点。

3. 税负由最终消费者承担

增值税是间接税，各环节的经营者作为纳税人只是把从买方收取的税款转缴纳给政府，经营者本身实际上并没有承担增值税税款。随着商品的流转，经营者在出售货物的同时，也出售了该货物所承担的增值税税款，直到货物卖给最终消费者时，货物在以前环节已纳的税款连同本环节的税款也一同转给了最终消费者。可见，增值税税负具有逐环节向前推移的特点，税收负担随应税商品的流转而向购买者转嫁，最后由该商品的最终消费者负担。

4. 价外计税

在计税时，作为计税依据的销售额中不包含增值税税额，这样有利于形成均衡的生产价格，并有利于税负转嫁的实现。这是增值税与传统的以全部流转额为计税依据的其他流转税的一个重要区别。

（四）增值税的作用

1. 保证财政收入及时、稳定增长

增值税实行普遍征收，税基极为广阔，增值税在货物销售或应税劳务提供时随同销售额一并向购买方收取，纳税人不必“垫付”生产经营资金来缴税，可以保证财政收入的及时入库。增值税不受生产结构、经营环节变化的影响，使财政收入具有稳定性。此外，增值税实行购进扣税法和发票注明税款抵扣，使购销单位之间形成相互制约的关系，有利于税务机关对纳税情况进行交叉稽核，防止偷漏税的发生。

2. 促进专业化协作生产的发展

实行增值税更适合生产向专业化、协作化方向发展，可有效地排除按销售全额计税所造成的重复征税的弊端，使税负不受生产组织结构和经营方式变化的影响，始终保持平衡。因此，增值税有利于生产向专业化、协作化方向发展，也不影响企业在专业化基础上的联合经营，从而有利于社会生产要素的优化配置，调整生产经营结构。

3. 有利于促进对外经济交往

由于世界贸易的全球化发展，许多国家为了提高本国商品的出口竞争能力，大多对出口商品实行退税政策，使之以不含税价格进入国际市场。然而在传统的间接税制下，出口商品价格所包含的税金因该商品的生产结构、经营环节不同而多寡不一，给准确退税带来很大困难。实行增值税后，从根本上克服了这一弊端，使商品的出口退税更准确、彻底，让商品以完全不含税的价格进入国际市场。

对于进口商品，由于按增值额设计税率，并且按进口商品的组成价格计税，从而把进口企业因退税或不征税产生的经济利益转化为国家所有。这样不仅平衡了进口商品和国内商品的税负，而且有利于根据国家的外贸政策，对进、出口商品实行限制或奖励，保证国家的经济权益和民族工业的发展。

二、增值税的纳税主体

（一）纳税义务人

《中华人民共和国增值税暂行条例》（简称《增值税条例》）规定：在中华人民共和国境内销售货物以及进口货物的单位和个人，为增值税的纳税义务人。

根据《增值税条例实施细则》规定，在中华人民共和国境内（简称境内）销售服务、无形资产或者不动产（简称应税行为）的单位和个人为增值税纳税人。单位，是指企业、行政单位、事业单位、军事单位、社会团体及其他单位。个人，是指个体工商户和其他个人。单位以承包、承租、挂靠方式经营的，承包人、承租人、挂靠人（统称承包人）以发包人、出租人、被挂靠人（统称发包人）名义对外经营并由发包人承担相关法律责任的，以该发包人为纳税人。否则，以承包人为纳税人。

中华人民共和国境外（简称境外）单位或者个人在境内发生应税行为，在境内未设有经营机构的，以购买方为增值税扣缴义务人，财政部和国家税务总局另有规定的除外。两个或者两个以上的纳税人，经财政部和国家税务总局批准，可以视为一个纳税人合并纳税，具体办法由财政部和国家税务总局另行制定。

（二）纳税人分类

按照增值税的征管方式，可将增值税的纳税人分为一般纳税人和小规模纳税人，其划分的标准有两个：

一是从事货物生产或提供应税劳务的纳税人，以及从事货物生产或提供应税劳务为主，并兼营货物批发或零售的纳税人，年应税销售额在100万元以上的为一般纳税人；反之，则为小规模纳税人。从事货物批发或零售的纳税人，年应税销售额在180万元以上的为一般纳税人；反之，则为小规模纳税人。

二是财务制度健全的为一般纳税人；反之，则为小规模纳税人。应税行为的年应征增值税销售额（简称应税销售额）超过财政部和国家税务总局规定标准的纳税人，为一般纳税人；未超过规定标准的纳税人为小规模纳税人。年应税销售额超过规定标准的其他个人，不属于一般纳税人。年应税销售额超过规定标准但不经常发生应税行为的单位和个体工商户，可选择按照小规模纳税人纳税。年应税销售额未超过规定标准的纳税人，会计核算健全，能够提供准确税务资料的，可以向主管税务机关办理一般纳税人资格登记，成为一般纳税人。会计核算健全，是指能够按照国家统一的会计制度规定设置账簿，根据合法、有效的凭证进行核算。除国家税务总局另有规定外，一经登记为一般纳税人后，不得转为小规模纳税人。

三、增值税的征税范围

增值税的征税范围是，在境内销售货物、进口货物、提供应税的劳务和服务，以及销售不动产和无形资产。

（一）销售货物

销售货物是指有偿转让货物所有权。货物指有形动产，包括电力、热力户在内，但不包括无形资产和不动产、农业生产者销售的自产农产品。境内销售货物，是指销售货物的起运地或所在地发生在境内；境内销售应税劳务，是指所销售的应税劳务发生在境内。这是我国行使属地原则税收管辖权的体现。

另外，为了平衡商品之间的税负，《增值税条例》及其《实施细则》规定，单位或个体经营者将货物交付他人代销，销售代销货物，将自产或委托加工的货物用于非应税项目，将自产或委托加工或购买的货物无偿赠予他人等行为，都视为销售货物。

（二）进口货物

进口货物应列为增值税的征收范围。

（三）提供应税的劳务和服务

经国务院批准，自2016年5月1日起，在全国范围内全面推开营业税改征增值税（简称营改增）试点，建筑业、房地产业、金融业、生活服务业等全部营业税纳税人，纳入试点范围，由缴纳营业税改为缴纳增值税。

应税服务，是指提供交通运输服务、邮政服务、电信服务、建筑服务、金融服务、现代服务、生活服务等。

1. 交通运输服务

交通运输服务，是指利用运输工具将货物或者旅客送达目的地，使其空间位置得到转移的业务活动，包括陆路运输服务、水路运输服务、航空运输服务和管道运输服务。

2. 邮政服务

邮政服务，是指中国邮政集团公司及其所属邮政企业，提供邮件寄递、邮政汇兑和机要通信等邮政基本服务的业务活动，包括邮政普遍服务、邮政特殊服务和其他邮政服务。

3. 电信服务

电信服务，是指利用有线、无线的电磁系统或者光电系统等各种通信网络资源，提供语音通话服务，传送、发射、接受或者应用图像、短信等电子数据和信息的业务活动，包括基础电信服务和增值电信服务。

4. 建筑服务

建筑服务，是指各类建筑物、构筑物及其附属设施建造、修缮、装饰，线路、管道、设备、设施等的安装以及其他工程作业的业务活动，包括工程服务、安装服务、修缮服务、装饰服务和其他建筑服务。

5. 金融服务

金融服务，是指经营金融保险的业务活动，包括贷款服务、直接收费金融服务、保险服务和金融商品转让服务等。

6. 现代服务

现代服务，是指围绕制造业、文化产业、现代物流产业等提供技术性、知识性服务的业务活动，包括研发和技术服务、信息技术服务、文化创意服务、物流辅助服务、租赁服务、鉴证咨询服务、广播影视服务、商务辅助服务和其他现代服务。

（四）销售无形资产

销售无形资产，是指转让无形资产所有权或者使用权的业务活动。无形资产，是指不具实物形态，但能带来经济利益的资产，包括技术、商标、著作权、商誉、自然资源使用权和其他权益性无形资产。

技术，包括专利技术和非专利技术。自然资源使用权，包括土地使用权、海域使用权、探矿权、采矿权、取水权和其他自然资源使用权。其他权益性无形资产，包括基础设施资产经营权、公共事业特许权、配额、经营权（包括特许经营权、连锁经营权、其他经营权）、经销权、分销权、代理权、会员权、席位权，网络游戏虚拟道具，域名、名称权、肖像权、冠名权，转会费等。

（五）销售不动产

销售不动产，是指转让不动产所有权的业务活动。不动产，是指不能移动或者移动后会引起性质、形状改变的财产，包括建筑物、构筑物等。建筑物，包括住宅、商业营业用房、办公楼等可供居住、工作或者进行其他活动的建造物；构筑物，包括道路、桥梁、隧道、水坝等建造物。

转让建筑物有限产权或者永久使用权的，转让在建的建筑物或者构筑物所有权的，以及在转让建筑物或者构筑物时一并转让其所占土地的使用权的，按照销售不动产缴纳增值税。

四、增值税义务发生的时间、地点与纳税期限

（一）增值税义务发生的时间与纳税期限

1. 增值税的纳税义务发生的时间

纳税人销售货物、提供应税劳务和应税服务，为收讫销售款项或者取得索取销售凭据的当天；先开具发票的，为开具发票的当天。

进口货物，为报关进口的当天。

增值税扣缴义务发生的时间为纳税人增值税纳税义务发生的当天。

2. 增值税纳税期限的规定

增值税的纳税期限分别为 1 日、3 日、5 日、10 日、15 日、1 个月或者 1 个季度。纳税人的具体纳税期限，由主管税务机关根据纳税人应纳税额的大小分别核定；不能按照固定期限纳税的，可以按次纳税。

以 1 个季度为纳税期限的规定适用于小规模纳税人、银行、财务公司、信托投资公司、信用社，以及财政部和国家税务总局规定的其他纳税人。

纳税人以 1 个月或者 1 个季度为 1 个纳税期的，自期满之日起 15 日内申报纳税；以 1 日、3 日、5 日、10 日或者 15 日为 1 个纳税期的，自期满之日起 5 日内预缴税款，于次月 1 日起 15 日内申报纳税并结清上月应纳税款。

纳税人进口货物，应当自海关填发海关进口增值税专用缴款书之日起 15 日内缴纳税款。

扣缴义务人解缴税款的期限，依照上述规定执行。

（二）增值税的纳税地点

固定业户应当向其机构所在地或者居住地主管税务机关申报纳税。总机构和分支机构不在同一县（市）的，应当分别向各自所在地的主管税务机关申报纳税；经财政部和国家税务总局或者其授权的财政和税务机关批准，可以由总机构汇总向总机构所在地的主管税务机关申报纳税。

非固定业户应当向应税行为发生地主管税务机关申报纳税；未申报纳税的，由其机构所在地或者居住地主管税务机关补征税款。

其他个人提供建筑服务，销售或者租赁不动产，转让自然资源使用权，应向建筑服务发生地、不动产所在地、自然资源所在地主管税务机关申报纳税。

进口货物，应当向报关地海关申报纳税。

扣缴义务人应当向其机构所在地或者居住地主管税务机关申报缴纳扣缴的税款。

（三）营业税改征增值税的征收机关

营业税改征的增值税，由国家税务总局负责征收。

纳税人销售取得的不动产和其他个人出租不动产的增值税，国家税务总局暂委托地方税务局代为征收。

第四节 企业所得税申报

一、企业所得税的概念

企业所得税，是以企业的生产经营所得和其他所得为计税依据而征收的一种税，是在对中国境内的企业（居民企业以及非居民企业）和其他取得收入的组织以其生产经营所得为课税对象所征收的一种所得税。作为企业所得税的纳税人，应该依照《中华人民共和国企业所得税法》（简称《企业所得税法》）缴纳企业所得税，但个人独资企业及合伙企业除外。个人独资企业和合伙企业不适用本法，这两类企业征收个人所得税即可，避免重复征税。

二、纳税义务人、征税对象和税率

（一）纳税义务人

在中华人民共和国境内的企业和其他取得收入的组织（以下统称企业），为企业所得税的纳税人。依照我国法律、行政法规成立的个人独资企业、合伙企业不是企业所得税的纳税人。我国采取了地域管辖权和居民管辖权的双重管辖权标准，因而纳税人分为居民企业和非居民企业两类。所谓居民税收管辖权，是指一国有权对本国居民的一切所得进行征税，而不管这些所得是来源于本国境内还是境外，最大限度地维护本国的税收利益。所谓来源地税收管辖权，是指一个国家有权对来源于本国境内的一切所得征税，而不论这些所得的获得者是本国居民还是外国居民。

所谓居民企业是指在中国境内依法成立，或者依照外国（地区）法律成立但实际管理机构在中国境内的企业。我国企业所得税法对居民企业的认定所采用的标准，是登记注册地标准和实际管理机构所在地双重标准。

所谓非居民企业是指依照外国（地区）法律成立且实际管理机构不在中国境内，但在中国境内设立机构、场所的，或者在中国境内未设立机构、场所，但有来源于中国境内所得的企业。

（二）征税对象

企业所得税的征税对象包括生产经营所得、其他所得和清算所得。

1. 居民企业的征税对象

居民企业负无限纳税义务。对居民企业来源于中国境内、境外的所得，征收企业所得税。

2. 非居民企业的征税对象

非居民企业负有限纳税义务。所谓有限纳税义务是指，对非居民企业仅就其来源于中国境内的所得缴纳企业所得税。

非居民企业在中国境内设立机构、场所的，应当就其所设机构、场所取得的来源于中国境内的所得，以及发生在中国境外但与其所设机构、场所有实际联系的所得，缴纳企业所得税。

非居民企业在中国境内未设立机构、场所的，或者虽设立机构、场所但取得的所得与其所设机构、场所没有实际联系的，应当就其来源于中国境内的所得缴纳企业所得税。

（三）税率

企业所得税的基本税率为25%。适用于居民企业和在中国境内设立机构、场所且所得与机构、场所有关联的非居民企业。

企业所得税的低税率为20%。适用于在中国境内未设立机构、场所的，或虽设立机构、场所但取得的所得与其所设机构、场所没有实际联系的非居民企业（在征收时，实际采用10%的税率）。

经认定的小型微利企业采用20%的税率。

经认定的高新技术企业采用15%的税率。

三、企业所得税的纳税申报

（一）纳税方法

企业所得税实行按年计算、分月或分季预缴、年终汇算清缴、多退少补的征纳办法。具体纳税期限是由主管税务机关根据纳税人应纳税额的大小来予以核定。

（二）纳税期限

企业所得税分月或者分季预缴。无论盈利或亏损，都应当向税务机关报送预缴企业所得税纳税申报表，预缴税款。按月份或季度预缴税款的纳税人，应在月份或季度终了后15日内向主管税务机关进行纳税申报并预缴税款。其中，第四季度的税款也应该于季度终了后15日内先进行预缴，然后在年度终了后45日内进行年度申报。税务机关在5个月内进行汇算清缴，多退少补。

企业应当自年度终了之日起5个月内，向税务机关报送年度企业所得税纳税申报表，并进行汇算清缴，结清应缴应退税款。从公历1月1日起至12月31日止，纳税人在一个纳税年度中间开业，或者由于合并、关闭等原因，使该纳税年度的实际经营期不足12个月的，应当以其实际经营期为一个纳税年度；纳税人清算时，应当以清算期间为一个纳税年度。

纳税人在规定的申报期申报确实有困难的，可报经主管税务机关审批，延期申报。

（三）纳税地点

1. 居民企业的纳税地点

除了税收法律、行政法规另有规定之外，居民企业以企业登记注册地为纳税地点；登记注册地在境外的，以实际管理机构所在地为纳税地点。

2. 非居民企业的纳税地点

非居民企业的纳税地点的确定，与其是否在中国境内设立机构、场所有密切关系。

非居民企业在中国境内设立机构、场所的，应当就其所设机构、场所取得的来源于中国境内的所得，以及发生在中国境外但与其所设机构、场所有实际联系的所得，缴纳企业所得税。非居民企业取得上述所得，以机构、场所所在地为纳税地点。非居民企业在中国境内设立两个或者两个以上机构、场所的，经税务机关审核批准，可以选择由其主要机构、场所汇总缴纳企业所得税。

非居民企业在中国境内未设立机构、场所的，或者虽然设立机构、场所但取得的所得与其所设机构、场所并没有实际联系的，应当就其来源于中国境内的所得缴纳企业所得税。

非居民企业取得上述所得，以扣缴义务人所在地为纳税地点。

3. 汇总、合并纳税的纳税地点

居民企业在中国境内设立不具有法人资格的营业机构的，应当汇总计算并缴纳企业所得税。企业汇总计算并缴纳企业所得税时，应当统一核算应纳税所得额。

合并纳税是指母公司在合并其子公司年度企业所得税纳税申报表的基础上，统一计算年度应纳税所得额、应纳所得税额，统一申报缴纳企业所得税。由于母、子公司分别具有法人资格，各自具有纳税主体。所以，税法规定，除国务院另有规定外，企业之间不得合并缴纳企业所得税。

（四）纳税申报

按月或按季预缴的，应当自月份或者季度终了之日起 15 日内，向税务机关报送预缴企业所得税纳税申报表，预缴税款。

企业在报送企业所得税纳税申报表时，应当按照规定附送财务会计报告和其他有关资料。

企业应当在办理注销登记前，应当就其清算所得向税务机关申报并依法缴纳企业所得税。

依照企业所得税法缴纳的企业所得税，以人民币计算。所得以人民币以外的货币计算的，应当折合成人民币计算并缴纳税款。企业所得以人民币以外的货币计算的，预缴企业所得税时，应当按照月度或者季度最后一日的人民币汇率中间价，折合成人民币计算应纳税所得额。

年度终了汇算清缴时，对已经按照月度或者季度预缴税款的，不再重新折合计算，只就该纳税年度内未缴纳企业所得税的部分，按照纳税年度最后一日的人民币汇率中间价，折合成人民币计算应纳税所得额。

经税务机关检查确认，企业少计或者多计前款规定的所得的，应当按照检查确认补税或者退税时的上一个月最后一日的人民币汇率中间价，将少计或者多计的所得折合成人民币计算应纳税所得额，再计算应补缴或者应退的税款。

企业在纳税年度内无论盈利或者亏损，都应当依照企业所得税法规定的期限，向税务机关报送预缴企业所得税纳税申报表、年度企业所得税纳税申报表、财务会计报告和税务机关规定应当报送的其他有关资料。

（五）纳税申报填写方法

一般企业需要填制《中华人民共和国企业所得税年度纳税申报表（A 类）》及 11 个附表。本书只列出主表，如下表 8 - 1。

表 8－1 中华人民共和国企业所得税年度纳税申请表（A 类）

税款所属期间： 年 月 日至 年 月 日
纳税人名称：
纳税人识别号：□□□□□□□□□□□□□□□□□ 金额单位：元（列至角分）

行次	类别	项目	金额
1	利润总额计算	一、营业收入（填写 A101010 \ 101020 \ 103000）	
2		减：营业成本（填 A102010 \ 102020 \ 10300）	
3		减：税金及附加	
4		减：销售费用（填写 A1040）	
5		减：管理费用（填写 A104000）	
6		减：财务费用（填写 A104000）	
7		减：资产减值损失	
8		加：公允价值变动收益	
9		加：投资收益	
10		二、营业利润（1－2－3－4－5－6－7＋8＋9）	
11		加：营业外收入（填写 A101010 \ 101020 \ 103000）	
12		减：营业外支出（填写 A102010 \ 102020 \ ）	
13		三、利润总额（10＋11－12）	
14	应纳税所得额计算	减：境外所得（填写 A108010）	
15		加：纳税调整增加额（填写 A105000）	
16		减：纳税调整减少额（填写 A105000）	
17		减：免税、减计收入及加计扣除（填写 A107010）	
18		加：境外应税所得抵减境内亏损（填写 A108000）	
19		四、纳税调整后所得（13－14＋15－16－17＋18）	
20		减：所得减免（填写 A107020）	
21		减：弥补以前年度亏损（填写 A106000）	
22		减：抵扣应纳税所得额（填写 A107030）	
23		五、应纳税所得额（19－20－21－22）	

续　表

行次	类别	项目	金额
24	应纳税额计算	税率（25%）	
25		六、应纳所得税额（23×24）	
26		减：减免所得税额（填写 A107040）	
27		减：抵免所得税额（填写 A107050）	
28		七、应纳税额（25－26－27）	
29		加：境外所得应纳所得税额（填写 A108000）	
30		减：境外所得抵免所得税额（填写 A108000）	
31		八、实际应纳所得税额（28＋29－30）	
32		减：本年累计实际已缴纳的所得税额	
33		九、本年应补（退）所得税额（31－32）	
34		其中：总机构分摊本年应补（退）所得税额（填写 A109000）	
35		财政集中分配本年应补（退）所得税额（填写 A109000）	
36		总机构主体生产经营部门分摊本年应补（退）所得税额（填写 A109000）	
37	实际应纳税额计算	减：民族自治地区企业所得税地方分享部分：（□免征□减征：减征幅度%）	
38		十、本年实际应补（退）所得税额（33－37）	

纳税人公章：	代理申报中介机构公章：	主管税务机关受理专用章：
经办人： 申报日期：　　年　月　日	经办人及执业证件号码： 代理申报日期：　　年　月　日	受理人： 受理日期：　　年　月　日

四、企业所得税的税收优惠

（一）免税收入种类

国债利息收入；

符合条件的居民企业之间的股息、红利等权益性投资收益；

在中国境内设立机构、场所的非居民企业从居民企业取得与该机构、场所有实际联系的股息、红利等权益性投资收益；

符合条件的非营利组织的收入。

（二）免征、减征企业所得税优惠

企业的下列所得，可以免征、减征企业所得税。

1. 从事农、林、牧、渔业项目的所得

（1）企业从事下列项目的所得，免征企业所得税

蔬菜、谷物、薯类、油料、豆类、棉花、麻类、糖料、水果、坚果的种植；

农作物新品种的选育；

中药材的种植；

林木的培育和种植；

牲畜、家禽的饲养；

林产品的采集；

灌溉、农产品初加工、兽医、农技推广、农机作业和维修等农、林、牧、渔服务业项目；

远洋捕捞。

（2）企业从事下列项目的所得，减半征收企业所得税

花卉、茶以及其他饮料作物和香料作物的种植；

海水养殖、内陆养殖。

企业从事国家限制和禁止发展的项目，不得享受本条规定的企业所得税优惠。

2. 从事国家重点扶持的公共基础设施项目投资经营的所得

国家重点扶持的公共基础设施项目，是指《公共基础设施项目企业所得税优惠目录》规定的港口码头、机场、公路、铁路、城市公共交通、电力、水利等项目。

企业从事前款规定的国家重点扶持的公共基础设施项目的投资经营的所得，自项目取得第一笔生产经营收入所属纳税年度起，第一年至第三年免征企业所得税，第四年至第六年减半征收企业所得税。

企业承包经营、承包建设和内部自建自用本条规定的项目，不得享受本条规定的企业所得税优惠。

3. 从事符合条件的环境保护、节能节水项目的所得

符合条件的环境保护、节能节水项目，包括公共污水处理、公共垃圾处理、节能减排技术改造、沼气综合开发利用、海水淡化等。具体条件和范围由国务院财政、税务主管部门会同国务院有关部门制订，报国务院批准后公布施行。

企业从事前款规定的符合条件的环境保护、节能节水项目的所得，自项目取得第一笔生产经营收入所属纳税年度起，第一年至第三年免征企业所得税，第四年至第六年减半征收企业所得税。

4. 符合条件的技术转让所得

符合条件的技术转让所得免征、减征企业所得税，是指在一个纳税年度内，居民企业技术转让所得不超过 500 万元的部分，免征企业所得税；超过 500 万元的部分，减半征收企业所得税。

5. 非居民企业在中国境内未设立机构场所的，或者虽设立机构、场所，但取得的所得与其所设机构、场所没有实际联系的来源于中国境内的所得（减半）

下列所得可以免征企业所得税：

外国政府向中国政府提供贷款取得的利息所得；

国际金融组织向中国政府和居民企业提供优惠贷款取得的利息所得；

经国务院批准的其他所得。

五、其他税收优惠政策

（一）高新技术企业税收优惠

国家需要重点扶持的高新技术企业，减征并按15%的税率征收企业所得税。

国家需要重点扶持的高新技术企业，是指拥有核心自主知识产权，并同时符合下列条件的企业：

产品（服务）属于《国家重点支持的高新技术领域》规定的范围；

研究开发费用占销售收入的比例不低于规定比例；

高新技术产品（服务）收入占企业总收入的比例不低于规定比例；

科技人员占企业职工总数的比例不低于规定比例；

高新技术企业认定管理办法规定的其他条件。

《国家重点支持的高新技术领域》和高新技术企业认定管理办法由国务院科技、财政、税务主管部门同国务院有关部门制订，报国务院批准后公布施行。

（二）小型微利企业优惠

符合条件的小型微利企业，按20%的税率征收企业所得税。其中，自2019年1月1日至2021年12月31日，对小型微利企业年应纳税所得额不超过100万元的部分，减按25%计入应纳税所得额，按20%的税率缴纳企业所得税；对年应纳税所得额超过100万元但不超过300万元的部分，减按50%计入应纳税所得额，按20%的税率缴纳企业所得税。

符合条件的小型微利企业，是指从事国家非限制和禁止行业，并符合下列条件的企业：

工业企业，年度应纳税所得额不超过30万元，从业人数不超过100人，资产总额不超过3000万元。

其他企业，年度应纳税所得额不超过30万元，从业人数不超过80人，资产总额不超过1000万元。

（三）加计扣除优惠

1. 研究开发费

企业开发新技术、新产品、新工艺发生的研究开发费用，可以在计算应纳税所得额时加计扣除。

企业为开发新技术、新产品、新工艺发生的研究开发费用，未形成无形资产计入当期损益的，在按照规定据实扣除的基础上，按照研究开发费用的75%加计扣除；形成无形资产的，按照无形资产成本的175%摊销。

2. 企业安置残疾人员所支付的工资

企业安置残疾人员以及国家鼓励安置的其他就业人员所支付的工资，可以在计算应纳税所得额时加计扣除。

企业安置残疾人员的，在按照支付给残疾职工工资据实扣除的基础上，按照支付给残疾职工工资的 100% 加计扣除。残疾人员的范围适用《中华人民共和国残疾人保障法》的有关规定。

（四）创业投资企业优惠

创业投资企业从事国家需要重点扶持和鼓励的创业投资，可以按投资额的一定比例抵扣应纳税所得额。

税法所称的抵扣应纳税所得额，是指创业投资企业采取股权投资方式投资于未上市的中小高新技术企业 2 年以上的，可以按照其投资额的 70% 在股权持有满 2 年的当年，抵扣该创业投资企业的应纳税所得额；当年不足抵扣的，可以在以后纳税年度结转抵扣。

（五）加速折旧优惠

企业的固定资产由于技术进步等原因，确实需要加速折旧的，可以缩短折旧年限或者采取加速折旧的方法。可以采取缩短折旧年限或者采取加速折旧方法的固定资产，包括由于技术进步、产品更新换代较快的固定资产；常年处于强震动、高腐蚀状态的固定资产。采取缩短折旧年限方法的，最低折旧年限不得低于实施条例规定折旧年限的 60%；采取加速折旧方法的，可以采取双倍余额递减法或者年数总和法。

（六）减计收入优惠

减计收入优惠是指企业综合利用资源，生产符合国家产业政策规定的产品所取得的收入，可以在计算应纳税所得额时减计收入。

综合利用资源是指企业以《资源综合利用企业所得税优惠目录》规定的资源作为主要原材料，生产国家非限制和禁止并符合国家和行业相关标准的产品取得的收入，按 90% 计入收入总额。

（七）税额抵免优惠

企业购置用于环境保护、节能节水、安全生产等专用设备的投资额，可以按一定比例实行税额抵免。

企业购置并实际使用《环境保护专用设备企业所得税优惠目录（2017 年版）》《节能节水专用设备企业所得税优惠目录（2017 年版）》《安全生产专用设备企业所得税优惠目录》规定的环境保护、节能节水、安全生产等专用设备的，该专用设备的投资额的 10% 可以从企业当年的应纳税额中抵免；当年不足抵免的，可以在以后 5 个纳税年度结转抵免。

（八）民族自治地方的优惠

民族自治地方的自治机关对本民族自治地方的企业应缴纳的企业所得税中属于地方分享的部分，可以决定减征或者免征。自治州、自治县决定减征或者免征的，须报省、自治区、直辖市人民政府批准。

对民族自治地方内国家限制和禁止行业的企业，不得减征或者免征企业所得税。

（九）非居民企业的优惠

非居民企业在我国境内未设立机构、场所的，或者虽设立机构、场所但取得的所得与其所设机构、场所没有实际联系的，应当就其来源于中国境内的所得，按10%的税率缴纳企业所得税。下列所得可以免征企业所得税：

外国政府向中国政府提供贷款取得的利息所得；

国际金融组织向中国政府和居民企业提供优惠贷款取得的利息所得；

经国务院批准的其他所得。

第五节 其他税种申报

一、消费税的申报

（一）消费税的概念

消费税是指在中华人民共和国境内生产、委托加工和进口应税消费品的单位和个人，就其销售额或销售数量，在特定环节征收的一种流转税，

消费税是以特定的消费品为征税对象而征收的一种间接税。它选择部分消费品征税，因而属于特别消费税。

和增值税一样，其税负也可以转嫁。税务机关往往并不直接向消费者征税，而是向消费品制造商或销售商征税，但税额包含于消费品价格之中或作为消费品的价格附加，最终由消费者承担①。

（二）纳税义务人与征税范围

1. 纳税义务人

凡在中华人民共和国境内生产、委托加工和进口应税消费品的单位和个人，以及国务院确定的销售应税消费品的其他单位和个人，为消费税的纳税人。

在中华人民共和国境内，是指生产、委托加工和进口属于应当缴纳消费税的消费品的起运地或者所在地在境内。

单位，是指企业、行政单位、事业单位、军事单位、社会团体及其他单位。

个人，是指个体工商户及其他个人。

2. 征税范围

现行消费税法规定，应当缴纳消费税的消费品（简称应税消费品）包括15类消费品，并通过列举税目的方式明确了应税消费品的具体项目，有的税目还进一步划分为若干子目，主要包括以下几方面：①特殊消费品（过度消费会造成危害的消费品），如酒、烟、鞭炮、焰火等；②奢侈品，非生活必需品，如化妆品、贵重首饰、珠宝玉石等；③高能耗及高档消费品，如小汽车、摩托车等；④不可再生和替代的稀缺资源消费品，如汽油、柴油等成品油等；⑤能给国家带来财政收入又不影响居民基本生活的消费品，如汽车轮

① 彭伟：《税法》，北京：北京理工大学出版社，2020年，第57页。

胎等。

消费税征税范围具体包括以下方面：

（1）生产应税消费品的单位和个人

生产应税消费品除了直接对外销售应征收消费税外，纳税人将生产的应税消费品换取生产资料、消费资料、投资入股、偿还债务，以及用于继续生产应税消费品以外的其他方面，都应缴纳消费税。

（2）委托加工应税消费品的单位和个人

由委托方提供原材料和主要材料，受托方只收取加工费和代垫部分辅助材料加工的应税消费品，属于委托加工应税消费品。由受托方提供原材料或其他情形的，按照自制产品征税。

委托加工的应税消费品收回后，再继续用于生产应税消费品销售且符合现行政策规定的，其加工环节缴纳的消费税款可以扣除。

（3）进口应税消费品的单位和个人

单位和个人进口的货物属于消费税征税范围的，在进口环节也要缴纳消费税。进口环节的消费税由海关代征。

（4）零售应税消费品

1）范围

a. 仅限于金基、银基合金首饰以及金、银和金基、银基合金的镶嵌首饰；钻石及钻石饰品。

b. 对既销售金银首饰，又销售非金银首饰的生产、经营单位，应将两类商品划分清楚，分别核算销售。凡划分不清楚或不能分别核算的，在生产环节销售的，一律从高适用税率征收消费税；在零售环节销售的，一律按金银首饰征收消费税。

c. 金银首饰与其他金银首饰组成成套消费品销售的，应按销售额全额征收消费税。

2）税率

零售环节适用5%税率。

3）计税依据

a. 纳税人销售金银首饰，其计税依据为不含增值税的销售额。

b. 金银首饰连同包装物销售的，无论包装物是否单独计价，也无论会计上如何核算，均应并入金银首饰的销售额，计征消费税。

c. 带料加工的金银首饰，应按受托方销售同类金银首饰的销售价格确定计税依据，征收消费税。同类金银首饰销售价格，按照组成计税价格计算纳税。组成计税价格的计算公式为：组成计税价格 =（材料成本 + 加工费）/（1 - 金银首饰消费税税率）b

d. 纳税人采用以旧换新的方式销售金银首饰，应按实际收取的不含增值税的全部价款确定计税依据，征收消费税。

e. 金银首饰消费税改变纳税环节后，用已税珠宝玉石生产的镶嵌首饰，在计税时一律不得扣除已纳的消费税税款。

（5）批发应税消费品

在卷烟批发环节加征一道消费税，在境内从事卷烟批发业务的单位和个人，批发销售的所有牌号规格的卷烟，从2015年起按其销售额及批发数量复合计征消费税。

卷烟批发企业之间销售的卷烟不缴纳消费税。卷烟消费税在生产和批发两个环节征收后，批发企业在计算纳税时不得扣除已含的生产环节的消费税税款。

（6）超豪华小汽车

自2016年12月1日起，境内将超豪华小汽车销售给消费者的单位和个人，在生产（进口）环节按现行税率征收消费税基础上，在零售环节加征消费税，税率为10%。

超豪华小汽车是指每辆零售价格130万元（不含增值税）及以上的乘用车和中轻型商用客车，即乘用车和中轻型商用客车子税目中的超豪华小汽车。

（三）消费税的纳税申报

1. 纳税义务的发生时间

消费税纳税义务的发生时间，以货款结算方式或行为发生的时间分别确定。

纳税人销售的应税消费品，其纳税义务的发生时间为：

纳税人采取赊销和分期收款结算方式的，其纳税义务的发生时间，为销售合同规定的收款日期的当天；

纳税人采取预收款结算方式的，其纳税义务的发生时间，应当为发出应税消费品的当天；

纳税人采取托收承付和委托银行收款方式销售的应税消费品，其纳税义务的发生时间，为发出应税消费品并办妥托收手续的当天；

纳税人采取其他结算方式的，其纳税义务的发生时间，为收讫销售款或者取得索取销售款的凭据的当天。

纳税人自产自用的应税消费品，其纳税义务的发生时间，为移送使用的当天。

纳税人委托加工的应税消费品，其纳税义务的发生时间，为纳税人提货的当天。

纳税人进口的应税消费品，其纳税义务的发生时间，为报关进口的当天。

2. 纳税期限

消费税的纳税期限分别为1日、3日、5日、10日、15日或者1个月。纳税人的具体纳税期限，由主管税务机关根据纳税人应纳税额的大小分别核定；不能按照固定期限纳税的，可以按次纳税。

纳税人以1个月为一期纳税的，自期满之日起15日内申报纳税；以1日、3日、5日、10日或者15日为一期纳税的，自期满之日起5日内预缴税款，于次月1日起15日内申报纳税并结清上月应纳税款。

纳税人进口应税消费品，自海关填发税款缴纳证的次日起15日内缴纳。

3. 纳税地点

纳税人销售的应税消费品或者自产自用的应税消费品，除国务院财政、税务主管部门另有规定外，向纳税人机构所在地或者居住地的主管税务机关进行申报纳税。

纳税人的总机构与分支机构不在同一县（市）的，应当分别向各自机构所在地的主管税务机关申报纳税；经财政部、国家税务总局或者其授权的财政、税务机关批准，可以由总机构汇总向总机构所在地的主管税务机关申报纳税。

纳税人到外县（市）销售或者委托外县（市）代销自产应税消费品的，于应税消费品销售后，向机构所在地或者居住地主管税务机关申报纳税。

纳税人销售的应税消费品，如因质量等原因由购买者退回时，经机构所在地或者居住地主管税务机关审核批准后，可退还已缴纳的消费税税款。

委托加工的应税消费品，除受托方为个人外，由受托方（受托方为个人的此处为委托方）向机构所在地或者居住地的主管税务机关解缴消费税税款。

进口的应税消费品，由进口人或者其代理人向报关地海关申报纳税。

4. 纳税申报

（1）消费税报缴的方法

纳税人报缴税款的方法，由主管税务机关视具体情况，在下列方法中核定一种：

纳税人按期向税务机关填报纳税申报表，并填纳税缴款书向所在地代理银行缴纳税款。

纳税人按期向税务机关填报纳税申报表，由税务机关审核后填发缴款书，按期缴纳。

对会计核算不健全的小型业户，税务机关可根据其产销情况，按季或按年核定其纳税额，分月缴纳。

（2）纳税申报的时间

纳税人应在办理税务登记的次月起，向主管税务机关办理纳税申报。如果不能在规定期限内进行申报的，可向主管税务机关提出书面申请，办理延期申报；经核准后，在核准的期限内进行申报。

（3）纳税申报表的填写

纳税人在进行消费税纳税申报时，应当自行填写《消费税纳税申报表》。

二、个人所得税的申报

（一）个人所得税的概念

个人所得税法是调整征税机关与自然人（居民、非居民）之间在个人所得税的征纳与管理过程中所发生的社会关系的法律规范的总称。简言之，个人所得税法，就是有关个人的所得税的法律规定。凡是在中国境内有住所，或者无住所但在中国境内居住满一年的个人，从中国境内和境外取得所得的，以及在中国境内无住所又不居住，或者无住所而在境内居住不满一年的个人，从中国境内取得所得的，均为个人所得税的纳税人。

（二）纳税义务人和征收范围

1. 纳税义务人

中国公民、个体工商户以及在中国有所得的外籍人员（包括无国籍人员）和港澳台同胞，为我国个人所得税的纳税义务人。同时依照国际惯例，按照住所和时间标准，把个人所得税的纳税义务人分为居民纳税义务人和非居民纳税义务人。

（1）居民纳税义务人

根据个人所得税法的规定，凡符合下列条件之一的，为居民纳税义务人。

一是在中国境内有住所的个人。即因户籍、家庭、经济利益关系，在中国境内习惯性居住的个人。

习惯性居住是指个人因学习、工作、探亲等原因消除之后，没有理由在其他地方继续居留时，所要回到的地方，而不是指实际居住或在某一个特定时期内的居住地。在税收意义上，习惯性居住是判定纳税义务人是居民或非居民的一个法律意义上的标准。如个人因工作、学习、旅游、探亲等原因而不在中国境内居住，但这些原因消除之后，必须回到中国境内居住的，那么，中国就是该人的习惯性居住地。

二是在中国境内无住所，而一个纳税年度内在中国境内居住累计满 183 天的个人。

所谓“居住”是指真实的在中国境内的居住（入境，逗留）天数，个人入境、离境、往返或多次往返境内外的当日，均按一天计算其在中国的实际逗留天数。需要注意的是，“居住”天数与“工作”天数是两个不同的概念，在计算“工作”天数时，对其入境、离境、往返或多次往返境内外的当日，均按半天计算其在中国实际工作的天数。在中国境内企业任职受雇的，应当将境内外的休假时间计算在内；未在中国境内企业任职受雇的，应当将境内的休假时间计算在内。

（2）非居民纳税义务人

在中国境内无住所又不居住，或者无住所而一个纳税年度内在中国境内居住累计不满 183 天的个人，为非居民个人。

在中国境内无住所的个人，在中国境内居住累计满 183 天的，年度连续不满 6 年的，经向主管税务机关备案，其来源于中国境外且由境外单位或个人支付的所得，免予缴纳个人所得税；在中国境内居住累计满 183 天的，任一年度中有一次离境超过 30 天的，其在中国境内居住累计满 183 天的年度的，连续年限重新起算。

在中国境内无住所的个人，在一个纳税年度内在中国境内居住累计不超过 90 天的，其来源于中国境内的所得，由境外雇主支付并且不由该雇主在中国境内的机构、场所负担的部分，免予缴纳个人所得税。

2. 征收范围

个人所得税的征收对象是纳税义务人的各项所得。《个人所得税法》规定，下列各项个人所得，应纳个人所得税：

a. 工资、薪金所得。指个人因任职或者受雇而取得的工资、薪金、奖金、年终加薪、劳动分红、津贴、补贴以及任职或者受雇有关的其他所得。

b. 个体工商户的生产、经营所得。指以下所得：①个体工商户从事工业、建筑业、交通运输业、商业、饮食业、服务业、修理业以及其他行业生产、经营取得的所得；②个人经政府有关部门批准，取得执照，从事办学、医疗、咨询以及其他有偿服务活动取得的所得；③其他个人从事个体工商生产、经营取得的所得；④上述个体工商户和个人取得的与生产、经营有关的各项应纳税所得。

c. 对企、事业单位的承包经营、承租经营所得。指个人承包经营、承租经营以及转包、转租取得的所得，包括个人按日或者按次取得的工资、薪金性质的所得。

d. 劳务报酬所得。指个人从事设计、装潢、安装、制图、化验、测试、医疗、法律、会计、咨询、讲学、新闻、广播、翻译、审稿、书画、雕刻、影视、录音、录像、演出、表演、广告、展览、技术服务、介绍服务、经纪服务、代办服务以及其他劳务取得的所得。

e. 稿酬所得。指个人因其作品以图书、报刊形式出版、发表而取得的所得。

f. 特许权使用费所得。指个人提供专利权、商标权、著作权、非专利技术以及其他特许权的使用权取得的所得；提供著作权的使用权取得的所得（不包括稿酬所得）。

g. 利息、股息、红利所得。指个人拥有债权、股权而取得的利息、股息、红利所得。利息是指个人的存款利息（国家宣布 2008 年 10 月 8 日次日开始取消利息税）、贷款利息和购买各种债券的利息。股息也称股利，是指股票持有人根据股份公司章程规定，凭股票定期从股份公司取得的投资利益。红利也称公司（企业）分红，是指股份公司或企业根据应分配的利润，按股份分配超过股息部分的利润。股份制企业以股票形式向股东个人支付股息、红利即派发红股，应以派发的股票面额为收入额计税。

h. 财产租赁所得。指个人出租建筑物、土地使用权、机器设备、车船以及其他对应取得的所得。如果租金中包括有不属于租金的分期支付的财产价款，应将这部分价款扣除。国际税收协定中的财产，仅限于不动产。

i. 财产转让所得。指个人转让有价证券、股权、建筑物、土地使用权、机器设备、车船以及其他财产取得的所得。

j. 偶然所得。指个人中奖、中彩、得奖以及其他偶然性质的所得。

k. 经国务院财政部门确定征税的其他所得。

上述各项应纳税所得，包括现金、实物和有价证券。所得为实物的，应当按照取得的凭证上所证明的价格计算应纳税所得额；无凭证的实物或者凭证上所注明的价格明显偏低的，由主管税务机关参照当地的市场价格核定应纳税所得额。所得为有价证券的，由主管税务机关根据票面价格和市场价格核定应纳税所得额。

（三）个人所得税的纳税申报

1. 纳税申报期限

（1）自行申报纳税的申报期限

a. 年所得 12 万元以上的纳税人，在纳税年度终了后 3 个月内向主管税务机关办理纳税申报。

b. 个体工商户和个人独资、合伙企业投资者取得的生产、经营所得应纳的税款，分月预缴的，纳税人在每月终了后 7 日内办理纳税申报；分季预缴的，纳税人在每个季度终了后 7 日内办理纳税申报。纳税年度终了后，纳税人在 3 个月内进行汇算清缴。

c. 纳税人年终一次性取得对企事业单位的承包经营、承租经营所得的，自取得所得之日起 30 日内办理纳税申报；在一个纳税年度内分次取得承包经营、承租经营所得的，在每次取得所得后的次月 7 日内申报预缴，纳税年度终了后 3 个月内进行汇算清缴。

d. 从中国境外取得所得的纳税人，在纳税年度终了后 30 日内向中国境内主管税务机关办理纳税申报。

e. 除以上规定的情形外，纳税人取得其他各项所得须申报纳税的，在取得所得的次月 7 日内，向主管税务机关办理纳税申报。

f. 纳税人不能按照规定的期限办理纳税申报，需要延期的，按照《税收征管法》第 27 条和《税收征管法实施细则》第 37 条的规定办理。

（2）代扣代缴申报期限

a. 扣缴义务人每月所扣的税款，应当在次月 7 日内缴入国库，并向主管税务机关报送

《扣缴个人所得税报告表》、代扣代收税款凭证和包括每一纳税人姓名、单位、职务、收入等内容的支付个人收入明细表，以及税务机关要求报送的其他有关资料。

b. 扣缴义务人违反上述规定不报送或者报送虚假纳税资料的，一经查实，其未在支付个人收入明细表中反映的向个人支付的款项，在计算扣缴义务人应纳税所得额时不得作为成本费用扣除。

c. 扣缴义务人因有特殊困难不能按期报送《扣缴个人所得税报告表》及其他有关资料的，经县级税务机关批准，可以延期申报。

2. 纳税申报方式

(1) 自行申报纳税

自行申报纳税的所得项目如下：

从两处或两处以上取得工资、薪金所得的；

取得应纳税所得，没有扣缴义务人的；

分笔取得属于一次劳务报酬所得，稿酬所得，特许权使用费所得，财产租赁所得的；

取得应纳税所得，扣缴义务人未按规定扣缴税款的；

税务主管部门规定必须自行申报纳税的；

自行申报纳税的地点。一般为收入来源地的主管税务机关。

(2) 代扣代缴

代扣代缴是指按照税法规定，负有扣缴税款义务的单位或者个人，在向个人支付应纳税所得时，应计算应纳税额，并从其所得中扣除，同时向税务机关报送扣缴个人所得税报告表。

(四) 个人所得税的税收优惠

1. 免征个人所得税的优惠

省级人民政府、国务院部委和中国人民解放军军以上单位，以及外国组织、国际组织颁发的教育、科学、技术、文化、卫生、体育、环境保护等方面的奖金。

国债和国家发行的金融债券利息。国债利息是指个人持有中华人民共和国财政部发行的债券而取得的利息所得；国家发行的金融债券利息是指个人持有经国务院批准发行的金融债券而取得的利息所得。

按照国家统一规定发给的补贴、津贴。这是指按照国务院规定发给的政府特殊津贴（即国家对为社会各项事业的发展做出突出贡献的人员须发的一项特定津贴，并非泛指国务院批准发放的其他各项补贴、津贴）和国务院规定免税的补贴、津贴。

福利费、抚恤金、救济金。福利费是指由于某些特定事件或原因而给职工或其家庭的正常生活造成一定困难，企业、事业单位、国家机关、社会团体从其根据国家有关规定提留的福利费或者工会经费中支付给职工的临时性生活困难补助；救济金是指各级人民政府民政部门支付给个人的生活困难补助费。

保险赔款。

军人的转业费、复员费。

按照国家统一规定发给干部、职工的安家费、退职费、退休工资、离休工资、离休生活补助费。

依照我国有关法律规定应予免税的各国驻华使馆、领事馆的外交代表、领事官员和其他人员的所得，即依照《中华人民共和国外交特权与豁免条例》和《中华人民共和国领事特权与豁免条例》规定免税的所得。

中国政府参加的国际公约、签订的协议中规定免税的所得。

经国务院财政部门批准免税的所得。

2. 减征个人所得税的优惠

残疾、孤寡人员和烈属的所得。

因严重自然灾害造成重大损失的。

其他经国务院财政部门批准减免的。

注意，减征的幅度和期限由各省、自治区、直辖市人民政府决定。经省级人民政府批准可以减征个人所得税的残疾、孤寡人员和烈属的所得仅限于劳动所得，具体所得项目为：工资、薪金所得，个体工商户的生产经营所得，对企事业单位的承包经营、承租经营所得，劳务报酬所得，稿酬所得，特许权使用费所得。其他所得不能减征个人所得税。

三、城市维护建设税的申报

（一）城市维护建设税的概念

城市维护建设税（以下简称城建税），是指国家制定的用以调整城市维护建设税征收与缴纳权利及义务关系的法律规范。

城建税是国家对缴纳增值税、消费税（简称两税）的单位和个人就其实际缴纳的税。它属于特定目的税，是国家为扩大和稳定城市维护建设资金的来源而采取的一种税收措施。

（二）纳税义务人、征税范围和税率

1. 纳税义务人

城市维护建设税的纳税义务人，是指在中华人民共和国境内负有缴纳增值税和消费税（以下简称“两税”）义务的单位和个人，包括国有企业、集体企业、私营企业、股份制企业、其他企业和行政单位、事业单位、军事单位、社会团体、其他单位，以及个体工商户及其他个人。

自 2010 年 12 月 1 日起，对外商投资企业、外国企业及外籍个人（以下简称“外资企业”）征收城市维护建设税。对外资企业 2010 年 12 月 1 日（含）之后发生纳税义务的增值税、消费税征收城市维护建设税。

2. 征税范围

城建税的征税范围比较广，包括城市、县城、建制镇，以及税法规定征收“两税”的其他地区。城市、县城、建制镇的范围，应以行政区划为标准，不能随意扩大或缩小各自行政区域的管辖范围。

3. 税率

城市维护建设税的税率，是指纳税人应缴纳的城市维护建设税税额与纳税人实际缴纳的两税税额之间的比率。城市维护建设税按纳税人所在地的不同，设置了地区差别比例

税率。

a. 纳税人所在地为市区的，税率为7%。

b. 纳税人所在地在县城、镇的，税率为5%。

c. 纳税人所在地不在市区、县城或镇的，税率为1%。

（三）城市维护建设税的纳税申报

1. 纳税地点

城市维护建设税以纳税人实际缴纳的增值税、消费税税额为计税依据，分别与“两税”同时缴纳。所以纳税人缴纳“两税”的地点，就是该纳税人缴纳城市维护建设税的地点。

2. 纳税期限

由于城市维护建设税是由纳税人在缴纳“两税”时同时缴纳的，所以其纳税期限分别与“两税”的纳税期限一致。根据增值税法和消费税法规定，增值税、消费税的纳税期限均分别为1日、3日、5日、10日、15日或者1个月。增值税、消费税的纳税人的具体纳税期限，由主管税务机关根据纳税人应纳税额大小分别核定；不能按照固定期限纳税的，可以按次纳税。

3. 纳税申报

与增值税和消费税同时申报并填写《城市维护建设税纳税申报表》。

（四）城市维护建设税的税收优惠

城建税原则上不单独减免，但因城建税又具有附加税性质，当主税发生减免时，城建税相应发生税收减免。城建税的税收减免具体有以下几种情况：

城建税按减免后实际缴纳的两税税额计征，即随两税的减免而减免。

对于因减免税而需进行“两税”退库的，城建税也可同时退库。

海关对进口产品代征的增值税、消费税，不征收城建税。

对两税实行先征后返、先征后退、即征即退办法的，除另有规定外，对随两税附征的城建税和教育费附加，一律不退（返）还。

为支持国家重大水利工程建设，对国家重大水利工程建设基金免征城建税。

本章小结

税收制度的构成要素包括税收主客体、税率、纳税环节与期限、附加、加成和减免以及违章处罚等，税收制度分为单一税制度和复合税制度两种类型。所得税的特征包括税负相对公平、一般不存在重复税收问题、有利于维护国家的经济权益、课税有弹性等。

案例讨论

李某与刘某合伙做生意，经营一家木材经销店。2012年2月，两人由于经营意见不合而决定暂停营业。在办理税务注销登记时，税务机关告知其二人木材经销店还有6万元的税款未缴清，责令其必须在规定期限之内缴清税款。限期期满之时，其二人都未去补缴税款，并且税务机关发现李某已经不知去向，与此同时店内也没有存货木材，遂要求刘某缴纳该店欠缴税款。刘某说他已经和李某结清了他负担的债务，其余债务应该是李某的责任，因此刘某拒缴税款。

请问税务机关是否可以要求刘某偿还所欠税款呢?

课后作业

1. 试述税收和税收制度的概念。
2. 明确增值税的主体和纳税范围。
3. 税收产生的前提是什么?

评价（见下表）

评价表

属性	要点	自评			互评		
		好	一般	差	好	一般	差
理论知识	掌握税收及税收管理的概念及特点						
	掌握不同税种的申报与管理						
	熟练叙述增值所得税和企业所得税的相关知识						
	简述增值税的纳税主体及征税范围						
技能水平	模拟企业所得税的申报						
	掌握各种税表的登记和发票领购						
	掌握其他税种的申报						
情感态度	课前认真预习税务申报管理的相关内容，通过多种方式查询相关资料						
	课中认真听课、做笔记，积极回答老师所提问题						
	课后及时完成老师布置的作业，遇到难题积极寻找多种途径解决						

第九章　项目管理

学习目标

了解项目的概念、特性及其分类；了解项目管理的概念、运行环境以及相关任务及原则；了解项目组织的概念、类型以及项目经理的相关内容；了解项目整体管理的过程；了解项目控制。

情境导入

在新学期伊始，班主任杨老师给班长李华安排了一项任务：现有参与义务劳动的同学10名，需要在一定时间之内完成打扫教室、清理垃圾、归置桌椅板凳三项任务，每项任务都需要5个人，且都会需要用到一定的工具。那应该怎么分配，才能够合理、高效地把任务完成呢？

第一节　项目管理概述

一、项　目

在人类的历史长河之中，项目已经成为不可或缺的一个部分。在过去几十年中，项目管理理论和实践取得了长足发展。很多组织都使用项目管理方法来达成目标，因此，项目管理的历史却绝不仅仅只有几十年。

当今的现代企业比以前任何时候都面临更为严峻的竞争压力，因为几乎每个时间段都有新产品、新技术和新工艺推出，而且任何的创新或者改革都可以称为项目活动。由于这种任务具有一次性和独特性的共同特征，人们逐渐认识到运用以往常规的运营管理方法难以达成既定目标，因此出现了强烈的项目管理需求。也就是说，必须组成专门的项目班子，采用项目管理的方法，来达成一定的诉求。

越来越多的商界领袖和专家们达成共识——“项目管理是未来的浪潮”。如果把以前应用职能式管理方法的人员比作算盘，那么应用项目管理方法的项目经理就是现代化之下的智慧计算器。项目管理的相关理论和运用方法的出现及其所创造的辉煌让我们明白，在当今的激烈竞争环境之下，要确保一个项目获得成功，仅仅只依靠投入大量金钱和“资深”的方法已经是过去式了。真相是，在有限的资源条件之下采用科学的方法实现项目目标管理，才会带来事半功倍的效果。总而言之，项目管理是一种靠智慧来实现项目运作成功的技巧性技能。

（一）项目的概念

项目是一个极其普通的概念，但是自从人类能进行一定的有组织的活动的时候就已经开始有了项目活动。从古至今，项目一直作为一个基本元素，在人类的生活中扮演着极为重要的角色。从史前原始时期人类部落以获取生活资料为目的的围猎行动，到古中国的长城、古埃及的金字塔，再到美国原子弹制造的曼哈顿计划、阿波罗登月计划以及中国的北斗导航工程，这些都属于人类社会很大型的复杂项目典例。除此之外，在日常生活之中，人类的生活也一直充斥着各类不同的项目，小到家居装修，大到公司开发新软件、各国举办运动会，或者是兴修水利枢纽工程、修筑各级道路、建筑海湾港口站点等，都符合项目之说。

在当今世界，项目已经成为人类经济社会不可或缺的一部分，也是推动生产发展和社会的巨大动力。那么，当下对于项目的确切定义是什么呢？

首先，项目是创造特定产品、提供服务或者产出其他成果的一次性的具有一定周期的工作任务。据《辞海》所言，项目是事物按性质分成的类。也就是说，项目其实是来源于人类社会对于各项活动的细分，而随着社会不断发展的。人类有组织进行的活动逐步被细化分为两类：第一类是一种持续不停、周而复始的活动，也就是不断反复、重复的事情，称为“运作或作业”（Operations），例如企业的日常生产经营活动、火车在某一固定线路上往复运行，甚至于为个人生活所需要进行的日出而作、日落而息等行为，都可以算入其中；另一类是临时性的、一次性的、独特的活动，称为“项目”（Projects），例如企业的技术改造活动、中国的载人航天工程、国际间需不同企业协同合作完成的任务等。任何一项工作，无论是作业还是项目，都有许多共同之处，例如都要由个人或组织机构来完成，均受制于有限的资源条件，均需遵循某种程序，都要进行计划、执行和控制等。但是，明显具有非重复性质的“项目”，才是个人乃至于社会发展的关键所在。

国内外不同的项目管理类书籍之中，都曾经给项目这个固定词汇下过一定的定义：例如，项目就是以一套独特的、相互联系的任务为前提，合理高效地利用资源，为实现一个特定的目标做出的努力；又或者，项目上一个一次性但是多任务的工作，明确地规定了工作开始和结束的时间周期，也规划了特定的工作范围、合理的开支预算以及这个工作完成之后需要达到的一定目标、实现的特定性能水平。除此之外，世界著名的质量管理专家约瑟夫·朱兰（J. M. Juran）曾于1989年提出，一个项目就是一个计划所需要解决的问题。美国项目管理协会（PMI）认为，项目是为完成某一独特的产品、服务或者任务所做的一次性的努力；在国际标准《质量管理——项目管理质量指南（ISO1006）》中，国际标准化组织（ISO）定义，项目是有起止时间的、相互协调的受控活动所组成的特定过程，该过程要达到符合规定要求的目标，包括时间、成本和资源的约束条件。以上从不同角度出发给项目下了不同的定义，但是究其内涵来说都具有一定的相似性。

首先，项目是一项有待完成的任务，有着明确界定的目标以及特定的工作环境和要求。必须明确项目本身是一个动态的概念，即“项目”指的是一个过程，而不是仅仅指过程终结所形成的成果。我们把三峡大坝的建设过程叫做一个项目，而不把建成的大坝本身称为一个项目。其二，项目是在一定的组织机构内，利用有限的资源（人力、物力、财力等）在限定的期限之内完成的任务，有着极为明确的开始点和结束点。任何项目的实施都要受到资源条件的约束，而这些条件是多方面的，如环境、资源、项目管理者理念等。在诸多约束条件中，质量、进度、费用是项目普遍存在的三个主要的约束条件。例如，筹备一次会议，需要商榷会议地点、参会人员、会议场地、所需设备等资源。其三，项目工作任务本身的完成必须具备一定的性能，达到一定的质量、数量等要求。一个可交付项目的实现，必须满足客服群体的需求，也必须达到预先签订的合同的要求。

（二）项目的特性及其分类

1. 项目的特性

项目定义的复杂性决定了每一个项目都存在着多方面的特性，主要有以下几个特性：

一是项目的一次性。项目之所以和其他常规性的运作、批量性的大规模生产不同，原因就在于每个项目都有其自身明确的起止点，不存在不受限制完全照搬的先例，也不存在可以完美复刻生产的选项。也就是说，一个项目的任务一旦完成，那这个项目也就宣告结束，没有衍生复制品的可能性存在，但是这并不意味着项目所创造的成果或者是服务也具有一次性。通常来说，项目的实施都是为了创造一个具有持续性的成果。最简单的例子就是一栋大厦的建成，需要一定时间的前期准备和一系列的施工、收尾等阶段才能够完成，但是这栋大厦的建成却可以使用很长时间，使用时长长达一整个甚至于几个世纪。

二是项目的唯一性。人类社会所产出的项目和人有着一样的存在特性。也就是说，每一个项目都如同人类一般具有独一无二的特性。或许项目之间会有部分要素的重复造成一定的相似性，但是由于每一个项目的负责人理念、项目运行环境以及社会环境等条件的区别，以至于世界上不可能存在完全一模一样的两个项目。也就是，项目与项目之间是不可能等同和替代的。

三是项目的整体性。每一个项目都是需要借助一定的、相互联系的不同系统来开展一定的活动，从而实现既定的目标。也就是说，项目之间的一切活动都是相互关联的，并从而构建一个十分注重过程性和系统性的有机整体。项目实施的过程十分复杂，需要对其中单个部分的任务都进行充分的协调和控制才可以使之完成。与此，也需要强调项目内部各职能部门组织与外部环境机构、组织的协调性。

四是项目的临时性和开放性。一个项目的完成需要多个部门之间的组织与协调，而往往这些部门的人数、成员职责都是在随着项目的推进而不断转变的。尤其是外部组织的进入和退出是不受项目组管控的，比如政府、银行、企业等。也就是说，项目组的组成是没有严格的限制与边界的，是临时性的和开放性的。

五是项目的不确定性和风险性。项目组织团队的背景通常都是极具复杂性的，也就会导致项目组成员在商议项目问题时具有不同的意见和想法，而这些随时可能发生的思想冲突也就使项目的完成具有风险性和不确定性。甚至于说，由于组织内部的冲突会导致项目内部的负面影响，引起交付单位的不满，波及项目未来的拓展及推进的相关安排。

2. 项目的分类

（1）按其性质划分

新建项目。从无到有的一个崭新的项目就是新建项目。而原有规模很小的项目，在经过投资建设之后，假若其新增的固定资产价值能超过原来固定资产价值的 3 倍以上的，也可以纳入新建项目行列。

扩建项目。在现有的规模基础上，为扩大其生产能力或提高工程效益而增建的项目。

例如，一个房地产开发项目，为了将土地利用最大化，将预设 18 层的楼房加建到 24 层。

改建项目。投资者为了提升产品的品质、增加产品的品类、促进产品升级换代、降低消耗和成本等，不断地加快技术升级，将现有设施、工艺条件进行设备更新或技术改造的项目。

迁建项目。指由于各种内部或外部原因，在有关部门的批准迁到其他地点建设的项目。

（2）按投资使用方向和投资主体的活动范围划分

竞争性项目。项目自身投资收益水平较高，对市场需求变化也较为敏感，且又是极具市场竞争能力的行业部门主导的相关项目，都可以称之为竞争性项目。如建筑业、商业、房地产业、咨询业及金融保险业等。竞争性投资项目的投资主体主要是企业或者个人。整个项目都由企业或个人自主决策，并且自己承担相关风险，通过市场筹资、建设、经营。

基础性项目。具有一定的自然垄断性，但其建设周期较长、投入较大并且收益水平较低的基础产业和基础设施项目。如农林水利兴建、能源开发、道路交通设施建设，邮电、通信业及部分支柱产业项目和其他重点城市基建项目等。这些基建项目的投资主体一般都是政府和企业，其投资筹措方式是政策性与经营性投资相结合的。

公益性项目。非营利性且具有社会公益性的项目。如文化、教育、科研、卫生、环保、公检法、政府、国防设施等。这类项目中大多数不以经济效益为主要目的，其投融资应由政府承担，即由政府运用财政性资金，采用无偿和追加拨款的方式进行投资建设。

（3）按建设规模划分

按项目的年生产能力或者项目的总投资建设规模可分为大型项目、中型项目、小型项目，其划分标准，依据国家颁布的《大中小型建设项目划分标准》为依据。

（4）按投资建设的用途划分

生产性建设项目与非生产建设性项目。

（5）按资金来源划分

按资金来源划分可分为国家预算拨款项目、银行贷款项目、企业联合投资项目、企业自筹资金项目、外资项目等。

（6）按行业类型划分

工业项目、农业项目、林业项目、商业项目等。

二、项目管理

（一）项目管理的概念

项目这一基本要素构成了社会经济生活的基本单元，与此同时项目又是实现创新实践的重要工作。创新的成败能在一定程度上决定着一个国家、地区乃至于一个企业的发展速度及其综合实力。因此，“项目管理”这个主导着项目生命力的至关重要的概念也逐渐进入人们的视野。但随着项目开发规模的日趋扩大及技术工艺复杂性程度的提高，专业化分工也越来越精细，涉及的专业也越来越广泛，项目利益之间的相关关系也愈加复杂，投资者对项目在质量、工期、投资效益等方面的要求也水涨船高。在这时，传统的管理模式已经不能满足高难度项目运作的需要，人们开始把注意力放置到如何对项目进行有效的管理进而实现既定的目标，达到既定的项目成果要求上，于是就产生了对项目本身进行管理的模式。

实际上，项目管理一开始是针对建筑行业工程和工程管理实践的结果。因为建筑行业的项目在最初的传统实践之中，相较于其他行业来说应用面以及数量都更广、更多，并且组织实施的过程也表现得更为复杂。随着社会的进步和时代科技的发展，项目管理的应用领域也在不断地拓展延伸。一般来说，人们都会认为第二次世界大战的爆发推动了现代项目管理的发展。因为在二十世纪四五十年代，大型国防工业的发展以及军工项目的产生都亟须优质的项目管理模式来提高项目的成果性能，达到事半功倍的效果。

随着高速发展的信息化时代的到来，人们能够直接感受到制造业经济之下的管理模式在信息经济时代显得略为粗糙，有些环节甚至于是十分笨拙的。原因在于，信息时代信息瞬息万变，灵活性成为这一时代的代言词。而项目管理本身就是需要极具灵活性的管理手段，来调动、调节项目内外部环境、组织部门以及资源的合理化使用，从而达到管理效用的最大化，便于从根本上提高管理人员的工作效能。时至今日，项目管理的重要性已经成为一种共识。所谓项目管理，就是指项目管理者为了实现一定的预期目标，在遵照客观规律的前提之下，运用系统工程的观点、理论和方法，对执行中的项目发展周期的各阶段工作进行计划、组织、控制、沟通和激励，以取得良好效益的各项活动的总称。

项目管理概念的要点主要表现在以下几个方面：

1. 管理的客体

项目发展周期中的所有工作就是项目管理的客体，不同阶段的工作就构成了项目的系统运作过程——项目周期。

2. 管理的主体

项目管理的主体是项目管理者。投资者或经营者（项目业主）就是一个项目的投资管理者，他们理应管理这个项目发展周期中的整个过程。

3. 管理的目的

项目管理的目的是为了实现项目目标。管理的性质和功能决定了管理本身并不是目的，而是实现一定目的的手段。在有限的资源条件下，保证项目的时间、质量、成本皆达到最优化，这就是项目管理的目标。

4. 管理的职能

管理的职能包括但不限于计划、组织、控制、协调、沟通和激励。任何一个项目的运作都无法离开这些职能。一旦离开这些职能，那管理的目标就失去了实现的基础与可能性。

5. 管理的依据

项目的客观规律就是项目实施管理的依据。管理是人的主观行为，而人的主观行为就必然要受到客观规律的制约。如果要实现一定的管理目标，达到一定的项目管理预期效果，就必须学会尊重项目运行的客观规律。

（二）项目管理的特点

与普通的企业经营类似，工程管理具有计划、组织、控制、沟通、激励等功能。然而，由于项目管理的特殊性，在这些基础功能中，规划、组织和控制的作用尤为突出。

1. 项目计划是项目管理的基础

在项目实施过程中进行有效的管理，其基础和先决条件就是项目计划。在项目中，通过科学的规划和合理的规划，可以最大限度地实现项目的整体执行，并以最小的成本取得最大的收益。如果没有一个合理的项目计划，那么，项目的执行工作就会受到很大的限制，很难继续进行下去，也就无法达到项目的目的。

2. 项目管理离不开项目团队的组织

在工程实施过程中进行有效的管理，其基础和先决条件就是工程规划。在工程项目中，通过科学的规划和合理的规划，可以最大限度地提高工程的整体完成率，并以最小的成本取得最大的收益。如果没有一个合理的规划，那么，工程的执行工作就会受到很大的限制，很难继续进行下去，也就无法达到项目的目的。

3. 项目控制是项目管理的基本内容

项目控制是指按照项目进度、项目目标、项目进度，对项目的发展状况进行监控，对项目的发展趋势进行预测，并对项目进度进行实时监控，保证项目的各项工作能够持续地进行下去。由于项目管理工作的实际运作是在复杂的社会环境和员工的变化中进行的，所以即使有先进的控制技术，也无法达到项目的初始目标。没有哪个项目是完全按照合同来的，也没有哪个项目的成员会按照自己的要求去做。因此，项目管理就是将项目的各个方面的变化，都控制在一个可以接受的、合理的范围之内。

交流与激励在项目管理中也是不可或缺的因素。一是要加强团队内部的沟通，协调好项目经理与团队成员之间、团队成员之间以及客户与团队之间的关系，尽可能地减少人员内部的摩擦，保证项目正常运作，尽量避免员工之间的矛盾，确保项目的顺利进行。二是在激励上运用项目团队建设和行为方法，使全体成员的工作热情得到最大程度的激发和调动。

项目的整体性决定了项目的计划、组织、控制、沟通和激励都是一体的。这些因素相互联系，相互渗透，形成一个良性的内部循环，这就是项目的整体管理。

三、项目运行环境

（一）项目的内部环境

项目的内部环境是指项目执行过程中所包含的各类因素。在这些要素中，资源是最基本的保障，而需求与目标则是最基本的要求，项目组织是项目实施运作的核心实体。

1. 资源

资源的概念内容十分丰富，一切具有现实和潜在价值的东西都可以视之为资源，包括自然资源和人造资源、内部资源和外部资源、有形资源和无形资源。诸如人力（man）、材料（material）、机械（machine）、资金（money）、信息（message）、科学技术（method of S&T）、市场（market）等，有人把它们归纳为若干个M，以便叙述和记忆。其实还有一些其他东西，譬如专利、商标、信誉以及社会关系等，也是有用的资源。尤其在当今的知识经济时代，一定要看到知识作为无形资源的存在价值。轻型化资源、软化资源的出现值得我们的重视，与此同时，也意味着我们在管好用好“硬资源”时也必须要将“软资源”

划入可管理利用的范围之中。

由于项目自身所具有的一次性特性，因此项目资源不同于其他组织机构所拥有的资源，项目的资源是可以临时拥有和使用的。不仅是项目资金需要筹集，项目中所用到的服务和咨询皆可采购（如招标发包），人才可以招聘，有些资源甚至还可通过租赁获得。资源需求变化在整个项目过程之中变化较大，有些资源用完要及时偿还或遣散。不论是什么资源的积压、滞留或暂时性稀缺，都会给项目带来一定的损失。也就是说在项目管理之中，对于资源的管理、利用尤为重要。

2. 需求和目标

需求之于项目利益相关者是多种多样的。通常来说，我们可以把需求分为两类，一类是必须被满足的基本需求，另一类是附加获取的期望要求。项目实施的范围、质量要求、利润或成本目标、时间目标以及必须满足的法规要求等，都被基本需求囊括其中。在一定范围内，质量、成本、进度三者之间是一种互相制约的关系。当进度成为定量之时，质量要求越高，则成本投入也就越高；当成本成为定量之时，质量要求越高，进度则相应变缓；当质量标准成为定量之时，进度过快或过慢都会不同程度地造成成本投入数字的上浮。谋求快、好、省三者之间的有机统一，是管理的首要目标。在管理的整个过程之中一定要考虑到好中求快，同时也要做到好中求省。如果把项目实施的范围或者规模一起划入考虑范围的话，利润替代成本可以成为目标，因为利润等于收益减去成本。从而可以得出，管理是要寻求使利润最大的项目实施范围或规模，从而可以得出其相应的成本。

在开辟市场之时，期望要求常常会对争取支持、减少阻力产生重要影响。譬如一种新产品的研发出现，项目的目标包括但不限于它的基本性能，还应该把外形、色彩、使用舒适度以及建设和生产过程是否有利于环境保护等都纳入其中。

不同利益相关者之于同一个项目都会有各自不同的需求，有的背道而驰，甚至于互相抵触。项目管理者的出现就是为了对这些不同的需求加以协调，统筹兼顾，以取得一定的平衡，将项目利益相关者的积极性调动起来，最大限度地减少利益相关者之间的摩擦和消极的影响。

3. 项目组织

把多个人都组织起来，形成一个团队，进而攻克一个人无法完成的任务，这就是管理的功能之一。任何一个组织和机构的存在都需要有好的领导、章程、沟通、人员配备、激励机制以及良好的组织文化等，项目组织也如此。

为了项目目标的实现，项目组织和项目都有着生命周期这一特性存在，都必须经历建立、发展和解散的过程。项目组织与百年老店这种组织机构的性质不同，做不到长盛不衰、遗存永世。比如，某个咨询公司或机构中的一个研究小组就可以成为一个项目创意组织；甚至于个人项目的发起也许要另外一个组织的出面，譬如某政府部门、事业单位、企业或企业与银行组成的集团；而项目的计划、实施可能还要组建新的机构，作为业主法人。总而言之，不管是什么项目组织，都永远处于一个不断地更替和变化的过程，最基本的原则就是因事设人。并且要根据项目的任务来设置机构，设岗用人，事毕岗换，因时而变，因事调整，甚至于撤销这个岗位。机动灵活的组织形式和用人机制是一个组织必须具备的柔性特征，千万不可让项目组织这个有机生命体变成木讷、死板、呆滞的无机体。

各个项目利益相关者之间松散、有条件的联系也反映出了项目组织的灵活性，因为它们是通过合同、协议、法规或者其他各种纷繁复杂的社会关系结合起来的。与其他组织不同的是，项目组织并不具备明确的组织边界，换言之某些项目组织之中的项目利益相关者以及成员仅仅是因为这个事物才可以这样划分，他们在另外的事务中可能又服务于其他组织。除此之外，还必须明晰的是，各项目中的利益相关者的组织形式也是多种多样的。

项目的管理还会因为项目的组织形式不同进而受到一些影响，主要的项目组织结构有职能式结构、项目单列式结构和矩阵式结构。总的来说，职能式结构更有利于提高效率，而项目单列式结构则更有利于取得效果。短阵式结构兼具两者优点，与此同时也有着某些缺陷。

（二）项目的外部环境

一个项目要想取得成功，除必须对项目本身、项目组织以及组织内部环境有着充分的了解之外，还需要对项目所处的外部环境有着准确且正确的认识。这个问题所涉及的领域十分广泛，而且这些领域的现状和发展趋势都会对项目产生一定程度的影响，甚至于有些会是决定性的影响。这里只针对项目外部环境的重要方面作简单的扼要说明。

1. 政治经济环境

首先，无论是国内的，更甚是国际的政治、经济形势，都会对项目产生重大影响。“举世瞩目的英吉利海峡隧道，投资达100亿英镑，是20世纪的一项巨型工程。从拿破仑时代起近200年来，这个项目的起伏至少有26次；主要原因是英国方面担心来自欧洲大陆国家的入侵。直到20世纪80年代，欧洲共同体（后来更名为欧洲联盟）有了重大进展，在当时的英国首相撒切尔夫人和法国总统密特朗的推动下，才促成这个项目的实施。”[①] 部分评论家都一致认为，影响建造英吉利海峡隧道这个决策的决定性因素是围绕着这个计划的政治和经济环境，而非当时的科学技术。假若这样的国家规模的项目都会受到政治经济形势的影响，那更小的项目自然而然也不能置身事外。受到东亚经济奇迹鼓舞的大多数项目投资者，都在预设着“亚洲世纪”“太平洋世纪”的到来，此时来势汹汹的东南亚金融危机给他们上了一课，他们所看好的许多项目都陷入了泥淖之中。在这样的情况之下，他们只能重新审视自己的投资方向，再重新推算、演绎未来的政治、经济形势。

随着经济全球化大趋势的影响，知识经济时代愈演愈烈，这些都在不断地加快跨国项目、高技术项目以及利用项目成果进程的脚步，这个领域之内的项目进展如火如荼，与竞争同样热烈的机会如春笋一般，更是让项目管理者们都十分眼热。

前面就曾提及，项目对市场以及价格具有十分高的敏感度，这些因素的变化都能轻易地对项目产生影响。比如我国的劳动力价格都比较低廉，国外制造商都习惯于来中国办厂，方便雇佣中国的廉价劳动力，这就导致中国劳动力市场的稳定性过于依赖国外企业，一旦国外企业转移工厂到其他国家，就很容易导致大量中国劳动力陷入失业困境，所以国内市场不得不采取措施，以改善国内的人力资源管理。

2. 文化意识环境

在社会历史发展进程中，由人类所创造的一切物质财富和精神财富都可以称之为文

① 屠梅：《项目管理》，上海：上海人民出版社，2008年，第24页。

化。通常来说，文化更多指的是精神财富，如文学、艺术、教育、科学，也包括行为方式、制度、信仰、惯例等。项目管理必须要对当地的文化具备一定的了解与认识，并且尊重当地的风俗习惯。一是在制订项目进度计划时必须考虑到项目执行所在地的风俗习惯；二是在项目执行过程之中，在合适的时候适当地采用当地的文字语言去和当地的工作人员或者居民交流，用他们的交流方式或许能够达到事半功倍的效果，在减少摩擦的同时还能够增进理解，提高项目的完成度。

与此同时，也必须认识到意识其实也可以归属于文化，意识也会对项目产生一定的影响。比如垃圾分类相关项目的推进，在日本民众中有更高的接受度，但是在我国就难以推进。在我国，人们往往缺乏一定的环保意识，虽然当下国家都在不断地推进环保法制的建设，但是大部分项目在规划之时仍然没有环保方面的措施，最终的成果产出的同时也会产生相应的严重的后果。

3. 规章标准环境

规章和标准都是规范性文件，都会对产品或服务的特征提出一定的硬性要求。二者的区别在于，前者是强制执行的，而后者则更多地带有非强制的色彩。

国家法律法规、行业规章以及项目所属企业的章程等都属于规章制度。它们对项目的规划、设计、合同管理、质量管理等都有着极为重要的影响，但是也有着特例的存在。比如，由国际咨询工程师联合会（FIDIC）颁发的合同条件就属于标准，而不是规章。但是由于它较为成熟且全面，所以得到大多数国家的行业认同。许多国际性的土建工程、咨询采购项目都会不约而同地一致采用 FIDIC 的合同条件。与此同时，很多国家也会制订自己带有强制性的行业合同条件，规定在国内或某个行业领域内必须依照其行事。

目前世界上有着多种多样的标准，几乎已经涵盖了所有的技术领域。国际标准化组织（ISO）也发布了各种管理标准，如质量管理和质量保证国际标准 ISO9000 系列。有的标准是国际共用的，而有的只适用于某些地区或者某些国家。这些不同行业的技术和管理标准虽然不都具由强制性，但大多都已得到了全行业的认同。也就是说，一个项目要想被市场所接纳，就必须采用这些行业标准，否则都不符合市场的准入门槛条件。

四、项目管理任务与原则

（一）管理的任务

项目类型多种多样，项目管理的具体任务也依据项目类型的不同而不尽相同，但任务的主要范围是类似的。项目管理一般包括六项管理任务，分别是项目团队组织、成本控制、进度控制、质量控制、合同管理、风险管理。

1. 项目团队组织

由项目团队组织任务，首先是可以提高项目组织的运作效率。改善运作效率的三个重要前提即明确项目团队组织关系和沟通渠道、选择合适的项目组织形式、选拔项目经理及调集各有关职能人员；而组建项目团队、制定项目管理制度和建立项目信息管理系统三个方面则是提高项目组织的运行效率和运行效果的重要保证。

2. 成本控制

成本控制工作主要有：编制成本计划，审核成本支出，分析成本变化，研究降低成本的方法，实施成本控制。前面两者是静态的成本控制，后三者则是动态的成本控制。

3. 进度控制

进度控制工作主要由三个部分组成：进度计划科学决策、编制进度计划、执行进度控制。对工程项目进行科学的决策，是实现项目管理的前提；而项目进度计划的编制是实现进度控制的重要基础；能否实施有效的进度控制是实现进度控制的根本保证。

4. 质量控制

质量控制任务，主要包括三个方面：规定各项工作的质量标准与预防措施、对各项工作进行质量监督与验收，以及各项工作的质量问题的处理。规定各项工作的质量标准与预防措施是实现质量目标，由“事后处理”转为“事前控制”的基础；对各项工作进行质量监督与验收是完成质量目标的重要过程，它包含了对项目设计质量、施工质量以及材料和设备等质量的监督与验收；对各项工作的质量问题进行处理是实现质量目标的根本保证。

5. 合同管理

合同管理的主要任务是：合同的谈判与签订、修改合同、处理合同纠纷与索赔等。在合同管理任务中，要突出合同签订的合法性和合同执行的严肃性，为实现管理目标服务。

6. 风险管理

风险管理的主要任务是：项目风险识别、风险估测、风险评价，并在此基础上对各种风险管理技术进行优化组合，对风险实施有效的控制和妥善处理风险所致的后果等，其意图是以最低的风险管理费用换取最高的安全性能保障。

（二）项目管理的基本原则

1. 项目决策的科学化、民主化原则

该原则首先是强调在项目决策过程中必须尊重客观规律、依照科学的决策程序。坚决杜绝“边投资，边论证”的做法，也绝不应该采用违背客观规律的做法，比如“先决策，后论证”。然后要求在决策过程中要依靠群众的智慧，广泛听取经济技术、管理等各方面专家的意见，充分发挥他们的聪明才智，以实现决策的科学化、民主化。

2. 项目的系统性原则

要将项目看作是一个体系，从整体体系的观点来看待它的可行性和实用性。同时，通过对项目内部各个因素的相互影响，来实现整体利益的最大化。在社会化大生产的今天，每个项目都和其相关公司、企业甚至于市场有着千丝万缕的联系，而新的项目一旦开始，就必须考虑到当前的利益分配和各个团体的变化，这就需要在各个领域中进行协调，以形成一种新的平衡。所以，在项目的前期论证中，要对项目及其所需要的投资进行综合评估，要综合考虑到项目的投资承受能力、项目建成后的协同配合能力。在项目自身的运行过程之中，要做好项目周期之中各个环节的衔接与整合，使之能高效地被指挥以达到协调的目的，达到项目体系的最佳化。

3. 项目的资金时间价值原则

在项目管理实施过程之中，应充分考虑和运用资本的时间价值，同时兼顾项目的机会成本。在不同的工程项目中，不同的主体都有着相同的预期，即以最少的投入获得最大的收益。同样的时间，在不同的领域进行的投资，所获得的回报也是不一样的，所以在投资的时候，必须要慎重地考虑和全方位的分析。不能只从静态的角度来分析、评价项目的投资利税率、投资回收期的长度，而要从动态的角度分析投资项目的投资回报率，以确定项目的经济效益。

4. 项目的责任、利益、风险对称原则

在工程管理中，责任、利益和风险是相互平衡的。在没有责任和利益统一的情况下，投资主体不可能真正地做到承担投资风险，投资收益也就成了空谈。所以必须赋予投资主体严格的经济责任，做到“谁决策，谁负责”“谁投资，谁受益”“谁受益，谁承担”。只有让项目相关利益者的决策行为真正和自己的利益联系在一起，投资人才能真正投入到这个项目中来，然后将这个项目的效果发挥到极致，达到其状态的预期理想化。

第二节　项目组织

一、组织及项目组织

（一）项目组织的定义及相关原则

项目组织是具有独立性的组织实体，它的建立起点是为了完成项目，负责从事和承担项目。项目组织的一般职责主要包括项目规划、组织、指挥、协调和控制。项目组织要负责管理项目的范围、费用、时间、质量、采购、风险、人力资源、沟通等多方面。对于一些大中型项目来说，由于他们项目管理的工作量很大，他们的项目组织在我国被称为项目经理部，所以项目组织专门履行管理功能，具体的技术类工作委派给个人或者其他组织。而那些管理工作量不大的项目组织，就没有必要单独设立履行管理职责的班子，他们的具体技术性工作以及管理职能，都可以让项目组织成员承担。也就是说，这样的项目组织负责人除了管理之外，也要承担相应的技术类工作。

项目组织的具体职责、组织结构、人员构成和人数配备等会因项目性质、复杂程度、规模大小和持续时间长短等有所不同。项目组织可以是另外一个组织的下属单位或机构，也可以是单独的一个组织。例如某企业的新产品开发项目组织是隶属于该企业的组织；而某水电站项目组织则是水电开发有限责任公司，本身是个法人企业，负责该水电站的资金筹集、建设、建成投产后的经营、偿还贷款和水库上游地区的开发管理。

项目的组织形式除了要遵循一般组织的设计原则之外，还需要服从一些特殊的组织原则，主要包括两个方面：一是项目的性质和规模。项目组织的形式是为了实现项目的任务而采取的一种组织手段，所以它必须适应项目的性质与规模要求，手段必须服从目的。二是项目在公司的地位和重要性。公司拥有的资源是有限的，而且一般都要同时承担多个项目，这些项目对公司的效益影响不同。对于特别重要的项目，公司需要调用各方面的力量来保证其目标的实现；相反，对于那些相对重要性不大的项目，则可能委托某一部分人或某一部门去自行组织。

（二）项目组织的特点

项目是一次性的活动，客观上同样存在着组织设计、组织运行及组织更新、组织终结的生命周期。若要使项目组织活动有效地运作，那就必须建立合理的组织结构。

1. 临时性

项目组织和政府、医院、学校这些组织机构不一样，每一个项目的目标成果不同，就意味着需要不同方向、专业、学术背景的人才来参与，项目的结束就意味着这个项目组织可能会就地解散，再根据下一个项目目标吸收纳入其他所需人才来构成一个新的班底。项目组织更为强调组织结构的弹性而非永久性，是一种极具灵活性的组织结构。

2. 开放性

不同项目组所需的技术人员或者领导班子是不同的，甲项目的项目成员在乙项目可能是专家，而乙项目的项目经理在丙项目只是普通的项目成员。并且这些不同身份成员的出现是随着项目不同阶段的发展目标变化而出现的，也就意味着在具有弹性的组织机构的基础之上，项目团队还具有开放性这一特性。

3. 互动性

传统的职能管理之中十分强调上下级之间的权威、领导，而项目组织更加强调管理之中的沟通和激励。项目经理和项目成员之间、项目经理和交办单位之间、成员之间都需要良好的沟通循环，及时交换讯息，才能够更好地高效完成项目任务。

（三）项目组织制度及文化

以项目为主业务的组织是指业务主要由项目构成的组织，不同的组织在项目的运行和实施之中都面临着各种不同的社会和公司内外部的问题与矛盾。能否高效地处理好这些矛盾及关系，都会直接影响到项目实施的效益和效率。换言之，任何一个组织和机构都亟须有效且高效的管理制度来支持项目的运作，不同的组织对于管理制度的要求可能会有所不同，但都是与之发展方向相适配的制度。

各行各业的企业都在试图打造自己的企业文化。同样的，不同的项目组织也有着自己的项目文化。在共同的目标追求、共同的价值观与信念、共同的职业道德、共同的办事方针等方面都会有所体现。所谓的目标追求与信念就是一个项目组织内部所有人员都向往且愿意为其昼夜奋斗的一个愿景，也是一个历久弥坚的承诺，是心之所向的未来。

二、项目组织结构类型

组织的结构形式多种多样，不同的公司会采用不同的组织形式，组织形式会影响到这个组织的管理方式、项目中的信息交流方式以及项目的重点方向的选择。传统的组织结构形式有直线式、职能式、直线职能式等；现代的有职能式、项目式、多维立体式等。

（一）职能型组织结构

上文所述的等级组织结构大都按职能来划分组织，同一部门或班组的人员履行相同或类似的职能。在职能型组织中，各项工作在根据职能划分的不同部门中展开。项目工作也能在这样的组织中完成，只不过功能性部门的划分在一般组织中相对更严格些，而项目作业的完成也许需要将工作的某一部分转交给另一部门。例如，开发新产品的项目始于营销部门，它们先产生创意，然后，研发部门分析创意在技术上的可行性并负责设计产品，最后由生产部门将设计变为样品。这种流程有时被喻为“传递接力棒”，因为这样的项目组织就像在参加接力赛跑：当一名运动员跑完他（她）那一段时，就将接力棒传给下一名运动员，后者再接着跑他（她）那一程。毫无疑问，采取这种组织形式履行项目，要求项目经理能够监管整个工程，并确保每一个职能小组交给后续小组的工作不存在尚未解决的问题，使后者能将工作继续进行下去。

（二）项目组型（或单一型）组织

项目组型或单一型组织由一群在同一组织单位内展开项目工作的人组成，通常由一名项目经理领导。这种组织如果顺利完成了一个项目，则以后往往会继续合作，接着为另外的项目工作。在连续从事项目的性质大体相似的组织中，采用这种组织类型尤为常见，如开发软件的项目组织和建筑工程队。Norris 等人（1993）曾说："在这类组织中，最重要的也许是提高整个组织的能力，因为这是决定未来成败的关键。在单一型组织中，人是最重要的因素。"

这种专注的项目组织类型的紧密联合性使它比其他组织类型的沟通问题少，但是应该在确保不忽视与其他利益相关者（高级管理层、生产线经理和其他受到影响的部门和人员等）进行交流上引起注意。因为这类结合的单一型组织会变得自我封闭，他们会对项目过于专注，而不愿与他们认为对项目不够投入的人"共享"信息。

（三）矩阵型组织

在矩阵型组织中，员工向负责项目工作不同方面的不同经理汇报工作。项目中经常采用这类组织，员工就他们分内的工作对项目经理负责，同时，他们的职能部门直线经理负责他们工作的其他方面，如评估、培训与职业发展以及"日常"任务。这种组织中，来自不同部门的员工是"借"来的，或者只是协助某项工程的工作，他们可能专职或兼职为此项目工作。这样，项目经理领导了一个有形组织，并负责控制与监督这个组织从事项目的工作。在短阵型组织里，许多项目组成员仍然有义务完成他们在原职能部门中的工作，接受他们工作汇报的职能部门经理依旧对他们在本部门的工作负责。同时，还要负责他们参与项目工作的专业标准以及他们的培训和职业发展。在此类结构中，解决双重领导可能带来的问题（"双头领导"问题）非常重要，这要求与项目组成员建立良好的人际关系和定期进行有效交流

（四）承包型组织

承包型组织（contract team）是将项目承包给"外界"的组织。此时，转交项目的责任完全由项目经理承担，项目经理是"在场"并"负责"的人，而客户将发现这样的组织较难直接控制。但是，另一方面，判断项目成功与否的是客户，所以项目经理必须一直监督项目的产品方面。这种类型的组织又被称为外界供给组织，亦即这种组织在地理位置上可能离项目经理较远，这导致项目经理必须克服由距离引起的另一个管理问题。

（五）混合型组织

混合型组织完全可能存在，而且的确常见。其中，从事项目作业的员工可能从事专职工作，并完全由项目经理负责管理；也可能兼任项目工作，仅在从事项目作业期间由项目经理负责；或者在短阵型组织结构中，员工有关项目的工作由项目经理负责，其他方面则由他们部门负责；在职能型组织中，在部门经理的监管下，与项目经理协商完成项目

工作。

三、项目经理概述

（一）项目经理的定位与能力

1. 项目经理的定位

项目管理的组织特征是严格意义的个人负责制。项目经理是项目的核心人物，是决定一个项目成败的关键。项目经理是项目实施的最高领导者、组织者、责任者，在项目管理中起到决定性的作用。成功的项目应该符合技术性能规格，任务得到完成，项目成果能使本企业组织成员、分包单位主要成员、项目班子中的主要成员、项目业主或委托人感觉高度满意，最终给企业创造效益。

项目经理是项目有关各方协调配合的桥梁和纽带，处于各方的核心地位。项目管理说到底是人的管理与协调。负责沟通、协商、解决各种矛盾、冲突、纠纷的关键人物是项目经理。他对项目行使管理权，也对项目目标的实现承担全部责任。他所扮演的角色是任何其他人不可替代的。项目经理作为企业法人委派在项目管理上的代表，按合同履约是他一切行动的最高准则，拒绝承担合同以外的其他各方强加的干预、指令、责任是他的基本权力。项目经理是项目信息沟通的发源地和控制者。在项目实施过程中，来自项目外的重要信息、指令要通过项目经理来汇总、沟通、交涉。对项目内部来说，项目经理是各种重要指标、决策、计划、方案、措施、制度的决策人和制定者。

项目经理和公司总经理是有区别的，最显著的区别是各自的权力范围不同。公司总经理对整个公司行使权力，而项目经理的权力限于项目内部。项目经理和公司总经理也是有联系的，项目经理是公司总经理的下属，在公司总经理的领导下工作，并对其负责。两者之间的联系是：第一，项目经理一般由公司高层领导任命，其管理绩效由高层领导来评价，项目经理需要高层经理进行选拔和培养，因此，从某种意义上来说，项目经理的职业发展道路由高层领导决定。第一，项目经理的权力大小与项目的性质、公司的组织结构形式和项目经理自身的素质有关，其权力范围由公司的总经理决定。第三，项目经理管理项目需要取得高层领导特别是总经理的支持，高层领导的支持程度体现了项目的重要程度，也体现了获得资源的难易程度。

项目经理和部门经理既有区别也有联系，因为项目经理和部门经理在企业中所担任的角色，各自所承担的责任、权利和义务各不相同。部门经理一般负责指导公司已完全成立的单位或部门的活动，一般具有所管理的技术领域的专业技能；在解决问题方面，部门经理习惯用分析的方法。由于部门经理是该领域的专家，对需要解决的技术问题知道如何去分析解决。他们善于把一个系统按照其组成部分进行分解甚至分解为更小的组成部分，从局部的角度去看问题。

项目经理的角色主要是协调者和监督者，不一定要求他是某一领域的专家，但他必须具备丰富的经验和广阔的知识背景。在承担责任方面，项目经理是一个促成者，他决定要做什么、什么时候必须完成以及如何获得项目需要的资源，而具体怎么做则由有关的技术专家决定。在解决问题方面，项目经理应该运用系统的方法，首先对项目的整体加以认识，在此基础上再对系统的组成部分加以理解，从整体的角度看问题。

2. 项目经理的能力

由于项目具有唯一性、复杂性，项目在实施过程中始终面临各种各样的冲突，面临各种各样的问题，这就给项目经理带来了巨大的挑战。一个称职的项目经理应该具备多方面的能力，包括领导能力、技术能力、组建团队的能力、解决冲突的能力，以及创业能力、获得及分配资源的能力。

（1）获得充分资源的能力

项目经理在项目开始之初，首先要确定项目所需的资源。由于企业的资源是有限的，项目经理要获得充分的资源首先要有合适的预算。通常情况下，由于项目实施过程中的不确定性，以及项目发起人的过分乐观，项目初始的预算经常是不足的。如果项目的支出超出项目本身的预算，项目经理就需要借助关系，依靠其谈判技巧向上级部门积极争取完成项目所需的资源。因此，制定适当的预算，并在需要的时候及时获取所需资源，是项目经理所必须具备的能力。

（2）组建团队及培养员工的能力

一个项目经理必须了解组织是如何运作的以及应该如何与上级组织打交道。组织能力在项目的形成和起始阶段非常重要，因为在这一阶段，项目经理需要从组织内部的各职能部门集合人才组成一个有效的团队，这不是简单地画一个项目组织图的问题，需要定义项目组织内部的报告关系，定义各个成员所需要承担的责任、权利关系以及信息需求及信息流动关系。组织能力需要与计划、沟通、解决冲突的能力相支持。此外，还需要确定的项目目标、开放的沟通渠道以及高层管理人员的支持。

组建团队是项目经理的首要责任。一个项目要取得好的绩效，一个关键的要素就是项目经理应该把具备各种素质的人才聚集在一起，组建一个有效的团队。为了保证项目组高效运作，项目经理要在项目组内部培养一种良好的合作氛围、良好的人事关系和集体荣誉感。项目经理还应注意影响的三个主要因素：有效的沟通、项目成员的才能培养、项目的执行情况。

团队的组建关键因素也在于发掘合适的项目成员。项目是一个持续性的过程，项目经理必须重视对员工能力的发展与培养，找准成员的优秀闪光点并明确其技能发展方向，为其对口分配合适的工作，使成员的能力最大化。

（3）计划与领导的能力

任何项目开始前必须作计划，项目的任何任务开始前也必须作计划。计划对项目管理绝对重要，项目计划表示项目开始到结束的全过程安排。项目计划一般包括进度计划和预算安排、人员分配计划、关键员工安排、资源的使用计划信息流程等。由于项目管理范围和深度时常变更，计划能及时反映变化的情况，得到及时的修改。

项目经理的领导能力是项目成功的重要前提条件之一。由于项目经理的权利有限，却又不得不面对复杂的组织环境，肩负保证项目成功的责任。因此，项目经理需要具有很强的领导才能。具体来说，要有快速决策的能力，即能够在动态的环境中收集并处理有关信息，制定有效的决策。

（4）应付危机及解决冲突的能力

项目的唯一性意味着项目经常会面临各种风险和不确定性，会遇到各种各样的危机如资源的危机、人员的危机等。项目经理应该具有对风险和不确定性进行评价的能力，同时，通过经验的积累及学习过程，应该提高果断应对危机的能力。另外，项目经理还应该通过与项目成员之间的密切沟通及时发现问题，预防危机的出现。

项目的特征之一就是冲突性。在项目管理的过程中存在着项目组成员之间、项目组与公司之间、项目与职能部门之间、项目与顾客之间的各种各样的冲突。冲突的产生会造成混乱，如果不能有效地解决或解决问题的时间延长，就会影响团队成员的凝聚力，最终会影响到项目实施的结果。然而，冲突又是不可避免的，唯一可行的就是如何去解决它。冲突得到有效解决的同时还可以体现出它有益的一面，它可以增强项目组成员的参与性，促进信息的交流，提高人们的竞争意识。了解这些冲突发生的关键并有效地解决它，是项目经理所应具备的一项重要能力。

（二）项目经理的权力与责任

1. 项目经理的权力

既然项目经理担负着保证项目成功的重大责任，那就必须赋予其一定的权力，使其在一定的范围内行使这权力，保证项目得以顺利实施。

项目经理权力的大小取决于项目在组织中的地位以及项目的组织结构形式。项目经理的权力大小是相对于职能部门经理而言的。例如，项目如果是职能式结构，项目经理的权力可能在职能部门经理之下；项目如果是纯项目式结构，而且不存在职能部门，这时项目经理的权力可能仅次于公司高层管理人员。另外，由于项目的重要性不同，对于非常重要的项目，项目经理的权力相对来说大一些。此外，项目经理所拥有的权力大小与项目本身的规模也有关。大规模的项目，项目经理的权力相应地也会大一些。一般来说，项目经理的权力表现在以下三个方面：

一是对项目进行组织，挑选项目组成员的权力。项目经理对项目组成员的挑选与任务分配有最大的决策权。这里值得注意的是，一般情况下，项目经理对项目成员的职业道路升迁并没有决策权，他只能施加一定的影响。

二是制定项目有关决策的权力。项目在实施过程中必然会面临各种决策，而制定决策是项目经理所拥有的权力。

三是对项目所获得的资源进行分配的权力。资源一旦分配给项目，其具体使用与分配，权力完全在项目经理手中。

2. 项目经理的责任

项目经理的任务就是要对项目实行全面的管理，具体体现在对项目目标要有个全局的观点，并制定计划，报告项目的进展，控制反馈，组建团队，在不确定环境下对不确定性问题进行决策，在必要时进行谈判及解决冲突。项目经理的责任主要体现在对企业、项目和项目小组成员所应负的责任三个层次上。项目经理对项目应负的责任主要有以下方面：

一是要确保项目目标实现，保证业主满意。这一项基本职责是检查和衡量项目经理管理成败、水平高低的基本标志。

二是要制定项目的阶段性目标和项目的总体控制计划。项目总目标一经确定，项目经理的职责之一就是将总目标分解，划分出主要工作内容和工作量，确保项目阶段性目标的实现。

三是要组织精干的项目管理班子。这是项目经理管好项目的基本条件，也是项目成功的组织保证。

四是要及时决策。项目经理需亲自决策的问题包括实施方案、人事任免奖惩、重大技术措施、设备采购方案、资源调配、进度计划安排、合同及设计变更、索赔等。

五是要履行合同义务，监督合同执行，处理合同变更。项目经理以合同当事人的身份，运用合同的法律约束手段，把项目各方统一到项目目标和合同条款上来。所以项目经理对企业所应负的责任为要保证项目的目标与企业的目标一致，与企业高层领导进行及时有效的沟通，对企业分配的资源应该进行充分的利用。同时应该对项目小组负的责任是要为项目小组成员提供良好的工作环境和氛围，对项目小组成员进行绩效考评，还应为小组成员将来项目完工后的归属考虑。

第三节 项目整体管理

一、项目整体管理概述

项目是多群体参与、开展的多项工作的集合，需要多种资源、实现多种具体目标，但有一个整体的要求和目标。对项目进行整体管理的目的是为了保证项目的整体性，统筹、沟通、协调各方的要求，识别、确定、结合、统一与协调各项目管理过程组内不同过程与项目管理活动所需要进行的各种过程和活动，解决项目实施过程中各种矛盾冲突，并通过实施对项目的质量进度、费用、安全等目标进行整体管理，确保项目总体目标的顺利实现。

（一）项目整体管理的基本原则

项目整体管理具有统一、合并、结合等方面的特征，包括为完成项目和满足客户及其他项目干系人的要求，管理他们的期望而必须采取的贯穿项目整体的至关重要的行动。一般来说，项目整体管理要遵循以下基本原则。

1. 实现项目的总体目标是整体管理工作的基准

项目实施中各项具体工作的进度安排和合理交叉、相互衔接关系的确定、资源的分配、质量标准的制定、费用的控制等，都需要以实现项目总体目标的功能和技术、经济指标要求为基准，并通过这个基准来化解各项矛盾和冲突。

2. 分析和理解项目范围是整体管理工作的前提

在实施项目整体管理时，项目管理团队必须认真分析和理解范围，其中包括项目与产品的要求、准则、假设、制约因素和与项目有关的其他影响，以及如何在项目中管理或者处理上述的每一个方面。

3. 保持项目各项工作的协调运行是整体管理工作的保证

各项工作分工明确、界面清晰、层次分明、责任到人便于管理。各项工作都要按计划运行和完成，但不盲目赶工期。许多情况下，单项工作的盲目超前，不仅不能带来整个效益，还会造成大量的无效劳动，带来损失和浪费。比如设备、材料提前供应，现场必须增加仓库保管运输人员，保管不当还会造成设备锈蚀和变形。因此，必须通过协调和沟通将项目管理过程组中需要的各个过程有效形成整体，实现项目整体目标。

4. 建立完善的项目管理制度，使整体管理工作规范化

项目的整体管理必须建立起完善的项目管理制度。没有完善的项目管理制度，项目管理就会出现无序、混乱、低效的状态。完善的项目管理制度必须体现在公开、透明的项目管理体系文件上，包括组织机构、部门和岗位职责、资源管理、项目管理程序、作业指导书和岗位工作手册等。

（二）项目整体管理的过程

项目的整体管理包括制定项目章程、制定项目初步范围说明书、制定项目计划、指导与管理项目执行、监控项目工作、整体变更控制、项目收尾七个过程，这七个过程中又包括相应的子过程。

1. 制定项目章程

制定项目章程，正式批准项目或者项目阶段。

2. 制定项目初步范围说明书

制定项目初步范围说明书，概括地说明项目的范围。

3. 制订项目计划

将确定、编写、协调与组合所有部分计划所需要的行动形成文件，使其成为项目计划。

4. 指导与管理项目执行

执行项目计划确定的工作，实现项目初步范围说明书确定的项目要求。

5. 监控项目工作

监视和控制项目的启动、规划、执行和结束过程，实现项目管理计划中确定的实施目标。

6. 整体变更控制

审查所有的变更请求，批准变更并控制可交付的成果，组织生产过程。

7. 项目收尾

最终完成所有项目管理过程组的所有活动，正式结束项目或者项目阶段。

二、项目启动与规划

（一）项目启动

项目的第一个阶段就是项目启动。在这一阶段之中，客户需要向承约商或者项目承接单位提供需求建议书；承接单位接到需求建议书之后，会根据建议书进行相关的项目识别与项目构思，最后确定项目方案并进行可行性研究。任何项目实施前必须明确项目范围。所谓“项目范围”，是指项目组织为了完成项目并实现项目目标，所必须完成的全部项目工作和各项活动，而项目启动是项目范围管理工作的第一个阶段。

项目启动工作具有两层含义：①正式识别并启动一个新项目；②确定原项目是否可以

进入下一阶段。项目启动工作既可以是正式的，也可以是非正式的，具体采取何种形式应根据项目的特点来合理选择。前一种形式要开展一系列正规的项目可行性研究，并对可能带来的经济效益和社会影响进行充分论证，这样，项目才能正式开始。对于一些大型项目、重点项目的启动程序更是必须如此，如三峡水利工程。而对于非正式的项目启动工作则相对简单，在项目构思初步形成之后，几乎不需要进行任何可行性研究就可直接进入到项目的计划阶段。

（二）项目规划

假若要成功地实施一个项目，那就必须了解项目实施前的准备和所有的计划工作。一般来说，交付单位与承接单位的合同一旦签订，那就是一个项目第一阶段的结束和第二阶段的开启。

第一阶段即项目启动的结束，即项目方案。面对既定的项目方案，必须要做的工作就是制定项目计划书。项目计划书的主要内容包括确定预估项目范围、进行项目工作分解、估算项目资源与成本、估计时间并安排进度、安排人员等；制定项目规划，主要内容包括进度规划、费用规划、质量管理规划、项目人力资源规划、项目采购规划和风险管理规划等。

项目规划是项目实施的蓝本，规定了如何做、由谁去做等内容。它好比战役前在战略上和战术上的布置，不仅规定了整个战役的目标和方针，还规定了该怎样打和由谁去打。一般来说，项目的规划期所经历的时间也较短，资源的投入也相对较少，但明显超过项目的启动期。在这一阶段的工作中，仍然体现出以“智力劳动”为主的性质。与此同时，项目的规划期显然也是至关重要的。项目规划期的任务，就是用图形和文字的形式来规定如何执行项目，以描绘未来的目标（及项目目标）性质。这一阶段从整体上已决定了项目目标的性质。

三、项目实施

项目小组将项目计划转变为实际结果的过程就称为项目的实施。实施项目阶段的工作在项目管理之中起着承上启下的作用。随着规划的完成，项目进入生命周期的第三阶段。这一期间的主要任务就是，执行项目计划书，并进行项目的监督和控制。具体地说，就是按照项目计划书和项目规划的内容，选配项目成员，调拨资金，调配机械设备和工具，进行物资采购等，并按进度计划实施项目，最终把规划在图纸上的项目目标实现出来。这即是一个从无到有的全新的创造过程。

项目实施前需要做好以下准备：

（1）核实项目计划。项目计划的编制到实施之间存在着一定的时间差问题，会对计划的准确性产生影响，所以在具体实施之前，需要进一步核实计划。

（2）最终确定项目的参与者。明确项目组各成员的具体权责与任务，并明确告知项目起止时间，让所有参与者签订项目计划书，承担项目风险与责任。

（3）组建项目团队。一个项目的完成需要多个部门组织的负责，项目经理必须打造一个高效的项目团队，具有自己的办事原则和优秀的团队精神。

在项目的实施阶段之中最为重要的就是对项目的跟踪和控制。项目跟踪是项目控制的前提和条件，而项目控制是项目跟踪的目的和服务对象，两者相互依托、相互影响。项目的跟踪与控制，是项目过程管理中消耗人力、物力、财力最大，管理最为复杂的一个环节，具有非常重要的意义。如果这一环节做得好，就能及时发现项目实施或计划过程中存在的问题，及时采取相应的措施，以减少成本、提高项目的质量。否则，将会给企业带来巨大的经济损失。而且，问题发现得越晚，损失将越大。

项目跟踪是指项目管理者通过建立完善的项目管理信息系统，在项目实施的过程中，对项目进展的有关情况及影响项目实施的内、外部因素，进行及时、连续、系统、准确的记录和报告的一系列活动和过程。因此，项目跟踪可进一步理解为，对影响项目目标的实现、自身可能发生变化的因素进行追踪、检测、信息收集、记录、报告、分析与建议等活动的总称，其目的是为管理者提供项目执行情况的有关信息，本质是信息的反馈，它是进行项目控制的基础和依据。

在项目实施过程中，由于种种不确定因素的干扰，使得项目的实施必然会偏离预先设定的计划。为了保证项目的成功，必须对这种偏离采取一定的纠错措施，这一过程就是项目的控制。有效的项目控制有助于在问题变得复杂之前及时地发现和解决问题。

四、项目结尾

项目的收尾阶段也就是项目的结束期，是项目的最后一个阶段，也是项目的终点。凡事都要讲究有始有终，一个项目良好的开端，结尾自然也不能够过于仓促。在这一阶段的主要工作，主要包括项目的竣工、验收、移交、评价和总结，以及项目的试运行等。

项目收尾的主要内容包含以下几个部分：

一是项目的移交审核。项目小组在将项目交付物移交给客户之前，对项目的范围、项目交付物的技术性能等进行检查和校核，确保项目移交给客户时能满足其要求；另一方面，项目的接受方也要对已完成的工作结果进行全面的审核和检验。在移交之前，项目小组应将有关文件，如项目计划书、技术规范、图纸、变更申请书、测试报告等准备好，并以书面方式通知客户来验收和审查。在移交阶段，项目组成员和客户都会参与成果实验，验证项目成果是否完善，并安排后续的服务工作，为客户提供相应的后续技术支持。

二是项目的费用决算。项目费用决算是指对从项目筹建开始到结束、交付使用过程中，所支付的所有费用进行结算和核定，并最终编制项目决算书的过程。

三是项目的合同收尾。按照合同的条款要求，与客户一项项地核对，看是否完成了合同所有的要求，是否可以把项目结束掉，也就是我们通常所讲的验收。在合同收尾之前，要求项目小组准备好与合同有关的所有文件，包括合同本身、合同报告记录、有关表格清单、单据、付款记录、验收签字等，以便对照检查，逐项关闭合同。收尾结束后，项目小组将与合同相关的文件编号、存档，以备日后查阅。

四是项目的行政收尾。主要指收集、整理项目文件，庆祝项目结束，总结经验教训等。每个项目，无论是成功或是失败，都应当被看作是一次学习的机会。行政收尾最重要的工作是收集、整理、编辑、存档与项目相关的所有文件。这样做有两个目的：一是为日后查阅项目的有关资料提供依据，二是为将来实施类似的项目提供借鉴。行政收尾最后就是要求项目经理以书面形式总结出项目管理过程中的经验教训：哪些地方做得好，值得推广应用到其他项目中；哪些地方又做得不好，今后应避免。本项目管理过程中用到了哪些技术和方法；项目执行中出现过哪些问题，这些问题是采用了哪些方法解决的。这也就是有些书中提及的项目后评价。通过对项目的总结和分析，为后来的项目提供了借鉴作用。

第四节　项目控制

一、项目监督的内容与过程

在项目的实施过程中，需要有专门的人员负责监督与管理工作，以便及时识别潜在的问题并在必要时能够采取纠正行动，以控制项目的各个过程。这样做的好处是观察并定期测量了项目的实施情况，以便识别项目管理计划在执行中的偏差。监视与控制过程还包括控制变更，并在可能发生问题之前预先建议预防行动。监视与控制工作包括的过程有：对照项目管理计划和项目实施基准来监视正在进行的项目活动；对能够妨碍整体变更控制的因素施加影响，以做到仅实施经过批准的变更。

这种连续的监视使项目团队得以洞察整个项目的实施状况，并将需要多加注意的各个方面凸显出来。监视与控制过程不仅监视与控制在过程内做的工作，而且还要监视与控制整个项目。在多阶段项目中，监视与控制过程还为实施纠正或预防行动，使项目保持在项目管理计划要求的状态而在项目阶段之间提供反馈。当偏差损害了项目的目标时，就將其视为修改的“计划—实施—检查—行动”循环的一个环节，重新审视规划过程组内的有关项目管理过程。审视的结果可能是项目管理计划的更新建议。

监控过程需要收集、测量、散发实施情况信息，并评价测量结果和估计趋势，以图改进需要进行的过程。该过程包括确保尽早识别风险、报告其状态并实施相应风险计划的风险监视。风险监视包括状况报告、进展测量和预测。进展报告提供了有关项目在范围、进度、费用、资源、质量与风险方面的实施情况的信息。

二、项目的整体变更控制

（一）项目整体变更控制的内容

整体变更控制贯穿项目的始终。因为项目很少完全按照项目计划进行，所以对变更的控制是十分必要的。必须通过对变更进行细致、不断的管理，拒绝或批准变更，并将批准的变更置于改动的基线中，才能有效地维护项目管理计划，项目范围说明和其他可交付物。基于项目执行的完成情况，整体变更控制包含如下不同层次的变更管理活动：

识别需要或已发生的变更；

影响综合变更控制的周边因素，以便只实施被批准的变更；

检视和批准变更请求；

当被批准的变更发生时，通过规范变更请求的流程管理；

为了保证基准的完整性，仅允许被批准的变更纳入项目产品和服务中，并维护与项目产品或者服务有关的配置和规划文件

审查和批准所有纠正和预防措施；

根据被批准的变更控制，在整个项目中协调变更，控制并更新范围、成本、预算、进度和质量需求；

将变更请求的全部影响记录在案；

验证缺陷补救；

根据质量报告并按照标准控制项目质量。

被推荐的变更可能需要新的或修改的成本估算、进度活动顺序、进度日期、资源要求和风险响应计划。这些变更可能需要对项目计划、项目范围说明和其他的项目可交付成果做相应的调整。配置管理系统需要为管理系统提供标准化的、有效的和高效的过程，以集中管理项目中的变更。变更的配置管理包括对基准变更的识别、记录和控制。变更控制的使用程度取决于应用领域、特定项目的复杂程度、合同需求以及项目所处的环境。

（二）项目整体变更控制的依据

项目管理计划。综合与集成项目的各种子计划，建立起一个连贯且一致的文档，确定了执行、监视、控制和结束项目的方式与方法，记录了计划过程中各个计划子过程的全部成果，是一份经过批准的正式文件。

工作绩效报告。

变更请求。变更请求可以是内部的或者外部的，也可以是直接的或者是间接的，可选的或者法律/合同强制执行的。

可交付成果。项目可交付成果是指某种唯一的、可验证的产品、结果或者在项目计划中定义的服务能力，项目必须在生产和提供了这种服务能力后才可能完成。

影响实施“整体变更控制”的因素有以下几点：

项目管理信息系统；

变更控制程序；

批准与签发变更的程序；

项目档案；

配置管理知识库。

本章小结

一言以概之，项目就是一个在既定的资源和要求的约束之下，为实现某种目的任务而组织起来相互联系的一次性、唯一性的工作任务。在项目的实施运行之后，一定要达到某种目的，实现某种成果的展现。这个成果可能是一项服务，也可能是一种产品。而所谓的项目管理，就是要求项目工作者在遵循客观规律的要求之下，在有限的资源条件之下，运用相关知识对项目所涉及的全部工作进行合理的规划和管理，以确保项目的完整实施。

案例讨论

当地一家非营利组织的董事会成员正在举行二月份的董事会会议，这一组织的任务是负责筹集和购买食品，然后分发给生活困难的人们。会议室里在座的，有董事会主席李明和两个董事会成员欧阳和华强。李明首先发言：“我们的资金几乎用光了，而食品储备场地的需求却一直在增加。我们必须要先想想怎么能够得到更多的资金帮助。”

“我们必须先建立一个可以用来筹集资金的项目。”欧阳说道。

华强提出建议：“难道我们不能向地区政府要求一下，看他们是否能给我们增加分配额吗？”

“地区政府的资金也紧张，甚至于可能会削减我们的分配额。”李明回答道。

“我们要多少钱才能度过今年?”欧阳问道。

“大约 10000 人民币，”李明回答，“我们在两个月后就必须需要用到这部分钱了。”

“并且我们除了钱还需要很多东西。我们需要更多的志愿者、更多的储存空间和一台存放食物的冰箱。”华强说。

“那我想我们完全可以自己做一个项目来筹集这份资金，但是我们很难及时做完这个项目。”欧阳担心地说。

华强回答说：“我们必须做好它并且要很好地解决问题。”

课后作业

1. 项目有什么特征?
2. 列举几个项目的具体例子。
3. 如何理解“管理是一门科学，也是一门艺术”?

评价（见下表）

评价表

属性	要点	自评			互评		
		好	一般	差	好	一般	差
理论知识	掌握项目及项目管理的概念，明确项目管理的任务与原则						
	掌握组织及项目组织的概念，明确项目经理的定位与职权						
	熟练叙述项目的特性和整体管理，熟练掌握项目组织的不同类型						
	简述项目控制之中的内容以及整个流程						
技能水平	模拟项目管理之中的相关程序及流程，能妥善处理相关事宜						
	掌握项目监督的相关流程与内容						
	掌握项目整体变更的内容						
情感态度	课前认真预习项目管理相关内容，通过多种方式查询相关资料						
	课中认真听课、做笔记，积极回答老师所提问题						
	课后及时完成老师布置的作业，遇到难题积极寻找多种途径解决						

请在自评、互评栏相应单元格打“√”，如实评价掌握程度。

第十章　合同管理

学习目标

了解合同的概念、特征，了解行政合同的概念、原则及种类；了解合同法的概念及原则，了解行政合同的权利与义务，熟悉行政合同的订立、变更和解除；了解招投标的作用和特点，了解招投标制度及招投标法律法规体系；了解合同违约相关概念。

情境导入

合同管理是任何一项工程众多管理内容的核心。良好的合同管理能够保证项目顺利进行，同时还能降低项目成本，抵抗项目风险。对于那种大中型项目来说，必须利用合同对整个项目流程施加严格的管理，对项目建设中各环节施加约束，这样不仅项目的支出能够得到控制，项目的工期也能保持在预期的范围之内。不仅如此，高质量的合同管理还能够帮助企业规避风险，保障企业的权益。

随着时代的快速发展，我国在各行各业的项目规模都在不断扩大，因此合同管理逐渐受到了更多的重视。尤其在市场经济制度下，合同管理是每一个项目工程稳步推进的有力保障。

第一节　合同管理概述

一、合同的概念与特征

（一）合同的概念

人们的生活离不开合同，如买卖房屋、乘车、看电影、理发等行为，无不是以合同为维系双方关系的纽带。合同的繁荣与经济的发展密不可分；经济愈发达，交易行为愈频繁，合同行为也愈多。根据《合同法》的规定，合同是平等主体的自然人、法人和其他主体之间设立、变更、终止民事权利义务关系的协议，合同有广义和狭义之分。广义的合同，是指一切旨在确立当事人双方权利义务关系的协议，其主体可以是地位平等的，也可以是不平等的；其内容可以是民事的（如买卖关系、租赁关系），也可以是行政合同、劳动合同等。狭义的合同仅指民事合同，是平等主体的自然人、法人和其他组织之间设立、变更、终止民事权利义务关系的协议。本书所研究的合同是指民事合同。

（二）合同的特征

合同具有如下法律特征：

1. 合同主体的法律地位平等

法律地位平等，就是指在法律上合同当事人之间不存在领导与被领导、服从与被服从关系。这种平等性，主要是指合同当事人双方在订立合同时都有平等的发言权，任何一方不能将自己的意志强加于对方。合同只有在双方当事人完全协商一致后才能成立。仅有单方当事人的意思，合同不能成立。合同的平等性还表现在当事人双方在合同权利义务的负担上应当是公平的。当事人之间的法律地位平等，是民事合同的一项非常重要的特征。

在此应当指出的是，合同当事人的法律地位平等，是一种法律规定应当出现的状态，而不是指实际生活中的状态。也就是说，在实际生活中，合同当事人之间的地位不平等的情况还是可能存在的，是与法律的规定相冲突的。但是，因地位不平等而利益受损害的一方可以依法寻求救济。如果没有法律上的平等性规定，那么，在实际生活中出现的不平等也就无法寻求保护了。

2. 合同的主体非常广泛

根据我国《合同法》的规定，合同的主体非常广泛，它包括自然人、法人和其他组织三大类。

自然人是指有生命的人，既包括中国人，也包括外国人和无国籍的人，其比在我国法律上经常出现的“公民”的范围要大很多。因为公民是指有中华人民共和国国籍的人。

法人是指依法成立、有独立的财产或经费、能独立承担民事责任的组织。根据我国《民法通则》的规定，法人包括企业法人、事业法人、社团法人和机关法人四类。过去人们常用企业法人作为合同的主体，现在看来是不准确的。合同法律关系的主体是以其行为的性质而不是以其本身的身份来界定的。任何法人，包括国家机关在内，只要是从事民事行为，都可以成为合同的主体。例如政府机关进行办公用品采购时，就是以民事合同主体出现的。

其他组织是指依法成立但又不具备法人资格的组织，如企业分支机构、合伙企业、个人独资企业等。所有上述主体，只要有法律所规定的权利能力和行为能力，都能够成为民事合同的主体。而且，一旦成为民事合同主体，它们的法律地位完全平等。

3. 合同的内容属民事权利义务

合同可以是确立民事权利义务关系的协议，也可以是变更和终止民事权利义务关系的协议，民事权利义务关系是其核心。民事权利义务关系，其核心是债权债务关系，即因为建立合同关系而在当事人之间形成的一种特定的权利义务关系。享有权利的一方是债权人，负有义务的一方是债务人。虽然民事权利义务关系从客观价值上看并不一定是对等的，但它是在当事人平等协商的基础上形成的，是自愿的。

4. 合同是双方的法律行为

合同是一种法律行为，就是说它是以意思表示为核心要素的行为。但是以意思表示为要素的行为可以分为两大类：单方行为和双方行为。单方行为，是指依一方主体的意思即可以发生法律效力的行为，如遗嘱行为、处分行为等。双方的法律行为，是指必须有双方当事人参加并且有双方当事人的意思表示作为构成要素才能成立的行为。合同是属于双方的法律行为。

5. 合同是当事人双方意愿表示一致的行为

合同中包含双方当事人的意愿，而且他们的意愿表示必须一致。所谓意愿，是指行为人的内心思想；所谓表示，是指行为人用来表现其思想的外部行为，如口头表示、书面表示等。就一方当事人而言，其内心真意与其外部行为有可能存在不一致的地方，但是就双方而言，他们的意愿必须是一致的，即便是基于错误的认识；否则合同不能成立。

二、行政合同的概念

（一）行政合同的概念

行政合同，又称行政契约，是指行政主体为了行使行政职能、实现特定的行政管理目标，而与公民、法人和其他组织经过协商，相互意思表示一致所达成的协议。

通过这个概念可以看出，行政合同属于一种双方的行政行为。需要注意的是，行政合同中的双方当事人既可以是行政主体与行政相对人，又可以是两个独立的行政主体，还可以是行政机关和其下属机构或者公务员。尤其是在我国的法治进程中，行政机关内部层层签订责任书的方式越来越普遍，而这种行为就是行政合同的一种表现。另外，行政合同法律关系的产生、变更或消灭都来自双方合意，即行政合同行为的特殊性表现在行政机关签订行政合同是为了执行公务，但这种公务的执行或行政职能的实施需要与行政相对人协商，在双方相互意愿表示一致后才能实施。

（二）行政合同的特征

1. 行政性

行政合同的行政性是指行政主体借助于合同形式实现其行使行政职权的目的。因此，它不同于行政主体以民事法人的身份订立的私法合同，其行政性体现在：其一，行政合同中的一方当事人必须是行政主体，并且行政主体是为了实现其行政管理的目的而签订行政合同的，即行政合同具有行政目的性。其二，行政合同的内容是行政管理的公共事务，具有公益性。合同内容是公益还是私益是决定合同性质的重要标准。其三，行政主体在行政合同的发起、变更和解除上享有行政优益权。在行政合同的发起上，行政职权起着主导作用，行政事务以何种方式完成、哪些事项可以适用行政合同、哪些内容可以由行政主体和行政相对方协商、协商采取哪种方式等都应该由行政主体依法决定或裁量，而不能取决于行政相对方的意志。而且在合同履行过程中，行政主体享有对合同履行的监督权和指挥权。在行政合同变更上，行政主体有权基于公共利益的需要对合同的内容加以改变。或者，由于社会情况的变化和行政管理实践的发展，尚未履行或正在履行的行政合同没有必要或不可能再履行时，行政主体可以单方面解除合同。对于不履行合同的行政相对人，行政主体可以采取罚款、强制、解约等手段加以制裁。这些都说明，行政主体与行政相对人在行政合同中具有不平等的法律地位。

2. 合意性

行政合同的合意性区别于一般行政行为的单方性，是指行政合同的订立必须以协商一致为前提。这一特征决定了行政合同仍属于合同的范畴，所以要受合同的一般原理指导。其合意性体现在：其一，行政相对一方对合同是否订立及合同内容有一定的选择权，这种选择权是合同自由原理的体现。但是，行政相对一方却无法选择行政主体，这是由行政事务管辖权的法定性决定的。其二，行政合同的内容具有可妥协性，这种妥协性表现在行政相对一方有权提出修正合同内容的建议，行政主体可以根据具体情况适当满足其要求，以便双方意思表示一致。

3. 法定性

行政合同的法定性是指行政合同的订立、履行、变更和解除都必须遵守预设的法律规范，行政主体不得法外实施行政合同行为。其法定性体现在：其一，行政主体是否运用行政合同方式来处理行政事务，以及何种行政事务可以通过行政合同来处理，一般都取决于法律事先是否已做出规定。其二，行政主体在行政合同中行使优益权必须依法进行。其三，当法律规定不明确时，行政主体基于自由裁量而订立的行政合同，其目的必须是为了实现行政职能、维护公共利益，同时还必须符合法律目的。其四，行政合同的纠纷要通过行政法的救济途径解决，即要通过行政复议或行政诉讼的途径解决。

三、行政合同的种类

行政合同种类繁多，依据不同标准可以分为不同类别。主要从两个方面进行分类，如依行政合同涉及的行政关系，分为内部行政合同和外部行政合同。前者是指行政机关与行政机关之间或行政机关与行政机关工作人员之间签订的合同；后者是指行政机关与公民、法人或其他社会组织之间签订的合同。依行政合同的内容，分为承包合同、转让合同和委托合同等。承包合同是行政主体或相对人承揽某种行政事务的合同；转让合同是指合同当事人转让财产所有权或使用权的合同；委托合同则是行政主体将自己的某一事务交另一行政机关或相对人办理的合同，如公安机关的委托调查。根据合同是否涉及金钱给付，可以分为金钱给付内容的合同和无金钱给付内容的合同。根据合同涉及的行政管理领域，可以分为工业、农业、科技、教育等不同领域的合同。

目前，我国常用的行政合同主要有七种。

（一）政府采购合同

政府采购合同是政府为实现其职能和公共利益，以法定方式、方法和程序，使用公共资金，从市场上为政府部门或其所辖公共部门购买货物或服务的合同。从行政管理的角度看，政府采购实质上是政府财政支出的方式之，所以特别强调公开透明和公平竞争。我国2002年制定的《中华人民共和国政府采购法》第五章专门对政府采购合同做了规定。由此可以看出我国政府对政府采购合同的重视程度。需要说明的是，政府采购合同具有民事行为和行政行为的双重性质，它体现了民事行为与行政行为的结合，但政府采购合同侧重于行政行为的属性，本质上仍是一种行政合同行为。

（二）土地等国有资源的使用和开发利用合同

这是行政机关代表国家与相对人签订的将国有土地或资源的使用权在一定期限内出让给相对人，相对人支付出让金并按合同的规定开发利用国有土地和资源的合同。国有土地出让合同是一种比较典型的行政合同，由《城市地产管理法》《城镇国有土地使用权出让和转让暂行条例》《协议出让国有土地使用权最低价确定办法》等法律、行政法规和部门规章对其进行规范。国有土地使用权出让合同由土地行政管理部门与土地使用者签订，并由土地行政管理部门对合同的履行进行监督；对使用者没有按合同的约定开发利用土地，或者改变土地用途的，有权进行纠正、处罚，或者无偿收回土地使用权。

（三）全民所有制工业企业承包合同

全民所有制工业企业承包合同是由人民政府指定的有关部门作为发包方，实行承包经营的企业作为承包方，双方协商一致而签订的国有企业承包经营合同。有不少人将这种合同视为经济合同，但实际上这是一种行政合同，理由如下：①政府签订全民所有制工业企业承包合同，是为了提高企业经济效益，促进国民经济快速发展。不同于经济合同中当事人是为了自身利益而签订合同，②行政机关在合同执行过程中享有行政优益权。行政机关对承包方的生产经营活动享有监督权，有权按照合同的规定，对承包方的生产、经营活动进行检查、监督；承包方完不成合同任务时，应当承担违约责任，并视情节轻重追究企业经营者的行政责任和经济责任。③行政机关为合同的履行提供优惠条件，如价格优惠、政策优惠等，这是经济合同中当事人无法提供的。

（四）公用征收补偿合同

公用征收补偿合同是指行政主体为了社会公共利益，征用相对人的财产并给予补偿的行政合同。这类合同目前广泛运用于城市建设、交通铁路、水利设施等基础建设领域。《土地管理法》和《城市房屋拆迁管理条例》对此都有明确的规定。公用征收补偿合同中，关于征收的部分属于单方行政行为，即征收是行政主体的单方决定；但是行政补偿部分是行政合同的范畴，即如何补偿以及补偿数额的确定等，必须与相对人协商后达成一致。

（五）国家订购合同

国家订购合同是指行政机关基于国防和国民经济的需要，与相对人之间签订的订购有关物资和产品所达成的协议。国家订购合同不同于民事合同中的买卖合同，行政机关的意思表示在其中起着主导作用，相对人必须认真完成合同中所规定的具体事项，不能拒绝，但双方在费用、方式等方面可以协商。我国目前军用物资和其他有关国防物资的订购，一般都采用订购合同的形式。粮食、棉花、烟草等订购合同，是以国家提供优惠条件并保证收购，农民向国家缴纳粮食、棉花、烟草取得报酬为内容，由各级人民政府及主管部门和农民之间签订的协议。

（六）公共工程承包合同

公共工程承包合同是行政机关为了公共利益的需要与建筑企业签订的建设某项公共设施达成的协议。如修建国道、飞机场、大桥、大型供水、供电、供气工程等工程合同。公共工程合同是为了完成某项公共设施而签订的，其目的在于调动社会力量来参与社会公益事业，通过行政合同的方式吸收社会资本参与公共投入，以弥补政府财政的不足。

（七）科研合同

科研合同是行政机关与科研机构之间就国家重大科研项目，由国家提供资助，科研机构提供科研成果签订的协议。国家科研合同不同于《合同法》所调整的技术开发、转让等民事合同，它是以公共利益为目的，由政府牵头组织，政府提供资助，与科研机构签订的合同。国家科研合同往往带有一定的指令性，是为了完成某项与国计民生有重大关系的科研项目而订立的，科研机构完成项目后要将科研成果交给国家。目前，我国的重大科技项目普遍实行合同制，科研开发单位与委托单位之间是一种行政合同关系。

第二节　合同法知识

一、合同法的概念与原则

（一）合同法的概念

合同法是调整平等主体的自然人、法人和其他组织之间设立、变更、终止民事权利义务关系的法律规范的总称。

合同法有广义的和狭义的之分。广义的合同法是指合同法的整体，既包括合同法典，也包括有关合同问题的那些特别法、司法解释等。狭义的合同法仅指合同法法典，在我国就是指《中华人民共和国合同法》。

合同法不是一个独立的部门法，它是民法的特别法，是民法中财产法的主体之一，是债法的重要组成部分。作为民法的特别法，说明合同法所调整的对象只是民法所调整对象中的一部分；作为民法中财产法的主体之一，说明合同法也是财产法，但是财产法除了合同法以外，还有物权法；作为债法的重要组成部分，说明合同是债产生的原因之一，合同法是规范因合同产生之债的法律。但是债产生的原因，除合同以外，还有侵权、不当得利、无因管理等。

由于合同法所调整的合同是在平等民事主体之间的生产、分配、交换和消费过程中产生的，而这些环节都是交易的过程，因此合同法又称为交易法。

合同法具有国际性。在经济日益发达的今天，交易的国际化不可避免。不同国家的自然人、法人和其他组织之间的民事交往日益频繁，而合同是连接他们的桥梁。更为重要的是，合同法的内容也具有国际性。不同的国家，其合同法的内容有很多共通的地方，如要约与承诺制度、缔约过失责任制度、违约责任制度、归责原则等。合同制度的共性源于财产价值与使用价值的共通性。

（二）合同法的原则

1. 平等原则

平等原则是从双方当事人的角度出发，配置其权利义务，实现合同自由。

《合同法》规定，合同当事人的法律地位平等，一方不得将自己的意志强加给另一方。该原则贯穿于合同的全过程，体现在以下三个方面：

一是订立时当事人的法律地位平等。在合同订立时，不分其所有制性质、不分经济实力的大小、不分其隶属关系、不分其地域等任何方面的差异，一律平等地表达其意愿。

二是履行合同时当事人的法律地位平等。当事人都应当履行其在合同中的义务以满足对方的要求，任何一方不得擅自变更或解除合同。

三是承担违约责任时双方的法律地位平等。任何一方违约，都应当依法承担违约责任，除非有法定或约定的免责条件出现。

2. 自愿原则

自愿原则是从双方当事人的角度出发，来实现合同自由，实现合同正义。

《合同法》规定，当事人依法享有自愿订立合同的权利，任何单位和个人不得非法干预。合同自愿，是指是否签订合同、与谁签订合同、签订什么内容的合同等完全由当事人自己做主。具体而言，合同自愿包括下列内容：

一是当事人有权按照自己的意志自主地决定订立或不订立某个合同，其他任何人，包括企业的上级主管部门在内都不得干涉当事人订立合同的自由。

二是当事人有权自主决定同谁订立合同，即自主选择合同相对人的自由。

三是当事人有权自主决定合同的内容。合同的内容主要是指合同的条款。在一个合同中，写哪些条款、不写哪些条款，完全由当事人自己决定。

四是当事人有选择合同形式的自由。当事人可以自由决定是采取口头方式、书面方式或者其他方式订立合同，也可自主决定对已订立的合同是否公证、鉴证等。

五是当事人有权自主选择合同纠纷的解决方式。在合同纠纷发生后，当事人可以选择仲裁或诉讼的方式去解决纠纷，任何人都不能强迫当事人去协商、调解或和解。

但是合同自愿原则并不是绝对的，有时受到限制：

一是对于有些当事人选择合同对方当事人的限制。如公交运输业、饮食服务业等，作为消费者的一方如果愿意与其交易时，它们不得拒绝。

二是对有些合同内容的限制。如在借贷合同中，作为银行方的当事人不得违反国家对利率的限制而擅自提高利率。

三是法律的禁止性规定。如我国合同法中有关无效合同的规定。对于这类合同，当事人的自愿必须符合法律的强制性规定。

3. 公平原则

《合同法》规定，当事人应当遵循公平原则确定双方的权利和义务。公平是一个主观的价值判断，也是法律所追求的目的，不同的人有不同的公平观。在合同法中的公平观，是以利益为衡量标准的。公平原则主要包括以下内容：

一是合同当事人的权利义务要对等。对等并不是完全相等，只是总体上相当即可。另外，对等只是当事人主观上的对等，即只要当事人主观认为对等即值得就可以了，而不是客观上标的的价值必须相当。

二是公平还体现在对免费条款的限制、违约责任的承担和风险的负担上。我国《合同法》第五十三条规定，下列免费条款无效：因故意或重大过失给对方造成财产损失的；造成对方人身伤害的。主要是因为这些条款违反了公平原则。同样，如果违约责任的约定和风险的负担违反了公平原则，它们同样是无效的。

4. 诚实信用原则

诚实信用是民法的最高规则，有人将其称作“帝王规则”，是民法的强制性规定，当事人不能约定排除。

我国《合同法》规定，当事人行使权利、履行义务应当遵循诚实信用原则。所谓诚实，就是在交易过程中，如实告诉对方所有真实情况，不隐瞒真实的信息，也不编造虚假的信息。信用，就是指在合同订立过程中和订立后，言必行，行必果，不得擅自变更或解除合同。诚实信用原则在合同法中的体现如下：

在订立合同时，不欺诈，不得假借订立合同为名，恶意进行磋商，损害对方利益。

在履行合同时，当事人应当根据合同的性质、目的和交易习惯，履行通知、协助、保密、提供必要条件、防止损失扩大等义务。

（三）合同法的作用

《合同法》第一条规定："为了保护合同当事人的合法权益，维护社会经济秩序，促进社会主义现代化建设，制定本法。"因此，我国合同法的主要作用有以下几方面：

1. 合同法是规范合同行为的基本法律

合同行为也是民事法律行为之一种，受民事法律法规的规范。但是合同行为又不同于其他民事行为，如婚姻、遗嘱、继承等，合同有它自己的独特性。《合同法》作为民法的特别法，是专门用来规范合同行为的法律。在《合同法》中，从合同行为的开始直到结束，从先合同义务一直到后合同义务，都作出了明确的规范。而且，其中很多都是合同行为所特有的概念、原则、制度与规范，如要约、承诺、缔约过失责任、合同违约责任等。如果没有合同法，而是用作为一般法的民法进行规范，由于民法仅就各种民事行为的一般性问题作出规范，则合同行为的很多方面必然出现法律制度上的空白，这显然不利于合同的发展。

2. 合同法是保护合同当事人权利的基本法律

合同当事人的权利不同于一般的民事权利，在于合同当事人的权利主要是财产权利，特别是对于财产的期待权。该权利极容易受到对方当事人的损害。不管是故意还是过失，都可能使受害方的利益难以得到弥补，仅仅依靠民事一股法律中的返还财产、损害赔偿等是完全不够的。这就有必要根据合同权利的独特性设计具有独特性的保护制度，而《合同法》满足了这方面的要求。在《合同法》中，规定了当事人的诸多保护性权利，如缔约过失责任、同时履行抗辩权、顺序履行抗辩权、不安抗辩权、代位权、撤销权以及当事人为了保护自己的权利而在一定条件下的合同解除权、追认权、催告权和各种违约责任的承担形式、合同纠纷的解决方式等，无不给予合同当事人的权利以充分、有效的法律保护。

3. 合同法是维护社会经济秩序的基本法律

社会的经济秩序，就是社会财富从生产开始，经过分配、交换再到消费各个环节的进行情况。如果进行顺利，就可使经济秩序良好，否则就可使经济秩序受到破坏。在市场经济条件下，每一个市场主体从事交易行为的目的，主要就是为了实现一定的经济利益。简单地讲，就是赚钱为主。因此，为了此目的，它就可能置信誉于不顾。在此情况下，必然使社会的经济秩序受到破坏。通过合同以及合同法，明确了相互间的权利义务关系，更明确了合同当事人在背信弃义时所应当承担的法律责任，对当事人有一种警告和威慑作用，促使其认真对待合同，认真履行合同。合同得到履行，就说明经济流转顺利进行了。一个合同得到履行，当事人的利益实现了；无数个合同得到履行，则整个社会的经济就是顺利进行的了。在我国目前的情况下，发展经济是头等大事，而良好的经济秩序是经济发展的必要条件。通过合同法的规范作用，保证了合同的履行，也就是保证了社会主义现代化建设。

二、行政合同中的权利与义务

（一）行政机关的权利与义务

1. 行政机关的权利

在行政合同中，行政机关的权利体现在五个方面：

第一，选择合同相对方的权利。行政机关在订立行政合同时，可根据实际情况和要求选择适当的合同相对方。对于某些行政合同，作为行政相对方的组织和个人如没有法律规定的理由和依据，一般不能拒绝行政机关选择其为相应行政合同的当事人。

第二，对合同履行的监督权和指挥权。行政机关在行政合同中具有双重身份，既是合同的一方，受合同的约束，同时又代表国家行使行政管理权。在执行合同的过程中，行政机关对合同的履行不仅有监督和控制的权力，而且在某些情况下对合同的具体执行还享有指挥权。

第三，单方面变更或解除合同的权利。在行政合同的履行过程中，行政机关根据国家法律、政策或计划的变更，以及公共利益的需要，有权变更或解除合同，不必取得相对方的同意。但是，这种权利的行使有其限制：其一，这种权力只能在公共利益需要的限度以内行使；其二，不能变更或解除与公共利益无关的条款；其三，对相对人因变更或解除合同所造成的损失应予以补偿；其四，其变更超过一定的限度或接近一个全新的义务时，相对方可请求另订合同。

第四，对不履行或不适当履行合同义务的相对方的制裁权。如果行政合同相对一方违反合同，行政机关具有制裁的权力。制裁权是行政机关保障行政合同履行的一种特权，是行政优益权的体现。不论合同中有无规定，行政机关都可依职权行使制裁权。这是我国行政合同立法中较为突出的特点。

第五，对行政合同的解释权。在行政合同的履行过程中，有可能发生对原订合同条款理解分歧或合同条款规定不明确的问题，这就必须解决对合同解释权的配置问题。基于行政合同是推行行政政策的手段，且行政机关对行政目标的理解具有权威性，应该将解释权赋予行政机关。但是，为保障相对人合法权益不致因为行政机关滥用解释权而受到侵害，应允许相对人申请行政救济。

2. 行政机关的义务

在行政合同中，行政机关的义务也体现在四个方面：

第一，依法履行合同的义务。行政机关作为行政合同的主要一方当事人，本身具有十分优越的地位。但这种优越的地位并不意味着它可以不依法履行义务。而且，强调行政机关依法履行义务，具有非常重要的意义。

第二，保证兑现其应给予合同相对一方当事人的优惠或照顾的义务。在行政合同中规定的优惠或照顾条件，对相对一方当事人履行合同义务极其重要，也是行政主体吸引相对一方当事人的有利条件。因此，一旦以合同形式将这些优惠或照顾确定下来，行政机关就有义务保证其兑现，不允许随意更改或打折扣。

第三，给予相对一方当事人物质损害赔偿或补偿的义务。在履行行政合同过程中，凡是因行政机关的原因引起合同的变更、解除，从而使相对一方利益受到损害的，行政机关有义务根据有关规定和实际损害情况进行赔偿或补偿。

第四，按照合同规定给付价金的义务。

（二）相对一方当事人的权利义务

1. 相对一方当事人的权利

第一，取得报酬权。相对人的报酬通常是在合同中规定的，也可能直接由法律、法规规定。行政合同中的报酬，通常为对相对人提供的服务或产品的价金。此外，行政合同也可能给予相对人价金以外的其他经济利益，如货款、津贴、提供担保、减轻和减免税赋等。行政合同的报酬条款和其他关于公务的组织和执行的条款不同，不能由行政机关单方面变更。

第二，损害赔偿请求权和特权行为损害的补偿权。损害赔偿请求权是类似民事合同的一项权利。相对人由于行政机关的过失受到损害时，可请求人民法院判决行政机关赔偿损失。所谓特权行为损害的补偿权是指行政机关在签订合同以后，由于公共利益的需要单方面变更或终止合同的特权行为，造成相对人的损害时，相对人以其损害为由提出要求行政机关予以补偿的权利。相对人由于行政机关的特权行为而造成或增加的全部负担（损害），不论具体合同中有无规定，都可请求行政机关予以补偿。

第三，不可预见的困难情况的补偿权。行政合同在履行的过程中，有时可能出现当事人订约时所不能预见的情况或困难，从而使合同的履行虽然不是不可能，但已使相对人遭受极大的损失，或使履行合同极端困难，这种情况或困难称为不可预见的情况或困难。如在公共工程进行中遇到当初所不可预见的地质结构变化，在农产品订购合同履行中遇到的特大洪涝灾害等。相对人在履行行政合同中遇到不可预见的情况或困难时，有权请求行政机关共同承担损失，或请求行政机关予以补偿。

2. 相对一方当事人的义务

第一，按照合同规定的条件和期限认真履行合同的义务。

第二，接受行政机关管理监督和指挥的义务。

三、行政合同中的订立、变更与解除

（一）行政合同的订立

1. 行政合同的订立原则

由于行政合同的内容广泛、影响大，因此，行政机关在与相对人订立行政合同时，需要把握几个基本原则：

一是适应行政需要，符合行政目标。订立行政合同首先要符合并适应行政管理的需要，即行政机关不能随心所欲地订立行政合同，而必须出于行政需要，符合行政目的。这是行政合同首要的目标原则。

二是不超越行政权限。由于行政合同是行政活动的一种方式，因此，根据行政法的越权无效原则，每个行政主体只能在其权限内订立行政合同，否则便成了无效合同。

三是内容必须合法。行政合同虽然不一定要有明确的法律依据，但是行政主体不得对国家明令禁止的事项与行政相对人缔结行政合同。此外，由于行政合同的涉及面广、影响大，在订立行政合同时还要遵守竞争原则、效率原则、公开原则。

2. 行政合同的订立方式

从行政合同的理论与实践看，目前订立行政合同的方式主要有以下几种：

招标。招标是行政合同订立中最主要的方式，它是指行政机关通过一定方式、公布一定的条件，向公众发出以订立行政合同为目的的意思表示。作为招标人的行政机关在发出招标公告之前或之后要制定合同的标底，且标底不能公开。行政相对人按照招标人公布的资格和条件进行招标，并依据特定程序投标。行政机关通过对竞投标书的比较与评议之后，选出最优的投标人签订合同。招标这种方式的优点体现在三个方面：一是程序规范。在招标活动中，从招标、投标、评标到定标，每个环节都有严格的程序和规则，而且这些程序和规则具有法律约束力。二是具有公开性，招标是在公开透明的环境中进行的。这种方式既可以防止营私舞弊等腐败行为的发生，又可以防止财政经费的浪费，节约行政成本。三是招标文件规范，可以体现出行政合同的严谨性与严肃性。

拍卖。根据《拍卖法》第 3 条的规定，拍卖是指以公开竞价的形式，将特定物品或者财产权利转让给最高应价者的买卖方式。我们认为在行政合同中，拍卖是指作为拍卖人的行政主体，向公众发出以订立合同为目的的意思表示后，在众多竞拍者中选择出价最高者签订合同的一种方式。与招标相比，拍卖的特殊性在于相互竞争的行政相对人在拍卖过程中知道竞争对手开出的条件，并且可以据此随时改变自己的要约内容，即不断提升竞拍的价格与条件。《拍卖法》第 4 条规定：“拍卖活动应当遵守有关法律、行政法规，遵循公开、公平、公正、诚实信用的原则。”这一原则同样适用于行政合同订立过程中的拍卖。从我国的行政合同实践看，目前拍卖主要适用于国有资产的出让。

协议。协议适用于行政合同内容具有较强专业性的情况，它是指行政主体根据行政合同的内容，与事先选择好的行政相对人就合同内容进行协商一致后订立合同的一种方式。该方式又分两种情况：一是邀请发价。邀请发价又称要约邀请，即行政机关基于政治、经济、技术等方面的原因，直接邀请它认为合适的行政相对人签订合同。在此种方式下，行政合同将在行政主体与提供最佳要约的投标人之间缔结。邀请发价的程序也是采取公开的或者限制的招标方式，但是没有中标人。采用此方式缔结行政合同之前，行政主体一方一般要对缔约相对人的资格、能力进行审查，向有能力完成合同任务的相对人发出邀请，以保证行政合同目的的顺利实现。限制性的邀请发价一般也应当采用公开邀请竞争的方式。采用邀请发价方式缔结合同，也必须符合我国的《招标投标法》的相关规定。二是直接磋商。直接磋商又称为协商合同，即采用直接磋商的方式订立合同。这与民事合同类似，只是行政合同中的直接磋商必须受到法律、法规的限制。一般来说，直接磋商适用于下列事项：研究、试验和实验合同；招标和邀请发价没有取得结果的合同；情况紧急的合同；需要保密的合同；只能在某一地方履行的合同；需要利用专利权和其他专有权利的合同；需要特殊的高度专门化技术的合同。

（二）行政合同的变更

行政合同的变更是指现有行政合同基于行政机关的裁量权或其他法律事实，在不改变现存合同性质的基础上，对涉及合同主体、客体、内容的条款做相应的修改、补充和限制。

1. 行政合同变更的理由

行政合同的变更基于以下两种理由：一是行政机关为满足公共利益的需要行使裁量

权，单方面变更合同；二是因一定的法律事实的出现而导致行政合同的变更，如不可抗力等。

2. 行政合同变更的法律后果

行政合同变更后，原合同不再履行，双方当事人按变更后的权利义务关系行使权利，履行义务。

行政机关单方面变更和解除行政合同的，应对相对方因此受到的损失进行补偿。

（三）行政合同的解除

行政合同的解除是指行政合同当事人一方未履行或未全面履行合同时，当事人双方提前结束约定的权利义务关系。

1. 行政合同的解除方式

行政合同的解除方式有两种：一种是单方解除，即行政机关基于自己单方的意思表示即可产生解除效力的合同解除方式；另一种是协议解除，即相对人提出解除合同的意思表示，在征得行政机关同意后提前终止行政合同的效力。

2. 解除行政合同的法律后果

解除行政合同后双方当事人之间的合同关系即终止，彼此不再享有原合同规定的权利义务。

行政机关单方面变更和解除行政合同的，应对相对方因此受到的损失进行补偿。

（四）行政合同的终止

行政合同的终止主要有下述情形：

合同履行完毕或者合同期限届满。

当事人同意解除。

行政机关依法律或政策规定以及出于公共利益需要，单方面解除合同。

因不可抗力导致合同履行已不可能。

机关因相对人的过错而宣布解除合同。

因行政机关有严重过错，法院可根据相对人的申请依法判决解除合同。

（五）行政合同的法律救济

有合同就有争议，有争议就需要解决。解决行政合同所引起的纠纷需要建立行之有效的救济制度。从行政合同的特点、权利义务、内容以及适用原则来看，行政合同是行政法的产物，因此，在对行政合同纠纷进行救济时，应该考虑行政法的救济方式。行政法的救济可以体现为行政救济和司法救济两种方式。

第三节　招标与投标

一、招标与投标制度概述

（一）招标投标的概念

招标是指由货物、工程或服务的采购方即招标人，事前发布发包业务的相关要求，并通过发布招标公告或邀请函等方式，召集有意愿提供采购所需要的货物、工程或服务的供应商或承包商作为投标方参与投标竞争，并按照事先规定的评选办法，从众多投标方中择优选定中标人的行为。

投标是指应招标人邀请或主动申请，根据招标方发包业务的相关要求，提出完成发包业务的实现方案和报价，并争取中标的行为。招标和投标是一种商品交易的行为，是交易过程的两个方面。

招标投标就是招标和投标的统称，简称为招投标。招标投标也是一种国际惯例，是市场经济下的产物，其实质是以较低的价格获得最优的货物。

（二）招标投标的基本原则

《招标投标法》第五条规定："招标投标活动应当遵循公开、公平、公正和诚实信用的原则。"一部法律的基本原则，贯穿于整部法律，统帅该法律的各项制度和各项规范，是该法律立法、执法、守法的指导思想，是解释、补充该法律的准则。《招标投标法》第五条明确规定了该法律的基本原则，即公开、公平、公正和诚实信用的原则，从招标投标法中还可以提炼出四项原则，即合法原则、强制与自愿相结合原则、开放性原则和行政监督原则。这些原则本身具有模范作用，当事人必须遵守。

1. 公开、公平、公正和诚实守信的原则

公开、公平、公正和诚实守信的原则是招标投标活动应当遵循的基本原则。

2. 强制与自愿相结合原则

强制与自愿相结合原则是指法律强制规定范围内的项目必须采取招标方式进行采购，而强制招标范围以外的项目采取何种采购方式（招标或非招标）、何种招标方式（公开招标或邀请招标）都由当事人依法自愿决定。这是我国《招标投标法》的核心内容之一，也是最能体现立法目的的条款之一。

3. 合法原则

合法原则是指在我国境内进行的一切招标投标活动，必须符合我国的《招标投标法》。凡是在中国境内进行的招标投标活动，不论招标主体的性质、招标采购项目的性质如何，都应适用《招标投标法》的有关规定。

4. 开放性原则

《招标投标法》第六条规定："依法必须进行招标的项目，其招标投标活动不受地区或者部门的限制。任何单位和个人不得违法限制或者排斥本地区、本系统以外的法人或者其他组织参加投标，不得以任何方式非法干涉招标投标活动。"这条规定的实质是确立了招标投标活动的开放性原则——不得进行部门或地方保护，不得非法干涉。

5. 行政监督原则

《招标投标法》第七条中规定："招标投标活动及其当事人应当接受依法实施的监督。有关行政监督部门依法对招标投标活动实施监督，依法查处招标投标活动中的违法行为。"

《招标投标法》规定的强制招标制度主要针对关系社会公共利益、公众安全的基础设施和公用事业项目，利用自有资金或国际组织、外国政府贷款及援助资金进行的项目等。由于这些项目关系国计民生，政府必须对其进行必要的监控，招标投标活动便是其中一个

重要的环节。同时，强制招标制度的建立使当事人在招标和不招标之间没有自主的权力，也就是赋予当事人一项强制性的义务，必须主动、自觉接受监督。

二、招标投标的作用及特点

（一）招标投标的作用

《招标投标法》明确指出了工程招标投标的作用，即“保护国家利益、社会公共利益；保护建设工程招标投标活动当事人的合法权益；提高建设工程经济效益；保证建设工程质量。”

1. 保护国家和社会公共利益

《招标投标法》规定了三大类必须进行招标投标的建设工程项目，其中包括设计基础设施及公共利益和公众安全的项目，全部或者部分使用国有资金投资或者国家融资的项目，以及使用国际援助和贷款资金的项目。这些项目都涉及了国家利益和社会利益，必须受到保护，通过招标投标的交易方式，既能将有限的资金转化成最大效益，还可以通过加强政府监管来杜绝资金浪费和贪污等违法行为的发生，最大程度地保护国家利益和社会公共利益。

2. 提高建设工程经济效益

工程招标投标是市场竞争的重要体现，在众多投标人公平竞争的同时，实现优胜劣汰。项目的最终成交价格因投标人参与竞争而变得更加合理，从而使业主能够以相对较低的价格获得最优的货物、工程质量或服务。实施建设工程招标投标有利于节省投资，缩短工期，保证质量从而提高工程的经济效益。

3. 保证建设工程质量

当前，国内的建设工程项目大多实行终身责任制，参与招标投标的各方必须确保工程质量，否则将面临后续追责问题。

（二）招标投标的特点

1. 程序规范

《招标投标法》等法律、法规和规章对招标人从招标准备、选择中标人并签订合同的招标投标过程中的各个环节的工作流程都有严格、规范的限定，不能随便改变。任何违反法律程序的招标投标行为，都可能侵害其他当事人的权益，必须承担相应的法律后果。同时，对各工作流程的工条件、内容、范围、形式、标准，以及参与主体的资格、行为和责任，都作出了严格的规定。

2. 公平竞争

工程招标投标的核心是竞争，按规定每一次招标必须有 3 家以上的投标者，这就形成了投标者之间的竞争。他们以各自的实力、信誉、服务、质量、报价等优势，战胜其他的投标者。竞争是市场经济的本质要求，也是招标投标的根本特点。

3. 一次成交

一次性特点表现为三层意思：第一层意思是“一标一投”，即对于同一个工程，每一个投标人只能递交一份投标文件，不允许提交多份投标文件；第二层意思是“一次性报价”，即双方不得在招标投标过程中就实质性内容进行协商谈判，讨价还价，这也是与询价采购、谈判采购及拍卖竞价的主要区别；第三层意思是招标成功后，不得重新招标或二次招标，确定中标人后，招标人和中标人应及时签订合同，不允许反悔或放弃、剩余中标权利。

4. 技术性强

工程招标投标都具有不同程度的技术性，包括标的使用功能和技术标准、建造、生产与服务过程的技术及管理要求等，特别是招标文件中与工程计价相关的术语和内容，都需要工程造价专业人员草拟或掌控。

三、招标与投标的法律法规体系

招标投标的法律法规体系是指现行的与招标投标活动有关的法律、法规和政策组成的有机整体。

按照法律规范的渊源，招标投标法律法规体系由法律、法规、规章、行政规范性文件构成。按照法律规范内容的相关性，招标投标法律体系包括专业法律法规和相关法律法规。

（一）法律

法律是由全国人大及常委会制定，其效力仅次于宪法，通常以主席令的形式发布，其名称常以“法”字结尾。如《招标投标法》《中华人民共和国建筑法》（以下简称《建筑法》）《中华人民共和国合同法》（以下简称《合同法》）《中华人民共和国政府采购法》，均是工程招标投标中经常用到的法律。

（二）法规

法规可分为行政性和地方性法规两种，其名称通常以“条例”命名。

1. 行政性法规

行政性法规由国务院制定，通常以国务院令的形式发布。《招标投标法实施条例》就是为了规范招标投标活动，根据招标投标法而制定的行政法规。

2. 地方性法规

地方性法规由省、自治区、直辖市及较大的市的人大及其常委会制定，通常以地方人大公告的方式发布，如《陕西省建筑市场管理条例》就属于地方性法规。需要说明的是，这里所谓的“较大的市”是指省、自治区政府所在地的市及经济特区所在地的市，如西安和深圳；前者属于陕西省政府所在地，后者属于经济特区。

（三）规章

规章包括国务院部门规章和地方政府规章等。

1. 国务院部门规章

国务院部门规章由国务院所属的部、委、局和具有行政管理职责的直属机构制定，通常以部委令的形式发布，一般以“办法”或“规定”命名，如《工程建设项目勘察设计招标投标办法》。

2. 地方政府规章

地方政府规章由省、自治区、直辖市及较大的市的政府制定，通常以地方人民政府令的形式发布。其名称也以“规定”和“办法”来命名。

（四）行政规范性文件

行政规范性文件是各级政府及其所属部门为了执行法律、法规和规章而制定的，通常以“通知”或“意见”命名。

第四节　合同违约

一、违约责任概述

（一）违约责任的含义

违约责任是当事人违反合同义务后所应当承担的责任。或者说是当事人不履行合同义务或者履行合同义务不符合合同约定时所承担的民事法律后果。依法成立的合同，对于当事人就产生法律约束力，当事人应当按照合同的约定履行自己的义务。这即是法律效力的体现，也是合同本身应当之后果，否则合同的目的难以实现。

（二）违约责任的特点

1. 违约责任主要是一种财产责任

根据我国合同法的规定，违约责任包括赔偿损失、支付违约金、强制履行等方式。它们都可以以金钱的方式表现出来，故主要为财产责任。当然，在违约责任的具体形式中，也有不属于财产责任的，如解除合同。我们认为，虽然解除合同，表面上不是财产责任，但是合同解除后，不影响无过错方要求赔偿损失的权利，而赔偿损失还是财产责任。因此，财产责任是违约责任的一个重要特点，究其原因在于合同本身之目的的财产性。任何一份合同，都是围绕一定的财产目的而订立的，要么是直接促进当事人财产的增加，要么是间接促进当事人财产的增加。同为民事责任范围的侵权责任，既有财产责任，如赔偿损失，也有非财产责任，如赔礼道歉、消除影响等，而财产责任并不占主导。

2. 违约责任是违约方向守约方当事人承担的责任

合同主体的特定性和相对性特征决定了违约责任承担主体的特定性和相对性。违约责任的承担者为没有履行合同义务的当事人，受其违约损害的一方只能是相对方。因此，违约方不是向国家和社会承担的责任，而是向守约方承担责任。也就是说，违约责任的具体形式，是由违约方做出，由对方即守约方接收。如支付违约金，就是违约方将一定数量的金钱交与守约方保有。

3. 违约责任是当事人不履行合同债务时所承担的责任

首先，违约责任的成立须以有效合同债务的存在为前提。如果不存在合同关系或者合同关系无效，虽然也可能涉及财产责任，但其绝不是违约责任；违约责任的成立以合同债务的存在为前提。合同债务可以是当事人约定的债务，也可以是法律规定的债务。不管是哪种债务，当事人都必须履行。债务是前提，责任是后果，无债务即无责任。其次，违约责任的产生须有当事人不履行债务或者不适当履行合同债务的事实存在。如果当事人全面适当地履行了合同，则无责任可言。

4. 违约责任可以由当事人在法律允许的范围内自由约定

由于合同的内容具有任意性，因此作为保障合同履行的违约责任也具有任意性。除法律对违约责任的承担作出规定的以外，当事人可以自主地对违约责任作出约定。当事人可以约定承担不同种类的责任，也可以约定免除对方的违约责任。当然，该约定不能违反法律的规定，否则无效。

（三）违约责任的作用

违约责任制度有如下两大作用：

一是预防作用。预防作用是通过对合同当事人有外在的威慑力，促使其当事人积极主动地履行合同，防止违约。在合同成立且生效后，也可能存在由于环境的变化，一方当事人不愿意继续履行合同，或者想单方解除合同，以便与对自己更有利的第三人订立合同。由于合同主体的经济目的性，如果没有违约责任，仅凭道德要求和合同义务，不足以阻止上述情况的发生。违约责任本质上仍然是法律责任的一种，具有强制性。当然，对于合同当事人也有一种外在的威慑力。

二是对于违约方有制裁作用，对于守约方有补偿作用。违约责任的威慑力不一定都能实现。在现实生活中，总有一些当事人置法律的威严于不顾，擅自违约。正如生命虽然可贵，仍然有人置生命于不顾一再去犯罪一样。对于确实出现的违法行为，必然产生两个法律后果：一是对法律威严的破坏，二是对于守约方利益的侵害。因此，让违约方承担违约责任，既是对他的惩罚，也是对守约方当事人利益的维护。

二、违约责任的分类

（一）过错责任与无过错责任

以违约责任的成立是否须以当事人有过错为标准，可以将违约责任分为过错责任和无过错责任。过错责任，是指由于行为人的过错，致使其违反合同义务时承担的责任。采取过错责任原则不仅要求行为人有违约行为，还要求其中主观上有过错。无过错责任，也称为严格责任，是指无论当事人主观上是否有过错，只要其有违约行为就应当承担的责任。

（二）单方违约责任与双方违约责任

根据承担违约责任的是一方当事人还是双方当事人，可以将违约责任分为单方违约责任与双方违约责任。单方违约责任，是指在合同关系中，只有一方当事人违约，由违约方向对方承担的违约责任。双方违约责任，是指在合同关系中的双方当事人都存在违约行为时各自应当承担的违约责任。

（三）违约责任的归责原则

归责原则，是指法律关系的主体承担法律责任所依据的原则。违约责任归责原则，是指合同中违约方承担违约责任所依据的准则。当事人违约后，是以当事人的过错还是以发生的损害后果作为承担违约责任的根据，这是归责原则的本质所在。归责原则的确定，对于违约责任的构成要件、损害赔偿范围、举证责任的承担等具有重要意义。根据当事人承担责任是否以主观上有过错为要件，可以将归责原则分为过错责任原则与严格责任原则。过错责任原则，是指以当事人承担责任，以其违法、违约行为有主观过错为要件的归责原则。严格责任原则，是指不论当事人主观上有无过错，只要其有违法或者违约行为，就应当承担责任的归责原则。

三、违约责任承担的方式

承担违约责任的方式有如下几种：

（一）继续履行

继续履行是指合同当事人一方在不履行合同时，另一方有权要求法院强制违约方按合同规定的标的履行义务，并不得以支付违约金或者赔偿金的方式代替履行。合同的继续履行是实际履行原则的体现，可以实现双方当事人订立合同要达到的实际目的。

（二）采取补救措施

所谓的补救措施主要是指《民法通则》和《合同法》中所确定的，在当事人违反合同的事实发生后，为防止损失发生或者扩大，而由违反合同一方依照法律规定或者约定采取的修理、更换、重新制作、退货、减少价格或者报酬等措施，以给权利人弥补或者挽回损失的责任形式。

补救措施应是继续履行合同、质量救济、赔偿损失等之外的法定救济措施，是建筑装饰工程施工单位承担违约责任的常用方法。

（三）支付违约金

违约金是指当事人因过错违约不履行或不完全履行经济合同后，按照当事人约定或法律规定，应付给对方当事人的一定数额的货币。

违约金是预先规定的，即基于法律规定或双方约定而产生，不管违约当事人一方的违约行为是否已给对方当事人造成损失，只要存在违约事实且无法定或约定免责事由，就应按合同约定或法律规定向对方支付违约金。

违约金兼具补偿性和惩罚性。当事人约定的违约金应当在法律、法规允许的幅度、范围内；如果法律、法规未对违约金幅度作限定，约定违约金的数额一般以不超过合同未履行部分的价款总额为限。

（四）支付赔偿金

赔偿金是指在合同当事人不履行合同或履行合同中不符合约定，给对方当事人造成损失时，依照约定或法律规定应当承担责任，向对方支付一定数量的货币。

赔偿金应在明确责任后 10 天内偿付，否则按逾期付款处理。所谓明确责任，在实践中有两种情况：一是由双方自行协商明确各自的责任；二是由合同仲裁机关或人民法院明确责任。日期的计算，前者以双方达到协议之日起计算，后者以调解书送达之日起或裁决书、审判书生效之日起计算。

（五）定金罚则

定金是合同当事人一方为担保合同债权的实现而向另一方支付的金钱。定金具有如下特征：

一是定金本质上是一种担保形式，其目的在于担保对方债权的实现。

二是定金是在合同履行前由一方支付给另一方的金钱。

三是定金的成立不仅应有双方当事人的合意，而且应有定金的现实交付，具有实践性。定金的有效性以主合同的有效成立为前提；主合同无效时，定金合同也无效。

定金作为合同成立的证明和履行的保证，在合同履行后，应将定金收回或者抵作价款。给付定金的一方不履行约定债务的，无权要求返还定金；收受定金的一方不履行约定债务的，应当双倍返还定金。

当事人既约定违约金，又约定定金的，一方违约时，对方可以选择适用违约金或定金条款。但是，这两种违约责任不能合并使用。

本章小结

行政合同是一种普遍的行政现象，往往为行政法发达的国家所重视。而招标投标是在市场经济条件下进行工程建设、货物买卖等经济活动的一种竞争方式的交易方式。本章介绍了招投标的基本知识，重点需要掌握招投标的作用及特点。在合同法方面，必须明确相关概念，打好基础，为将来从事相关工作做准备。

案例讨论

某施工单位根据领取的某2000m两层厂房工程项目招标文件和全套施工图纸，采用低报价策略编制了投标文件，并中标。该施工单位（乙方）于某年某月某日与建设单位（甲方）签订了该工程项目的固定价格施工合同，合同工期为8个月。甲方在乙方进入施工现场后因资金紧缺，口头要求乙方暂停施工一个月。乙方亦口头答应。工程按合同规定期限验收时，甲方发现工程质量有问题，要求返工。两个月后，返工完毕。结算时，甲方认为乙方延迟交付工程，应按合同约定偿付逾期违约金。乙方认为临时停工是甲方要求的，乙方为抢工期加快施工进度才出现了质量问题，因此延迟交付的责任不在乙方；甲方则认为临时停工和不顺延工期是当时乙方答应的，乙方应履行承诺，承担违约责任。

课后作业

1. 试述合同和行政合同的概念。
2. 明确招投标的作用及其特点。
3. 说出违约责任的承担方式。

评价（见下表）

评价表

属性	要点	自评			互评		
		好	一般	差	好	一般	差
理论知识	掌握合同管理的概念，明确招投标的概念和特点						
	掌握合同法律的相关知识，明确行政合同的权力与义务						
	熟练掌握行政合同的相关知识						
	简述违约责任概述及分类						
技能水平	掌握行政合同的订立、变更与解除相关程序						
	掌握合同违约责任承担的方式和条件						
情感态度	课前认真预习合同管理的相关内容，通过多种方式查询相关资料						
	课中认真听课、做笔记，积极回答老师所提问题						
	课后及时完成老师布置的作业，遇到难题积极寻找多种途径解决						

请在“自评”“互评”栏相应单元格打“√”，如实评价掌握程度。

第十一章　危机管理

学习目标

1. 理解危机与危机管理的含义；
2. 掌握危机的类型及其表现形式；
3. 了解危机管理的原则；
4. 掌握危机管理的阶段过程与策略方法。

情境导入

2008年5月12日14时28分，四川省汶川县发生里氏8.0级特大地震，造成四川、甘肃、陕西、云南等10个省（市）、417个县（市、区）、4667个乡（镇）、4625.7万人受灾。一瞬间，数千万房屋倒塌损坏，数万人遇难或失踪，数十万人受伤，数千万群众失去了家园。迅速提供灾区群众急需的食品、饮用水、衣被、临时住所以及医疗救治，是灾区生活救助工作面临的前所未有的挑战。在党中央、国务院和中央军委的坚强领导下，在国务院抗震救灾总指挥部的直接指挥下，各地、各部门紧急动员，迅速开展受灾群众生活救助工作。①

第一节　危机管理概述

一、危　机

（一）危机的定义

危机一词原应用于医学方面，指必须做出抉择的情况，后广泛应用于政治方面，多指政府或其他组织中遇到的紧急突发状态。关于危机是什么的答案，古往今来，中外学者都在对此进行探讨研究，尽可能想寻求一个完整确切的定义，但由于社会的不断发展，危机的复杂多样，使得各国学者针对不同方面对此定义也进行了不断的阐述研究。

美国学者赫尔曼（Hermann）认为："危机是一种情景状态，其决策主体的根本目标受到威胁，在改变决策之前可获得的反应时间很有限，其发生也出乎决策主体的意料。"这一表述比较符合突发事件特点。此定义重点表达出危机是一个过程和阶段，说明了危机管理的多样性和复杂性。

---

① 全国干部培训教材编审指导委员会组织编写：《突发事件应急管理》，北京：人民出版社，2011年，第27页。

美国著名危机管理学者巴顿（Barton）认为，危机是“一个能引起潜在负面影响的具有不确定性的大事件，这种事件及其后果可能对组织及其人员、产品、服务、资产和声誉造成巨大的损害”。在这里，危机被定义为影响组织及其利益获得者的负面事件，此时的危机管理与沟通协调有着重要关系。

系统论认为，危机是一种现象，这种现象改变了系统间的平衡状态，使之失衡。而将失衡状态转换为平衡状态，就是危机管理的全过程。因此，在这种理论的指导下，对于危机的管理，需要将其恢复到起始的平衡状态，再考虑是否存在机会使系统达到更高层次。

危机常常与事故、灾难联系在一起，危机的出现，常常对人们生产生活的正常秩序造成危害。综上所述，我们可将危机定义为：对组织（政府和企业）在实现既定目标过程中产生威胁并要求组织迅速进行决策管理的突发事件。在了解危机的定义之后，我们需要界定危机与灾难、突发事件的关系。灾难是突然产生的大灾祸事件。突发事件是在意料之外发生的，需要马上进行处理的事件。三者的危险程度不同。对于三者的关系，我们可以这样理解：突发事件有可能是危机的前兆，危机如果处理不当将可能发展成大灾难。

（二）危机的特点

危机以多种形式出现于多种层面，其存在也具有一定的特点。

突发性。危机爆发的时间、地点、程度无法预知，常常出人意料，令人猝不及防。对于组织的决策者来说，突发事件造成的危机是未曾经历过的。1987 年 11 月 8 日，英国伦敦某个地铁站出口的电梯起火，路过的乘客对起初的火势并不在意，没有任何人做出任何处理措施，以至于在火情发生 20 分钟之后，火势开始蔓延，最终导致 30 人死亡、20 人严重受伤。2004 年 12 月 26 日，印度洋海啸发生，此次灾难使得泰国、马来西亚、印度等 12 个国家死亡和失踪的人数总计达 30 万余人。在此次灾难发生前，没有任何一个国家有所警觉，以至于造成了重大人员伤亡。危机虽然使人感觉防不胜防，但是有些危机的产生和蔓延与人们对危机的漠视有关。应对危机不仅仅是要在危机发生后进行处理，还要在危机发生前就要有敏感的意识，进行预防和监测。因此，进行危机管理和危机监控，了解危机的突发性和危机监控之间存在的关系是很有必要的。

传播性。危机的传播性特点是在当今信息社会高度发达的背景下所产生的。由于社交媒体多样复杂，信息传播速度快，使得在危机发生时常常会引发较大的舆论风险。而且危机信息的传播比一般信息的传播更加猛烈迅速，正如我们常说的“好事不出门，坏事传千里”。而舆论传播也有可能会导致危机，并且成为此次危机的一部分。美国前总统尼克松的“水门事件”，由于其极力掩饰，加之舆论传播，最后引发的危机影响在美国人看来远大于本身违法行为所造成的影响。

紧迫性。危机演化非常迅速，在短时间内就会造成组织机构或个人面临巨大威胁，同时，也需要组织的决策者在较短的时间内进行有效的决策，才能够降低风险，将威胁降到最小。紧迫程度也与危机中不确定的因素，危机产生的范围、规模有关。

双重性。危机从字面意思上理解可解释为危险和机遇。需要辩证地看待危机，分析危机根源并总结经验，减少危机再次产生的概率，为组织的成功发展提供有益经验。危机可以检验应对工作是否落实到位，可以评估政府和企业组织能力的高低，可以帮助人们提升忧患意识，做到居安思危。

（三）危机的意义

危机中包含了失败的可能性，同时也包含了成功的可能性。发现危机中成功的机会，清楚地掌握危机发生时应该如何进行管理，不仅有利于解决危机事件，还可以在危机中锻炼提升自身解决问题的能力。危机可以帮助组织的管理者探寻危机事件中的客观规律，危机可以让人们获得在非危机状态下无法获得的机会。在美国“9·11”事件之后，世界各国开始思考预防恐怖事件发生的问题，大型的跨国公司从中也发现了商机并加以利用。例如甲骨文公司在“9·11”事件后开始为客户提供数据备份的服务，包括交易的数据、客户的信息等，以防止突发性危机导致组织内部重要信息的丢失。对于组织的管理者，如果能较好地处理危机，反而可以提升该组织的知名度和认同度。比尔·盖茨曾经说过：“微软每天都在面临危机，如果微软垮掉，仅需要 18 个月。”对危机进行管理，要从面对危机的态度开始；危机并不可怕，可怕的是管理者对危机的处理方式。谁能掌握危机的规律，掌握危机管理的方法，谁就能提前接近成功。

二、危机管理

（一）危机管理的定义

危机管理是指对危机进行各方面的管理，包括监测、预防和处理的全过程。危机管理是一个时间过程，既包括危机爆发前的管理，也包括对危机爆发后后续影响的处理。危机管理的目的在于，个人或组织尽可能减少甚至消除危机所带来的威胁。危机是客观的，危机管理也是客观存在的。危机管理的现代意义是指通过组织各方面的力量，对危机事件进行预测、监督、控制、处理的全过程。从广义上来看，危机管理就是对危机发生前、危机发生中、危机发生后各个过程的全面管理。

从管理的角度来看，危机管理的主体主要是组织内的决策者，具体是政府或企业间的管理人员，而且该管理人员需要具备一定的处置权力和资源调配的能力，这样才能在危机发生时进行有效的管理。对于任何事件的责任人，在危机发生前就要明确认定；否则在危机发生后，就会出现无人进行及时处理的局面。

（二）危机管理的基本要素

危机管理虽然充满了不确定性，但是其中依然包含了基本的要素，危机管理应是组织内部要素和外部资源综合运用实现的过程。

1. 内部要素

危机管理的内部因素包括领导者的决策能力、组织的制度和储备资源。领导者的决策能力是危机管理中重要的内部因素，因为决策者的判断力和决断力是检验一场危机管理是否成功的直接因素。组织中优秀的领导人常常会为这个组织带来优秀的危机管理能力。但是要使得组织能够成功地应对危机，还需要全体组织内部人员具有良好的危机意识。如果组织内部人员都具备一种危机感，当危机真正来临时，就不会惊慌失措，反而能在优秀领导者的带领下，展现出较强的执行力来应对危机。除了人才要素，内部要素还包括组织内的制度和物质储备资源。一套稳定的制度和程序，可以让危机发生时，决策者和决策执行人员能够在较短时间内依据此程序有效应对危机。建立健全危机管理体系也是评判一个组织危机管理能力高低的重要标准。而在危机发生前，储备合理的资金和物资专门应对危机事件，能够有效保障危机处理过程尽可能落地。

2. 外部要素

危机管理的外部因素包括利益相关者、自然环境和社会环境。作为政府或企业的管理人员，在危机管理中，应该特别关注与该组织的利益直接相关者，尽可能适应该组织所处的自然环境和社会环境。具体来说就是关注公众，了解当地的政策与法律，清楚伦理与礼仪，对舆论环境有清楚的评估判断。组织管理者尤其对社会环境要有所了解，对于当地的政策和法律，需要在涉及民、商、刑等法律问题上有所了解；面对不同的伦理风俗环境，要学会在危机发生时勇于承担责任，进行真诚的沟通交流。

（三）危机管理的理论探索

目前的危机管理理论主要有政府危机管理理论和企业危机管理理论两大类，这是由于政府和企业是危机管理中最主要的两大主体。关于危机管理研究的起源，可以追溯到第一次世界大战之后在德国和美国企业应对经济滞胀的管理。真正的危机管理理论被认为起源于古巴导弹危机事件，“古巴导弹危机”是人类最接近毁灭边缘的事件。自此之后，危机管理研究开始深入，研究领域也从政治方面向社会和经济方面扩展。20 世纪 80 年代以来，西方的危机管理理论主要集中在研究危机防范和危机管理。21 世纪初期，危机管理理论研究进入了新的阶段，主要也与 2001 年美国“9·11”恐怖袭击事件，2002 年莫斯科劫持人质等危机事件有关。在此之后，危机管理的研究内容和研究手段都进行了不断创新，从单一应对危机开始向对危机全过程的管理转变，同时借助信息化手段更好地研究危机。

中国的危机管理理论主要从 2003 年的“非典”危机开始凸显。虽然中国的危机管理思维源远流长，在博大精深的传统文化中也有所体现，但是一直没有形成真正意义上的危机管理理论。进入 21 世纪，中国学术界对危机管理理论的研究主要针对应用和公共管理方面。中国目前的危机管理研究主要以预防为主，强调学习，注意沟通协调，不断在构建和完善新的理论框架，但也存在许多不足。当今中国的危机管理研究主要局限于政治学和管理学学科，很少甚至没有和其他社会科学进行交叉，鲜少及时根据社会发展所产生的代表性问题进行案例研究。在中国，危机管理研究还处于初级阶段，需要更多人才对此进行广泛深入的研究。

第二节　危机类型与表现形式

了解和研究危机需要对危机进行分类，从不同的角度来思考研究。危机可以让我们用新的视野获取方法和成果。根据不同的思维角度，我们可以将危机划分为以下不同的类型。

一、根据产生的原因划分

根据直接产生的原因进行划分，可将危机划分为两种：一种为自然灾害，其具体表现形式如地震、洪水、暴雨、火山爆发、雪灾、森林草原火灾等；一种为社会危机事件，其具体表现形式如叛乱、战争、示威游行等。

二、根据危机是否可以预测划分

根据危机是否可以预测划分，可分为可预测性危机和不可预测性危机。其中，对于可预测性危机，人们可依据客观规律进行合理的防范和规避；对于不可预测性危机，人们可合理应对以减轻其对人们的威胁。

三、根据危机波及的时空范围划分

根据危机波及的时空范围，可将其划分为组织内部危机、地方危机、区域性危机、国家危机、全球危机等。

四、根据危机发生的领域划分

根据危机发生的领域进行划分，可以将危机划分为政治危机、经济危机、社会危机、民族危机、宗教危机等。

五、根据危机的严重程度划分

根据危机造成后果的严重程度进行划分，可以将危机划分为一般危机、重大危机、特大危机。在中国，按照公共事件突发的性质、程度等因素，一般将危机事件划分为四级（Ⅰ级、Ⅱ级、Ⅲ级、Ⅳ级），分别表示特别重大（用红色代表）、重大（用橙色代表）、较大（用黄色代表）和一般（用蓝色代表）。

六、根据危机管理的主体划分

根据危机管理的主体进行划分，可以将危机划分为政府危机和企业危机。

政府所遇到的危机常常以自然灾害和社会事故存在。自然灾害包括地震、洪水、暴雨、大雪、森林草原火灾、泥石流、滑坡、冰雹、大雾、生物灾害等。有些自然灾害不会直接对人身安全产生威胁，但是会间接影响人们的利益和安全，例如间接造成旅客滞留、交通堵塞、供水供电暂停等。社会事故常常包括企业各类安全事故、交通运输事故、公共设施事故、传染病疫情、食品安全事故、恐怖袭击事件、战争等。例如 2021 年 9 月 18 日，贵州省六盘水市发生重大客轮侧翻事故，造成 12 人死亡，3 人失踪；2021 年 10 月 11 日，河北省石家庄市发生道路交通重大事故，造成 14 人死亡，7 人受伤。道路交通事故是发生频率最高的危机事件之一。另外，如化学品发生爆炸泄漏事故。例如 2015 年 8 月 12 日发生在天津市滨海新区天津港的火灾爆炸事故，该事故导致 165 人遇难，8 人失踪，近 800 人受伤。还有间谍行动、电脑黑客窃取情报攻击网站的活动、犯罪分子进行爆炸破坏的恐怖袭击事件和重大刑事案件、非法的集会和游行事件、踩踏事件等。例如 2014 年 12 月 31 日，上海外滩发生的踩踏事件，造成 36 人死亡，49 人受伤。

企业所遇到的危机包括信誉危机、决策危机、管理危机、财务危机、法律危机、人才危机等。其中，信誉危机是指公众对企业所生产的产品或提供的服务不满，进而产生纠纷，导致企业的信誉度下降，消费者不再相信该企业的产品和服务。决策危机是指企业的经营管理者在生产运营过程中，对于重大事件没有进行合理决策或者是决策失误。企业的决策危机还体现在没有根据日新月异的时代变化提出有针对性的方案，导致企业逐渐落后于行业和时代。管理危机是由于企业管理不当导致的危机，其中最为常见的是企业中产品的质量危机。例如2008年中国奶制品污染事件，三鹿集团生产的奶粉中被发现含有化工原料三聚氰胺，导致许多食用该奶粉的婴儿患有肾结石，引发世界范围的高度关注和担忧。2010年丰田汽车由于油门踏板和脚垫的安全故障，在全球范围内大规模召回车辆。这些产品质量危机是企业在生产经营中为了扩大自身利益忽视甚至漠视产品的质量问题，导致不合格的产品流入市场，不仅危害人们的生命健康，还使得企业信誉乃至国家信誉受到严重损害。财务危机是指由于企业投资方面的失误，或者是资金周转问题，股票市场波动强烈等因素，导致企业难以正常运转，最终导致企业破产。法律危机是指企业的经营管理者由于法制观念淡薄，常常为了扩大自身利益进行偷税漏税等违法行为，使得企业陷入危机。人才危机是指企业人才短缺，或者是优秀职工流失。人才危机与就业者的就业观念有关，也与企业的经营管理和运营方式密不可分。当今社会，高校毕业生常常想优先选择工作安稳、福利待遇好的工作岗位，使得部分单位在招聘时报名人数众多、竞争激烈，而有的单位无人报名，出现两极分化的现象。

了解危机的分类和类型，有利于组织的管理者在应对危机时能够对其进行有效区分。根据不同的危机，探索其内在的客观规律，总结经验教训，可以为未来有效应对新的危机提供借鉴。

第三节　危机管理的原则

危机是客观的，危机管理也是客观存在的，危机管理需要组织的决策者发挥主观能动性进行合理决策。危机管理与一般的管理不同，具有自己特殊的原则。

一、及时原则

危机的发生是猝不及防的，危机的管理必然也是紧迫的，因此需要对危机及时处理。如果无法在有限的时间内对危机进行有效管理，危机有可能会进一步扩大。在危机发生后，要及时做出反应，组织的决策者要尽可能争取时间，越快越好。因为危机本身很容易产生连锁反应，所以需要组织的管理者在危机发生后对危机的种类、情境、处理方法都做出快速反应。及时反应的能力并不完全取决于管理者的个人能力，而更多是在不断学习实践中记忆、习惯、总结的过程。我们常常可以听到“肌肉记忆”这个词，这里我们可以称之为“危机记忆”。形成“危机记忆”是实现在危机管理中及时反应的重要途径。

二、优先原则

在危机管理中需要树立优先原则，这个优先是针对人的优先。在危机过程中，受到威胁的不仅包括人，还有各种物品和钱财。但是在人类社会中，我们要求以人为本，以人优先，因此在面对危机威胁，需要做出抛弃利益的决定时，要果断舍弃部分利益，顾及长远利益。人的生命第一的原则，说明保障人们的生命健康是处理危机的首要任务；要重视保护危机受害者的生命健康，也要注重保护危机救援人员的安全。同时，作为危机管理者，在以人为本的思想面前，还要注重保护弱者。与一个危机事件有关的人通常有很多。在处理危机过程中，危机的管理者不能只想到保护自己或者组织，而更应保护与危机相关的弱者。在危机管理中，决策者常常需要注重维护弱者的利益，适当推迟思考个人利益。我们常常会发现在一件危机事件中，如果组织优先考虑自身利益，而不管不顾公众的利益，很容易会被舆论批评，最终导致该组织处于不利地位。

三、沟通原则

危机发生时，不仅仅是各方利益受到威胁和冲突，人的情感也会受到冲击。作为社会主体的人，在危机发生时需要组织决策者与危机相关者进行及时的沟通交流。有效的沟通不仅可以降低危机的风险，还可以增加危机中的机会。而及时的沟通需要体现出真诚和透明。如果在危机发生时，组织的管理者迟迟不向社会公开相关情况，那么在舆论的影响下，公众常常会进行猜测或者被错误言论影响，产生造谣、传谣的现象，最终会对政府权威或者企业信誉产生不利影响。危机中的沉默是一种灾难，作为组织的管理者要学会沟通，学会化解人的情感对抗，真诚透明地面对社会舆论。

四、合作原则

由于危机常常涉及各个方面，具有复杂连带的特性，因此，在危机现象越来越复杂的当今社会，作为危机管理的主体在处理危机时就要学会合作，统一协调组织内各种资源，与组织外进行密切合作，共同解决危机。争取社会资源的帮助来解决危机是弥补危机管理主体能力不足的有效方法。政府在危机中有时需要得到企业的帮助，而企业在危机中也同样需要得到政府或其他社会组织的帮助，因为政府和企业并不是万能的，在危机管理中学会合作就能产生“1 + 1 > 2”的效果。2004 年 2 月至 4 月，有人声称在武汉将有毒物质投入到蒙牛的产品之中，同时向企业、政府、媒体发布匿名信，连续制造恐吓事件，对蒙牛进行敲诈勒索。面对这样的突发事件，蒙牛集团有可能随时遭受灭顶之灾，仅靠企业自身的能力是无法完全解决这一危机事件的。蒙牛集团董事长牛根生对于向蒙牛产品投毒的事件，积极主动上报中央领导层，得到了本省政府的协助，得到了中央宣传部的支持，一定程度上控制了媒体对该事件的报道，为蒙牛集团解决此次危机事件提供了有力保障。政府在危机处理中也需要协调社会资源，争取各种社会力量的支持。社会力量的参与不仅可以稳定社会，还可以降低危机管理的成本。在一场危机发生时，社区往往是提供消防和医疗的第一人，社区居民的相互帮助是能够在短时间内救治伤员的重要方法。尤其在公共场所发生危机时，处理危机的第一人往往是最靠近危机者的普通公众。因此，在危机管理中，要善于向社会寻求合作和帮助，在公众中开展危机教育活动，让各级部门积极做好防范准备，充分发挥基层组织的作用。在危机管理中能够寻求越多合作和帮助的危机决策者，越能获得成功。

五、科学原则

作为危机的处理者，在面对危机时要采取科学的方法，运用现代化的科技手段对危机进行决策、监控、总结。做出科学的决策不仅能够在危机应对中提高效率，及时处理危机，还能节省危机管理的成本，降低政府或者企业所面对的危险。但是要想将危机处理得科学有效也并不是一日之功，需要组织的管理者在平时管理过程中注重科学化的信息，培养自身的科学思维，建立合适有效的程序和科学管理体系。

六、适度原则

危机管理无法追求完美，相反，我们需要认识到物极必反的规律。因此，在危机管理中要坚持适度性原则。在危机管理中，我们不能苛求政府和企业的管理者在处理危机时不犯错误，危机本身就是各种错误因素的集合爆发。而组织的处理者也不能对危机过于敏感，要尽可能在危机管理中将错误降到最低，这样就达到了危机管理的要求。

第四节 危机管理的阶段与策略

各国学者在危机管理中曾提出过一些经典的阶段模型，这是对危机管理直观简洁的表述，可以帮助人们清楚了解危机管理的过程。

一、危机管理的阶段模型

（一）斯蒂文·芬克的危机传播四阶段模型

斯蒂文·芬克的危机传播四阶段模型展示出企业在危机管理时的生命周期，也称之为F模型，分别是潜在期（Prodromal）、突发期（Breakout）、蔓延期（Chronic）和解决期（Resolution）。潜在期具有隐藏性的特点，如果能在那时为人所发现，便能及时对危机进行处理。突发期是突然的，时间最短，对人们的冲击是巨大的，产生的后果也是最为严重的。蔓延期是危机发生后存留时间较长的一个阶段，此阶段的存留时间与组织决策者对危机管理的水平有关，如果能科学有效地处理危机，则该阶段的时间会较短；反之，危机的持续时间会较长。解决期是指将危机进行彻底解决，完全解决危机发生时候的各种问题，着手防止危机复发。

（二）罗伯特·希斯的4R模型

4R模型是由美国著名危机管理学者罗伯特·希斯提出的，分别指缩减（Reduction）、预备（Readiness）、反应（Response）、恢复（Recovery）四个阶段。其中，缩减阶段是4R模型中的核心阶段，也是最容易控制的阶段，它包括对危机的风险进行评估和管理，同时对企业和员工素质也有一定的要求。预备阶段是危机管理的防范阶段，它是危机发生之前的信号监控，强调的是在危机管理中需要进行预警和监视，例如建立专门的危机管理团队、设置危机预警系统、制定相关的危机管理计划、对全体员工进行危机教育培训和处理危机的演习等。在反应阶段，当危机发生后，危机管理的决策者要确认危机的类型、影响范围等，同时及时进行处理，着手隔离危机，尽可能消除危机的负面影响。在危机管理的恢复阶段，组织的管理者要分析危机所产生的影响，制定危机恢复的相关计划，并需要尽快行动起来开展危机恢复工作，着力扩大危机中的机遇。

（三）诺曼·R. 奥古斯丁的危机管理六阶段模型

诺曼·R. 奥古斯丁提出过危机管理的六阶段模型，分别是危机的避免、准备、确认、控制、解决和获利。危机的避免其实是危机的预防工作。在危机发生前，组织的管理者要尽可能做准备，将风险降到最低，并对风险进行恰当的评估和控制。危机的准备包括组织的管理者需要制定相应计划，对组织内人员开展培训和演习，防止危机突然发生；在工作安排上，要尽可能细致，防止空喊口号和不具体落实的情况发生。危机的确认是一项重要而困难的工作。在危机发生时，组织的决策者需要根据信号和现象来推断危机是否已经发生；在确认危机发生后，要尽快确认危机的类型、来源、影响范围等因素。危机的控制要求组织的管理者在危机发生后及时做出反应，尽可能将危机带来的威胁降到最低，防止人、财、物损失的进一步扩大。危机的解决需要管理者采取相应措施，使组织转危为安，科学有效地解决危机，尽可能以最快的速度处理，防止危机进一步扩大带来更多的损失。危机的获利阶段也就是我们常说的把握危机中的机遇。组织的管理者要善于在危机管理中进行反思，在各个阶段寻找未来有助于组织成长的方法，弥补组织在危机中损失的重要资源，做好经验总结，为消除危机的隐患奠定一定的基础。

（四）薛澜等人提出的危机管理五阶段模型

中国清华大学的薛澜教授等人提出的危机管理五阶段理论包括：危机的预警准备、危机识别、危机隔离、危机管理、危机后处理。其中，危机的预警准备包括尽可能避免危机，要求组织在平时工作中形成危机管理的预案，建立起危机管理的系统，与全体员工进行模拟演习。在危机的识别阶段，关键问题是对信息的运用，尤其在当今信息化时代更应该通过科技手段对危机进行监测，通过对信息进行加工处理，筛选辨别出危机的前兆。在危机隔离阶段，组织要迅速采取对策来应对危机，不能对危机不管不顾，要迅速行动防止危机进一步蔓延，保证组织的机构在危机发生时也能尽可能开展工作，防止完全瘫痪的现象发生。在危机的管理阶段，组织的管理者要采取科学有效的方法，在较短时间内控制和管理危机。如果没有在黄金时间内采取及时有效的行动，那么危机可能会在短时间内造成更大的损失，对人民的生命财产安全造成严重威胁。在危机的后处理阶段，组织的决策者要尽可能消除危机留下的隐患，对危机的产生原因和发展过程进行反思，总结经验教训，防止同样的危机再次复发。

二、危机管理的阶段及策略

对于危机管理的一般阶段，包括在危机前进行预警和准备，在危机发生时进行确认和处理，在危机发生后进行恢复和善后。针对危机在三个时期六个阶段的不同表现，我们也需要做出应对危机的不同策略。

（一）危机前的管理

危机前的管理是为了在危机发生前采取必要措施对其进行预防。虽然危机防不胜防，但作为组织的管理者仍应该发挥主观能动性，积极地去预测和监控危机。危机前的管理具体包括两个阶段，分别是危机预警阶段和危机准备阶段。

1. 危机的预警阶段

危机的预警是对危机产生的预兆进行警告，以此引起组织决策者的重视。对危机进行预警工作，要建立危机预警系统和对危机进行预警分析。

（1）建立危机预警系统

建立危机预警系统，是为了在危机发生前能够采集到危机可能发生的信号和信息。危机的预警要准确、及时，危机预警系统要便捷、有效，方便管理者使用。一般来说，危机预警系统主要包括收集、加工、决策、警报、咨询五个部分。在收集系统中，要明确危机信息收集的范围，判别危机风险的分布。信息收集系统收集信息工作时要确定危机信息的需求情况，确定危机信息的来源，尽量选择可靠的信息源，可以从多种渠道获取信息来丰富信息量，使之具有代表性和多样性。但是在信息渠道的选择上，也要选择有效的渠道。可以采用直接或间接的方式获取信息，具体方式可以包括问卷调查、交流、实验、广播电视、互联网等，同时要将通过各类方式获得的信息进行合理分类并及时保存，方便使用。在信息传递过程中，要保证信息不会被过度加工，失去原本的真实性。因此，在建立收集子系统的过程中，要根据组织的特点选择合适的信息传递者，明确信息传递的程序。在危机信息加工系统中，主要需要完成的工作是针对收集到的危机信息进行整理和识别，加工系统需要将广泛复杂的危机信息进行整理，筛选出与组织相关的危机信息，排除无关、虚假、干扰信息，确保将真实的信息传递到决策端。在危机预警系统中，该系统主要的工作内容是判定是否发出危机信号以及确定该危机的级别。当系统认为危机信号已达到危机临界点时，应当发出信号，同时针对危机不同级别的划分，判断危机发生的严重程度，并根据其严重程度发布不同级别的预警信号。在危机信息发布的警报系统中，该系统面向的群体是组织内的管理者和广大公众。此系统需要通过采取有效措施，在短时间内向组织的决策者和可能受到危机威胁的群体公布警报信息，让其尽可能做好准备，减少或避免危机到来时的各种威胁。危机预警中的咨询系统是面向社会提供咨询的系统平台，目的是为了保证组织决策者在决策时尽可能科学专业。由于危机复杂多样，在进行决策时，依靠组织内部决策者的专业水平可能不足以解决问题，因此需要与社会其他资源进行合作，寻求更多专家学者的帮助，强化信息的沟通。

（2）对危机进行预警分析

对危机进行预警分析，主要包括对危机信息进行监测和获取。在危机信息收集完成之后，需要对危机信息通过科学的分析方法，研判、评估危机是否会发生以及危机如果发生。危机信息的收集要保证信息来源可靠真实，收集到的危机信息能够反映真实的危机情况，信息的表达也需要是正确的。收集到的信息要与危机事件处理的关联度较高，尽可能广泛全面，为危机预警分析的科学性提供保障。要尽可能保证危机信息的收集与危机的发生保持一定的同步性，让组织在预警分析时能够及时采集到需要的信息。在评判完成之后，需要及时上报预警信息，组织可以建立危机信息紧急汇报制度，方便让组织的决策者及时获知危机信息。在预警反应阶段，组织内的管理者或者是危机领导管理小组可以通过民主科学的方法收集建议、作出决策。政府和企业可以通过运用一定的程序来分析危机信息是否和以前发生的危机有类似之处，通过完善检查制度，尽可能消除危机的风险。

2. 危机的准备阶段

危机的准备阶段需要制定危机管理预案，组建危机管理小组和进行危机管理演习培训。

（1）制订危机管理预案

危机管理的预案是进行危机管理行动的方法指南。危机管理预案要求具有全面性、灵活性、系统性、普遍性的特点，要全面覆盖危机管理的全过程，同时，方案计划对于危机中产生的问题要能够灵活处理，具有系统性思维，能够普遍适用于大多数危机管理。预案要具有可操作性，在危机发生时，能够给任意管理者提供具体的处理办法。危机管理预案要制订得能够适应这样的情况：无论组织的管理者是否发生改变，新管理者都能使用此预案科学有效地处理危机。制订合理的危机管理预案要根据组织内部的资源实际考虑，不能完全照搬其他组织的危机管理预案；其他组织的危机管理预案只能提供一定的借鉴作用，不能完全满足组织内部的具体情况。同时，危机管理预案的制定要具体明确，保证组织内部员工可以有效操作实施。为了在危机管理预案真正应用时能够发挥出巨大作用，在制订时期就需要制订者具有一定的长远目光，并且要与时俱进，不断根据社会现实和外部形势变化做出及时的调整。危机管理预案要尽可能简明扼要，在条件允许的情况下，可以制作多份危机管理预案，以适应未来突发的各种危机。

（2）组建危机管理小组

作为组织的管理层，如果发现依靠个人力量无法完全应对危机，那么此时组织需要组建危机领导小组，发挥团队的力量进行危机管理。但危机管理领导小组需要具备简洁性、高效性的特点，不能过于冗杂，要能够在危机发生时有效、集中地做出决策，发挥其重要的管理职能。危机领导小组要注重内部的沟通协调，学会沟通，与媒体和外界交流合作。危机管理小组的组建是为了在危机发生时有一个高效的领导小组，控制危机管理的全过程，其小组成员需要对财务、市场、法律、公共关系都有较为深入的了解，一般要由组织内部的高层人员构成。其中，既要包含富有创造能力的谋划人才，又要包括能够与各方沟通协调的沟通型人才。不同的人员在危机领导小组内要发挥不同的作用。组建危机管理小组要充分考虑组织的实际情况，确定合适的人数和人员，充分发挥每一个小组成员的作用。

（3）进行危机管理演习培训

政府或企业进行危机管理的演习和培训教育是应对危机的有效办法。对危机管理的演习越真实、培训越深入，就会让组织内部人员对危机产生深刻的认识。当危机真正发生时，组织就不再会打无准备之仗，可以在短时间内提高危机管理的效率，极大地减少危机带来的损失。在演习和培训教育中，要注意培养全体人员的危机意识，居安思危，提升每一位员工的心理素质和实际处理危机事件的能力。要培养各部门之间的合作精神，重视危机，避免“温水煮青蛙”事件的发生。在演习开始前，要制订相应的演习计划。演习计划要明确演习进行的时间、地点、性质、持续时间、参与部门等信息。组织的管理者还要思考是否需要外部力量参与。要积极动员参与人员，尽可能模拟出真实情景。同时，要预先发出相关通知，使参与者对危机管理计划有所了解，尽量使危机演习能够与企业正常运转协调。分工角色并不需要与组织员工实际担任的角色相同，应该让他们体验多种角色，学会换位思考，为以后顺利合作奠定一定的基础。除了组织内部全体工作人员进行实地演练外，政府和企业对于危机预案的演习还可以通过程序演习来进行。程序演习包括专门针对危机领导小组的演练工作，通过贴近真实的演练，让危机管理小组内部工作人员的反应能力和执行能力都有显著提高，也可以通过真实的案例情景对组织内部人员模拟训练，使得组织内部的多数人员能够尽早熟悉危机管理的相关活动。在演习结束后，还要对演习效果进行评估，对演习结果进行总结。

（二）危机中的管理

危机中的管理是危机已经发生直到危机被完全解决的过程，它由两个阶段构成，分别是危机的确认阶段和危机的处理阶段。

1. 危机的确认阶段

危机的确认阶段指的是在危机信号反映给组织决策者时，组织决策者要对危机进行判断，根据已有的危机信号判定是否存在危机。危机的确认工作主要包括对危机信号进行初步识别，判断是否产生危机以及危机的程度和类型，将相应情况及时向危机领导小组或者危机管理者汇报。对于危机信息的确认，不仅需要精确的危机信号作为支撑信息，还需要组织管理者敏锐的判断力。在危机发生时，危机处理者常常会承受巨大的心理压力，容易做出失误决定，因此，成立危机管理领导小组，通过合作来明确危机是否产生是很有必要的。

无论是危机管理领导小组还是组织内的管理者，对危机进行确认工作一是要依据收集到的有关信息，确认危机是否已经发生，确认该信号反映的是或不是危机。二是要尽快确认危机的严重程度、影响范围、可能产生的后果。三是要对危机进行分类汇总，找出其产生的原因，对症下药，确认应对危机的决策方案。决策方案的确认需要包括对危机问题的发现和研究，找到危机事件中的关键性问题。同时，要确定决策目标，分清主次，将目标具体明确到具体部门，可以通过设置衡量指标来明确目标，达到快捷高效、集中力量解决危机的效果。确定决策目标之后要着手思考决策方案的拟定，所谓“条条大路通罗马”，对于任何一个危机事件都不会只有一种解决方案，但是我们要从众多解决方案中寻找最快捷、合理、科学的决策方案应用于危机。因此，需要决策者尽可能思考、选择、设计，在制订完方案之后，选择最能够接近决策目标的、能最快处理危机的方案，通过团体合作的能力，权衡利弊做出决策，付诸危机应对中。

2. 危机的处理阶段

在危机的处理阶段，最重要的任务是解决危机事件的根源性问题。在此阶段，还要不断调整此前预警决策中不完善的方案，防止危机蔓延，快速遏制危机。在危机处理阶段，具体可参考以下策略进行解决：

（1）成立危机领导管理小组

对于企业来说，危机领导管理小组的成员可以包括企业的领导、公关专业人士、生产销售与售后服务人员、律师、行政后勤人员和新闻发言人等。危机管理小组应有权调动组织内所有资源，向社会及时做出必要说明，可以邀请组织外部人员加入。危机领导管理小组要负责对危机事件进行决策，包括确认危机所面临的问题，认清危机发生的现实，不断完善决策方案并选择合适的方案执行。

（2）启动危机管理计划

根据调查显示，在发生危机后，企业被危机困扰的时间大概在八周左右，没有制定危机管理计划的公司被困扰的时间比制定危机管理计划的公司大约多出 2.5 倍。由此可以看出，组织的危机管理计划就像手电筒，可以在危机黑暗中提供重要方向。危机管理计划主要包括对危机事件进行界定，其中可以采取历史分析法和行业比对法，通过回顾过往历史及同行业间发生过的危机事件作出比较界定。要明确危机管理的目标和原则，清楚地认识到此次危机会给组织带来什么样的最坏结果，勇敢面对危机事件。作为组织的决策者，不能被突发的危机事件过度影响而失去理智，要勇于面对、冷静处理危机带来的各种问题。要尽可能掌握更多的信息资源，而信息资源也包括知识性资源和非知识性资源，这就要求组织的管理者在应对危机时能够有效运用多种信息资源。在处理危机事件时，要迅速果断进行决策。危机的发生往往是难以预见的，但危机的处理不能犹豫不决。危机管理计划中还要包括危机管理小组的相关信息，明确人员构成和对应职责。危机管理小组内部要进行有效联络沟通，还需要进行危机调查，包括确定危机事件中利益相关者的主要情况。对于企业来说，主要的利益相关者包括顾客、员工、股东、政府机构、大众媒体、供应商等，以及要明确危机对不同利益相关者的影响程度，以此做出下一步的具体安排。要对危机发展过程进行记录，这是为了在危机总结时能够有相关资料作为参考，采取适当的危机沟通策略，包括明确对外媒体的发言人和对内、对外沟通的相关方法。危机管理计划要充分利用外部资源，学会合作；分清主次矛盾，突出重点；制定不同的危机处理方法作为预备方案计划；要具体明确，同时也要具有弹性。

（三）危机后的管理

危机后的管理是在危机被完全控制后着手进行的恢复工作，同时也是对危机中的机遇成分进行扩大研究，总结经验教训的过程。危机后管理的目的是为未来危机发生时能够将威胁减到最小，能够更加科学及时地应对潜在危机。危机后的管理包括两个阶段，分别是危机的恢复阶段和危机的善后阶段。

1. 危机的恢复阶段

在危机被控制之后，组织管理者的首要工作是尽快挽回危机中的损失。危机管理工作并不单单是指对危机进行控制，还要对危机引发的损失进行恢复，需要认真调查危机事件发生的原因，需要评估危机造成的损失，包括组织内部的损失和其他利益相关者的损失。不管是政府还是企业的管理者，都需要吸取教训，对危机事件中受到损失的利益相关者进行补偿，重新构建组织的形象。对危机进行恢复管理，一般有以下程序：

（1）成立危机恢复小组

危机恢复小组与危机处理小组不同，在内部结构和人员配置上都存在一定的差异性。危机恢复小组一般不需要太多专业的危机管理人才，小组的人员分布需要从组织内各个部门产生，这样可以更直接了解到各部门的详细情况。

（2）收集危机处理信息

即使处于危机恢复阶段，也不能抛弃危机控制处理时所收集的信息。要由专业人士对处理危机的信息进行客观公正的评估，主要是要对人、财、物造成的损害程度进行客观界定，才能为危机恢复提供客观依据。

（3）制定危机恢复计划

危机的恢复计划一般需要包括对危机情况的简单介绍，含产生的原因、发展的过程、造成的影响、危机管理中已经采取的控制措施、取得的成效和后续结果等，同时，还需要确定危机恢复过程中的目标、过程执行者、预算效果等，要对危机恢复进行时空上的限制和要求。在危机恢复过程中，要注重沟通策略，包括对员工、组织、客户的不同沟通策略。危机恢复后要认真反思，吸取经验与教训，不仅要使组织尽可能恢复到危机前的水平，还要把握机会对组织进行新的建设与发展，提升组织应对危机的能力与水平。危机的恢复，可能需要对组织内部的人员结构和外部利益相关者的应对策略做出相应调整，处理相应责任人，在精神和物质层面都进行重建。

在对危机进行恢复的过程中，要注重以人为本。在危机管理中，要注重人的安全，在危机恢复过程中也要注意以人为先的原则。在危机的任何过程中，人是最基本也是最重要的组成要素，许多管理工作都与人的管理有密切联系。在危机恢复工作中，要注意到需要接受援助的人，要关注参与到危机恢复工作中的人。组织要尽快确定合适的恢复方案，确保冷静决策，在危机控制之后，尽快做出恢复反应，有重点的采取恢复行动，主动纠正危机中的错误，赔偿利益相关者的损失，积极与外部专家沟通合作，重视政府部门和社会其他组织的作用，达到顺利实施危机恢复计划的效果。

2. 危机的善后阶段

在危机的善后阶段，一般需要调查和总结。作为危机事件的最后结尾性工作，在此阶段，组织应该委托第三方权威机构对危机事件产生的原因进行深入调查，通过相对独立的第三方机构调查，寻找危机事件的诱因，可以较为清晰、公正地明确事件的责任主体，及时完善之前制订的危机预案，在未来遇到同类危机时，能够更加有效应对。危机的善后工作主要由调查工作和总结工作构成。

危机的调查工作一般是由独立于组织之外的权威机构担任，这样可以较好地保证对危机事件调查的公正公开。调查人员对危机成因、危害程度、处理措施、改进工作等情况展开分析调查，同时有权及时向新闻媒体公开，给予被调查对象舆论压力，让其能够接受社会公众的监督，并尽快完成改善工作。

危机的总结工作不只是最终性的，也可以在阶段性工作中有所体现。危机的总结需要客观性、完整性、准确性，可以从外部资源中邀请相关专家进行评价。通过总结，可以重新检视组织在管理中存在的问题，提高全体工作人员应对突发事件的意识，对组织内人员配置、运行机制进行改革，使其在未来发生危机时，能够具有较好的防范和处理能力。在总结中要学会沟通，要确保畅通的沟通渠道，注重与社会公众的情感沟通，实施持续沟通、双向沟通，树立全员危机公关的意识。

危机的发生不是失败，危机的成功管理却可以使组织迈向成功。危机管理的三个时期、六个阶段都影响着对危机的管理效果。作为组织的管理者，在组织运行的各个阶段，需要具备敏锐的危机意识，着手进行危机管理的相关工作，努力化危为机。

本章小结

在本章危机管理的学习中，我们需要首先了解危机的定义。危机是对组织在既定目标实现过程中产生威胁，并要求组织迅速进行决策管理的突发事件。危机具有突发性、传播性、紧迫性、双重性的特点。而危机管理则是对危机进行各方面的管理，是对危机事件进行预测、监控、处理的全过程。危机是客观存在的，危机管理也是客观存在的。危机中存在机遇，这是我们进行危机管理的必要性。掌握危机的分类有利于组织的管理者在应对危机时能够有效区分其内在的客观规律。危机管理是组织内部要素和外部要素综合运用实现的过程。组织领导者在进行危机管理时，要注意及时、优先、沟通、合作、科学和适度原则。危机管理一般主要有三个时期，六个阶段，分别是对危机发生前的预警和准备阶段，危机发生时的确认和处理阶段，危机发生后的恢复和善后阶段。在每一个阶段，组织的管理者都需要掌握相应的策略并进行管理。危机可以说自古就有，但是危机管理却产生于现代。作为组织的管理者，常常会因天灾人祸给组织带来的威胁而陷入烦恼，因此，学习危机管理，学会从容冷静地面对危机，是组织管理者的必修课。

案例讨论

案例一：乌鲁木齐“7.5”打砸抢烧事件①。

2009 年 7 月 5 日，在新疆乌鲁木齐发生了严重的打砸抢烧事件。此次事件死亡人数达 197 人，1680 人受伤，927 部车辆被毁，其中包括 190 部公交车。此次事件造成的直接经济损失高达 6895 万元。事后经过调查发现，此次事件是由境外敌对势力煽动、境内具体组织实施的严重暴力犯罪事件。

在当天发生严重打砸抢烧事件之后，乌鲁木齐市政府通过媒体第一时间对外发布信息，同时，在第一时间允许境外媒体到现场进行采访工作。7 月 6 日下午，新疆维吾尔自治区政府和乌鲁木齐市政府成立新闻中心，24 小时对境内外媒体记者开放，为新闻记者提供 50 余条网线，方便其发表新闻，其中包括 60 家境外媒体、80 家境内媒体。在新闻发布会上，打砸抢烧事件的现场图片同时向新闻媒体工作人员公布。同时，在 7 日下午，新疆维吾尔自治区党委书记王乐泉发表了电视讲话。

此次事件是新中国成立以来新疆历次事件中最严重、影响最恶劣的一次暴力犯罪事件。当地政府第一时间让世界了解了此次事件的严重后果和内幕真相，用事实表明，此次事件是境外分裂分子有组织、有预谋的犯罪行为，其罪恶行径令人发指。在事件发生后，为了防止危机进一步蔓延，有关部门暂时对乌鲁木齐市进行通信管制和交通管制，当地民众对这些特殊措施也表示理解。正是由于政府第一时间直言相告，赢得了公众的理解和支持，也为更好地处理危机事件，维护当地安全稳定奠定了基础。在事件发生后，各国媒体记者先后前往乌鲁木齐市进行采访报道，由于当时乌鲁木齐市互联网暂时无法访问，政府特意在专门地点设立网络中心，供新闻媒体记者使用。

国外媒体对中国政府此次处理暴力犯罪事件的做法表示了高度赞扬。《印度尼西亚商报》总编辑表示：“中国政府此次开放透明的做法值得称道，国际社会通过媒体看到中国政府采取的有效措施迅速平息了暴力事件，让世界看到事件背后的真相，会让更多人支持中国政府的做法。”美国全国广播公司的记者在现场报道中也表示，中国政府对媒体的处理方式显得更加熟练了。俄新网总编辑叶菲莫夫表示：“中国政府及时让境外媒体前往乌鲁木齐进行采访，这对外国记者进行报道很有帮助，展示出了中国在处理危机事件时的进步和开放。”俄罗斯科学院远东研究所副所长卢加宁在接受记者采访时表示：“当地政府开放采访通道并为采访工作提供各种便利，这显示出中国政府在应对暴力事件时的成熟与高效。”同时卢加宁也指出：“尽管中国政府为外国媒体的报道提供全面的帮助，但仍有西方媒体刻意歪曲事实，进行失实报道，违背职业道德。”

案例二：俄罗斯别斯兰人质事件。

2004 年 9 月 1 日，20 名车臣武装恐怖分子突然闯入别斯兰中学，使用事先密谋好的炸弹和武器，将参加开学典礼的 1200 名学生、家长和教师作为人质扣压起来与政府进行对峙。最终，此次事件造成 335 名人质死亡，包括 186 名未成年人，900 多人受伤，123

---

① 案例整理自桂维民著《应急管理十日谈》，中共中央学校出版社，2010 年，第 219 – 221 页。

人残疾。人质事件到9月3号基本结束。在事件开始到结束的50多个小时里，驻扎在俄罗斯的国际媒体争先恐后前往事件发生地报道此事。值得注意的是，此次俄罗斯别斯兰人质事件是国际史上最大规模的劫持人质事件之一，同时，由于它对未成年儿童进行了残忍的暴力犯罪，对国际社会心理的打击也是十分巨大的。

全球媒体记者在此次报告中进行了全方位、多手段的报道，在全球范围内引发了声讨恐怖分子的巨大舆论声潮，这是此次人质事件报道的可取之处。但同时，也存在着失控之处。由于准备不足，没有进行必要的新闻管制，使得许多新闻媒体记者在报道时争先恐后，甚至发生了受伤现象，影响了解救人质的行动。一些媒体记者甚至将重要信息对外公布，包括俄罗斯特种部队指挥部的位置和人质信息，被恐怖分子利用，使得解救人质的行动难度进一步加大。部分新闻记者对血腥场面和细节内容也进行了无限制的报道，不仅对军队机密信息产生威胁，其中的过多血腥场面对未成年人心理造成了巨大的伤害，最终导致部分青少年自杀，造成严重的后果。

案例分析：以上两则危机事件都是以政府为主体进行危机管理的案例。对于暴力恐怖事件，我们坚持零容忍态度，但也无法完全避免社会安全事件的产生。作为政府，在进行危机管理时更应该冷静思考、有效决策。政府的决策行为和处理方式往往会受到国际社会的高度关注。总结两则事件，我们可以看出，在重大社会安全事件发生后，政府很难阻止舆论新闻的传播，此时更应该从正面积极引导，不能瞒、拖、压，要积极面对媒体，与新闻媒体有效沟通，要会“说”、知道“说”什么、如何“说”，不断提高政府对外的沟通水平。

案例三：三鹿奶粉事件经过①。

2007年11月，浙江温州的消费者王远萍因女儿食用三鹿奶粉后患病，怀疑三鹿奶粉存在异常，向三鹿集团进行投诉。三鹿要求将奶粉送检，让代理商进行处理，但迟迟不愿意公布检验结果。2008年3月27日，王远萍向当地消费者协会进行投诉，消费者协会调解未果。5月21日，王远萍在网络发帖指责三鹿集团，后续与浙江三鹿总代理签约私了，三鹿收回四箱奶粉，天涯网也将该帖进行锁帖处理。6月，三鹿集团高层召开会议，要求专人负责排查、监管、沟通。

早在2008年3月初，全国多地已有婴儿患肾结石的病例报告，部分婴儿病情甚至已经恶化成肾功能不全。7月22日，新西兰恒天然公司也发现三鹿奶粉存在问题，并知会中方高层。由于各地出现多起婴幼儿因三鹿集团的奶粉患病病例，三鹿集团将奶粉送往河北进行检验，经过初步检测发现在奶粉中含有三聚氰胺。但三鹿集团对检验结果进行了保密处理，用“A物质”代称三聚氰胺，向石家庄政府进行请示，希望政府加强对媒体的管理和协调，让企业顺利召回问题产品。8月13日，三鹿召开会议，决定暂时封存部分库存产品，并通过调换的方式，将含有三聚氰胺的奶粉逐步撤出市场。8月底，卫生部专家到甘肃进行调查。9月，在卫生部回复甘肃省的报告中显示，经过专家的检验，系奶粉致病。9月8日，甘肃媒体爆料毒奶粉事件。9月10日，东方早报记者多方打听，得知此品牌是

① 此案例整理自众多媒体的报道资料。

三鹿，向三鹿集团传媒部进行求证，要求提供权威检验报告。9 月 11 日，东方早报记者发出的《甘肃 14 名婴儿疑喝三鹿奶粉致肾病》一文在网络上被大量转载传播；晚上 7 点，质检总局着手进行调查；9 月 11 日晚，新华网进行曝光，卫生部发布消息，怀疑三鹿牌奶粉受到三聚氰胺的污染。9 月 11 日早些时期，三鹿一直坚称患病婴幼儿与三鹿奶粉之间没有证据证明存在必然联系。直至当晚 21 点，迫于压力，三鹿宣布公司自检发现部分批次奶粉受到三聚氰胺污染，决定全部召回市场上该公司奶粉；实际三鹿集团早已通过调换方式收回了 8000 多吨奶粉，封存了 2000 多吨奶粉。

9 月 12 日，三鹿发布消息称此次事件是由于奶农向牛奶中掺入三聚氰胺所致。同日，甘肃省质检局发表声明称，未接受过三鹿集团的委托检验，同时，网络上流传出一封据说是三鹿公关公司的公关方案，要求安抚消费者，与百度签订广告合同，删除负面新闻，搜集竞争产品的负面新闻资料。9 月 12 日，河北省政府决定对三鹿集团立即停业整顿。9 月 13 日，党中央，国务院立即启动国家重大食品安全事故一级响应机制，对三鹿奶粉事件作出部署，成立应急处置小组。9 月 14 日，卫生部部长抵达兰州，对三鹿奶粉事件展开专题调研。9 月 15 日，甘肃省政府新闻办召开发布会称，此前死亡的两名婴幼儿与三鹿奶粉有关；9 月 15 日下午，河北省政府在新闻发布会上宣读公开信，向食用三鹿奶粉的患者及家属道歉。9 月 16 日起，国家质检总局（2018 年组建为国家市场监督管理总局）局长辞职，石家庄市委书记、市长等领导先后被免职。在此阶段，伊利、蒙牛等 20 多家企业 69 批次的奶粉中均被查出含有三聚氰胺有毒物质，行业危机全面爆发。9 月 17 日，三鹿集团主要责任人被刑事拘留。9 月 18 日，国务院决定废止食品质量免检制度。12 月，三鹿集团破产。次年 1 月，三鹿集团系列案件在法院进行一审宣判。

案例分析：三鹿奶粉事件不仅是三鹿集团的危机，更是整个奶制品行业的危机，最终成为全社会的危机。此次奶制品污染事件给政府机关带来了严重冲击，严重影响了中国在国际上的声誉，损害了我国产品的出口贸易。纵观此次危机事件，当事件发生初期，三鹿集团表现出一种不重视、不敏感，心存侥幸的态度，始终坚持利益至上，妄想长期隐瞒事实，缺乏企业的社会责任感，从未想过从根本上解决问题，对危机的决策从根本上是失败的。纵观世界，可以发现食品安全危机不仅是中国企业需面对的，也是世界各国需面对的。作为危机管理的主体，企业在涉及产品安全问题时，至少需要通过以下步骤进行危机管理：立即表明态度，坚持以人为本，联系利益相关者中的弱者，与弱者站在同一立场。同时，要全面收回问题产品，防止事态蔓延。主动配合第三方权威机构进行调查，承担应有责任，并采取相关措施做好新闻宣传引导工作。作为企业的负责人，在危机事件发生后，要停止观望，主动及时地应对危机，不要让迟疑和躲避最终毁了一个企业甚至一个行业。

课后作业

1. 搜集贵州瓮安“6 · 28”事件资料，并回答下列问题：

（1）贵州瓮安“6 · 28”事件说明了什么。

（2）分析贵州瓮安“6 · 28”事件发生的主要原因。

（3）如果你是当地政府领导，遇到群体性事件应如何处理。

2. 搜集湖北石首群体性事件资料，并回答下列问题：

（1）分析湖北石首群体性事件发生的主要原因。

（2）结合本次事件，分析在处理危机事件过程中，如何防范和应对谣言的传播。

（3）结合本次事件，思考在处置危机事件过程中，如何贯彻快速反应的原则。

评价（见下表）

评价表

属性	要点	自评			互评		
		好	一般	差	好	一般	差
理论知识	理解危机与危机管理的含义						
	了解危机管理的原则						
	掌握危机的类型与其表现形式						
	分析危机管理的阶段与应对策略						
技能水平	模拟对危机作出评估和决策						
	学会探寻危机发生的真正根源，掌握对不同性质危机的不同处理方式						
	能够依据危机管理相关知识拟定各种解决危机的行动方案，并学会选择实施						
情感态度	课前认真预习危机管理的相关内容，通过多种方式查询相关资料						
	课中认真听课、做笔记，积极回答老师所提问题						
	课后及时完成老师布置的作业，遇到难题积极寻找多种途径解决						

请在“自评”“互评”栏相应单元格打“√”，如实评价掌握程度。

第十二章　行政责任与伦理

学习目标

1. 理解行政责任的内涵；
2. 了解行政责任的作用；
3. 阐述责任控制机制的形成；
4. 了解行政管理者职业伦理的基本内容。

情境导入

情景一：2011 年 7 月 23 日晚上 8 点，在甬温线浙江温州市内，由北京南站驶出开往福州站的 D301 次列车与浙江杭州站驶出开往福州南站的 D315 次列车发生列车追尾事故，此次事故造成 40 人死亡、172 人受伤，直接经济损失约 1.9 亿元人民币。7 月 24 日，铁道部对此次事故负主要责任的上海铁路局局长、党委书记、副局长等主要领导都予以免职并进行调查；7 月 24 日晚上 10 点，铁道部在温州召开新闻发布会，向事故中遇难乘客及家属道歉。

情景二：2012 年 5 月 29 日中午，杭州司机吴斌在驾驶大客车途经沪宜高速公路时发生意外，当时突如其来的一块金属片穿透大客车挡风玻璃后刺进吴斌的腹部，吴斌为了大客车上 24 名乘客的安全，忍着剧痛将车平稳停靠在路边，让所有乘客安全下车，最终自己受伤瘫倒在驾驶座上，经过医院全力抢救，最终还是不幸离世。

第一节　行政责任

一、行政责任概述

（一）行政责任的内涵

对于“责任”的理解大多包含三层意思，一是分内的事情，二是个人和组织对于特定事件的产生、发展所需要承担的职责，三是没有做好分内的事情而应该承担的不利后果。在日常生活中，我们常常会听到与“责任”相关的另一个近义词——“义务”，两个词在一定程度上具有相同的含义，都表达出需要付出的利益，而这样的利益是由权力作为保障的；两者在本质上是统一的，都是人与社会的特殊关系。而行政责任则是责任的特殊形式，行政责任包括在工作岗位上所承担的角色义务，也包括行政人员自觉接受监督的行为，还包括行政组织和行政人员没有认真履行职责而应该承担的不利后果，在社会生活中常常表现为被批评和惩罚。行政责任的完整含义应该是以上三个方面的统一，行政组织内的行政人员在职责岗位上需要认真履行职责，否则就需要对此产生的不利后果负责。作为行政人员，需要将责任意识内化到内心之中，用信念作为支撑，而不能被动地接受责任，这样才能形成积极的行政责任。

（二）行政责任的作用

行政组织和行政人员的行政活动是以行政责任为基础而建立的，而行政责任是保障社会可以进行良性运行的有力工具。行政责任的作用主要体现在以下三个方面：

行政责任可以较大程度确保行政权力能够被正确运用，维护社会安全稳定和公民基本权益。行政责任的产生，使得行政组织和行政人员必须对自己所进行的行政活动负责。在法治社会的要求下，行政人员进行行政行为必须要在法律明确授权的情况下进行，行政责任将行政行为制度化，让行政人员有了清楚的权利和义务，明确了行政组织内不同人员的不同责任，有利于将行政权力运行得更规范、更有序。

行政责任的明确使得行政人员可以更好地履行行政管理工作，有利于提高行政人员在工作中的主观能动性和责任感，责任意识体现在行政人员进行行政活动的行为之中，使得每一个行政人员会用高度的责任感完成行政工作，行政工作的意义也从单纯的谋生手段变成了实现行政人员自我价值的途径。服务人民，在社会中奉献自己，也就成了行政人员的价值追求。

行政责任有利于让社会治理更和谐，因为将道德责任义务加入行政责任大整体之中，使得行政人员在履行行政责任时，不单单是靠上级要求和法律规范来保证，而是依靠最深沉、最持久的道德文化力量达到行政行为的效果。同时，行政组织和行政人员在管理社会时，也能让更多的人产生道德意识，进一步促进整个社会的和谐美好。

（三）行政责任体系的形成

在国家机构还没有产生之前，人类已经产生了责任意识；国家机构产生之后，出于行政机关管理国家的需要，才对行政人员的责任有了一定的要求。在近代以前，行政人员进行行政管理大部分是依靠政治统治活动，行政组织的行政行为有一种浓厚的强制性特点，这是由于行政管理的主体在当时往往是政权机关、宗教或宗族等组织。在当时的社会，行政工作是隶属于统治阶级的，目的是为统治阶级服务。工业革命之后，人类社会进入一个新的时代，逐渐确立了行政责任体系，而行政工作也开始具有独立特征。随着行政与社会治理中的一般活动逐渐分离，行政组织也逐渐产生法律责任问题，这是在西方契约精神的指导下产生的；用法律来规范行政行为，可以减少个人管理中产生的不确定性因素。最终，社会逐渐形成了行政责任和法律责任共同构成的行政责任体系。进入到现代社会，行政责任体系中加入了道德责任，这是此前对行政责任和法律责任所构成的社会治理模式的补充。行政责任体系主要由行政责任、法律责任和道德责任三种构成。行政责任产生于权力关系，它要求行政人员忠诚、负责地完成相应任务。行政责任主要存在于行政组织中，具体存在于行政人员身上。而法律责任存在于行政主体与客体之间，道德责任则是对行政责任和法律责任的补充和完善。由此可以看出，行政责任体系最后要依靠行政人员进行实现，要求他们将行政责任和法律责任向道德责任进行转换。

二、行政责任关系

（一）行政责任的基本内容

在一个完整的行政体系中，包含着对行政权力的划分、对行政机构的设置以及各种制度，同时它也是行政责任、法律责任和道德责任的有机统一。对于每一个行政组织而言，行政责任包括要遵守行政组织所在国的政治体制，遵守当地的法律规定，需要行政组织积极履行属于他们的职责，回应社会需要，履行社会责任。在行政组织的内部则要求，下级要服从上级的工作安排；行政人员的职责是要求对上级负责，行政人员的义务是要求对具体的工作任务承担责任。义务是根本，职责是手段。行政人员在工作中要切实履行义务，维护社会绝大多数人的共同利益。

行政人员的行政责任，其实就是其从事工作过程中的职业要求和相应义务。一般来说，行政人员的责任行为大致包括：遵守国家的政治体制，遵守所在国或者所在地区的宪法和法律法规。在进行行政活动过程中要自觉遵守法律规定，按照法律规范进行行政管理活动，履行法律规定的义务。在行政管理活动中，要坚持民主、发扬民主，无论是决策、管理还是监督活动中，都要广泛征求民意，倾听公众的意见，让公众有参与权和监督权。行政人员必须要忠于自己的国家和政府，遵守职业道德，认真履行国家政府所交办的各项任务，维护国家安全、社会稳定和公共利益。行政人员要带头维护政府的声誉，不能散布有损政府形象的言论和消息，不能带头进行反政府行为。在行政活动中，如果遇到矛盾，要通过合理途径解决，及时向上级汇报相关情况。在执行行政任务时，要服从上级安排，听从领导指挥，服从行政管理制度，确保行政活动的执行高效、准确。在行政工作中，要保持公正廉洁，不能从事营利性活动或者利用职权谋取私利、贪赃枉法。要坚持克己奉公，强化保密意识。由于行政人员在从事行政工作过程中会接触到国家和机关的各类机密信息，因此要严格按照保密制度要求，遵守保密纪律。坚持实事求是，在处理事件过程中要从实际出发，禁止弄虚作假。要积极学习科学文化知识，尤其是自身所处行政岗位上的知识技能，树立终身学习观念；只有不断进行学习，才能更好地适应工作需要，否则很容易被时代所淘汰。行政人员在进行行政工作过程中，要注意团结协作，尊重同事，服务公众，学会在团结协作中完成自己的行政工作。如果行政人员没有按要求完成以上的职业要求和相应义务，则需要承担相应的行政责任、法律责任和道德责任，包括被批评，被要求辞职，被行政处罚。如果情节严重，还会构成犯罪，届时需承担刑事责任。

（二）行政责任与行政职位

行政职位是指行政工作中的人员所担任的职务和岗位。行政人员所担任的行政职位与行政职责是紧密联系在一起的。担任的行政职位在行政组织和社会中的地位高低，决定了需要承担责任的大小。行政责任还是行政职位的调节因素，而且这个因素还在行政职位中处于关键性地位。行政责任与行政职位的联系，主要体现在行政人员的岗位上，有这个职位就有相应的责任需要承担，职和责是对应的关系。在现代社会，由于民主思想深入人心，行政权力常常受到法律和公民的限制。行政权力来源于公众，法律和公众会对权力进行相应约束，以防被滥用。对权力进行控制的有效方法就是将权利和责任分解，细化到具体的岗位和职务上，细分到每一个具体的行政环节。每一个在行政职位上的人员，必须接受其职位的对应责任。

行政责任的引入可以使得行政人员之间能够更好地配合。在行政责任引入之前，行政人员可能会出现“自扫门前雪”的态度，对岗位之外的事情漠不关心，一定程度上不利于行政组织内部的团结合作。行政责任中道德责任的引入，会使得行政人员减少推诿扯皮现象，树立起行政道德意识，这样有利于组织管理人员协调行政职位，完成组织内的行政工作。行政责任也是组织和公众监督行政人员进行行政活动的重要方法。行政工作人员是一个特殊的群体，其内部成员不仅是社会公民，又是政府公职人员，具有双重身份。当出现行政人员行使不符合其身份的行政行为时，行政领导可以对行政人员进行批评或惩罚。因此，行政责任的存在，不仅可以是行政组织和社会公众对行政人员的行为进行监督，还可以让行政人员自身受到警醒和约束，自己规范自己的行为，避免公权私用。

（三）行政责任与行政权力

行政责任与行政权力也有着非常紧密的关系，就是我们常常说的“权责一致”，这意味着有多少行政权力，就要承担多少行政责任，而行政人员承担行政责任必须赋予他相应的行政权力。如果行政权力大于行政责任，就会导致行政人员的权力不受制约和监督，最终产生腐败现象。如果行政责任大于行政权力，就会导致行政人员在进行行政活动时，没有足够的权力支撑其履行责任，最终无法完成行政工作。组织设置行政责任是为了行政人员能够规范行政权力，行政责任的发挥也离不开行政权力的运用。当行政责任与行政权力出现冲突时，行政人员需要依据道德责任和职业原则进行判断，选择最符合广大人民群众意愿的履责行为。

三、行政责任制度建设

（一）行政责任意识

行政责任意识简言之就是行政人员在履行职责时所具备的情感、态度和价值观，具体可以表现为仁爱意识、公正意识、实事求是意识、宽容意识和自律意识。

仁爱意识指的是行政人员在与他人交往时要具备友爱的品德，这是一种行政人员对同事、下级甚至是弱势群体的爱护和同情。中国古代伟大的教育家孔子认为，仁爱是一种理想的人格，也是孔子所提倡的儒家思想的核心。但仁爱与司马迁所说的“妇人之仁”无关，这是一种发自内心的真诚情感，是一种博爱的格局。对于行政人员来说，做到仁爱是他必须要履行的责任。具有仁爱意识可以使行政人员更加具备使命感和责任感，更愿意无怨无悔地付出自己的能力。“爱人”就是“仁”的精髓。行政人员具备仁爱意识，可以在行政工作中温暖自己和他人，有利于开展行政工作。一旦失去仁爱意识，行政人员就逐渐背离了行政责任，不符合社会和道德对行政人员的要求。行政人员培养仁爱意识，首先需要爱自己、爱自己身边的人，常存感恩之心，加强个人品格修养。

公正意识要求行政人员为人做事公平正直，没有偏私。公正意识是以全体人民的解放，每一个社会公民自由、平等权利的获得为前提的。在对待不同身份、性别、民族、信仰的人民群众时，行政人员必须要平等对待，办事公道。行政人员具备公正意识，可以让每一个社会成员相信诚实劳动可以获得应得的成果，进而充分调动自身积极性，参与社会建设，这样才能实现社会的可持续发展。如果社会公众因行政人员的不公产生负页情绪甚至是报复行为，会对社会经济发展产生不利影响，人与人之间的信任感降低，最终引发一系列社会问题。行政人员树立公正意识首先要在组织内部及个人家庭中树立公正思维，在与同事和下级交往中注重平等，互相帮助，在处理行政工作时要遵守社会普遍认同的行为规则，正确看待自身利益，尊重他人权利。

实事求是意识要求行政人员要脚踏实地地对待行政活动中发生的一切问题，禁止虚假和浮夸行为，要从实际出发。在行政工作中要坚持真理，即使真理与权力相冲突时，也不能违背自己的内心，要冷静、客观地观察客观实际，以求得正确的认识，不能在工作中为了迎合上司而弄虚作假。只有树立实事求是的态度，才能完成作为一个行政人员自身的行政任务。

宽容意识也是每一个行政人员需要具备的意识，宽容代表的是对他人的忍耐和宽厚，是对于他人应该持有的耐心和客观态度。在开展行政工作时，要学会倾听，对下级和社会公众常常要抱有一种宽容的心态，这样有利于行政工作的开展。当今社会是一个多元化、差异化的社会，行政人员在工作时常常会遇到形形色色的人，对于一些小事要学会不计较、不追究，尽可能包容他人，但这不意味着无底线的原谅。宽容是一种良好的心态和崇高的境界，行政人员在进行工作时，要顾全大局，以工作为首要，不能过分拘泥个人利益，在尊重他人的基础上，要学会多一些宽容。纪伯伦曾经说过："一个伟大的人有两颗心，一颗心流血，一颗心宽容。"行政人员要把宽容作为自己应具备的品格素养来培育。

自律意识就是行政人员要对自己的行为进行自我约束。行政人员在实现个人价值目标的过程中，需要自律。作为行政人员，要严格要求自己，树立自律意识，心存敬畏，这是保证一名行政人员廉洁公正的必要条件。千里之堤，毁于蚁穴，如果放松了对自己的要求，那么不正之风就会有机可乘；要拒绝不良诱惑的腐蚀，坚持高尚的精神追求。每一个行政人员都要从小事做起，常怀律己之心，理性地对待自我、支配自我，这样才能在行政工作中取得良好的效果。

（二）行政责任制度

行政责任制度根据行政人员在行政工作中需要承担的责任有三种基本类型，分别是无限责任制、无责任制和有限责任制。

无限责任制主要是指行政人员在行政活动中要对自己的行为承担所有责任，由自己承担行为所带来的收益或损失。无限责任制可以让行政人员提高自己的主观能动性，更积极地去对待工作。但由于无限责任制的特殊性，世界上许多国家在采用无限责任制时，往往应用的范围不广，因为行政人员代表行政组织进行行政工作，在工作中产生的收益或损失实际无法由行政人员一人获得或承担，无论行政工作取得收益或是遭受损失，都与行政组织有着密切的关系。因此，无限责任制往往应用在行政人员的某些具体事例上，应用范围并不广泛。

无责任制与无限责任制完全相反，它主要指行政人员在行政活动中对自己的行为不承担任何责任。这种责任制可以保证行政人员最大限度行使自己的权力，而且权力的行使有相当大的自由度。无责任制对于外交人员的应用较多，这可保证外交人员在进行外事活动中有较大的自由度，可以随机应变行使权力。但总体来说，无责任制在现代社会的应用较少，对于行政人员身份上的应用往往受到很大的限制。

有限责任制是对无限责任制和无责任制的综合。有限责任制指行政人员在从事行政活动中，只对自己行为的结果承担部分责任，对行政行为造成的损失或者是获得的收益也只承担部分责任。有限责任制在世界各国行政组织中都得到了普遍应用，主要是因为有限责任制既能发挥行政人员的优点和长处，让他们更加自由地为社会创造效益，同时也能为他们抵御一定的风险，在实际运用中较为合理。如果需要进行损失赔偿，有限责任制将会考虑行政人员的过错程度和赔偿能力，因此它在各国都有着广泛的运用。但有限责任制同样需要外部力量进行监督，避免因为个人责任与社会损失相差过大情况下赔偿的不公平。

（三）行政责任意识向行政责任制度的转化

行政责任意识向行政责任制度的转化是非常有必要的。行政人员具备良好的行政意识，可以有效地开展行政工作。在现实实践中，行政责任意识与行政责任制度是对立统一的。行政人员所具备的行政责任意识不会凭空产生，它是由外部的行政责任制度潜移默化影响产生的，而行政责任制度也需要行政责任意识进行对应。在行政组织中，由于行政活动的多元性和差异性，每个部门所处理的行政工作并不相同，如果完全依靠行政人员的行政责任意识，难以形成高效科学的行政体系，行政责任制度在此时就可以进行监督提醒不断规范行政人员的价值取向。因此，在行政管理中，进行行政责任制度建设是非常关键的步骤。

加强行政责任制度建设可以通过树立行政人员信仰的方式进行。行政人员的道德责任感是行政责任制度建设的关键。要培养行政人员高尚的道德、为人民服务的意识，将为人民服务的信念作为崇高的价值追求，并以实际行动不断实现这一目标。最终达到自觉主动地规范自己的行为，将"为人民服务"内化于心、外化于行。同时，在制度建设过程中，要保障制度本身也具有道德化的特征，重视宣传，培养行政人员的道德素质，让公众积极参与监督行政人员，让新闻媒体发挥规范有效的舆论监督作用，共同促进行政责任制度的建设与发展。

第二节　责任控制机制

责任控制机制就是要求行政人员在行政组织中保持负责任的行为，有效建立责任控制机制，至少要将先进的行政文化作为保障、明晰的行政责任监督体系作为依托、完备的法律体系作为根本手段、广泛的群众参与作为实现基础。

一、先进的行政文化

行政文化包括行政心理、行政理念、行政思想等因素。从狭义上来理解，行政意识形态就是行政文化，它产生于行政人员的行政行为之中，反映着行政组织的精神状态。行政文化常常具有历史性、民族性、稳定性、动态性和科学性的特征。历史上的传统行政文化影响着当代行政文化，其中传统行政文化中积极的部分也被现代行政文化所吸收。各个国家民族由于区位特点、风俗习惯、文化差异，其行政文化也不相同。行政文化在较长的一段时间内不会发生较大改变，具有一定的稳定性；但是也不是亘古不变的，会根据时代的发展和社会的进步不断更新。行政文化也具备科学性。行政组织需要通过合理分工，重视现代信息技术的运用，提高行政效率。先进的行政文化需要包括服务性、法治性、责任性、廉洁性特征。新时代行政组织的责任控制机制可以从以下四个方面进行：

（一）服务型行政文化

作为行政组织，面对的最广泛群体就是社会公众，服务型行政文化影响着行政组织的发展。作为行政组织，要想提升自身的行政服务文化，要坚持全心全意为人民服务这个最根本原则，将为人民服务的原则贯彻落实到行政组织行政活动中的各个过程，坚持以人为本。在行政活动中，行政人员要时刻站在人民的角度思考问题。作为政府，要最大限度改善人民群众的生活，作为企业，也要尽可能改善员工的生活，在实现经济发展的基础上不断服务人民群众。行政组织在进行行政活动时，可以减少不必要的审批事项，整合相应资源，方便人民群众办理相关事宜。行政组织可以推行一站式服务，完善网上行政办事大厅，让人民群众在办理事项过程中尽可能少跑或不跑，要提供一条龙服务。同时，还要不断强化基础设施建设，包括行政组织内部的基础性公共物品，这是向外展示行政文化的重要途径。行政组织要不断坚持为民服务，提高行政效率，这样才能打造服务型行政组织。

（二）法治型行政文化

行政组织要不断加强法治宣传的力度，为组织内部行政人员搭建法治实践平台，严肃处理行政人员的违法行为，努力增强行政人员的法治观念，提升行政能力。行政组织内部的行政人员可以通过多种渠道、多种形式的法治培训提升法治素养，进而提升行政组织的法治文化。行政组织可以为行政人员多开展法治宣讲报告会，提升行政人员在具体行政工作中知法、懂法、用法的能力，组织开展法治活动。可以利用新媒体平台，寓教于乐，进行实时互动，不断提升行政组织法治文化的时代性和时效性。

（三）责任型行政文化

责任型行政文化源于责任型行政组织的建设实践，它表现出了对社会公众和社会负责的特点。在行政组织日常开展的行政工作会议中，要重视培养行政人员的责任观念，积极引导行政人员成为有责任感的合格人员。行政人员必须热切回应社会公众的基本要求，积极履行社会义务和责任，对自己的行政行为要承担法律上、行政上和道德上的责任。在行政组织内部，要形成敬业风气，各层级行政人员都要认识到责任的重要性，努力提升行政组织的责任文化建设。

（四）廉洁型行政文化

行政人员必须坚守廉洁思想。行政组织的各级各部门要重视对行政人员的廉洁教育。行政组织要不断加强廉政教育活动。无论身处于哪一个行政岗位，行政人员都要时刻记住纪律和规矩，坚守底线，时刻保持敬畏之心。行政人员为人做事要公道正派；行政组织要按期开展主题党日活动，开展“不忘初心，牢记使命”主题教育活动，创造风清气正的行政生态环境，努力打造一个廉洁型组织。

二、明晰的行政责任监督体系

建立明确清晰的行政责任监督体系，是为了尽可能保证行政组织及行政人员的行政行为符合规范。这一体系主要包括外部监督体系和内部监督体系。

（一）外部监督体系

外部监督体系包括立法监督、司法监督、政党监督、社会力量监督。在我国，行政组织和行政人员受到国家立法机关的立法监督，具体是全国人民代表大会和地方各级人民代表大会对行政机关行使审查权、罢免权、质询权、检查权，地方各级人民代表大会有权审批地方政府国民经济社会发展计划，有权罢免行政机关工作人员，及时了解并监督行政组织的行政行为，接受人民群众对行政机关的批评和控告，以便有效进行监督。

司法监督指司法机关对行政组织和行政人员进行监督。一般来说，司法机关指法院和检察机关。法院可以审理各类案件，对行政组织和行政人员的失责问题进行追究；检察院则作为法律监督机关，保证公安机关执法活动和法院审判的合法性。司法监督对于行政工作的监督具有重要作用。

西方国家存在两党执政或多党执政的政治体制，此时政党监督也是对于行政组织内部行政人员进行监督的有效方式。通常，政党可以采用舆论武器或议会等机构，对行政组织进行监督。在我国，由于执政党是中国共产党，我国的政党监督主要是中国共产党的监督，同时也包括其他民主党派的监督。我国政党监督的具体表现形式是通过各级党组织对行政机构在工作中存在的问题进行整改，同时督促各级党组织内的党员遵守党纪国法，加强自律意识。除了各级党委的日常监督，党的纪检部门还将进行专门监督，对行政组织内的党员违法乱纪行为进行处理。我国的政党监督中还包括信访监督，通过设置各级信访监督部门，接受广大社会公众的来信，对信访工作中涉及的违法问题进行调查核实。

外部监督体系中还有社会力量的监督。社会力量的监督是通过社会各界群众对行政机关及行政人员进行的监督，人民群众的监督也是行政监督的重要方法。人民团体可以向行政组织提出询问、批评和建议，发表自己的合理看法，行政组织应该认真对待人民群众所提出的问题，给予积极答复，不能推诿扯皮、回避不谈。这不仅是有效进行行政监督的途径，还是提高人民群众参政议政积极性的重要方法。人民群众如果发现行政组织或行政人员存在违法乱纪行为，可以向监督机构进行举报和控告。各人民团体也可以通过广播、网络等新闻媒体，揭露行政机关及行政人员的违法乱纪问题，形成有效的社会舆论监督力量，防止行政人员进行行政活动时滥用权力。但是在监督过程中，要注意有理有据，不能报复、诽谤行政机关及工作人员。

（二）内部监督体系

行政组织的内部监督体系主要是由一般监督、行政监察、审计监督构成。其中，一般监督主要指行政组织内部上下级之间监督，既包括上级对下级进行行政工作的管理监督，也包括下级对上级的违法行为进行控告。对于行政部门而言，则是上级主管部门对下级具体工作部门的监督，行政组织的职能部门对主管工作的具体部门也可以进行工作监督。这既包括平行部门，也包括下级部门。

行政监察是行政系统内部设立的监察机关，用于对组织内部的行政工作进行全面监督。行政监察机关的主要任务是检查行政组织内的行政工作人员是否贯彻实施国家法律法规，处理行政人员违反法律法规的行为，受理社会公众或个人对行政人员的检举。

审计监督是国家设立专门的审计部门，对行政组织的财务收支情况进行审核和稽查。审计监督的目的是为了加强对各级行政机关和企业的经济管理水平，维护经济秩序，将行政部门的财务活动纳入法制轨道。严格进行审计监督可以有效打击经济犯罪活动，提醒行政人员在涉及经济活动时要严格遵守法律法规和党纪国法。

三、完备的行政责任法律体系

建立健全完善的行政责任法律体系，是保证行政组织能够实现行政目标的根本手段。这不仅意味着对行政组织内部的行政人员行使的权力有了限制依据，还意味着广大人民群众有了法律保障的权利。如果没有行政责任法律体系作为根本手段进行保证，那么我们所倡导的行政责任就会形同虚设。

在当今法治思维深入人心的社会，各国政府都颁布了一系列法律法规来保障行政责任的实现。但是随着时代的发展和社会的进步，法律法规之间可能存在不合理甚至是矛盾的地方。这就要求立法部门要完善行政责任法律体系，对现有的行政责任法律法规要进行全面整合，坚决消除法律法规之间相互矛盾的情况，提高法律法规在行政组织中的适应性。行政授权要坚持权责一致的原则，授予行政部门或行政人员相应的权力，同时也要其承担相应的责任，并且应该逐步增加对行政责任具体说明的法律法规，以便让行政组织和行政人员清楚了解自己所获得的权力、权力的范围、权力的行使和所承担的相应责任，还要严格明确对于行政责任追责的法律程序。如果行政人员受到行政处分，需要追究相应的行政责任。要依法严格办理，让行政组织和所有行政人员都能够信服。法律要对追责的方式和步骤作出明确的规定，以免到时出现无法追责的情况，影响行政组织的公信力。

四、广泛的群众参与

广泛的群众参与也是责任控制机制的重要组成部分。当今世界，各个国家都在倡导民主理念。在行政活动中，民主的价值理念必然也不可缺少。行政组织要想科学有效地完成行政活动，离不开广大社会公众的参与。在行政活动中，正是由于社会广大公众的参与和监督，行政部门和行政人员更加认真地对待自己的权力。行政组织在进行行政活动时常常涉及公共利益，公共利益与社会公民息息相关，因此行政组织需要让社会公众平等参与社会事务。为了能够构建畅通的民主渠道，行政组织需要建立良好的沟通机制，让社会群众能够清晰地了解相关的行政信息，通过媒体的宣传和教育，动员广大群众参与到公共事务的治理中去。同时行政组织还要保障社会群众的相应权利，保障其知情权、参与权和监督权，并不断提升广大群众的参与水平。行政活动不能单靠行政部门完成，而要发动广大群众，依靠广大群众。这样的行政活动才更具有生命力。在涉及公共事务的行政活动中，有许多都是由社会大众所创造的。引导群众参与相应活动，不仅可以获得群众的认同，还可以高效完成行政工作。

第三节　行政管理者的职业伦理

一、行政管理者职业伦理的含义

行政管理者的职业伦理，是指在行政管理活动中行政管理人员需要具备的行为规范及道德观念，它区别于一般的社会伦理。行政管理者的职业伦理是行政行业内部形成的价值取向，反映了行政组织所蕴含的价值与精神。行政管理者的职业伦理是基于行政活动而产生的。该职业伦理要求每一个行政管理者都需要按照相应的伦理规则去约束自己的言行，以实现行政人员的相应职责。

二、行政管理者的职业伦理

（一）维护公平与正义

公平正义是社会生活中常常听到的一个词语，它是人类群体活动中必不可少的伦理精神。在社会生活中的利益分配问题上，常常会出现公平问题。公平是人类的永恒追求。在行政管理中维护公平，有利于社会秩序的稳定，有利于增加社会凝聚力和行政组织的权威性。而正义感常常是许多美德的基础和支撑。在行政管理活动中，正义是贯穿始终的，正义的存在可以使社会稳定发展。社会生活中，人们的需求具有复杂性和差异性，尤其在利益活动面前，个人和群体之间往往会发生矛盾与冲突，而这时候也更需要富有正义感的个人和群体对利益纠纷进行调解，通过与不正义的人和事进行不断斗争，才能不断促进生产力的解放，促进社会的发展。在行政管理中，公平正义是行政管理者必须重视的职业伦理之一。行政活动的权力来自人民，行政权力属于公共权力，行政管理的理念决定了它的公平正义性。在行政管理中，行政组织不能将权力私有化。在追求公共利益过程中，行政组织内的行政人员只能获得合法范围内的自身利益。行政管理者不能为了满足私利，利用公共权力获取公共资源，在行政活动中要平等地对待社会全体成员。行政管理者实现公平正义，需要处理好公共利益与多数人利益的关系，处理好公共利益与私人利益的关系。

行政管理者维护公平正义是通过具体的行政活动来体现的。所有的行政组织和行政人员，都应该站在没有偏私和歧视的立场上分配社会利益，不能因为公民的地位、性别、收入等差异而导致区别对待。行政管理者在进行行政活动时，所做出的任何决策，都应该是出于对公平和正义的思考。公平正义应该成为行政管理者永远追求的价值目标和职业伦理。

（二）坚守忠诚

忠诚自古以来都是为人们所称赞的优良品质。忠诚对于行政管理者来说是应该遵守的基本要求。无论身处何种行政岗位，都要忠于国家、忠于人民。行政工作人员作为行政权力的执行者，只有保证自身忠诚，才能认真推进各项行政工作顺利开展。行政管理者要忠于宪法和法律。宪法是国家的根本大法。行政管理者在进行行政工作时，必须要维护宪法和法律的尊严，自觉遵守国家的各项法律法规，并与违反法律的行为坚决斗争。行政管理者职业伦理中的忠诚表现出的是对行政事业真诚、无保留的精神。忠诚不仅是行政管理者自身发展的前提，也是有效保证行政组织高效运行的必要条件，更是实现广大人民群众利益最大化的有力保障。

行政管理者践行忠诚意识，是对行政事业的认可，由正确的价值观所引导的忠诚意识也能使行政组织内部更具有凝聚力。忠诚并不是消极的、无条件的服从，而是一种具备理性的选择。忠诚是一种与时俱进的精神，在中西方几千年的社会变革与历史发展中，始终与社会同发展，在当今社会仍然具有活力。作为行政管理者，树立忠诚意识需要涉及服从。行政管理者需要服从于行政组织，服从于某种权威。在行政部门内部，下级需要对上级服从，这是确保行政工作能够实施的基本条件，也是行政组织权力的来源。但服从并不意味着盲从。盲从是不分善恶的顺应，在行政工作中具体就是对权威的迷信和崇拜。行政管理者需要理性的服从，这与盲从相反，理性的服从是我们所追求的忠诚表现。

（三）保持廉洁

廉洁是行政管理工作的基本职业道德。作为行政管理人员，必须清正廉洁，不能追求物质享受。在行政活动中要不怕辛苦，时刻在头脑中保持清醒认识，树立廉洁光荣的意识，深刻理解廉洁的含义及意义。作为行政管理人员，不能接受与行政组织存在利益关系的部门或个人的不正当利益。每一位行政人员在行政活动中都要严格管理自身行为，保证行政活动始终廉洁高效。作为行政管理人员，在行政活动中要认清自己的位置、找准做事的方向，不断加强学习，提高个人思想觉悟，提升个人防腐意识。行政组织内部同事之间要相互帮助，相互学习，共同坚守信念。

（四）担当责任

在民主政治时代，责任意识是一种重要的价值理念。作为行政管理者，更应该树立责任意识。作为行政工作人员，尤其是行政管理者，组织和法律常常赋予了其多种职责和权力；通常权力越大，责任也就越大。因此，行政管理者在行使自己的行政权力时要慎重。作为行政管理人员，在日常的行政工作中，除了需要承担的政治责任外，行政管理者还要履行好管理职责，提高管理效率，将行政组织内部管理好，同时不断提高自身的社会责任感，自觉履行应该承担的责任。

（五）爱岗敬业

爱岗敬业是行政管理人员出于对所从事行政工作的尊敬和热爱所达到的境界。爱岗敬业的核心是奉献。行政管理者爱岗敬业的具体表现，就是在行政工作中高度负责，不单单把职业当作谋生的手段，而是将其视为自己的事业，愿意努力奋斗。行政管理者在工作中不应计较个人得失，要以大局为出发点，在行政工作中要任劳任怨，服务社会和公众，在行政工作中具有远大的职业理想，热爱行政工作，有强烈的责任心和事业心，勤勉尽责，大公无私。

（六）服务协调

行政管理者应该具备服务意识和协调能力，这是对新时代行政组织的要求。行政组织应该服务广大人民群众，无论是企业还是政府，都应该坚持以人为本，并将此原则贯彻落实到各项工作中去。行政组织内部要自发产生服务意识和协调意识。行政管理者学会协调，可以促进行政组织内部目标的实现。学会协调有利于处理内部各种关系和问题，可以让行政工作人员在行政活动中尽可能沟通共享信息资源，加强合作，防止出现内耗等不利情况。

三、行政管理者职业伦理的功能

行政管理者的职业伦理不同于一般的社会道德，职业伦理对行政管理者的思想道德具有重要的提升作用。行政管理者的职业伦理在被个人所理解的过程中会潜移默化地影响行政管理者的自我认识，影响其行为选择。因此，行政管理者的职业伦理对其本身具有教育塑造的功能。行政管理者的职业伦理还具有评价引导的职能，可以引导行政管理者在行政工作中严格按照工作规范开展行政活动，对于其行政行为有积极的评价引导功能。行政管理者的职业伦理还可以对行政管理人员进行内部调节，达到增加行政组织凝聚力的良好效果，保障行政组织平稳运行，提升行政组织的工作水平。因此，行政管理者的职业伦理还具有调节保障的功能。

本章小结

行政责任是行政工作人员在行政岗位上需要承担的义务，以及由于行政人员没有履行职责而受到的惩罚。行政责任是行政人员进行行政活动的基础，行政责任可以激发行政工作人员的事业心，将其与行政职业融合在一起。其中，行政责任体系包括行政责任、法律责任和道德责任，行政责任与行政职位和行政权力之间既有不同，又有着紧密的联系。进行行政责任制度建设，首先要培养行政责任意识，而行政责任意识包括行政工作人员在履行职责时具备的仁爱意识、公正意识、实事求是意识、宽容意识和自律意识。行政管理者要努力将行政责任意识向行政责任制度转化。行政组织有效实现行政责任。需要责任控制机制，而行政责任控制机制需要先进的行政文化作为保障，明晰的行政责任监督体系作为依托，完备的法律体系作为根本手段，广泛的群众参与作为实现基础。行政管理者在行政活动中还需要具备职业伦理，包括维护公平与正义、坚守忠诚、保持廉洁、担当责任、爱岗敬业和服务协调社会大众。行政管理者的职业伦理，对行政管理者自身也有着积极的促进作用。

案例讨论

2001 年 12 月 24 日晚上，位于辽宁省庄河市境内的一辆轿车与货车迎面相撞，轿车驾驶员在车内安全情况不明。庄河市交警大队紧急赶到现场开展营救行动，交警救援人员先后尝试使用绳子、撬杠、铁锹将门打开，但是都没有成功，此时驾驶员已经在车内严重受伤被困长达两个小时。在迫不得已的情况下，交警决定用气焊割门营救驾驶员，同时为了防止起火，又准备了灭火器。当车门即将被割开时，气焊产生的火星将车内漏出的汽油点燃，而灭火器一时无法将凶猛的火势扑灭。虽然交警奋力将驾驶员救出，送往医院救治，但最终驾驶员因伤势过重而不治身亡。驾驶员的家人认为，正是由于交警切割车门导致轿车烧毁，使得伤者不治身亡。他们向法院提起诉讼，要求交警大队赔偿相应的损失。交警大队认为营救伤者的生命是当时的突发情况中第一应该考虑的要素；如果车门打不开，就放弃了救人，这是严重失职。

案例分析：在本案例中，我们需要思考交警是否履行了其行政职责。当人的生命安全与财产安全发生冲突时，交警及时出警营救伤者，始终把人的生命安全放在第一位，这是毫无争议的。因此在本案例中，交警很好地履行了其行政责任。在日常生活中，常常会遇到人的生命安全与财产安全不可兼顾的情况，作为行政管理者和行政工作人员，在这种情况下，应该坚持行政责任意识和行政管理者的职业伦理，始终以人为本，做出合理的行为选择。

课后作业

1. 简述行政责任的内涵和作用。
2. 简述行政责任意识的具体内容。

3. 论述如何建立并完善行政责任控制机制。
4. 论述行政管理者的职业伦理。

评价（见下表）

评价表

属性	要点	自评			互评		
		好	一般	差	好	一般	差
理论知识	理解行政责任的内涵						
	了解行政责任的作用						
	阐述责任控制机制的形成						
	了解行政管理者职业伦理的基本内容						
技能水平	模拟对是否承担行政责任作出评价						
	掌握对责任控制机制的不同评价方式						
	能够依据行政责任与伦理相关知识拟定解决不同行政伦理问题的方案						
情感态度	课前认真预习行政责任与伦理的相关内容，通过多种方式查询相关资料						
	课中认真听课、做笔记，积极回答老师所提问题						
	课后及时完成老师布置的作业，遇到难题积极寻找多种途径解决						

请在“自评”“互评”栏内相应单元格打“√”，如实评价掌握程度。

参考文献

图书：

[1]（澳）罗伯特·希斯．危机管理［M］．王成等译．北京：中信出版社，2001.

[2] Hermann，Charles Fed. International Crisis：Insights From Behavioral Research. New York：Free Press，1972.

[3] 全国干部培训教材编审指导委员会．突发事件应急管理［M］．北京：人民出版社，2011.

[4] 桂维民．应急管理十日谈［M］．北京：中共中央党校出版社，2010.

[5] 财政部会计资格评价中心．中级会计实务［M］．北京：经济科学出版社，2019.

[6] 储一昀，谢国新．财务报告［M］．北京：航空工业出版社，1993.

[7] 夏书章．行政管理学［M］．广州：中山大学出版社，2018.

[8] 安仲文，高丹．行政管理学（第2版）［M］．沈阳：东北财经大学出版社，2013.

[9]（美）F. E. 卡斯特，J. E. 罗森茨韦克．组织与管理［M］．李注流译．北京：中国社会科学出版社，1985.

[10] 崔守航，翟明清．行政管理学［M］．郑州：黄河水利出版社，2005.

[11] 尹钢，梁丽芝．行政组织学［M］．北京：北京大学出版社，2005.

[12] 张国庆．行政管理中的组织人事与决策［M］．北京：北京大学出版社，1990.

[13] 袁峰．现代行政管理：领导与决策［M］．上海：上海社会科学院出版社，2005.

[14] 胡冶岩．行政领导［M］．北京：国家行政学院出版社，2012.

[15] 朱立言，李国梁．行政领导学（第3版）［M］．北京：中国人民大学出版社，2015.

[16] 张建新，陆新文．行政管理学［M］．北京：中国农业大学出版社，2010.

[17] 潘颖，周洁，付红梅．人力资源管理［M］．成都：电子科技大学出版社，2020.

[18] 刘燕，曹会勇．人力资源管理［M］．北京：北京理工大学出版社，2019.

[19] 唐志红．公共部门人力资源管理［M］．成都：西南交通大学出版社，2017.

[20] 祁雄，刘雪飞，肖东．人力资源管理实务［M］．北京：北京理工大学出版社，2019.

[21] 钟凯．人力资源管理实务［M］．北京：北京理工大学出版社，2017.

[22] 郦巍铭．现代人力资源管理［M］．杭州：浙江大学出版社，2017.

[23] 张健东，钱坤，谷力群．人力资源管理理论与实务［M］．北京：中国纺织出

版社，2018.
［24］杨红英．人力资源开发与管理［M］．昆明：云南大学出版社，2014.
［25］牛小华，孙延敏．人力资源管理简明教程［M］．上海交通大学出版社，2017.
［26］孔冬．人力资源管理本土化案例集［M］．上海财经大学出版社，2017.
［27］张利勇，杨美蓉，林萃萃．人力资源管理与行政工作［M］．长春：吉林人民出版社，2021.
［28］赵晓红，臧钧菁，刘志韧．行政管理与人力资源发展研究［M］．长春：吉林人民出版社，2021.
［29］郑芳．资深 HR 手把手教你做招聘管理［M］．天津：天津科学技术出版社，2018.
［30］冯宝珠，佟立金．资深 HR 教你人力资源管理实操：从入门到精通［M］．广州：广东人民出版社，2019.
［31］宋艳红．员工招聘与配置［M］．北京：北京理工大学出版社，2018.
［32］王贵军．招聘与录用（第 5 版）［M］．沈阳：东北财经大学出版社，2021.
［33］吕凤亚．招聘与录用实务教程［M］．上海：上海交通大学出版社，2019.
［34］葛玉辉．招聘与录用管理实务［M］．北京：清华大学出版社，2019.
［35］杨光瑶．企业绩效精细化管理实操一本通［M］．北京：中国铁道出版社，2021.
［36］杨明娜，贾朝莉，杨兴．绩效管理实务（第 4 版）［M］．北京：中国人民大学出版社，2021.
［37］李琳作．绩效管理实训教程［M］．成都：西南财经大学出版社，2021.
［38］黄维平．绩效管理理论与实践探索［M］．长春：吉林教育出版社，2020.
［39］徐来朝．绩效管理理论与实务［M］．桂林：广西师范大学出版社，2020.
［40］曾金泉．绩效管理：从入门到精通［M］．北京：电子工业出版社，2019.
［41］郑芳．人力资源绩效与薪酬管理［M］．天津科学技术出版社，2019.
［42］吴小立，唐超．人力资源管理普通高等学校应用型教材（培训与开发）：理论方法及实训［M］．北京：中国人民大学出版社，2021.
［43］吴颖群，姜英来．人力资源培训与开发［M］．北京：中国人民大学出版社，2019.
［44］梅彤，梁国民，杜鸣．人力资源培训、开发的理论与实践研究［M］．长春：吉林大学出版社，2017.
［45］汪昕宇．现代企业人力资源培训与开发［M］．北京：中央民族大学出版社，2017.
［46］马成功，梁若冰，鲍洪晶．培训管理：从入门到精通［M］．北京：清华大学出版社，2019.
［47］陈国宏．人力资源招聘与培训［M］．沈阳：辽宁教育出版社，2018.
［48］王丽莹，潘淑贞．人力资源培训与开发［M］．广州：华南理工大学出版社，2011.
［49］史娜．人力资源培训与开发实用教程［M］．北京：北京邮电大学出版

社，2014.

［50］钟晓华．行政管理专业导论［M］．北京：中国农业出版社，2021.

［51］《行政管理》编写组．行政管理［M］．北京：中国税务出版社，2019.

［52］滕宝红．行政管理一本通［M］．北京：人民邮电出版社，2019.

［53］马蔚然．企业行政管理［M］．大连：大连理工大学出版社，2018.

［54］罗建华，安四明．企业行政管理实务［M］．北京：机械工业出版社，2020.

［55］任康磊．行政管理实操：从入门到精通［M］．北京：人民邮电出版社，2020.

［56］任维德，张彬，叶盛楠等．行政管理案例分析［M］．呼和浩特：内蒙古大学出版社，2016.

［57］黄立新．企业行政管理［M］．北京：人民教育出版社，2016.

［58］高丹，安仲文．行政管理学（第4版）［M］．沈阳：东北财经大学出版社，2021.

［59］徐双敏，李明强．行政管理学［M］．北京：中国人民大学出版社，2020.

［60］陈瑞莲，张紧跟．行政管理学导论［M］．北京：高等教育出版社，2019.

［61］刘国庆，周毅．工商行政管理学［M］．沈阳：东北财经大学出版社，2018.

［62］夏书章．行政管理学（第6版）［M］．广州：中山大学出版社，2018.

［63］刘志坚．管理学：原理与案例［M］．广州：华南理工大学出版社，2017.

［64］陈萍，刘丹．管理学原理［M］．武汉：武汉大学出版社，2018.

［65］袁连升．管理学原理［M］．北京：北京理工大学出版社，2017.

［66］袁国宏．管理学原理简明教程［M］．长春：吉林大学出版社，2017.

［67］陈文安，薛松．企业管理（第8版）［M］．上海：立信会计出版社，2021.

［68］李东进，秦勇，陈爽．现代企业管理［M］．北京：人民邮电出版社，2020.

［69］张友涛，王效安．现代企业管理［M］．西安：西北大学出版社，2017.

［70］谢品，肖霖岳．现代企业管理［M］．成都：电子科技大学出版社，2017.

［71］纪宏奎，李永建．发票实操一本通［M］．北京：机械工业出版社，2016.

［72］张小玲，任延俊．纳税实务［M］．北京：北京理工大学出版社，2019.

［73］崔瑛，赵鸭桥．会计实务［M］．上海：立信会计出版社，2018.

［74］黄绿，张娜．纳税全真实务［M］．重庆：重庆大学出版社，2017.

［75］方小红，张思菊，张程薇．报税实务［M］．上海：上海财经大学出版社，2017.

［76］陈颖．税法原理与实务：项目化实践教程［M］．北京：北京理工大学出版社，2017.

［77］苏丽芳，罗爱芳，谢玉娟．财经法规与会计职业道德［M］．成都：电子科技大学出版社，2019.

［78］胡小凤，李皓洁，曾凡伟．财经法规与会计职业道德［M］．上海：同济大学出版社，2018.

［79］金新政，马敬东．信息管理概论［M］．武汉：武汉大学出版社，2014.

［80］娄策群，段尧清．信息管理学基础（第3版）［M］．北京：教育科学出版社，2021.

［81］刘红军．信息管理概论（第 3 版）［M］．北京：科学出版社，2015.
［82］王悦．企业信息管理［M］．北京：中国人民大学出版社，2010.
［83］马东艳，薛荐戈．现代办公实务［M］．北京：北京理工大学出版社，2019.
［84］孙荣．现代办公室管理［M］．上海：复旦大学出版社，2012.
［85］任康磊．行政管理实操从入门到精通［M］．北京：人民邮电出版社，2020.
［86］凤凰高新教育．行政管理高效工作手册［M］．北京：北京大学出版社，2019.
［87］彭伟．税法［M］．北京：北京理工大学出版社，2020.
［88］张瑞珍．纳税实务（微课版 第 5 版）［M］．北京：人民邮电出版社，2021.
［89］李心怡．纳税实操：从新手到高手（图解实例版）［M］．北京：中国纺织出版社，2020.
［90］赵爱华，周蓓新．新编办公室工作实务［M］．北京：中国纺织出版社，2015.

论文：

［1］李欣．上市公司财务报告的问题与对策研究［D］．三峡大学，2020.
［2］张玉艳．T 公司采购管理优化研究［D］．浙江大学，2021.

【丛书编辑委员会】

总主编

阎达五

编　委

于长春	马海涛	王又庄	刘大贤	刘仲文
刘明辉	阎达五	孙　铮	沈小凤	张文贤
张龙平	余绪缨	欧阳清	杨世忠	杨周南
杨雄胜	赵德武	郭复初	曹　冈	盖　地